本教材得到南京农业大学校级教育教学改革研究项目"课程思政在高校翻译课程建设中的探索与实践"（重点项目，2019Z010）、江苏高校外语教育"课程思政与混合式教学"专项课题"高校翻译课程建设中的课程思政研究"（2020WYKT080）和东南大学文科攀升计划专项科研启动经费项目"百年莎士比亚戏剧译介史"资助

Selected Readings of Famous Translators' Masterpieces:
Their Translations and Views

名家名译名论

李 平 曹新宇 主编

ZHEJIANG UNIVERSITY PRESS
浙江大学出版社
·杭州·

图书在版编目（CIP）数据

名家名译名论/李平,曹新宇主编. —杭州：浙
江大学出版社,2022.7
ISBN 978-7-308-22718-6

Ⅰ.①名… Ⅱ.①李… ②曹… Ⅲ.①翻译—语言学
家—人物研究—中国—近现代—教材 Ⅳ.①K825.6

中国版本图书馆CIP数据核字（2022）第106712号

名家名译名论

李　平　曹新宇　主编

责任编辑	张颖琪	
责任校对	陆雅娟	
封面设计	周　灵	
出版发行	浙江大学出版社	
	（杭州天目山路148号　邮政编码：310007）	
	（网址：http://www.zjupress.com）	
排　　版	浙江时代出版服务有限公司	
印　　刷	杭州高腾印务有限公司	
开　　本	710mm×1000mm　1/16	
印　　张	20.25	
字　　数	423千	
版 印 次	2022年7月第1版　2022年7月第1次印刷	
书　　号	ISBN 978-7-308-22718-6	
定　　价	68.00元	

前　言

　　《名家名译名论》是根据新国标要求面向大学生开设的人文素质课程教材，也是英语专业的学科基础课教材，其读者对象为大学生（尤其是英语和翻译专业本科生）、翻译课程教师以及翻译爱好者。本教材是编者对近年来教授英语、翻译专业本科生翻译类课程教案的总结，旨在通过翻译名家名论的讲解和译文对比赏析，使学生了解翻译名家、名译以及翻译的原则与方法，从而提高自己的人文素养、翻译技能和文学翻译鉴赏能力。本书克服了理论与实践脱节的问题，是翻译理论与翻译实践的中间平台。

　　张经浩、陈可培曾于2005年在复旦大学出版社出版过《名家名论名译》一书。该书主要介绍了我国14位著名翻译家的生平、主要译作及其翻译理论（片段式），并选出精彩译文供读者赏评，其开创之功不可抹杀。但是，编者认为，该书仅提供了资料，不适合做教材，且距今已超过15年，早已绝版，因此非常有必要与时俱进，出版一本新教材《名家名译名论》。编者认为，名家应该先有名译，然后才有名论，故命名为《名家名译名论》。在编写过程中，我们根据名译来定主题，仅仅有名论而无名译的名家则不能单独为一章。

　　新编教材弥补了现有教材的不足。现有同类教材至少有两点不足之处：（1）由于时代原因，素材获得难度大，素材偏少，观点陈旧，而学界对名家的研究成果不断更新，过去的错误或误解得以纠正，遗忘的译作译论得以发现。（2）理论与实践的结合不足，尤其缺乏翻译练习，不利于提高学生的翻译实践水平。本教材参照国内同类教材的优点，提供了一作多译，同时尽力克服同类教材翻译理论与实践脱节的缺点，努力做到包容兼顾，提高学生的翻译理论（鉴赏）水平和翻译实践能力。

主要特色与创新：

本教材的第一大特色是**开放性**，通过提供经典译本、译论，引导学生深入阅读、探讨、学习。第二大特色是**全面性**，内地、香港、台湾的名家均有涉及；英语、法语、俄语、日语等翻译名家皆有。第三大特色是**完整性**，所选译作、译论均为名家的代表性作品，其中译论原文照录，而非碎片式阅读。第四大特色是**双语性**，既包括英译汉，又包括汉译英（鉴于大部分读者只懂英文一种外文，故为其他语种的名译提供了英译本）。第五大特色是**课程思政**，这些翻译家都有着中国文人特有的传统——有着强烈的使命感和责任感，不辞辛苦、不遗余力地为国家翻译了许多重要的著作。

本教材重点介绍我国近现代翻译名家的名译和名论，与学生共同赏析经典译作，研读经典译论，并辅以实践练习。通过对名家译作的比较与赏析，掌握翻译赏析的方法，对译作从整体上评价，看译者对原作的理解是否正确、译文的表达是否流畅以及能否再现原作的风格等。

与国内同类教材相比，本教材的特点主要表现为：

1. 设计实践性强。翻译是实践性非常强的课程。本教材不仅每章有译文对比研究，还有翻译练习。

2. 选材具经典性。本教材所选 20 位翻译家，是经过几轮教学，根据教师和学生的反馈，最终确定下来的。所选译文和译论均经过历史沉积，有较强的代表性。依旧活跃的当代翻译家，如许钧、葛浩文、林少华、刘宇昆等暂时没有收录。另外，限于篇幅，还有一些名家无法收录，如熊式一、查良铮、苏曼殊、季羡林、霍克斯、杨绛、屠岸、思果、林以亮、钱歌川、张谷若、萧乾、文洁若、茅盾、金隄、张振玉等。

3. 选题涵盖面更广。只要是翻译名家，不管来自内地、香港，还是台湾，都成为研讨的对象。选题以英汉语对的翻译家为主，兼顾其他语言的翻译家。

4. 知识点实用，框架合理。本教材的框架构建与知识点的选取力求合理、实用，有讲有练，坚决剔除华而不实的内容。每章既有核心内容供师生共赏，又提供了拓展阅读书目，供学生课后查阅，深入研究。

如何把握本教材:

新时代的教学以学生为中心,学生自愿组成小组,以某一名家为主题,讨论其译论、译作,并分析其译作的得与失、译论的优缺点。教师不再在课堂上唱独角戏,而是起点拨、解惑的作用,帮助学生确立正确的翻译观、思想观和人生观。

1. 要发挥教师的引导作用。师者,所以传道授业解惑也。在整个教学过程中,教师不可缺席,要引导学生选题,在学生汇报过程中点评,对学生的课程论文要评阅。引导学生实事求是、客观公正地评论翻译家的翻译观和翻译实践,不以言举人,不因人废言。

2. 要确立学生意识。教程并不是课程的全部,教程不能等同于教学内容。要依托教程,针对学生的特点,因人而异,因材施教,积极开发教学资源。本教材适应于现代英语教学改革与发展需求,满足分层次人才培养需要。学生可以选择自己心仪的名家名译名论,在课堂上汇报心得体会,并完成相应的课程论文。

3. 要用好教程。教程只是"例子",不是"教条"。"例子"是用来启发人、教育人的,希望学生触类旁通,从而达到举一反三的效果。"例子"要创造性地用,即根据教师实际、学生实际、教学目标的需要进行取舍并"二度开发"。通过这些例子的教学,使学生对相关知识理解得更透彻,更有兴趣、更有能力学习更多的例子。

4. 课堂 PPT 汇报部分建议学生选一位名家,从其作品中选一些重点、难点,以及有代表性的例子,结合其译论进行批评或者鉴赏,并尽可能提供自己独创的译文。PPT 汇报建议遵循如下原则:既要有正误性的评判,又要有对翻译过程的剖析;既要有文学欣赏的感觉体味,又要有语言分析的理性检验;既要有局部分析,又要有整体评价,多视角、多学科地对译文进行全面透视;既要实事求是,又要与人为善。

需要说明的是,在教材编著过程中,针对各翻译名家的名译与名论,编者咨询了相应的研究专家,如浙江大学许钧教授(傅雷翻译研究专家)、河南师范大学赵文静教授(胡适翻译研究专家)、岭南大学白立平教授(梁实秋翻译研究专家）、中山大学邵璐教授（葛浩文翻译研究专家）、中国海洋大学任东升教授（沙博理翻译研究专家），以确保教材材料的权威性。在此对所有专家学者表示感谢。

　　本教材是集体智慧的结晶，已在南京信息工程大学、南京农业大学试用多年，从英语专业学生选修发展到全校所有专业均可选修相关课程，每学期选修者均在 100 人以上，使用效果较好，学生评价很高。多年来，编者根据同行的建议和学生的反馈意见，不断修改书稿，逐步完善。书稿经试用后，希望通过出版发行，与兄弟院校和翻译爱好者一起分享。

　　最后，特别说明几点：一是由于时代原因，一些选文的文字、标点的用法和现在的用法会有不同程度的不一致，对此，编者的原则是尽可能保持作品的原貌，仅就个别字词、标点做了调整。二是对若干戏剧、诗歌的多版本译文采用了双栏排版的方法，以便学生更加直观地比较各家译文的区别，深入地体会各家译文的妙处。三是在"名论细读"部分，为帮助学生把握、理解"名论"的精髓，一些"精彩"的内容均设置为醒目的黑体字排版，在书中就不一一注明了。

　　书中如有错误或不足之处，一概由编者负责。

编　者
2022 年 3 月

目 录

第十五章　王佐良

第十六章　高克毅

第十七章　余光中

第十八章　杨宪益

第十九章　沙博理

第一章　严　复

引　言

　　"译才并世数严林"，这是康有为送给翻译家林纾的诗句，却把严复放在前面，可见严复在翻译史上的贡献之大。严复以翻译西方社会科学的名著为主，林纾以大量翻译西洋文学作品为主，故在当时，"严译名著"和"林译小说"并行天下，并诞生了出版界销行最广、影响最大的两套翻译丛书。严复翻译的《天演论》对近代中国知识分子的影响远远超过了原著对英国读者的影响。从康有为、梁启超到孙中山再到毛泽东，他们都受到了严复的影响，也都高度评价过他的贡献。

一、名家简介

　　严复（1853—1921），原名宗光，字又陵，后改名复，字几道，汉族，福建侯官县人。先后毕业于福建船政学堂和英国皇家海军学院，曾担任过京师大学堂译局总办、上海复旦公学校长、安庆高等师范学堂校长、清朝学部名辞馆总编辑。在李鸿章创办的北洋水师学堂任教期间，培养了中国近代第一批海军人才，并翻译了《天演论》，创办了《国闻报》，系统地介绍西方民主和科学，宣传维新变法思想，将西方的社会学、政治学、政治经济学、哲学和自然科学介绍到中国，提出的"信、达、雅"的翻译标准对后世的翻译工作产生了深远影响，是清末极具影响的资产阶级启蒙思想家、翻译家和教育家，是中国近代史上向西方国家寻找真理的"先进的中国人"之一。

　　他一生翻译了许多西方著名学者的著作，其中有赫胥黎的《天演论》（*Evolution and Ethics*），耶方斯的《名学浅说》（*Primer of Logic*），亚当·斯密的《原富》（*An Inquiry into the Nature and Causes of the Wealth of Nations*），斯宾塞的《群学肆言》（*The Principles of Sociology*），约翰·穆勒的《群己权界论》（*On Liberty*）、《穆勒名学》（*A System of Logic*），孟德斯鸠的《法意》（*The Spirit of Laws*），甄克斯的《社会通诠》（*A History of Politics*）等。这些著作几乎把当时西方所有的先进思想，

包括进化论、经济学、逻辑学、民主自由思想、社会学等第一次用中文展现在中国人的面前。

严复翻译的理论和方法，概述在他译《天演论》一书的《译例言》中。严复首倡的"信、达、雅"三条翻译标准，就是在这里提出的。这条著名的"三字经"对后世翻译理论和实践的影响很大，20世纪的中国译者都深受这三个字影响。从严译的实际翻译来看，多是意译，不采直译，难以按原文字比句次加以对照。严复往往就原著某一思想或观点，脱离原文，发抒自己的见解。有的注明"复按"字样，可以判明是严复自己的思想；有的则未加注明，夹译夹议于译述之中。严复的译作，在很大程度上可以视为其著述，尽管有些原著已经另有现代汉语译本，但是严译仍有独立存在的价值，非新译所能替代。而且，**严复的译作，是研究中国近代思想史、中外文化关系史和中国翻译史的重要资料。读者研读严复的译作，不可忽略其翻译的时代背景、翻译的目的及达到的效果，这样才能够充分理解严复的爱国情怀和历史使命感。**

尽管严复不是一个革命家，但他留下的译作对后来的中国产生了巨大的影响，许多著名革命家和学者都从严复翻译的这些书中受益，其中包括康有为、梁启超、胡适、鲁迅、孙中山、陈独秀和毛泽东。

严复对后代的启蒙、启发和影响，从鲁迅《琐记》（《朝花夕拾》一书中第八篇文章）的评论中可见一斑：

> 看新书的风气便流行起来，我也知道了中国有一部书叫《天演论》。星期日跑到城南去买了来，白纸石印的一厚本，价五百文正。翻开一看，是写得很好的字，开首便道："赫胥黎独处一室之中，在英伦之南，背山而面野，槛外诸境，历历如在机下。乃悬想二千年前，当罗马大将恺彻未到时，此间有何景物？惟有天造草昧……
>
> 哦，原来世界上竟还有一个赫胥黎坐在书房里那么想，而且想得那么新鲜？一口气读下去，"物竞""天择"也出来了，苏格拉第、柏拉图也出来了，斯多噶也出来了。[①]

《天演论》的翻译底本是英国生物学家、哲学家托马斯·亨利·赫胥黎（Thomas Henry Huxley）的著作《进化论与伦理学及其他论文》（*Evolution and Ethics and*

---

① 鲁迅. 鲁迅全集: 第2卷 [M]. 北京: 人民文学出版社, 2005: 305-306.

Other Essays）。不过，要将这两本著作进行逐句对照研究却很困难，因为严复并不是逐句翻译的，而是将前两章打乱了，分别以不同的题目进行翻译、概述和评点。严复在翻译时对原文进行了增删改动，并附以长长的"复按"，以此表达自己的思想。正如严复在"译例言"中所述，此书的翻译，"译文取明深义，故词句之间，时有所颠倒附益，不斤斤于字比句次，而意义则不倍本文"。并因此自嘲："题曰达旨，不云笔译，取便发挥，实非正法。"同时引用什法师的话："学我者病。"提醒读者和后来译者引以为戒："幸勿以是书为口实也。"

　　读者比较下文的英文原文、严复译文、现代译文的导论部分，就可以发现，严复把第一人称改成了第三人称。这个人称变化，意味着"不再是赫胥黎在叙述，而是译者严复在叙述，赫胥黎成了被叙述的对象。译者站在更高的全能的立场上，介绍、修正和评述赫胥黎"[①]。严复《天演论》中所宣讲的"物竞天择，适者生存"在当时所产生的影响之大，胡适《四十自述》中的一段话可以为证：

　　……读《天演论》，做"物竞天择"的文章，都可以代表那个时代的风气。

　　《天演论》出版之后，不上几年，便风行全国，竟做了中学生的读物了。读这书的人，很少能了解赫胥黎在科学史和思想史上的贡献。他们能了解的只是那"优胜劣败"的公式在国际政治上的意义。在中国屡次战败之后，在庚子辛丑大耻辱之后，这个"优胜劣败，适者生存"的公式确是一种当头棒喝，给了无数人一种绝大的刺激。几年之中，这种思想像野火一样，延烧着许多少年人的心和血。"天演""物竞""淘汰""天择"等等术语，都渐渐成了报纸文章的熟语，渐渐成了一班爱国志士的"口头禅"。还有许多人爱用这种名词做自己或儿女的名字。陈炯明不是号竞存吗？我有两个同学，一个叫孙竞存，一个叫杨天择。我自己的名字也是这种风气底下的纪念品。[②]

---

① 赵稀方.《天演论》与《民约论》[G]// 中国社会科学院文学研究所. 中国文学的现代转型与中国经验研究. 北京：中国科学文献出版社，2016：5.

② 欧阳哲生. 胡适文集：第1卷 [M]. 北京：北京大学出版社，1998：70.

二、名译欣赏：天演论

【原文】

Evolution and Ethics and Other Essays

Prolegomena[①]

Thomas Henry Huxley

It may be safely assumed that, two thousand years ago, before Caesar set foot in southern Britain, the whole country-side visible from the windows of the room in which I write, was in what is called "the state of nature." Except, it may be, by raising a few sepulchral mounds, such as those which still, here and there, break the flowing contours of the downs, man's hands had made no mark upon it; and the thin veil of vegetation which overspread the broad-backed heights and the shelving sides of the coombs was unaffected by his industry. The native grasses and weeds, the scattered patches of gorse, contended with one another for the possession of the scanty surface soil; they fought against the droughts of summer, the frosts of winter, and the furious gales which swept, with unbroken force, now from the Atlantic, and now from the North Sea, at all times of the year; they filled up, as they best might, the gaps made in their ranks by all sorts of underground and overground animal ravagers. One year with another, an average population, the floating balance of the unceasing struggle for existence among the indigenous plants, maintained itself. It is as little to be doubted, that an essentially similar state of nature prevailed, in this region, for many thousand years before the coming of Caesar; and there is no assignable reason for denying that it might continue to exist through an equally prolonged futurity, except for the intervention of man.

Reckoned by our customary standards of duration, the native vegetation, like the "everlasting hills" which it clothes, seems a type of permanence. The little Amarella Gentians, which abound in some places today, are the descendants of those that were trodden underfoot, by the prehistoric savages who have left their flint tools, about, here and there; and they followed ancestors which, in the climate of the glacial epoch, probably

---

① Huxley, T. H. *Evolution and Ethics and Other Essays* ［EB/OL］. ［2019-01-26］. http://www. gutenberg.org/cache/epub/2940/pg2940.txt.

flourished better than they do now. Compared with the long past of this humble plant, all the history of civilized men is but an episode.

Yet nothing is more certain than that, measured by the liberal scale of time-keeping of the universe, this present state of nature, however it may seem to have gone and to go on for ever, is but a fleeting phase of her infinite variety; merely the last of the series of changes which the earth's surface has undergone in the course of the millions of years of its existence. Turn back a square foot of the thin turf, and the solid foundation of the land, exposed in cliffs of chalk five hundred feet high on the adjacent shore, yields full assurance of a time when the sea covered the site of the "everlasting hills"; and when the vegetation of what land lay nearest, was as different from the present Flora of the Sussex downs, as that of Central Africa now is. No less certain is it that, between the time during which the chalk was formed and that at which the original turf came into existence, thousands of centuries elapsed, in the course of which, the state of nature of the ages during which the chalk was deposited, passed into that which now is, by changes so slow that, in the coming and going of the generations of men, had such witnessed them, the contemporary, conditions would have seemed to be unchanging and unchangeable.

But it is also certain that, before the deposition of the chalk, a vastly longer period had elapsed; throughout which it is easy to follow the traces of the same process of ceaseless modification and of the internecine struggle for existence of living things; and that even when we can get no further back, it is not because there is any reason to think we have reached the beginning, but because the trail of the most ancient life remains hidden, or has become obliterated.

Thus that state of nature of the world of plants which we began by considering, is far from possessing the attribute of permanence. Rather its very essence is impermanence. It may have lasted twenty or thirty thousand years, it may last for twenty or thirty thousand years more, without obvious change; but, as surely as it has followed upon a very different state, so it will be followed by an equally different condition. That which endures is not one or another association of living forms, but the process of which the cosmos is the product, and of which these are among the transitory expressions. And in the living world, one of the most characteristic features of this cosmic process is the struggle for existence, the competition of each with all, the result of which is the selection, that is to say, the survival of those forms which, on the whole, are best adapted, to the conditions which at any period obtain; and which are, therefore, in that respect, and only in that respect, the fittest. The acme reached by the cosmic process in the vegetation of the downs is seen in the turf, with its weeds and gorse. Under the conditions, they have come out of the struggle victorious; and, by surviving, have proved that they are the fittest to survive.

【译文1】

天演论·上

导言一 察 变[①]

严 复 译

　　赫胥黎独处一室之中，在英伦之南，背山而面野。槛外诸境，历历如在几下。乃悬想二千年前，当罗马大将恺彻未到时，此间有何景物。计惟有天造草昧，人功未施，其借征人境者，不过几处荒坟，散见坡陀起伏间。而灌木丛林，蒙茸山麓，未经删治如今者，则无疑也。怒生之草，交加之藤，势如争长相雄。各据一抔壤土，夏与畏日争，冬与严霜争，四时之内，飘风怒吹，或西发西洋，或东起北海，旁午交扇，无时而息。上有鸟兽之践啄，下有蚁蟓之啮伤，憔悴孤虚，旋生旋灭，菀枯顷刻，莫可究详。是离离者亦各尽天能，以自存种族而已。数亩之内，战事炽然。强者后亡，弱者先绝。年年岁岁，偏有留遗，未知始自何年，更不知止于何代。苟人事不施于其间，则莽莽榛榛，长此互相吞并，混逐蔓延而已，而诘之者谁耶？

　　英之南野，黄芩之种为多，此自未有记载以前，革衣石斧之民，所采撷践踏者，兹之所见，其苗裔耳。邃古之前，坤枢未转，英伦诸岛乃属冰天雪海之区，此物能寒，法当较今尤茂。此区区一小草耳，若迹其祖始，远及洪荒，则三古以还年代方之，犹潩渴之水，比诸大江，不啻小支而已。故事有决无可疑者，则天道变化，不主故常是已。

　　特自皇古迄今，为变盖渐，浅人不察，遂有天地不变之言。实则今兹所见，乃自不可穷诘之变动而来。京垓年岁之中，每每员舆正不知几移几换而成此最后之奇。且继今以往，陵谷变迁，又属可知之事，此地学不刊之说也。假其惊怖斯言，则索证正不在远。试向立足处所，掘地深逾寻丈，将逢蜃灰，以是（蜃灰），知其地之古必为海。盖蜃灰为物，乃赢蚌脱壳积叠而成。若用显镜察之，其掩旋尚多完具者。使是地不前为海，此恒河沙数赢蚌者胡从来乎？沧海扬尘，非诞说矣。且地学之家，历验各种僵石，知动植庶品，率皆递有变迁，特为变至微，其迁极渐。即假吾人彭、聃之寿，而亦由暂观久，潜移弗知。是犹蟪蛄不识春秋，朝菌不知晦朔，遽以不变名之，

---

① 赫胥黎.天演论［M］.严复，译.北京：商务印书馆，1981：1-5.

真瞽说也。

故知不变一言，决非天运。而悠久成物之理，转在变动不居之中。是当前之所见，经廿年、卅年而革焉可也，更二万年、三万年而革亦可也。特据前事推将来，为变方长，未知所极而已。虽然天运变矣，而有不变者行乎其中。不变惟何？是名"天演"。

以天演为体，而其用有二：曰物竞，曰天择。此万物莫不然，而于有生之类为尤著。物竞者，物争自存也。以一物以与物物争，或存或亡，而其效则归于天择。天择者，物争焉而独存。则其存也，必有其所以存，必其所得于天之分，自致一己之能，与其所遭值之时与地，及凡周身以外之物力，有其相谋相剂者焉。夫而后独免于亡，而足以自立也。而自其效观之，若是物特为天之所厚而择焉以存也者，夫是之谓天择。天择者择于自然，虽择而莫之择，犹物竞之无所争，而实天下之至争也。斯宾塞尔曰："天择者，存其最宜者也。"夫物既争存矣，而天又从其争之后而择之，一争一择，而变化之事出矣。

　　复案：物竞、天择二义，发于英人达尔文。达著《物种由来》一书，以考论世间动植物类所以繁殊之故。先是言生理者，皆主异物分造之说。近今百年格物诸家，稍疑古说之不可通，如法人兰麻克、爵弗来，德人方拔、万俾尔，英人咸里士、格兰特、斯宾塞尔、倭恩、赫胥黎，皆生学名家，先后间出，目治手营，穷探审论，知有生之物，始于同，终于异，造物立其一本，以大力运之。而万类之所以底于如是者，咸其自己而已，无所谓创造者也。然其说未大行也，至咸丰九年，达氏书出，众论翕然。自兹厥后，欧、美二洲治生学者，大抵宗达氏。而矿事日辟，掘地开山，多得古禽兽遗蜕，其种已灭，为今所无。于是虫鱼禽互兽人之间，衔接迤演之物，日以渐密，而达氏之言乃愈有征。故赫胥黎谓，古者以大地为静居天中，而日月星辰，拱绕周流，以地为主；自歌白尼出，乃知地本行星，系日而运。古者以人类为首出庶物，肖天而生，与万物绝异；自达尔文出，知人为天演中一境，且演且进，来者方将，而教宗抟土之说，必不可信。盖自有歌白尼而后天学明，亦自有达尔文而后生理确也。斯宾塞尔者，与达同时，亦本天演著《天人会通论》，举天、地、人、形气、心性、动植之事而一贯之，其说尤为精辟宏富。其第一书开宗明义，集格致之大成，以发明天演之旨；第二书以天演言生学；第三书以天演言性灵；第四书以天演言群理；最后第五书，乃考道德之本源，明政教之条贯，而以保种进化之公例要术终焉。呜乎！欧洲自有生民以来，无此作也。斯宾氏迄今尚存，年七十有六矣。其全书于客岁始藏事，所谓体大思精，殚毕生之力者也。达尔文生嘉庆十四年，卒于光绪八年壬午。赫胥黎于乙未夏化去，年七十也。

【译文2】

进化论与伦理学

导　论①

宋启林　等译

可以有把握地设想，2000 年前，在恺撒尚未登陆英国南部时，如果从我写作的屋子往窗外看，整个原野还处在所谓的"自然状态"。或许只有几座隆起的坟茔，就像如今四处散落的坟堆那样，破坏了丘陵地带流畅的轮廓。除此之外，人类的双手再没有在这儿留下什么痕迹。覆盖在广阔高地和峡谷斜坡上那薄薄的植被，也没有受到人类劳作的影响。土生土长的牧草、杂草，还有散布其间的一丛丛金雀花，你争我夺，抢占着贫瘠的表层土壤。这些植物盛夏抗击干旱，寒冬抵御严霜，而且一年四季都要面对时而从太平洋、时而从北海刮来的狂风。此外，地下和地上的各种动物还常常进行骚扰，留下一片片空隙，有赖这些植物尽其所能加以填补。年复一年，它们保持着一种稳定的类群数量——也就是说，通过内部不断的生存斗争，它们之间形成了一种动态平衡。不容置疑，在恺撒到来之前的几千年里，这个地区保持着一种基本上相似的自然状态。如果人类不去干预，那么不得不承认，这种状态将在同样长远的岁月中继续存在下去。

用通常的时间标准来衡量，本土植被就像它所覆盖的"永恒山丘"一样，似乎将永远存在。今天在某些地方极为茂盛的小黄芩，就是那些到处留下燧石工具的史前野蛮人践踏过的小黄芩的后代。而且在冰川时期的气候条件下，小黄芩可能生长得比现在还要繁茂。这样低等的植物，历史已如此悠远，与之相比，整个人类文明史不过是短短的一段插曲。

可以完全肯定地说，若按宇宙计时的巨大尺度来衡量，目前的这种自然状态，尽管像是长期演变而来并似乎将永远持续下去，其实不过是大自然无穷变化中的昙花一现，不过是地球表面自诞生以来，在亿万年中历经一系列变化后的现存状态。在临近海岸边 500 英尺高的白垩峭壁上，翻开一平方英尺薄薄的草皮，坚固的地基就裸露出来了。因此，我们完全可以确信，有一段时期，海洋曾淹没了"永恒山丘"的所在地。那时，在离海洋最近的陆地上，植物种类与现在苏塞克斯丘陵上的植物种类有所不同，也与现在的中非地区的植物种类有所不同。还可以肯定的是，从白垩形成到原始草皮出现，其间历经了几千个世纪。在这个过程中，白垩沉积时代的

---

① 赫胥黎.进化论与伦理学（全译本）［M］.宋启林，等译.北京：北京大学出版社，2010：3-4.

自然状态逐渐演变成现在的自然状态，但是，由于变化非常缓慢，因而目睹这种变化的世世代代的人们，都觉得他们那一代的状况好像没有发生变化，也不会发生变化似的。

但也可以肯定，在白垩沉积之前，已度过了一段更为漫长的岁月。我们很容易发现，在这段漫长的岁月里，生物永无休止的变化过程和生物之间进行生存斗争的过程，都是有迹可寻的。我们不能回溯得更远，并不是因为有什么理由认为我们已回溯到混沌初始的时代，而是因为最古老的生物遗迹还未被发现或已经毁灭。

因此，我们现在开始考察的植物界的自然状态，远非具有永恒不变的属性。恰恰相反，自然状态的本质是暂时性。也许这种自然状态已存在了 2 万年或 3 万年，也许还将继续存在 2 万年或 3 万年，并且不发生任何明显的变化，但是正如可以确定它是从一个非常不同的状态演变而来，我们也能确定它必将向另一个非常不同的状态演变而去。能够持久存在的，不是生命状态这样或那样的结合，而是宇宙本身产生的过程，而生命状态的各种结合不过是昙花一现而已。在生物界，这种宇宙过程最典型的特征之一就是生存斗争，即每一个体和整个环境的竞争，其结果就是选择。也就是说，那些存活下来的生命形态，总体上最适应于某个时期存在的各种条件。因此，就这一点而言，也仅仅就这一点而言，它们是最适者。丘陵上的植被被宇宙过程推向顶点，结果就产生了夹杂着杂草和金雀花的草皮。在现有条件下，杂草和金雀花在斗争中胜出——它们能够存活下来，就证明它们是最适于生存的。

三、名论细读

《天演论》译例言①

译事三难：信、达、雅。求其信已大难矣，顾信矣不达，虽译犹不译也，则达尚焉。海通以来，象寄之才，随地多有，而任取一书，责其能与于斯二者，则已寡矣。其故在浅尝，一也；偏至，二也；辨之者少，三也。今是书所言，本五十年来西人新得之学，又为作者晚出之书。**译文取明深义，故词句之间，时有所颠倒附益，不斤斤于字比句次，而意义则不倍本文**。题曰达旨，不云笔译，取便发挥，实非正法。什法师有云：学我者病。来者方多，幸勿以是书为口实也。

西文句中名物字，多随举随释，如中文之旁支，后乃遥接前文，足意成句。故西文句法，少者二三字，多者数十百言。假令仿此为译，则恐必不可通，而删削取径，

---

① 赫胥黎. 天演论 [M]. 严复，译. 北京：商务印书馆，1981: xi-xiii.

又恐意义有漏。此在译者将全文神理融会于心，则下笔抒词，自善互备。至原文词理本深，难于共喻，则当前后引衬，以显其意。凡此经营，皆以为达，为达即所以为信也。

《易》曰：修辞立诚。子曰：辞达而已。又曰：言之无文，行之不远。三者乃文章正轨，亦即为译事楷模。故信、达而外，求其尔雅。此不仅期以行远已耳，实则精理微言，用汉以前字法、句法，则为达易；用近世利俗文字，则求达难。往往抑义就词，毫厘千里，审择于斯二者之间，夫固有所不得已也，岂钓奇哉！不佞此译，颇贻艰深之讥，实则刻意求显，不过如是。又原书论说，多本名数格致及一切畴人之学，倜于之数者向未问津，虽作者同国之人，言语相通，仍多未喻，矧夫出以重译也耶？

新理踵出，名目纷繁，索之中文，渺不可得，即有牵合，终嫌参差。译者遇此，独有自具衡量，即义定名。顾其事有甚难者，即如此书上卷导言十余篇，乃因正论理深，先敷浅说，仆始翻"卮言"，而钱塘夏穗卿曾佑病其滥恶，谓内典原有此种，可名"悬谈"。及桐城吴丈挚甫汝纶见之，又谓"卮言"既成滥词，"悬谈"亦沿释氏，均非能自树立者所为，不如用诸子旧例，随篇标目为佳。穗卿又谓：如此则篇自为文，于原书建立一本之义稍晦。而悬谈、悬疏诸名，悬者玄也，乃会撮精旨之言，与此不合，必不可用。于是乃依其原目，质译"导言"，而分注吴之篇目于下，取便阅者。此以见定名之难，虽欲避生吞活剥之诮，有不可得者矣。他如物竞、天择、储能、效实诸名，皆由我始。一名之立，旬月踟蹰，我罪我知，是在明哲。

原书多论希腊以来学派，凡所标举，皆当时名硕，流风绪论，泰西二千年之人心民智系焉，讲西学者所不可不知也。兹于篇末，略载诸公生世事业，粗备学者知人论世之资。

穷理与从政相同，皆贵集思广益。今遇原文所论，与他书有异同者，辄就谫陋所知，列入后案，以资参考。间亦附以己见，取《诗》称嘤求，《易》言丽泽之义。是非然否，以俟公论，不敢固也。如曰标高揭己，则失不佞怀铅握椠，辛苦移译之本心矣。

是编之译，本以理学西书，翻转不易，固取此书，日与同学诸子相课。迨书成，吴丈挚甫见而好之，斧落征引，匡益实多。顾惟探赜叩寂之学，非当务之所亟，不愿问世也。而稿经沔阳卢君木斋借钞，劝早日付梓。邮示介弟慎之于鄂，亦谓宜公海内，遂灾枣梨，犹非不佞意也。刻讫寄津覆斠，乃为发例言，并识缘起如是云。

光绪二十四年岁在戊戌四月二十二日严复识于天津尊疑学塾

四、拓展阅读

赫胥黎 . 天演论［M］. 严复，译 . 北京：商务印书馆，1981.

赫胥黎 . 进化论与伦理学（全译本）［M］. 宋启林，等译 . 北京：北京大学出版社，2010.

黄忠廉 . 严复变译思想考［M］. 北京：商务印书馆，2016.

黄忠廉，朱英丽 . 严译《天演论》"信""达"真谛考——严复变译思想考之一［J］. 中国外语，2016（1）：101–106.

吕世生 . 严复"信达雅"与"非正法"翻译的社会历史统一性解读［J］. 外国语，2017（3）：72–77.

沈苏儒 . 论信达雅——严复翻译理论研究 . 北京：商务印书馆，1998.

王东风 .《天演论》译文片段赏析［J］. 中国翻译，2010（5）：74–79.

王克非 . 论严复《天演论》的翻译［J］. 中国翻译，1992（3）：6–10.

许钧 . 在继承中发展——纪念严复《天演论·译例言》刊行一百周年［J］. 中国翻译，1998（2）：4–5.

赵稀方 .《天演论》与《民约论》［G］// 中国社会科学院文学研究所 . 中国文学的现代转型与中国经验研究 . 北京：社会科学文献出版社，2016: 3–35.

周领顺 . 新史料求证严复的翻译思想——从发展的角度看"信、达、雅"的包容性和解释力［J］. 四川外语学院学报，2006（3）：105–109.

周楠，谢柯 . 从传播学视角看《天演论》的译介及其对文化传播的启示［J］. 外语研究，2018（6）：80–84.

五、翻译练习

The Wealth of Nations[①]

That wealth consists in money, or in gold and silver, is a popular notion which naturally arises from the double function of money, as the instrument of commerce, and as the measure of value. In consequence of its being the instrument of commerce, when we have money we can more readily obtain whatever else we have occasion for, than by

---

[①]　Smith, A. *The Wealth of Nations: An Inquiry into the Nature and Causes of the Wealth of Nations* ［M］. Chicago: University of Chicago Press, 1977: 558.

means of any other commodity. The great affair, we always find, is to get money. When that is obtained, there is no difficulty in making any subsequent purchase. In consequence of its being the measure of value, we estimate that of all other commodities by the quantity of money which they will exchange for. We say of a rich man, that he is worth a great deal, and of a poor man, that he is worth very little money. A frugal man, or a man eager to be rich, is said to love money; and a careless, a generous, or a profuse man, is said to be different about it. To grow rich is to get money; and wealth and money, in short, are, in common language, considered as in every respect synonymous.

第二章 林 纾

引 言

"译才并世数严林，百部虞初救世心。"这是康有为对林纾翻译成就的高度评价。"五四"时期文化思想界的著名人物，如胡适、鲁迅、郭沫若、冰心、钱锺书等，几乎无不从林纾的译著中获得启智，从而走上自己的文学道路。林纾是我国第一个也是最后一个不懂外文却成为"翻译家"的人。他的"翻译"，实际是由其他精通外语的人口述，然后他再凭借自己深厚的文学素养、精到的古文译笔以及对原文故事人物的理解，一一记录成篇。据林纾自称，其著译时落笔如流水，往往"口述者未毕其词，而纾已书在纸，能一时许译就千言，不窜一字"。他的译笔轻快简练，既能保有原作的情调，也注重人物的细节，甚至时有"画龙点睛"和"颊上添毫"的神来之笔，以补原著中所未能尽意之处。由此可见译者的表达能力对于译文的重要性。

一、名家简介

林纾（1852—1924），字琴南，号畏庐，别署冷红生，福建闽县（今福州市）人。晚称蠡叟、践卓翁、六桥补柳翁、春觉斋主人。室名春觉斋、烟云楼等。近代文学家、翻译家，是我国以古文翻译外国小说的第一人。

林纾翻译小说始于光绪二十三年（1897年），与精通法文的王寿昌合译法国小仲马的《巴黎茶花女遗事》，1899年在福州由畏庐刊行。这是中国介绍西洋小说的第一部，为国人见所未见，一时风行全国，备受赞扬。这在一定程度上激励了林纾沿着翻译文学作品的道路继续走下去。严复《甲辰出都呈同里诸公》诗云：

> 孤山处士音琅琅，皂袍演说常登堂。
>
> 可怜一卷茶花女，断尽支那荡子肠。

接着，他受商务印书馆的邀请专译欧美小说。在之后短暂的27年生命里，他不仅用一腔爱国热血挥就了百余篇针砭时弊的文章，用犀利、恰切的文笔完成了《畏庐文集》《讽喻新乐府》《巾帼阳秋》等40余部书，成功地勾勒了中国近代社会的人生百态，还在不谙外文的特殊情况下，与魏翰、陈家麟等曾留学海外的才子们合作翻译了180余部西洋小说，其中有许多出自外国名家之手，如英国狄更斯的《大卫·科波菲尔》、英国哈葛德的《天女离魂记》、俄国托尔斯泰的《恨缕情丝》、西班牙塞万提斯的《魔侠传》、法国森彼得的《离恨天》、英国司各特的《撒克逊劫后英雄略》、英国笛福的《鲁滨孙漂流记》等。单行本主要由商务印书馆刊行，未出单行本的多在《小说月报》《东方杂志》《小说世界》上刊载。跟林合译美英作品者有魏易、曾宗巩、陈家麟、毛文钟等，合译法国作品者有王寿昌、王庆通、王庆骥、李世中等。这些西洋小说向中国民众展示了丰富的西方文化，开拓了人们的视野。它们牢固地确立了林纾作为中国新文化先驱及译界之王的地位。至此，林纾被公认为中国近代文坛的开山祖师及译界的泰斗，并出现了"译才并世数严林"（康有为语）的佳话。

林纾译得最多的是英国哈葛德的，有《迦因小传》《鬼山狼侠传》等20种；其次为英国柯南道尔的，有《歇洛克奇案开场》等7种。林译小说属于世界名作家和世界名著的，有俄国托尔斯泰的《现身说法》等6种、法国小仲马的《巴黎茶花女遗事》等5种、法国大仲马的《玉楼花劫》等2种、英国狄更斯的《贼史》等5种、英国莎士比亚的《凯撒遗事》等4种、英国司各特的《撒克逊劫后英雄略》等3种、美国欧文的《拊掌录》等3种、希腊伊索的《伊索寓言》、挪威易卜生的《梅孽》、瑞士威斯的《鹥巢记》、西班牙塞万提斯的《魔侠传》、英国笛福的《鲁滨孙漂流记》、英国菲尔丁的《洞冥记》、英国斯威夫特的《海外轩渠录》、英国斯蒂文森的《新天方夜谭》、英国里德的《吟边燕语》、英国安东尼·霍普的《西奴林娜小传》、美国斯托夫人的《黑奴吁天录》、法国巴尔扎克的《哀吹录》、法国雨果的《双雄义死录》、日本德富健次郎的《不如归》。

林纾的翻译亦被认为有不足之处。钱锺书在收录于《七缀集》中的《林纾的翻译》一文中评论道：林纾近30年的翻译生涯，以1913年译完的《离恨天》为界，明显地分为前后两期。前期林译十之七八都很醒目，后期译笔逐渐退步，色彩枯暗，劲头松懈，使读者厌倦。① 林纾不懂外文，是依靠他人口述进行翻译的，译文难免有各种缺点，而且选择原本之权全操控于口译者之手，因而也产生了一些疵误，如把名著改编或删节的儿童读物当作名著原作，把莎士比亚和易卜生的剧本译成小说，把易卜生的国籍误成德国等。即使这样，林纾仍然译了40余种世界名著，这在中国，不曾有过第二人。胡适曾在《五十年来中国之文学》中写道：

---

① 钱锺书.七缀集［M］.北京：生活·读书·新知三联书店，2002：91.

平心而论，林纾用古文做翻译小说的试验，总算是很有成绩的了。古文不曾做过长篇的小说，林纾居然用古文译了一百多种长篇小说，还使许多学他的人也用古文译了许多长篇小说，古文里很少滑稽的风味，林纾居然用古文译了欧文与迭更司的作品。古文不长于写情，林纾居然用古文译了《茶花女》与《迦茵小传》等书。古文的应用，自司马迁以来，从没有这样大的成绩。①

林纾在翻译史上的地位毋庸置疑，在翻译技巧上也值得今人研究和借鉴。即使不少作品已有现代译本，林译仍具有存在的价值。

二、名译欣赏：块肉余生述

【原文】

David Copperfield②

Charles Dickens

Whether I shall turn out to be the hero of my own life, or whether that station will be held by anybody else, these pages must show. To begin my life with the beginning of my life, I record that I was born （as I have been informed and believe） on a Friday, at twelve o'clock at night. It was remarked that the clock began to strike, and I began to cry, simultaneously.

In consideration of the day and hour of my birth, it was declared by the nurse, and by some sage women in the neighbourhood who had taken a lively interest in me several months before there was any possibility of our becoming personally acquainted, first, that I was destined to be unlucky in life; and secondly, that I was privileged to see ghosts and spirits; both these gifts inevitably attaching, as they believed, to all unlucky infants of either gender, born towards the small hours on a Friday night.

I need say nothing here, on the first head, because nothing can show better than my history whether that prediction was verified or falsified by the result. On the second branch of the question, I will only remark, that unless I ran through that part of my inheritance while I was still a baby, I have not come into it yet. But I do not at all complain of having

---

① 欧阳哲生. 胡适文集：第 3 卷 [M]. 北京：北京大学出版社, 1998: 215.

② Dickens, C. *David Copperfield* [M]. Oxford: Oxford University Press, 2008: 7.

been kept out of this property; and if anybody else should be in the present enjoyment of it, he is heartily welcome to keep it.

I was born with a caul, which was advertised for sale, in the newspapers, at the low price of fifteen guineas. Whether sea-going people were short of money about that time, or were short of faith and preferred cork jackets, I don't know; all I know is, that there was but one solitary bidding, and that was from an attorney connected with the bill-broking business, who offered two pounds in cash, and the balance in sherry, but declined to be guaranteed from drowning on any higher bargain. Consequently the advertisement was withdrawn at a dead loss—for as to sherry, my poor dear mother's own sherry was in the market then—and ten years afterwards, the caul was put up in a raffle down in our part of the country, to fifty members at half-a-crown a head, the winner to spend five shillings. I was present myself, and I remember to have felt quite uncomfortable and confused, at a part of myself being disposed of in that way. The caul was won, I recollect, by an old lady with a hand-basket, who, very reluctantly, produced from it the stipulated five shillings, all in halfpence, and twopence halfpenny short—as it took an immense time and a great waste of arithmetic, to endeavour without any effect to prove to her. It is a fact which will be long remembered as remarkable down there, that she was never drowned, but died triumphantly in bed, at ninety-two. I have understood that it was, to the last, her proudest boast, that she never had been on the water in her life, except upon a bridge; and that over her tea（to which she was extremely partial）she, to the last, expressed her indignation at the impiety of mariners and others, who had the presumption to go "meandering" about the world. It was in vain to represent to her that some conveniences, tea perhaps included, resulted from this objectionable practice. She always returned, with greater emphasis and with an instinctive knowledge of the strength of her objection, "Let us have no meandering."

Not to meander myself, at present, I will go back to my birth.

I was born at Blunderstone, in Suffolk, or "there by", as they say in Scotland. I was a posthumous child. My father's eyes had closed upon the light of this world six months, when mine opened on it. There is something strange to me, even now, in the reflection that he never saw me; and something stranger yet in the shadowy remembrance that I have of my first childish associations with his white grave-stone in the churchyard, and of the indefinable compassion I used to feel for it lying out alone there in the dark night, when our little parlour was warm and bright with fire and candle, and the doors of our house were—almost cruelly, it seemed to me sometimes—bolted and locked against it.

【译文1】

块肉余生述①

林 纾 译

大卫考伯菲而曰：余在此一部书中，是否为主人翁者，诸君但逐节下观，当自得之。余欲自述余之生事，不能不溯源而笔诸吾书。余诞时在礼拜五夜半十二句钟，闻人言，钟声丁丁时，正吾开口作呱呱之声。

似此礼拜五日，又值十二点时，凡邻媪乳母之有高识者，皆言时日非良，不为此子之福，后此且白昼见鬼，具鬼眼也。盖在礼拜五夜中生儿，初不能免此二事。

至第一事，但观吾书所叙述，诸君足知吾艰，无复待辨。若云见鬼，则少时愚昧，或且见之；若既长成，实无所见。

吾诞生在色佛克县之白伦得司东村，且为饮血之孤儿。方吾张眼能视时，正去吾父瞑目长逝可六阅月，凡吾所有之知觉，但知门外新坟，即为亡亲瘞骨之地。每经冬令，屋中炉火烘人，而吾父三尺断坟，乃闭诸门外严寒风里。

【译文2】

大卫·考坡菲②

张谷若 译

在记叙我的平生这部书里，说来说去，我自己是主人公呢，还是扮那个角色的另有其人呢，开卷读来，一定可见分晓。为的要从我一生的开始，来开始我一生的记叙，我就下笔写道：我生在一个星期五夜里十二点钟。别人这样告诉我，我自己也这样相信。据说那一会儿，啌啌的钟声，和呱呱的啼声，恰好同时并作。

收生的护士和左邻右舍的几位女圣人（她们还没法儿和我亲身结识以前好几个月，就对我发生了强烈的兴趣了），看到我生在那样一个日子和那样一个时辰，就煞有介事地喧嚷开了，说我这个人，第一，命中注定要事事倒霉；第二，赋有异禀能看见鬼神。她们相信，凡是不幸生在星期五深更半夜的孩子，不论是姑娘还是小子，都不可避免地要具有这两种天赋。

① 迭更司.块肉余生述［M］.林纾，魏易，译.北京：商务印书馆，1981：3.
② 狄更斯.大卫·考坡菲［M］.张谷若，译.上海：上海译文出版社，1980：3-6.

关于第一点，我无需在这儿多说什么。因为那句预言，结果是其应如响呢，还是一点也没应验呢，没有比我这部传记能表达得更明白的了。至于她们提的那第二点，我只想说，我这份从胎里带来的"家当"，如果不是我在襁褓之中还不记事的时候就都叫我挥霍完了，那顶到现在，它还没轮到我的名下呢。不过这份"家当"，虽然一直地没能到我手里，我却丝毫没有抱怨的意思；不但如此，万一另有人现在正享受着这份财富，我还热烈地欢迎他好好地把它守住了呢。

我下生的时候，带有头膜，这个头膜，曾在报上登过广告，要以十五几尼的廉价出售。当时航海的人，囊中缺乏金钱，买不起这件东西呢，还是心中缺乏信念，情愿要软木做的救生衣呢，我不得而知。我只知道，应征出价的，只有孤零零的一个人，还是个和经纪期票有关的代讼师。他只出两磅现钱，剩下的买价，全用雪里酒准折。比他这个条件再多要求一点，那就连对他担保，说这件东西准能使他免遭溺死之祸，他也都不接受。这样一来，我们只好完全干赔广告费，把广告撤回；因为，说到雪里，我那可怜、亲爱的母亲自己也有这种酒正在市上求售呢。十年以后，这个头膜，在我的家乡那一块儿，用抓彩的方式出脱了：抓彩的一共五十个人，每人出半克朗，得彩的出五先令。抓彩的时候，我也在场。我现在记得，我当时看着我自己身上的一部分，用这种方式出脱了，觉得很不得劲儿，心里不知道怎么着才好。我还记得，抓着了那个头膜的是一个老太太。她提着个小篮子，万般无奈的样子从篮子里掏出了那规定好了的五先令，都是半便士的零钱，还少给了两便士半，因为费了很大的工夫和很大的劲儿，算给她听，说她的钱不够数，她到底还是没明白。她倒是果真并没淹死，而是活到了九十二岁的高龄，洋洋得意寿终正寝的。这件事，在我们那一带，都认为了不起，过了许多年还都不忘。据我的了解，这个老太太，一直到死的时候，老是骄傲地自夸，说她这一辈子，除了过桥，就从来没打水上面走过；并且，她一直到死，喝着茶的时候（她极爱喝茶），老气忿忿地说那些航海一类的人，不怕上帝见罪，竟敢大胆，像野马一样，绕世界"乱跑"一气。你跟她说，有些日常离不开的东西，茶也许得包括在内，都是这些她认为乱跑一气的人跑出来的，她却不论怎么也不能懂。她老是用"咱们不要乱跑"这句话回答你，回答的时候，还永远是斩钉截铁的口气，永远是自以为是、理直气壮的样子。

现在，我自己也不要像野马一样"乱"说一气了，还是言归正传，接着说我怎样下生好啦。

我生在萨福克郡的布伦得屯，或者像在苏格兰的说法，生在布伦得屯"那方近左右"。我是个背生儿。我睁开眼睛看见天日的时候，我父亲已经闭上眼睛不见天日有六个月了。我自己的父亲，竟会没看见我，即便现在，我一想起来，都起一种怪异之感。我父亲在教堂墓地里的白色墓碑，在我那刚刚懂事的幼小心灵里，引起了种种联想；我们那个小起坐间，炉火熊熊，烛光煌煌，而我们家里所有的门却都又拴着，又锁着，把我父亲的坟，凄凉孤寂地屏在外面一片昏暝的寒夜里（我有时觉得，那简直地是残酷），这种情况，在我那幼小的心灵里，也引起了一种难以名状的怜愍之情：这种种联想和这种怜愍之情，我现在模模糊糊地回忆起来，尤其起一种怪异之感。

三、名论细读

林纾的翻译[①]

钱锺书

汉代文字学者许慎有一节关于翻译的训诂，义蕴颇为丰富。《说文解字》卷十二《口》部第二十六字："囮，译也。从'口'，'化'声。率鸟者系生鸟以来之，名曰'囮'，读若'讹'。"南唐以来，小学家都申说"译"就是"传四夷及鸟兽之语"，好比"鸟媒"对"禽鸟"的引"诱"，"讹""讹""化"和"囮"是同一个字[1]。"译""诱""媒""讹""化"这些一脉通连、彼此呼应的意义，组成了研究诗歌语言的人所谓"虚涵数意"（polysemy, manifold meaning）[2]，把翻译能起的作用（"诱"）、难于避免的毛病（"讹"）、所向往的最高境界（"化"），仿佛一一透示出来了。**文学翻译的最高理想可以说是"化"。把作品从一国文字转变成另一国文字，既能不因语文习惯的差异而露出生硬牵强的痕迹，又能完全保存原有的风味，那就算得入于"化境"。**十七世纪一个英国人赞美这种造诣高的翻译，比为原作的"投胎转世"（the transmigration of souls），躯体换了一个，而精魂依然故我[3]。换句话说，**译本对原作应该忠实得以至于读起来不像译本，因为作品在原文里决不会读起来像翻译出的东西。**因此，意大利一位大诗人认为好翻译应备的条件看来是彼此不相容乃至相矛盾的（paiono discordanti e incompatibili e contraddittorie）：译者得矫揉造作（ora il traduttore necessariamente affetta），对原文亦步亦趋，以求曲肖原著者的天然

---

① 本文原是作者《旧文四篇》（1979）里的一篇。刘靖之编选的《翻译论集》、罗新璋编选的《翻译论集》、中国翻译工作者协会编选的《翻译研究论文集》（1949—1983）、商务印书馆重印《林译小说精选十种》的附册以及其他研究林纾的资料选编里，都收录了这篇有影响的文章。后来上海古籍出版社再版《旧文四篇》，钱锺书先生大大修改充实了一下，又加进三篇，改名为《七缀集》。这里收录的文本即出自《七缀集》，编者对个别标点、文字及格式做了合理处理。钱锺书.七缀集［M］.北京：生活·读书·新知三联书店，2002: 77-105. 限于篇幅，原注释略，感兴趣者请参阅《七缀集》。

本来（inaffettato, naturale o spontaneo）的风格[4]。一国文字和另一国文字之间必然有距离，译者的理解和文风跟原作品的内容和形式之间也不会没有距离，而且译者的体会和自己的表达能力之间还时常有距离。就文体或风格而论，也许会有希莱尔马诃区分的两种翻译法，譬如说：一种尽量"欧化"，尽可能让外国作家安居不动，而引导我国读者走向他们那里去；另一种尽量"汉化"，尽可能让我国读者安居不动，而引导外国作家走向咱们这儿来（Entweder der Uebersetzer lässt den Schriftsteller möglichst in Ruhe und bewegt den Leser ihm entgegen, oder er lässt den Leser möglichst in Ruhe und bewegt den Schriftsteller ihm entgegen）[5]。然而"欧化"也好，"汉化"也好，翻译总是以原作的那一国语文为出发点而以译成的这一国语文为到达点[6]。从最初出发以至终竟到达，这是很艰辛的历程。一路上颠顿风尘，遭遇风险，不免有所遗失或受些损伤。因此，译文总有失真和走样的地方，在意义或口吻上违背或不很贴合原文。那就是"讹"，西洋谚语所谓"翻译者即反逆者"（Traduttore traditore）。中国古人也说翻译的"翻"等于把绣花纺织品的正面翻过去的"翻"，展开了它的反面："翻也者，如翻锦绮，背面皆花，但其花有左右不同耳。"（释赞宁《高僧传三集》卷三《译经篇·论》）这个比喻使我们想起堂·吉诃德说阅读译本就像从反面来看花毯（es como quien mira los tapices flamencos por el revés）[7]。**"媒"和"诱"当然说明了翻译在文化交流里所起的作用。它是个居间者或联络员，介绍大家去认识外国作品，引诱大家去爱好外国作品，仿佛做媒似的，使国与国之间缔结了"文学因缘"**[8]，缔结了国与国之间惟一的较少反目、吵嘴、分手挥拳等危险的"因缘"。

彻底和全部的"化"是不可实现的理想，某些方面、某种程度的"讹"又是不能避免的毛病，于是"媒"或"诱"产生了新的意义。**翻译本来是要省人家的事，免得他们去学外文、读原作，却一变而为导诱一些人去学外文、读原作。**它挑动了有些人的好奇心，惹得他们对原作无限向往，仿佛让他们尝到一点儿味道，引起了胃口，可是没有解馋过瘾。他们总觉得读翻译像隔雾赏花，不比读原作那么情景真切。歌德就有过这种看法，他很不礼貌地比翻译家为下流的职业媒人（Uebersetzer sind als geschäftige Kuppler anzusehen）——中国旧名"牵马"，因为他们把原作半露半遮（eine halbverschleierte Schöne），使读者心痒神驰，想象它不知多少美丽[9]。要证实那个想象，要揭去那层遮遮掩掩的面纱，以求看个饱、看个着实，就得设法去读原作。这样说来，**好译本的作用是消灭自己；它把我们向原作过渡，而我们读到了原作，马上掷开了译本。**自负好手的译者恰恰产生了失手自杀的译本，他满以为读了他的译本就无需去读原作，但是一般人能够欣赏货真价实的原作以后，常常薄情地抛弃了翻译家辛勤制造的代用品。倒是**坏翻译会发生一种消灭原作的功效。拙劣晦涩的译文无形中替作者拒绝读者；他对译本看不下去，就连原作也不想看了。**

这类翻译不是居间，而是离间，摧毁了读者进一步和原作直接联系的可能性，扫尽读者的兴趣，同时也破坏原作的名誉。十七世纪法国的德·马罗勒神父（l'abbé de Marolles）就是一个经典的例证。他所译古罗马诗人《马夏尔的讽刺小诗集》（*Epigrams of Martial*）被时人称为《讽刺马夏尔的小诗集》（*Epigrams against Martial*）[10]；和他相识的作者说，这位神父的翻译简直是法国语文遭受的一个灾难（un de ces maux dont notre langue est affligée），他发愿把古罗马诗家统译出来，桓吉尔、霍拉斯等人都没有蒙他开恩饶命（n'ayant pardonné），奥维德、太伦斯等人早晚会断送在他的毒手里（assassinés）[11]。不用说，马罗勒对他的翻译成绩还是沾沾自喜、津津乐道的[12]。我们从亲身阅历里，找得到好多和这位神父可以作伴的人。

林纾的翻译所起的"媒"的作用，已经是文学史上公认的事实[13]。他对若干读者，也一定有过歌德所说的"媒"的影响，引导他们去跟原作发生直接关系。我自己就是读了林译而增加学习外国语文的兴趣的。商务印书馆发行的那两小箱《林译小说丛书》是我十一二岁时的大发现，带领我进了一个新天地，一个在《水浒》《西游记》《聊斋志异》以外另辟的世界。我事先也看过梁启超译的《十五小豪杰》、周桂笙译的侦探小说等，都觉得沉闷乏味[14]。接触了林译，我才知道西洋小说会那么迷人。我把林译哈葛德、迭更司、欧文、司各德、斯威佛特的作品反复不厌地阅览。假如我当时学习英语有什么自己意识到的动机，其中之一就是有一天能够痛痛快快地读遍哈葛德以及旁人的探险小说。四十年前[15]，在我故乡那个县城里，小孩子既无野兽片电影可看，又无动物园可逛，只能见到"走江湖"的人耍猴儿把戏或者牵一头疥骆驼卖药。后来孩子们看野兽片、逛动物园所获得的娱乐，我只能向冒险小说里去寻找。我清楚记得这一回事。哈葛德《三千年艳尸记》第五章结尾刻意描写鳄鱼和狮子的搏斗；对小孩子说来，那是一个惊心动魄的场面，紧张得使他眼瞪口开、气儿也不敢透的。林纾译文的下半段是这样：

> 然狮之后爪已及鳄鱼之颈，如人之脱手套，力拔而出之。少顷，狮首俯鳄鱼之身作异声，而鳄鱼亦侧其齿，尚陷入狮股，狮腹为鳄所咬亦几裂。如是战斗，为余生平所未睹者。［照原句读，加新式标点］

狮子抓住鳄鱼的脖子，决不会整个爪子像陷进烂泥似的，为什么"如人之脱手套"？鳄鱼的牙齿既然"陷入狮股"，物理和生理上都不可能去"咬狮腹"。我无论如何想不明白，家里的大人也解答不来。而且这场恶狠狠的打架怎样了局？谁输谁赢，还是同归于尽？鳄鱼和狮子的死活，比起男女主角的悲欢，是我更关怀的问题。书里并未明白交代，我真心痒难搔，恨不能知道原文是否照样糊涂了事[16]。我开始能读原文，总先找林纾译过的小说来读。我渐渐听到和看到学者名流对林译的轻蔑和嗤笑，未免世态逐炎凉，就不再而也不屑再去看它，毫无恋惜地过河拔桥了！

最近，偶尔翻开一本林译小说，出于意外，它居然还有些吸引力。我不但把它看完，而且接二连三，重温了大部分的林译，发现许多都值得重读，尽管漏译误译触处皆是。我试找同一作品的后出的——无疑也是比较"忠实"的——译本来读，譬如孟德斯鸠和迭更司的小说，就觉得宁可读原文。这是一个颇耐玩味的事实。当然，一个人能读原文以后，再来看错误的译本，有时不失为一种消遣，还可以方便地增长自我优越的快感。一位文学史家曾说，译本愈糟糕愈有趣：我们对照着原本，看翻译者如何异想天开，把胡猜乱测来填补理解上的空白，无中生有，指鹿为马，简直像"超现实主义"诗人的作风[17]。但是，我对林译的兴味，绝非想找些岔子，以资笑柄谈助，而林纾译本里不忠实或"讹"的地方也并不完全由于他的助手们外语程度低浅、不够了解原文。举一两个例来说明。

《滑稽外史》第一七章写时装店里女店员领班那格女士听见顾客说她是"老妪"，险些气破肚子，回到缝纫室里，披头散发，大吵大闹，把满腔妒愤都发泄在年轻貌美的加德身上，她手下一伙女孩子也附和着。林纾译文里有下面的一节：

> 那格……始笑而终哭，哭声似带讴歌。曰："嗟乎！吾来十五年，楼中咸谓我如名花之鲜妍。"——歌时，顿其左足，曰："嗟夫天！"又顿其右足，曰："嗟夫天！十五年中未被人轻贱。竟有骚狐奔我前，辱我令我肝肠颤！"

这真是带唱带做的小丑戏，逗得读者都会发笑。我们忙翻开迭更司原书（第一八章）来看，颇为失望。略仿林纾的笔调译出来，大致如此：

> 那格女士先狂笑而后嘤然以泣，为状至辛楚动人。疾呼曰："十五年来，吾为此楼上下增光匪少。邀天之佑。"——言及此，力顿其左足，复力顿其右足，顿且言曰："吾未尝一日遭辱。胡意今日为此婢所卖！其用心诡鄙极矣！其行事实玷吾侪，知礼义者无勿耻之。吾憎之贱之，然而吾心伤矣！吾心滋伤矣！"

那段"似带讴歌"的顺口溜是林纾对原文的加工改造，绝不会由于助手的误解或曲解。他一定觉得迭更司的描写还不够淋漓尽致，所以浓浓地渲染一下，增添了人物和情景的可笑。写作我国近代文学史的学者一般都未必读过迭更司原著，然而不犹豫地承认林纾颇能表达迭更司的风趣。但从这个例子看来，林纾往往捐助自己的"谐谑"，为迭更司的幽默加油加酱[18]。再从《滑稽外史》举一例，见于第三三章

（迭更司原书第三四章）：

> 司圭尔先生……顾老而夫曰："此为吾子小瓦克福。……君但观其肥硕，至于莫能容其衣。其肥乃日甚，至于衣缝裂而铜钮断。"乃按其子之首，处处以指戟其身，曰："此肉也。"又戟之曰："此亦肉，肉韧而坚。今吾试引其皮，乃附肉不能起。"方司圭尔引皮时，而小瓦克福已大哭，摩其肌曰："翁乃苦我！"司圭尔先生曰："彼尚未饱。若饱食者，则力聚而气张，虽有瓦屋，乃不能网其身。……君试观其泪中乃有牛羊之脂，由食足也。"

这一节的译笔也很生动。不过，迭更司只写司圭尔"处处戟其身"，只写他说那胖小子吃饱了午饭，屋子就关不上门，只写他说儿子眼泪有"油脂性"（oiliness）；什么"按其子之首""力聚而气张""牛羊之脂，由食足也"等等都出于林纾的锦上添花。更值得注意的是，迭更司笔下的小瓦克福只"大哭摩肌"，一句话没有说。"翁乃苦我"那句怨言是林纾凭空穿插进去的，添个波折，使场面平衡；否则司圭尔一个人滔滔独白，说得热闹，儿子仿佛哑口畜生，他这一边太冷落了。换句话说，林纾认为原文美中不足，这里补充一下，那里润饰一下，因而语言更具体，情景更活泼，整个描述笔酣墨饱。不由我们不联想起他崇拜的司马迁《史记》里对过去记述的润色或增饰[19]。林纾写过不少小说，并且要采取用"西人哈葛德"和"迭更先生"的笔法来写小说[20]。他在翻译时，碰到他认为是原作的弱笔或败笔，不免手痒难熬，抢过作者的笔代他去写。从翻译的角度判断，这当然也是"讹"。即使添改得很好，毕竟变换了本来面目，何况添改未必一一妥当。方才引的一节算是改得不差的，上面那格女士带哭带唱的一节就有问题。那格确是一个丑角，这场哭吵也确有装模作样的成分。但是，假如她有腔无调地"讴歌"起来，那显然是在做戏，表示她的哭泣压根儿是假的，她就制造不成紧张局面了，她的同伙和她的对头不会严肃对待她的发脾气了，不仅我们读着要笑，那些人当场也忍不住笑了。李贽评点《琵琶记》第八折《考试》批语："太戏！不像！""戏则戏矣，倒须似真，若真反不妨似戏也。"[21]林纾的改笔过火得仿佛插科打诨，正所谓"太戏！不像！"了。

大家一向都知道林译删节原作，似乎没人注意它有时也像上面所说的增补原作。这类增补，在比较用心的前期林译里，尤其在迭更司和欧文作品的译本里，出现得很多。或则加一个比喻，使描叙愈有风趣，例如《拊掌录·睡洞》：

> 而笨者读不上口，先生则以夏楚助之，使力跃字沟而过。

原文只仿佛杜甫《漫成》诗所说"读书难字过",并无"力跃字沟"这个新奇的形象。或则引申几句议论,使意义更显豁,例如《贼史》第二章:

> 凡遇无名而死之儿,医生则曰:"吾剖腹视之,其中殊无物。"外史氏曰:"儿之死,正以腹中无物耳!有物又焉能死?"

"外史氏曰"云云在原文是括弧里的附属短句,译成文言只等于:"此语殆非妄。"作为翻译,这种增补是不足为训的,但从修辞学或文章作法的观点来说,它常常可以启发心思。林纾反复说外国小说"处处均得古文文法","天下文人之脑力,虽欧亚之隔,亦未有不同者",又把《左传》《史记》等和迭更司、森彼得的叙事来比拟[22],并不是空口说大话。他确按照他的了解,在译文里有节制地掺进评点家所谓"顿荡""波澜""画龙点睛""颊上添毫"之笔,使作品更符合"古文义法"[23]。**一个能写作或自信能写作的人从事文学翻译,难保不像林纾那样的手痒;他根据个人的写作标准和企图,要充当原作者的"诤友",自信有点铁成金、以石攻玉或移橘为枳的义务和权利,把翻译变成借体寄生的、东鳞西爪的写作。** 在各国翻译史里,尤其在早期,都找得着可和林纾作伴的人。像他的朋友严复的划时代译本《天演论》就把"元书所称西方"古书、古事"改为中国人语","用为主文谲谏之资";当代法国诗人瓦勒利也坦白承认在翻译桓吉尔《牧歌》时,往往心痒痒地想修改原作(des envies de changer quelque chose dans le texte vénérable)[24]。**正确认识翻译的性质,认真执行翻译的任务,能写作的翻译者就会有克己工夫,抑止不适当的写作冲动,也许还会鄙视林纾的经不起引诱。** 但是,正像背负着家庭重担和社会责任的成年人偶尔羡慕小孩子的放肆率真,某些翻译家有时会暗恨自己不能像林纾那样大胆放手的,我猜想。

上面所引司圭尔的话"君但观其肥硕,至于莫能容其衣",应该是"至于其衣莫能容"或"至莫能容于其衣"。这类文字上的颠倒讹脱在林译里相当普遍,看来不能一概归咎于排印的疏忽。林纾"译书"的速度是他引以自豪的,也实在是惊人的[25]。不过,他下笔如飞、文不加点,得付出代价。除了造句松懈、用字冗赘而外,字句的脱漏错误无疑是代价的一部分。就像前引《三千年艳尸记》那一节里:"而鳄鱼亦侧其齿,尚陷入狮股"(照原来断句),也很费解;根据原文推断,大约漏了一个"身"字:"鳄鱼亦侧其身,齿尚陷入狮股。"又像《巴黎茶花女遗事》:"余转觉忿怒马克揶揄之心,逐渐为欢爱之心渐推渐远",赘余的是"逐渐";似乎本来想写"逐渐为欢爱之心愈推愈远",中途变计,而忘掉删除那两个字。至于不很——或很不——利落的句型,例子可以信手拈来:"然马克家日间谈宴,非十余人马克不适"（《茶花女遗事》）；"我所求于兄者，不过求兄加礼此老"（《迦茵小传》第四章）；"吾自思宜作何者，诇即久候于此，因思不如窃马而逃"（《大食故宫余载·记帅府之缚游兵》）。这些不能算是衍文，都属于刘知几所谓"省字"和"点烦"的范围了（《史通》内篇《叙事》、外篇《点烦》）。排印之误不会没有，但也许由于原稿的字迹潦草。最特出的例是《洪罕女郎传》的男主角的姓（Quaritch），全部译本里出现几百次，都作"爪立支"；"爪"字准是"瓜"字，草书形近致误。这里不妨摘录民国元年至六年主编《小说月报》的恽树珏先生给我父亲的一封信，信是民国三年十月二十九日写的："近此公〔指林纾〕有《哀吹录》四篇，售与敝报。弟以其名足震俗，漫为登录〔指《小说月报》第五卷七号〕。就中杜撰字不少：'翻筋斗'曰'翻滚斗'，'炊烟'曰'丝烟'。弟不自量，妄为窜易。以我见侯官文字，此为劣矣！"这几句话不仅写出林纾匆忙草率，连稿子上显著的"杜撰字"或别字都没改正，而且无意中流露出刊物编者对名作家来稿常抱的典型的两面态度。

在"讹"字这个问题上，大家一向对林纾从宽发落，而严厉责备他的助手。**林纾自己也早把责任推得干净："鄙人不审西文，但能笔达；即有讹错，均出不知。"**（《西利亚郡主别传·序》）[26] 这不等于开脱自己是"不知者无罪"么？假如我上文没有讲错，那末林译的"讹"决不能全怪助手，而"讹"里最具特色的成分正出于林纾本人的明知故犯。也恰恰是这部分的"讹"能起一些抗腐作用，林译因此而可以免于全被淘汰。试看林纾的主要助手魏易单独翻译的迭更司《二城故事》（《庸言》第一卷十三号起连载），它就只有林、魏合作时那种删改的"讹"，却没有合作时那种增改的"讹"。林译有些地方，看来助手们不至于"讹错"，倒是"笔达"者"信笔行之"，不假思索，没体味出原话里的机锋。《滑稽外史》一四章（原书一五章）里番尼那封信是历来传诵的。林纾把第一句"笔达"如下，没有加上他惯用的密圈来表示欣赏和领会：

> 先生足下：吾父命我以书与君。医生言吾父股必中断，腕不能书，故命我书之。

无端添进一个"腕"字，真是画蛇添足！对能读原文的人说来，迭更司这里的句法差不多防止了添进"腕"或"手"字的可能性（... the doctors considering it doubtful whether he will ever recover the use of his legs which prevents his holding a pen）。迭更司赏识的盖司吉尔夫人（Mrs. Gaskell）在她的小说里写了相类的话柄：一位老先生代他的妻子写信，说"她的脚脖子扭了筋，拿不起笔"（she being indisposed with sprained ankle, which quite incapacitated her from holding pen）[27]。看来那是一个中

西共有的套版笑话。《晋书》卷六八《贺循传》："及陈敏之乱，诈称诏书，以循为丹杨内史。循辞以脚疾，手不制笔"；《太平广记》卷二五〇引《朝野金载》："李安期……看判曰：'第书稍弱。'选人对曰：'昨坠马伤足。'安期曰：'损足何废好书！'"林纾从容一些，即使记不得《晋书》的冷门典故，准会想起唐人笔记里的著名诙谐，也许就改译为"股必中断，不能作书"或"足胫难复原，不复能执笔"，不但加圈，并且加注了[28]。当然，助手们的外文程度都很平常，事先准备也不一定充分，临时对本口述，又碰上这位应声直书的"笔达"者，不给予迟疑和考虑的间隙。忙中有错，口述者会看错说错，笔达者难保不听错写错；助手们事后显然也没有校核过林纾的稿子。在那些情况下，不犯"讹错"才真是奇迹。不过，苛责林纾助手们的人很容易忽视或忘记翻译这门艺业的特点。我们研究一部文学作品，事实上往往不能够而且不需要一字一句都透彻了解的。对有些字、词、句以至无关重要的章节，我们都可以"不求甚解"，一样写得出头头是道的论文，因而挂起某某研究专家的牌子，完全不必声明对某字、某句、某典故、某成语、某节等缺乏了解，以表示自己严肃诚实的学风。**翻译可就不同，只仿佛教基本课老师的讲书，而不像大教授们的讲学。原作里没有一个字可以滑过溜过，没有一处困难可以支吾扯淡。一部作品读起来很顺利容易，译起来马上出现料想不到的疑难，而这种疑难并非翻翻字典、问问人就能解决。不能解决而回避，那就是任意删节的"讹"；不敢或不肯躲闪而强作解人，那更是胡猜乱测的"讹"。** 可怜翻译者给扣上"反逆者"的帽子，既制造不来烟幕，掩盖自己的无知和谬误，又常常缺乏足够厚的脸皮，不敢借用博尔赫斯（J. L. Borges）的话反咬一口，说那是原作对译本的不忠实（El original es infiel a la traduccion）[29]。譬如《滑稽外史》原书第三五章说赤利伯尔弟兄是"German-merchants"，林译第三四章译为"德国巨商"。我们一般也是那样理解的，除非仔细再想一想。迭更司决不把德国人作为英国社会的救星；同时，在十九世纪描述本国生活的英国小说里，异言异服的外国角色只是笑柄[30]，而赤利伯尔的姓氏和举止表示他是道地的英国人。那个平常的称谓在这里有一个现代不常用的意义：不指"德国巨商"，而指和德国做进出口生意的英国商人[31]。写文章评论《滑稽外史》或介绍迭更司的思想和艺术时，只要不推断他也像卡莱尔那样向往德国，我们的无知谬误大可免于暴露丢脸；翻译《滑稽外史》时，只怕不那么安全了。

　　所以，林纾助手的许多"讹错"，都还可以原谅。使我诧异的是他们教林纾加添的解释，那一定经过一番调查研究的。举两个我认为最离奇的例。《黑太子南征录》[32]第五章："彼马上呼我为'乌弗黎'（注：法兰西语，犹言'工人'），且作势，令我辟此双扉。我为之启关，彼则曰：'懋尔西（注：系不规则之英语）。'"

《孝女耐儿传》第五一章："白拉司曰：'汝大能作雅谑，而又精于动物学，何也？汝殆为第一等之小丑！'英文 Buffoon，滑稽也，Bufon，癫蟆也。"白拉司本称圭而伯为"滑稽"，音吐模糊，遂成"癫蟆"。把"开门"（ouvre）和"工人"（ouvrier）混为一字，不去说它，为什么把也是"法兰西语"的"谢谢"（merci）解释为"不规则之英语"呢？法国一位"动物学"家的姓和法语"小丑"那个字声音相近，雨果的诗里就叶韵打趣过[33]；不知道布封这个人，不足为奇，为什么硬改了他的本姓（Buffon）去牵合拉丁语和意语的"癫蟆"（bufo, bufone），以致法国的"动物学"大家化为罗马的两栖小动物呢？莎士比亚《仲夏夜之梦》第三幕第一景写一个角色遭魔术禁咒，变成驴首人身，他的伙伴惊叫道："天呀！你是经过了翻译了（Thou art translated）！"那句话可以应用在这个例上。

林纾四十四五岁，在逛石鼓山的船上，开始翻译[34]。他不断译书，直到逝世，共译一百七十余种作品，几乎全是小说。传说他也曾被聘翻译基督教《圣经》[35]，那多分是不懂教会事务的小报记者无稽之谈。据我这次不很完全的浏览，他接近三十年的翻译生涯显明地分为两个时期。**"癸丑三月"（民国二年）译完的《离恨天》算得前后两期间的界标。在它以前，林译十之七八都很醒目；在它以后，译笔逐渐退步，色彩枯暗，劲头松懈，读来使人厌倦。**这并非因为后期林译里缺乏出色的原作。塞万提斯的《魔侠传》和孟德斯鸠的《鱼雁抉微》就出于后期。经过林纾六十岁后没精打采的翻译，它们竟像《鱼雁抉微》里嘲笑的神学著作，仿佛能和安眠药比赛功效[36]。塞万提斯的生气勃勃、浩瀚流走的原文和林纾的死气沉沉、支离纠绕的译文，孟德斯鸠的"神笔"（《鱼雁抉微·序》，见《东方杂志》第一二卷九号）和林纾的钝笔，成为残酷的对照。说也奇怪，同一个哈葛德的作品，后期所译《铁盒头颅》之类，也比前期所译他的任何一部书来得沉闷。袁枚论诗的"老手颓唐"那四个字（《小仓山房诗集》卷二〇《续诗品·辨微》又《随园诗话》卷一），完全可以移评后期林译；一个老手或能手不肯或不复能费心卖力，只依仗积累的一点儿熟练来搪塞敷衍。**前期的翻译使我们想象出一个精神饱满而又集中的林纾，兴高采烈，随时随地准备表演一下他的写作技巧。后期翻译所产生的印象是，一个困倦的老人机械地以疲乏的手指驱使着退了锋的秃笔，要达到"一时千言"的指标。**他对所译的作品不再欣赏，也不甚感觉兴趣，除非是博取稿费的兴趣。换句话说，这种翻译只是林纾的"造币厂"承应的一项买卖[37]；形式上是把外文作品转变为中文作品，而实质上等于把外国货色转变为中国货币。林译前后期的态度不同，从一点上看得出。**他前期的译本绝大多数有自序或他人序，有跋，有《小引》，有《达旨》，有《例言》，有《译余剩语》，有《短评数则》，有自己和别人所题的诗、词，还有时常附加在译文中的按语和评语。**这种种都对原作的意义或艺术作了阐明或赞赏。尽管讲了些迂腐和幼稚的话，流露的态度是庄重的、热烈的。他和他翻译的东西关系亲密，甚至感情冲动得暂停那支落纸如飞的笔，腾出工夫来擦眼泪[38]。**在后期译本里，这些点缀品或附属品大大减削。**题诗和题词完全绝迹；卷头语例如《孝友镜》的《译余小识》，评语例如《烟火马》第二章里一连串的"可笑""可笑极矣""令人绝倒"等，也几乎绝无仅有；像《金台春梦录》以北京为背景，涉及中国的风土掌故，竟丝毫不能刺激他发表感想。他不像以前那样亲热、隆重地对待他所译的作品；他的整个态度显得随便，竟可以说是淡漠或冷淡。假如翻译工作是"文学因缘"，那末林纾后期的翻译颇像他自己所译的书名"冰雪因缘"了。

林纾是"古文家"，他的朋友们恭维他能用"古文"来译外国小说，就像赵熙《怀畏庐叟》："列国虞初铸马班。"（陈衍《近代诗钞》第一八册）后来的评论者也照例那样说，大可不必，只流露出他们对文学传统不甚了了。这是一个需要澄清的问题。"古文"是中国文学史上的术语，自唐以来，尤其在明清两代，有特殊而狭隘的涵义。并非文言就算得"古文"，同时，在某种条件下，"古文"也不一定和白话文对立。

"古文"有两方面。一方面就是林纾在《黑奴吁天录·例言》《撒克逊劫后英雄略·序》《块肉余生述·序》里所谓"义法"，指"开场""伏脉""接笋""结穴""开阖"等等——一句话，叙述和描写的技巧。从这一点说，白话作品完全可能具备"古文家义法"。明代李开先《词谑》早记载"古文家"像唐顺之、王慎中等把《水浒传》和《史记》比美[39]。林纾同时人李葆恂《义州李氏丛刊》里的《旧学盦笔记》似乎极少被征引过。一条记载"阳湖派"最好的古文家恽敬的曾孙告诉他："其曾祖子居先生有手写《〈红楼梦〉论文》一书，用黄、朱、墨、绿笔，仿震川评点《史记》之法"[40]；另一条说："阮文达极赏《儒林外史》，谓：'作者系安徽望族，所记乃其乡里来商于扬而起家者，与土著无干。作者一肚皮愤激，借此发泄，与太史公作谤书，情事相等，故笔力亦十得六七。'倾倒极矣！予谓此书，不惟小说中无此奇文，恐欧、苏后具此笔力者亦少；明之归、唐，国朝之方、姚，皆不及远甚。只看他笔外有笔，无字句处皆文章，褒贬讽刺，俱从太史公《封禅书》得来。"[41]简直就把白话小说和《史记》、八家"古文"看成同类的东西，较量高下，追溯渊源。林纾自己在《块肉余生述·序》《孝女耐儿传·序》里也把《石头记》《水浒》和"史、班"相提并论。我上文已指出，他还发现外国小说"处处均得古文文法"。那末，在"义法"方面，外国小说本来就符合"古文"，无需林纾转化它为"古文"了。

不过，"古文"还有一个方面——语言。只要看林纾信奉的"桐城派"祖师方苞的教诫，我们就知道"古文"运用语言时受多少清规戒律的束缚。它不但排除了白话，也勾销了大部分的文言："古文中忌语录中语、魏晋六朝人藻丽俳语、汉赋中板重字法、诗歌中隽语、南北史佻巧语。"[42]后来的桐城派作者更扩大范围，陆续把"注疏""尺牍""诗话"的腔吻和语言都添列为违禁品[43]。受了这种步步逼进的限制，古文家战战兢兢地循规蹈矩，以求保卫语言的纯洁，消极的、像雪花而不像火焰那样的纯洁[44]。从这方面看，林纾译书的文体不是"古文"，至少就不是他自己所谓"古文"。他的译笔违背和破坏了他亲手制定的"古文"规律。譬如袁宏道《记孤山》有这样一句话："孤山处士妻梅子鹤，是世间第一种便宜人！"林纾《畏庐论文·十六忌》之八《忌轻儇》指摘说："'便宜人'三字亦可入文耶！"[45]然而我随手一翻，看到《滑稽外史》第二九章明明写着："惟此三十磅亦巨，乃令彼人占其便宜，至于极地。"又譬如《畏庐论文·拼字法》说："古文之拼字，与填词之拼字，法同而字异。词眼纤艳，古文则雅炼而庄严耳"；举了"愁罗恨绮"为"填词拼字"的例子。然而林译柯南达利的一部小说，恰恰题名《恨绮愁罗记》。更明显地表示态度的是《畏庐论文·十六忌》之一四《忌糅杂》："糅杂者，杂佛氏之言也。……适译《洪罕女郎传》，遂以《楞严》之旨，掇拾为序言，颇自悔其杂。幸为游戏之作，不留稿。"这节话充分证明了，林纾认为翻译小说和"古文"是截然两回事，"古文"的清规戒律对译书没有任何裁判效力或约束作用。其实方苞早批评明末遗老的"古文"有"杂小说"的毛病，其他古文家也都提出"忌小说"的警告[46]。试想翻译"写生逼肖"的小说而文笔不许"杂小说"，那不等于讲话而紧紧咬住自己的舌头吗？所以，林纾并没有用"古文"译小说，而且也不可能用"古文"译小说。

　　林纾译书所用文体是他心目中认为较通俗、较随便、富于弹性的文言。它虽然保留若干"古文"成分，但比"古文"自由得多；在词汇和句法上，规矩不严密，收容量很宽大。因此，"古文"里绝不容许的文言"隽语""佻巧语"像"梁上君子""五朵云""土馒头""夜度娘"等形形色色地出现了。白话口语像"小宝贝""爸爸""天杀之伯林伯"（《冰雪因缘》一五章，"天杀之"即"天杀的"）等也纷来笔下了。流行的外来新名词——林纾自己所谓"一见之字里行间便觉不韵"的"东人新名词"[47]——像"普通""程度""热度""幸福""社会""个人""团体"（《玉楼花劫》四章）、"脑筋""脑球""脑气""反动之力"（《滑稽外史》二七章、《块肉余生述》一二章又五二章）、"梦境甜蜜""活泼之精神""苦力"（《块肉余生述》一一章又三七章）等应有尽有了。还沾染当时的以译音代译意的习气，"马丹""密司脱""安琪儿""俱乐部"[48]之类连行接页，甚至毫不必要地来一个"列底（尊闺门之称也）"（《撒克逊劫后英雄略》五章，原文"Lady"），或者"此所谓'德武忙'耳（犹华言为朋友尽力也）。"（《巴黎茶花女遗事》，原书一〇章，原文"du dévouement"）意想不到的是，译文里有相当特出的"欧化"成分。好些字法、句法简直不像不懂外文的古文家的"笔达"，倒像懂得外文而不甚通中文的人的狠翻蛮译。那种生硬的——毋宁说死硬的——翻译构成了双重"反逆"，既损坏原作的表达效果，又违背了祖国的语文习惯。林纾笔下居然会有下面的例句！第一类像

> 侍者叩扉曰："先生密而华德至。"（《迦茵小传》五章）

把称呼词"密司脱"译意为"先生"，而又死扣住原文的次序，把这个词儿位置在姓氏之前[49]。第二类像

> 自念有一丝自主之权，亦断不收伯爵。（《巴黎茶花女遗事》，原书五章）

> 人之识我，恒多谀辞，直敝我耳。（《块肉余生述》一九章）

译"spoils me"为"敝我"，译"reçu le comte"为"收伯爵"，字面上好像比"使我骄恣""接待伯爵"忠实。不幸这是懒汉、懦夫或笨伯的忠实，结果产生了两句外国中文（pidgin translatorese），和"他热烈地摇动（shake）我的手""箱子里没有多余的房间（room）了""这东西太亲爱（dear），我买不起"等话柄，属于同一范畴。第三类像

> 今此谦退之画师，如是居独立之国度，近已数年矣。（《滑稽外史》一九章）

按照文言的惯例，至少得把"如是"两字移后："……居独立之国度，如是者已数年矣。"再举一个较长的例：

> 我……思上帝之心，必知我此一副眼泪实由中出，诵经本诸实心，布施由于诚意。且此妇人之死，均余搓其目，着其衣冠，扶之入柩，均我一人之力也。（《巴黎茶花女遗事》，原书二六章："... mais je pense que le bon Dieu reconnaîtra que mes larmes étaient vraies, ma prière fervente, mon aumône sincère, et qu'il aura pitié de celle qui, morte jeune et belle, n'a eu que moi pour lui fermer les yeux et l'ensevelir."）

"均我""均余"的冗赘，"着其衣冠"的语与意反（当云"为着衣冠"，原文亦无此意），都撇开不讲。整个句子完全遵照原文秩序，一路浩浩荡荡，顺次而下，

不重新安排组织。在文言语法里，孤零零一个"思"字无论如何带动不了后面那一大串词句，显得尾大不掉；"知"字虽然地位不那么疏远，也拖拉的东西太长，欠缺一气贯注的劲头。译文只好减缩拖累，省去原文里"上帝亦必怜彼妇美貌短命"那层词意。但是，整句的各个子句仍然散漫不够团结；假如我们不对照原文而加新式标点，就会把"且此妇人之死"另起一句。尽管这样截去后半句，前半句还嫌接榫不严、包扎太松，不很过得去。也许该把"上帝之心必知"那个意思移向后去："自思此一副眼泪实由中出，祈祷本诸实心，布施由于诚意，当皆蒙上帝鉴照，且伊人美貌短命，舍我无谁料理其丧葬者，当亦邀上帝悲悯。"这些例子足以表示林纾翻译时，不仅不理会"古文"的约束，而且常常无视中国语文的习尚。他简直像《撒克逊劫后英雄略》里那个勇猛善战的"道人"，一换去道袍，就什么清规都不守了[50]。

在林译第一部小说《巴黎茶花女遗事》里，我们看得出林纾在尝试，在摸索，在摇摆。他认识到，"古文"关于语言的戒律要是不放松（姑且不说放弃），小说就翻译不成。为翻译起见，他得借助于文言小说以及笔记的传统文体和当时流行的报刊文体。但是，不知道是良心不安，还是积习难改，他一会儿放下，一会儿又摆出"古文"的架子。古文惯手的林纾和翻译生手的林纾仿佛进行拉锯战或跷板游戏；这种忽进又退、此起彼伏的情况清楚地表现在《巴黎茶花女遗事》里。那可以解释为什么它的译笔比其他林译晦涩、生涩、"举止羞涩"；紧跟着的《黑奴吁天录》就比较晓畅明白。古奥的字法、句法在这部译本里随处碰得着。"我为君洁，故愿勿度，非我自为也"，就是一例。原书第一章里有一节从"Un jour"至"qu'autrefois"共二百十一个字，林纾只用十二个字来译："女接所欢，始，而其母下之，遂病。"要证明汉语比西语简括，这种例子是害人上当的[51]。司马迁还肯用浅显的"有身"或"孕"（例如《外戚世家》《五宗世家》《吕不韦列传》《春申君列传》《淮南衡山列传》《张丞相列传》），林纾却从《说文》和《玉篇》引《尚书·梓材》句"至于妇妇"，摘下了一个斑驳陆离的古字；班固还肯明白说"饮药伤堕"（《外戚传》下），林纾却仿《史记·扁鹊仓公列传》，惜墨如金地只用了一个"下"字。这可能就是《畏庐论文》所谓"换字法"了。另举一个易被忽略的例。小说里报道角色对话，少不得"甲说""乙回答说""丙于是说"那些引冒语。外国小说家常常花样翻新，以免比肩接踵的"我说""他说""她说"，读来单调，每每矫揉纤巧，受到修辞教科书的指斥[52]。中国古书报道对话时也来些变化，只写"曰""对曰""问""答云""言"等而不写明是谁在开口。更古雅的方式是连"曰""问"等都省得一干二净，《史通》内篇《模拟》所谓"连续而去其'对曰''问曰'等字"[53]。例如：

"……邦无道，谷，耻也。""克伐怨欲不行焉，可以为仁矣。"曰："可以为难矣。仁则吾不知也。"（《论语·宪问》）

"……则具体而微。""敢问所安？"曰："姑舍是。"（《孟子·公孙丑》）

佛经翻译里往往连省两次，例如：

"……是诸国土，若算师、若算弟子能得边际，知其数不？""不也，世尊。""诸比丘，是人所经国土……"（《妙法莲华经·化城喻品》第七）

"……汝见是学、无学二千人不？""唯然，已见。""阿难，是诸人等……"（同书《授学·无学人记品》第九）

在文言小说里像：

曰："金也。……""青衣者谁也？"曰："钱也。……""白衣者谁也？"曰："银也。……""汝谁也？"（《列异传·张奋》）

女曰："非羊也，雨工也。""何为雨工？"曰："雷霆之类也。"……君曰："所杀几何？"曰："六十万。""伤稼乎？"曰："八百里。"（《柳毅传》）

道士问众："饮足乎？"曰："足矣。""足宜早寝，勿误樵苏。"（《聊斋志异·劳山道士》）

都是偶然一见。《巴黎茶花女遗事》却反复应用这个"古文"里认为最高雅的方式：

配曰："若愿见之乎？吾与尔就之。"余不可。"然则招之来乎？"
曰："然。""然则马克之归谁送之？"
曰："然。""然则我送君。"
马克曰："客何名？"配唐曰："一家实瞳。"马克曰："识之。""一亚猛着彭。"马克曰："未之识也。"
突问曰："马克车马安在？"配唐曰："市之矣。"
"肩衣安在？"又曰："市之矣。""金钻安在？"曰："典之矣。"

余于是拭泪问翁曰："翁能信我爱公子乎？"翁曰："信之。""翁能信吾情爱，不为利生乎？"翁曰："信之。""翁能许我有此善念，足以赦吾罪戾乎？"翁曰："既信且许之。""然则请翁亲吾额……"

值得注意的是，在以后的林译里似乎不再碰见这个方式。第二部有单行本的林译是《黑奴吁天录》，书里就不再省去"曰"和"对曰"了（例如九章马利亚等和意里赛的对话、二〇章亚妃立和托弗收的对话）。

林译除迭更司、欧文以外，前期的那几种哈葛德的小说也未可抹杀。**我这一次发现自己宁可读林纾的译文，不乐意读哈葛德的原文。**也许因为我已很熟悉原作的内容，而颇难忍受原作的文字。哈葛德的原文滞重粗滥，对话更呆板，尤其是冒险小说里的对话常是古代英语和近代英语的杂拌。随便举一个短例。《斐洲烟水愁城录》第五章："乃以恶声斥洛巴革曰：'汝何为恶作剧？尔非痫当不如是。'"这是很利落的文言，也是很能表达原文意义的翻译，然而没有让读者看出原文里那句话的说法。在原文里，那句话（What meanest thou by such mad tricks? Surely thou art mad.）就仿佛中文里这样说："汝干这种疯狂的把戏，于意云何？汝准是发了疯矣！"对英语稍有感性的人看到这些不伦不类的词句，第一次觉得可笑，第二、三次觉得可厌了。林纾的文笔说不上工致，而大体上比哈葛德的明爽轻快。**译者运用"归宿语言"超过作者运用"出发语言"的本领，或译本在文笔上优于原作，都有可能性**[54]。最讲究文笔的裴德（Walter Pater）就嫌爱伦·坡的短篇小说词句凡俗，只肯看波德莱亚翻译的法文本；法朗士说一个唯美派的少年人（un jeune esthète）告诉他《冰雪因缘》在法译本里尚堪一读[55]。虽然歌德没有承认过纳梵尔（Gérard de Nerval）法译《浮士德》比原作明畅，只是傍人附会传讹[56]，但也确有出于作者亲口的事例。惠特曼并不否认弗莱理格拉德（F. Freiligrath）德译《草叶集》里的诗也许胜过自己的英文原作；博尔赫斯甚至赞美伊巴拉（Néstor Ibarra）把他的诗译成法语，远胜西班牙文原作[57]。惠特曼当然未必能辨识德语的好歹，博尔赫斯对法语下判断却确有资格的。哈葛德小说的林译颇可列入这类事例里——不用说，只是很微末的事例。近年来，哈葛德在西方文坛的地位稍稍回升，主要也许由于一位有世界影响的心理学家对《三千年艳尸记》的称道[58]；英国也陆续出版了他的评传，说明他在同辈通俗小说家里比较经得起时间的考验[59]。水涨船高，林译可以沾光借重，至少在评论林译时，我们免得礼节性地把"哈葛德是个不足道的作家"那类老话重说一遍了。

林纾"译书虽对客不辍，惟作文则辍"。上文所讲也证明他"译文"不像"作文"那样慎重、认真。我顺便回忆一下有关的文坛旧事。

不是一九三一年，就是一九三二年，我在陈衍先生的苏州胭脂巷住宅里和他长谈。

陈先生知道我懂外文，但不知道我学的专科是外国文学，以为准是理工或法政、经济之类有实用的科目。那一天，他查问明白了，就慨叹说："文学又何必向外国去学呢！咱们中国文学不就很好么！"[60] 我不敢跟他理论，只抬出他的朋友来挡一下，就说读了林纾的翻译小说，因此对外国文学发生兴趣。陈先生说："这事做颠倒了！琴南如果知道，未必高兴。你读了他的翻译，应该进而学他的古文，怎么反而向往外国了？琴南岂不是'为渊驱鱼'么？"他顿一顿，又说："琴南最恼人家恭维他的翻译和画。我送他一副寿联，称赞他的画，碰了他一个钉子。康长素送他一首诗，捧他的翻译，也惹他发脾气。"我记得见过康有为的**"译才并世数严林"**那首诗[61]，当时急于要听陈先生评论他交往的名士们，也没追问下去。事隔七八年，李宣龚先生给我看他保存的师友来信，里面两大本是《林畏庐先生手札》，有一封信说：

> ……前年我七十贱辰，石遗送联："讲席推前辈；画师得大年。"于吾之品行文章，不涉一字。[石遗]来书云："尔不用吾寿文，……故吾亦不言尔之好处。"[62]

这就是陈先生讲的那一回事了。另一封信提到严复：

> ……然几道生时，亦至轻我，至当面诋毁。[63]

我想起康有为的诗，就请问李先生。李先生说，康有为一句话得罪两个人。严复一向瞧不起林纾，看见那首诗，就说康有为胡闹，天下哪有一个外国字都不认识的"译才"，自己真羞与为伍。至于林纾呢，他不快意的有两点。诗里既然不紧扣图画，都是题外的衬托，那末首先该讲自己的古文，为什么倒去讲翻译小说？舍本逐末，这是一[64]。在这首诗里，严复只是个陪客，难道非用"十二侵"韵不可，不能用"十四盐"韵，来它一句"译才并世数林严"么？"史思明懂得的道理，安绍山竟不懂！"[65] 喧宾夺主，这是二。后来我和夏敬观先生谈起这件事，他提醒我，他的《忍古楼诗》卷七《赠林畏庐》也说："同时严几道，抗手极能事。"好在他"人微言轻"，不曾引起纠纷。文人好名，争风吃醋，历来传作笑柄，只要它不发展为无情、无义、无耻的倾轧和陷害，终还算得"人间喜剧"里一个情景轻松的场面。

林纾不乐意被称为"译才"，我们可以理解。刘禹锡《刘梦得文集》卷七《送僧方及南谒柳员外》说过："勿谓翻译徒，不为文雅雄"，就表示一般成见以为"翻译徒"是说不上"文雅"的。远在刘禹锡前，有一位公认的"文雅雄"搞过翻译——

谢灵运。他对"殊俗之音，多所通解"；传布到现在的《大般涅槃经》卷首明明标出："谢灵运再治"；抚州宝应寺曾保留"谢灵运翻经台"古迹，唐以来名家诗文集里都有题咏[66]。**我国编写文学史的人对谢灵运是古代唯一的大诗人而兼翻译家那桩事，一向都视若无睹。**这种偏见也并非限于翻译事业较不发达的中国。歌德评价卡莱尔的《德国传奇》（German Romance）时，借回教《古兰经》的一句话发挥说："**每一个翻译家也就是他本民族里的一位先知。**"（So ist jeder Uebersetzer ein Prophet in seinem Volke.）[67] 他似乎忘记了基督教《圣经》的一句话："一位先知在他本国和自己家里是不受尊敬的。"（《马太福音》一三章五七节）近在一九二九年，法国小说家兼翻译家拉尔波还大声疾呼，说翻译者是文坛上最被忽视和贱视的人，需要团结起来抗议，卫护"尊严"，提高身份[68]。林纾当然自命为"文雅雄"，没料想康有为在唱和应酬的文字社交里，还不肯口角春风，而只品定他是个翻译家；"译才"和"翻译徒"，正如韩愈所谓"大虫"和"老虫"，虽非同等，总是同类。他重视"古文"而轻视翻译，那也不足为奇，因为"古文"是他的一种创作；**一个人总觉得，和翻译比起来，创作更亲切地属于自己，尽管实际上他的所谓"创作"也许并非自出心裁，而是模仿或改编，甚至竟就是偷天换日的翻译。**让我们且看林纾评价自己的古文有多高，来推测他对待古文和翻译的差别有多大。

林纾早年承认不会作诗，陈衍先生《石遗室诗集》卷一《长句一首赠林琴南》记载他："谓'将肆力古文词，诗非所长休索和'。"他晚年要刻诗集，给李宣龚先生的信里说：

> 吾诗七律专学东坡、简斋；七绝学白石、石田，参以荆公；五古学韩；其论事之古诗则学杜。惟不长于七古及排律耳。

可见他对于自己的诗也颇得意，还表示门路很正、来头很大。然而接着是下面的一节：

> 石遗已到京，相见握手。流言之入吾耳者，一一化为云烟[69]。遂同往便宜坊食鸭，畅谈至三小时。石遗言吾诗将与吾文并肩，吾又不服，痛争一小时。石遗门外汉，安知文之奥妙！……六百年中，震川外无一人敢当我者；持吾诗相较，特狗吠驴鸣。

杜甫、韩愈、王安石、苏轼等真可怜，原来都不过是"狗吠驴鸣"的榜样！为了抬高自己某一门造诣，不惜把自己另一门造诣那样贬损以至糟蹋，我不知道第二个事例。虽然林纾在《震川集选》里说翻译《贼史》时，"窃效"归有光的《书张贞女死事》[70]，我猜想他给翻译的地位决不会在诗之上，而很可能在诗之下。假如有人做个试验，向他说："不错！比起先生的古文来，先生的诗的确只是'狗吠驴鸣'，先生的翻译像更卑微的动物——譬如'癞蟆'吧——的叫声。"他会怎样反应呢？是欣然引为知音？还是怫然"痛争"，替自己的诗和翻译辩护？这个试验当然没人做过，也许是无需做的。

四、拓展阅读

贺志刚 . 林纾和林纾的翻译［J］. 国外文学, 2004（2）: 42-47.

李欧梵 . 林纾与哈葛德——翻译的文化政治［J］. 东岳论丛, 2013（10）: 48-68.

林佩璇 . 林纾翻译研究新探［J］. 福建师范大学学报, 2003（2）: 96-100.

林纾 . 林琴南书话［M］. 杭州 : 浙江人民出版社, 1999.

钱锺书 . 七缀集［M］. 北京 : 生活·读书·新知三联书店, 2002: 77-114.

袁筱一 . 再谈林纾翻译引发的争议——读新近出版的日本学者樽本照雄的《林纾冤案事件簿》［N］. 文汇报, 2018-12-11（11）.

朱瑜 . 林纾的翻译和时代［J］. 中国现代文学研究丛刊, 2008（5）: 70-77.

樽本照雄 . 林纾冤案事件簿［M］. 李艳丽, 译 . 北京 : 商务印书馆, 2018.

五、翻译练习

Oliver Twist[①]

Although I am not disposed to maintain that the being born in a workhouse, is in itself the most fortunate and enviable circumstance that can possibly befall a human being, I do mean to say that in this particular instance, it was the best thing for Oliver Twist that could by possibility have occurred. The fact is, that there was considerable difficulty in inducing Oliver to take upon himself the office of respiration,—a troublesome practice, but one which custom has rendered necessary to our easy existence; and for some time he lay

---

① Dickens, C. *Oliver Twist*［EB/OL］.［2019-01-26］. https://www.gutenberg.org/files/730/730-h/730-h.htm.

gasping on a little flock mattress, rather unequally poised between this world and the next: the balance being decidedly in favour of the latter. Now, if, during this brief period, Oliver had been surrounded by careful grandmothers, anxious aunts, experienced nurses, and doctors of profound wisdom, he would most inevitably and indubitably have been killed in no time. There being nobody by, however, but a pauper old woman, who was rendered rather misty by an unwonted allowance of beer; and a parish surgeon who did such matters by contract; Oliver and Nature fought out the point between them. The result was, that, after a few struggles, Oliver breathed, sneezed, and proceeded to advertise to the inmates of the workhouse the fact of a new burden having been imposed upon the parish, by setting up as loud a cry as could reasonably have been expected from a male infant who had not been possessed of that very useful appendage, a voice, for a much longer space of time than three minutes and a quarter.

As Oliver gave this first proof of the free and proper action of his lungs, the patchwork coverlet which was carelessly flung over the iron bedstead, rustled; the pale face of a young woman was raised feebly from the pillow; and a faint voice imperfectly articulated the words, "Let me see the child, and die."

(*Oliver Twist* is the second novel by English author Charles Dickens, published by Richard Bentley in 1838.)

第三章　胡　适

引　言

胡适对于名家研究的态度值得借鉴："凡论一人，总须持平。爱而知其恶，恶而知其美，方是持平。"① 也就是说，要从整体上客观评价一个人、一部作品。

一、名家简介

胡适（1891—1962），安徽绩溪人。原名嗣穈，学名洪骍，字希疆，后改名胡适，字适之，笔名天风、藏晖等。现代著名学者、诗人、历史学家、文学家、哲学家。1915 年入哥伦比亚大学，师从杜威（杜威是对胡适"有终身影响的学者"），并在哥伦比亚大学获哲学博士学位。因提倡文学革命而成为新文化运动的领袖之一。1917 年回国后任北京大学教授，后任北京大学文学院院长。1939 年获得诺贝尔文学奖提名。1938—1942 年，出任驻美大使。1946—1948 年，任北京大学校长。1949 年，侨居美国。1958 年，回中国台湾任台湾"中央研究院"院长。著有《中国古代哲学史》《白话文学史》《胡适文存》《尝试集》《中国哲学史大纲》等。胡适是 20 世纪中国最重要的知识分子之一，在思想文化和学术教育领域都有开创性的贡献，影响深远。

胡适是新文化运动的领袖之一、白话文运动的倡导者，其译作在当时影响颇大。早在 1912 年，他就用白话文翻译了法国作家都德的短篇小说《**最后一课**》，后来被

---

① 胡适.胡适往来书信选：中册［M］.北京：中华书局，1979：339.

选入中学语文课本，可谓白话文的范文。他对西方短篇小说的译介，大致经历了四个时期：上海求学时期，大致为接触尝试时期；留美时期，大致为从不自觉到自觉的转变时期；1919年时期，大致为新文化运动大力倡导实践时期；1923—1928年时期，大致为成熟时期。1908年，胡适已经尝试翻译西方短篇小说。这年4月21日，他在《竞业旬报》第12期发表翻译故事《生死之交》；次年8月26日，又在《安徽白话报》发表翻译小说《国殇》。1910年2月22日，胡适在日记中写道："云五劝余每日以课余之暇多译小说，限日译千字，则每月可得五六十元，且可以增进学识。此意余极赞成，后此当实行之。"[①]可以看出，胡适在上海求学期间的翻译，大致还是出于生计和贴补家用的考虑。

到了1916年，胡适讨论文学革命时，已经开始意识到，西方小说的译介是文学革命的一个重要手段。他在1916年2月3日的日记中摘录了给陈独秀书信中的一些内容，内中即有"今日欲为祖国造新文学，宜从输入欧西名著入手，使国中人士有所取法，有所观摩，然后乃有自己创造之新文学可言也"等语。此时的胡适，对于翻译西方小说，已经转变为自觉的行动，生计的考虑应该已经居于其次。1919年10月《短篇小说》第一集出版，其中包括了胡适留美期间以及回国之后陆续翻译，并且在期刊上已经发表过的短篇小说译文。这本书颇受欢迎，1920年4月即再版，11月又出第三版。胡适在《〈短篇小说第二集〉译者自序》中说："《短篇小说第一集》销行之广，转载之多，都是我当日不曾梦见的。那十一篇小说，至今还可算是近年翻译的文学书之中流传最广的。这样长久的欢迎使我格外相信翻译外国文学的第一个条件是要使它化成明白流畅的本国文字。其实一切翻译都应该做到这个基本条件。但文学书是供人欣赏娱乐的，教训与宣传都是第二义，决没有叫人读不懂看不下去的文学书而能收教训与宣传的功效的。所以文学作品的翻译更应该努力做到明白流畅的基本条件。"[②]

他密切关注译坛动向，对翻译中出现的问题提出自己的主张。发表论述翻译的书信、文章主要有：《论译书寄陈独秀》（1916）、《答T.F.C.(论译戏剧)》（1919）、《翻译之难》（1924）、《论翻译——与曾孟朴先生书》（1928）、《论翻译——寄梁实秋评张友松先生〈评徐志摩的曼殊斐儿小说集〉》（1928）、《〈短篇小说第二集〉译者自序》（1933）等。此外，在未公开发表的文章、札记、书信往来中对翻译问题也偶有论及。

胡适一生翻译了30多篇诗歌、17篇短篇小说等，大多收录在《尝试集》和《尝

① 胡适.胡适日记全编：第1卷［M］.曹伯言，整理.合肥：安徽教育出版社,2001:18.
② 胡适.一封未寄的信：胡适译短篇小说集［M］.北京：北京大学出版社,2014:i.

试后集》中，其中有都德、莫泊桑等人的名著，为中国翻译文学的创作提供了翻译依据，是文学翻译的模范。胡适在亲自从事翻译创作的同时，更注重组织集体的力量大干一番事业。早在1918年，胡适就初步拟定了两条翻译西洋文学名著的办法：

（1）只译名家著作，不译第二流以下的著作。我以为国内真懂得西洋文学的学者应该开一会议，公共选定若干种不可不译的第一流文学名著：约数如一百种长篇小说，五百篇短篇小说，三百种戏剧，五十家散文，为第一部"西洋文学丛书"，期五年译完，再选第二部。译成之稿，由这几位学者审查，并一一为作长序及著者略传，然后付印；其第二流以下，如哈葛得之流，一概不选。诗歌一类，不易翻译，只可从缓。

（2）全用白话韵文之戏曲，也都译为白话散文。用古文译书，必失原文的好处。如林琴南的"其女珠，其母下之"，早成笑柄，且不必论。前天看见一部侦探小说《圆室案》中，写一位侦探"勃然大怒，拂袖而起"。不知道这位侦探穿的是不是康桥大学的广袖制服！——这样译书，不如不译。又如林琴南把莎士比亚的戏曲，译成了记叙体的古文！这真是莎士比亚的大罪人，罪在《圆室案》译者之上！①

1930年7月，胡适受聘担任中华教育文化基金董事会编译委员会主任委员，全面负责组织机构和主持编译工作，这使他终于有机会实施十年前的构想。他首先制订包括编译宗旨、进行程序、选择原书、精选译者、审查、译费与审查费等内容的详尽的编译计划。其中，第一条为"编译主旨"："无论是一个时代，或一个国家，各选译最好的历史一种或数种，并选译可以代表那时代或那国家的思想文艺作品若干种，使我们对于那时代或那国家的文化可以有明了的了解。"第二条为"进行程序"："斟酌国内的需要，先用全力翻译重要的历史名著，而以余力翻译曾在世界文化史上发生重大影响的学术文艺作品若干种……"② 胡适还制定了《译书规约》，其中第五条为："译书一面要不失作者的本意，一面又要使读者能懂。"③ 特别值得一提的是，胡适曾确定了翻译莎士比亚全集的计划，后来因种种原因，这个任务落在了梁实秋一个人身上。胡适一直给予支持、鼓励，并亲自审阅梁氏译著。梁实秋经过30多个春秋的辛勤耕耘，终于全集译成，开酒会之时胡适已经去世了。梁实秋回忆起胡适，

---

① 胡适.建设的文学革命论［M］//欧阳哲生.胡适文集：第2卷.北京：北京大学出版社,1998:57.

② 耿云志.胡适遗稿及秘藏书信：第13卷［M］.合肥：黄山书社,1994:362-366.

③ 耿云志.胡适遗稿及秘藏书信：第13卷［M］.合肥：黄山书社,1994:367.

满怀深情地说："领导我、鼓励我、支持我，使我能在 30 年来时断时续地译完莎士比亚全集者，有三个人，其中第一位就是胡适之先生。"[①]

总之，无论在翻译理论倡导还是在实践中，胡适都对我国的翻译事业做出了巨大贡献。他的书信和文章也是其翻译思想的表达，对推动新文化运动及后期的中国翻译事业起到了重要的指导作用。

另外，美国著名的实用主义哲学家、教育家约翰·杜威（1859—1952）应邀在中国访问和讲学的两年多时间里（从 1919 年 4 月 30 日至 1921 年 8 月 20 日），胡适曾多次担任现场口译。

二、名译欣赏：正统哲学的起源

【原文】

Chapter 1　Changing Conceptions of Philosophy[②]

John Dewey

Man differs from the lower animals because he preserves his past experiences. What happened in the past is lived again in memory. About what goes on today hangs a cloud of thoughts concerning similar things undergone in bygone days. With the animals, an experience perishes as it happens, and each new doing or suffering stands alone. But man lives in a world where each occurrence is charged with echoes and reminiscences of what has gone before, where each event is a reminder of other things. Hence he lives not, like the beasts of the field, in a world of merely physical things but in a world of signs and symbols. A stone is not merely hard, a thing into which one bumps; but it is a monument of a deceased ancestor. A flame is not merely something which warms or burns, but is a symbol of the enduring life of the household, of the abiding source of cheer, nourishment and shelter to which man returns from his casual wanderings. Instead of being a quick fork of fire which may sting and hurt, it is the hearth at which one worships and for which one fights. And all this which marks the difference between bestiality and humanity, between culture and merely physical nature, is because man remembers, preserving and recording

---

① 梁实秋. 梁实秋怀人丛录 [M]. 北京：中国广播电视出版社，1991: 267.

② Dewey, J. *Reconstruction in Philosophy* [M]. New York: Henry Holt and Company, 1920: 1-6.

his experiences.

The revivals of memory are, however, rarely literal. We naturally remember what interest us and because it interests us. The past is recalled not because of itself but because of what it adds to the present. Thus the primary life of memory is emotional rather than intellectual and practical. Savage man recalled yesterday's struggle with an animal not in order to study in a scientific way the qualities of the animal or for the sake of calculating how better to fight tomorrow, but to escape from the tedium of today by regaining the thrill of yesterday. The memory has all the excitement of the combat without its danger and anxiety. To revive it and revel in it is to enhance the present moment with a new meaning, a meaning different from that which actually belongs either to it or to the past. Memory is vicarious experience in which there is all the emotional values of actual experience without its strains, vicissitudes and troubles. The triumph of battle is even more poignant in the memorial war dance than at the moment of victory; the conscious and truly human experience of the chase comes when it is talked over and re-enacted by the camp fire. At the time, attention is taken up with practical details and with the strain of uncertainty. Only later do the details compose into a story and fuse into a whole of meaning. At the time of practical experience man exists from moment to moment, preoccupied with the task of the moment. As he resurveys all the moments in thought, a drama emerges with a beginning, a middle and a movement toward the climax of achievement or defeat.

Since man revives has past experience because of the interest added to what would otherwise be the emptiness of present leisure, the primitive life of memory is one of fancy and imagination, rather than of accurate recollection. After all, it is the story, the drama, which counts. Only those incidents are selected which have a present emotional value, to intensify the present tale as it is rehearsed in imagination or told to an admiring listener. What does not add to the thrill of combat or contribute to the goal of success or failure is dropped. Incidents are rearranged till they fit into the temper of the tale. Thus early man when left to himself, when not actually engaged in the struggle for existence, lived in a world of memories which was a world of suggestions. A suggestion differs from a recollection in that no attempt is made to test its correctness. Its correctness is a matter of relative indifference. The cloud suggests a camel or a man s face. It could not suggest these things unless some time there had been an actual, literal experience of camel and face. But the real likeness is of no account. The main thing is the emotional interest in tracing the camel or following the fortunes of the face as it forms and dissolves.

Students of the primitive history of mankind tell of the enormous part played by animal tales, myths and cults. Sometimes a mystery is made out of this historical fact, as if it indicated that primitive man was moved by a different psychology from that which now animates humanity. But the explanation is, I think, simple. Until agriculture and the higher industrial arts were developed, long periods of empty leisure alternated with comparatively short periods of energy put forth to secure food or safety from attack. Because of our own habits, we tend to think of people as busy or occupied, if not with doing at least with thinking and planning. But then men were busy only when engaged in the hunt or fishing or fighting expedition. Yet the mind when awake must have some filling; it cannot remain literally vacant because the body is idle. And what thoughts should crowd into the human mind except experiences with animals, experiences transformed under the influence of dramatic interest to make more vivid and coherent the events typical of the chase? As men in fancy dramatically re-lived the interesting parts of their actual lives, animals inevitably became themselves dramatized.

They were true *dramatis personae* and as such assumed the traits of persons. They too had desires, hopes and fears, a life of affections, loves and hates, triumphs and defeats. Moreover, since they were essential to the support of the community, their activities and sufferings made them, in the imagination which dramatically revived the past, true sharers in the life of the community. Although they were hunted, yet they permitted themselves after all to be caught, and hence they were friends and allies. They devoted themselves, quite literally, to the sustenance and well-being of the community group to which they belonged. Thus were produced not merely the multitude of tales and legends dwelling affectionately upon the activities and features of animals, but also those elaborate rites and cults which made animals ancestors, heroes, tribal figure-heads and divinities.

I hope that I do not seem to you to have gone too far afield from my topic, the origin of philosophies. For it seems to me that the historic source of philosophies cannot be understood except as we dwell, at even greater length and in more detail, upon such considerations as these. We need to recognize that the ordinary consciousness of the ordinary man left to himself is a creature of desires rather than of intellectual study, inquiry or speculation. Man ceases to be primarily actuated by hopes and fears, loves and hates, only when he is subjected to a discipline which is foreign to human nature, which is, from the stand point of natural man, artificial. Naturally our books, our scientific and philosophical books, are written by men who have subjected themselves in a superior degree to intellectual discipline and culture. Their thoughts are habitually reasonable. They have learned to check their fancies by facts, and to organize their ideas logically rather than emotionally and dramatically.

【译文1】

正统哲学的起源①

胡 适 译

这一篇原文题为"Changing Conceptions of Philosophy"，既不易译成中文，又不很明瞭，故我曾请得杜威先生的同意，改题为"正统哲学的起源"。（胡适注）

人与下等动物不同，因为人保存他的过去经验。过去的事在记忆里还可以重新经验过。我们今天做的事并不是孤立的；每一件事的周围，隐隐约约地都是一些和这件事相类似的过去经验。下等动物的经验一过去就没有了；每一件新动作，无论是施是受，总是孤立的。人的经验却不然；每一事里常带有过去经验的回响与追念，每一事常使人想到他事。因此，我们可以说，禽兽住的世界只是一种物质的世界；人住的却不仅是物质的世界，乃是一个充满着符号与象征的世界（a world of signs and symbols）。一块石头不仅仅是坚硬碍人的东西，也许是一个祖宗的墓碑。一派火光不仅是暖热燃烧的东西，也许是家庭生活的一种标识；不仅是烫手伤人的火焰，也许是我们最爱护的家庭炉火呢。（西洋人以冬日的炉火［hearth］为家庭生活的代表，正如吾国古代以社稷为国家之符号）这种区别，人与禽兽所以不同，人文与天然所以大异，只是因为人能记忆，能保存他的经验。

但我们追忆起来的事物很少是正确纪实的。我们自然记忆那有兴趣的部分，正因为那一部分使我们发生兴趣。我们回想往事，并非因为往事的本身，乃是因为这种往事能使现在的生活增加一点意味。因此，我们可以说，记忆之最初生活是情绪的而非智识的，亦非实用的。野蛮人追想他昨日和野兽的搏战，并不是想要细细研究那野兽的性质，也不是想要改良他明天搏战的方法，不过是想要用昨天的热闹来解除今天的沉闷无聊罢了。这种回想，有昨天搏战的种种热闹，只没有昨天的种种危险与焦急。回想这事，细细赏玩，能使现在这一刻得一种新意味；这种意味既非现在这一刻所固有，又不完全与昨日所有相同，故是新的意味。我们可以说：记忆

① 杜威.哲学的改造［M］.胡适，唐擘黄，译.合肥：安徽教育出版社，1999：1-4.

乃是经验的替身，具有真经验的种种感情上的价值，而没有他的种种困难烦恼。譬如搏战，当阵上死生相搏之时，谁能赏玩搏战的趣味！又如打猎，当野外追逐野兽之时，全神注射，惟恐赶不上，哪有心情领略打猎的意味！后来真事已过去了，战胜的人追想战胜的故事，作为"奏凯舞"，或三五人围着野火高谈当日赶杀野兽的故事，手舞足蹈的演做出来：这时候，当日的琐碎情节，方才连贯起来，装点起来，变成一种有意义的全部。当日搏战或赶野兽之时，他们的活动只顾得那一时一刻，是零碎的；直到追叙或演为歌舞之时，那零碎的事实都联成一出有头有尾有起伏有照应的戏剧了；这时候，战胜与打猎的兴味方才完全呈现出来，方才可以使人细细的赏玩领会。

这样看来，人类追想过去的经验，不过是因为往事的兴味可以消遣现在闲暇时候的无聊。因为如此，所以最初的追想大都是自由的想象，未必是精确的追忆。要紧的只是这个故事要说的圆满，或这出戏文要唱的有趣。所以选择材料就不免有点偏重。中选的都是那些可以动听，可以增加感情作用的情节。那些不能增长兴趣无关成败的情节，便都删去了。那些入选的情节，也须依着这个故事的性质，随意移前搬后，并不必依照实事的次序。所以我们可以说，人类闲暇无事时住在一种追想的世界里，这种追想的世界其实只是一种暗示的世界（a world of suggestions）。暗示与追忆不同，因为暗示从不想考证他自己的正确与否。正确不正确，他毫不在意。譬如天上一片云，使人想起一只骆驼或一个人面的暗示。这个人固然先曾见过真的人面或真的骆驼，但这片云究竟有几分像那真骆驼或真人面，他可不在意。他只顾他感情上的兴趣，眼望着那天上骆驼的朦胧和那云中人面的出没。

研究初民历史的学者都知道初民社会里有许多禽兽的故事与禽兽的神话。有人说，这可证明初民另有一种心理，与现在人类的心理绝不同。其实不然。当农事与工艺未发达之先，初民求食或避害的活动，每年不过占几个很短的时期，往往有很多的闲空时期。我们过惯了这种忙碌的现代生活，往往悬想初民的社会也必是终年穷忙的，要不忙着做活，也必忙着做计划。其实初民只有渔猎或战争的时候是忙的，剩下无事的时候，心里空荡荡的怪不好过，总得寻点东西装满这空闲的时间。他们的经验可是很有限的，除了捉鱼、打猎得来的禽兽知识，还有什么别的材料可以供他们的消遣呢？因此，初民社会里遂发生许多禽兽的神话，用他们平日最有趣的生活点缀起来，牛魔、豹怪便都变成戏中的人物了！这些禽兽在神话里都带着人的品性；他们也会有情欲希望，也会有爱情，也会有仇恨，也会有哀乐喜惧，也会有胜败。况且在初民社会里，这些禽兽都可算是社会的分子，因为若没有他们，社会不但缺乏食料，并且连生活的趣味都减少了。打猎的人尽管赶打野兽，但捉到之后，他们究竟是好朋友，他们的血肉养活大家的生命。所以后来不但产生了许多叙述禽兽的生活的故事与神话，并且还产生了许多繁复的宗教仪式，内中往往有把禽兽当作祖宗，当作好汉，当作神灵的。

我的题目是哲学的起源，我很盼望你们诸位不要疑心我上文这一大段的话是文不对题的。因为依我看来，我们如要懂得各派哲学之历史上的来源，没有别的法子，只有从那些故事神话说起，并且应该比我说的更详细。我们须要知道，平常人的平常意识，若没有受过训练，只是欲望的产儿，并非研究考虑的结果。人必须受过一番教练，方才渐渐的不完全是爱憎喜惧的奴隶了。这种教练，从"自然人"的观点看起来，是很不自然的。我们现在的科学与哲学的书自然都是受过很高的训练的人做的；这些人的思想已养成了理性的习惯，他们知道用事实来纠正他们的幻想；他们的思想往往是合于逻辑的（logical）组织的。

【译文2】

哲学的在变化中的概念[①]

许崇清　译

人与下等动物不同，因为人保存着他的过去经验。过去所经历的事还能再现于记忆，而现在所遇到的事，周围都有许多与既往相类事件的思想。至于动物，所有经验都是随起随灭的，各个新的动作或感受都是孤立的。唯独人类自有一个世界，其中所有事件都充满着既往事件的许多反响、许多回忆，其中事事均能引动其他事物的回想。是以人类与山野间的兽类不同，他不仅生活在一个物的世界，而且生活在一个符号和象征的世界。一块石，不只是人撞上去觉得硬的东西，而且是他的先人的一个纪念碑。一朵火，不独是个能燃烧而温暖的东西，而且是家庭悠久生活的一个象征，游子久别归来所向往的欢乐、营养和庇护的永久的泉源的一个标志。人与炎炎烈火相触，必致受伤，但在炉灶中他却不加畏避，反而向它崇拜，并且为它而战斗。举凡表识人性与兽性有别，文化与单纯物性相异的这些事体，都是由于人有记性，保存着而且记录着他的经验。

然而记忆的复现却与实际不同。我们自然记得有趣的事物并且我们记得它也正因为它有趣。我们不是为过去而追念过去，却因为过去有所裨补于现在而怀想过去。是以记忆的本原与其说是知的、行的，毋宁说是情的。野蛮人想起昨日与野兽搏斗，不是为了要用科学的方法去研究动物的性质，也不是为了要筹划明天更好地作战，

---

① 杜威.哲学的改造［M］.许崇清，译.北京：商务印书馆，2011：1-4.

而是为了要再引动昨日的兴奋来排遣今日的寂寥。但记忆虽有战斗的兴奋，而无战斗的危险和忧惧。反复玩味它，即多添点与目前实际或过去均不相同的新意义给它。记忆是代替的经验，有实际经验的情绪的价值，而无实际经验的紧张、变动和麻烦。战胜的喜悦在祝胜的舞蹈里比在战胜当时还要强烈。当猎人在露营中围着篝火，相与追述描摹行猎的情形时，行猎的自觉的、真正合乎人情的经验才产生出来。在当时，注意为实际的情势和不安的紧张所牵制，到后来，各种情形才排成一段故事，融为一个有意义的整体。在实际经验时，人只是一刹那一刹那地生存着，所竭力应付的即于其刹那中所发生的事件。但当他在思想里检阅既往的一切刹那时，一场戏剧便井井有条地形现出来。

人将他的过去经验复现于眼前，为的是要对现在的空闲加点兴趣，以免寂寞，记忆的生活原就是一种幻想和想象的生活，而非精确的回忆的生活。充其量不过是一段故事、一场戏剧。只是那些于目前有情绪的价值，而对于目前那段故事，无论是在想象中自述，或对倾听者陈说，均有重大意义的事件，才被选取。那些不足以引起对于格斗的战栗，或于其成败无足轻重的，就被舍去。各种事件都安排到能够适合于那段故事的性质。古代的人，当他闲居无事，并不实际从事于生存竞争的时候，就是这样的生活在一个记忆的世界，即一个暗示的世界。暗示异于回想，在于不问其正确与否。其正确与否是比较不重要的事。一朵云有时暗示一匹骆驼，有时暗示一个人的面孔。这些暗示，若非曾经见过实际的真正的骆驼和面孔，就不会产生。但实际是否相似却没有什么关系。根本要点是在追踪那旋生旋灭的骆驼或面孔的形迹时那种情绪的兴趣。

人类原始时代史的研究者记述许多动物故事、神话和祭典所起的巨大作用。有时竟从这个史的事实中造出一种神秘来，好像是表示原始人的心理与现代人的心理不同的样子。但我想这却不难说明。在农业和较高的工业技术尚未发展起来以前，除了为求食或为免除敌害以谋安全的较为短期的劳苦外，空闲的期间是很长的。我们本着我们自己的习惯，往往以为人总是忙着有事做，就是没有事做，至少也想着什么事，或计划着什么事。但那时的人只是在行猎、打鱼或远征时才忙一阵。而当其是在醒着的时候，他的心就要有所寄托，不能因为他的身闲着，他的心也就真正地空着。那么，除了关于野兽的经验，以及在戏剧兴味的影响下使行猎所特有的种种事件成为更有条理和更生动的经验以外，还有什么想念会闯进他的心里呢？人既在他的想象里将他的现实生活中有趣的部分戏剧化了，野兽本身必然也跟着戏剧化。

它们是登台的正角色，因此带有人的特征。它们也有各种欲望、希望、恐惧，有爱情，有好恶，有胜败。而且它们既是维持社会生活所必需的主要分子，它们的活动和痛苦，在把过去生动地复活起来的想象中，自然就使它们成为人们的社会生活的真正参与者。虽然它们被猎，它们毕竟是让人将它们捉去的，也就成了人们的朋友和同盟者。它们的确是竭力效劳于它们所属共同生活体的安宁幸福。于是便产生出不止是关于动物的活动和性情的许多故事传说，而且还产生出以动物做祖先、英雄、种族的标志和神鬼的许多仪节祭典。

我希望诸君不致以为我所讲的离哲学的起源问题太远。因为我想哲学的历史的起源非这样地，或更加深远、更加详细地考察下去，不能理解。我们要晓得通常人独居无偶时的通常意识不是知的考察、研究，或思辨的产物，而是欲望的产物。人本受动于希望、恐惧和爱憎。只在他服从一种违离人性的训练，或从自然人的见地说，人为的训练时，才不如此。我们的书籍，科学的、哲学的书籍，自然是受过优异的知识训练和修养的人所著述。他们的思想已由习惯而自然合于理性，他们以事实限制想象，他们组织观念是论理的，而非情绪的、戏剧的。

三、名论细读

胡适论翻译①

……胡适说他对于翻译工作一直都很重视，都很有兴趣。远在民国十九年（1930年），他就和几位朋友组织了一个编译委员会（全称为：中华教育文化基金董事会编译委员会），他被推选为主任委员。虽然叫编译委员会，但中心工作仍是翻译。他们想有系统地介绍自然科学、人文科学和文学方面的名著。经费则由美国退还的庚款中拨出一部分。后来因为北京大学的工作繁重，胡博士便不能专心负责编译委员会的工作了，但是仍赞助了相当一部分译者从事翻译工作，其中包括梁实秋以散文翻译莎士比亚的剧本，孙大雨以诗的形式翻译，梁实秋译得较多，孙大雨译得很少。还请伍光建翻译吉朋的《罗马衰亡史》，购买熊式一的译稿以帮助其赴英留学（熊式一翻译了英国戏剧家白芮的剧本，但因不能了解白芮的那种风趣幽默，译得并不好。胡适仍买其译稿，并让他把译稿带到英国去，边看白芮的戏剧表演边修改。熊式一后来以英文剧《王宝钏》而在英国成名）。

谈到翻译工作，他说，**翻译是件很吃力的工作，比写作还要吃力**。他自己的经验是：写考据文字，如果材料都已准备齐全，他一个钟头可以写七百到一千字；写政论性文章，他一个钟头可以写三百字；翻译则一个钟头只能译一百五十字左右。有一次他同徐志摩相约，各译一篇蔓殊斐儿（Katherine Mansfield）的短篇小说，两个

---

① 刘靖之.翻译论集（修订版）［M］.台北：书林出版有限公司,1993:64-67.

人都整整译了一个上午，平均每小时只能译一百五十多个字。

胡适说，我们写文章，有两种责任，**一是向自己负责，一是向读者负责。** 向自己负责就是自己写的文章要保持一种水准，不能乱写，要保持自己的风格。向读者负责就是要让读者看得懂。他幽默地说："我是提倡白话诗和白话文的，可是对于现在的许多白话诗和白话文却看不懂了，不是因为他们写得太高深，而是他们没有顾及要读者懂。"**翻译文章时，却有三重责任，译者要向原作者负责。** 作者写的是一篇好散文，译出来也必须是一篇好散文；作者写的是一首好诗，译出来的也一定是首好诗。

他谈到翻译的标准，说严几陵说好的翻译是信、达、雅，严先生说的雅是古雅，现在我们如不求古雅，也必须要"好"（胡适思索了一下，才说出这个"好"字，从他的表情上，可以判断这个"好"字并非他满意的一个字）。**所谓好，就是要读者读完之后要愉快。** 胡适说"信"不一定是一字一字地照译，因为那样译出的文章，不一定好。"我们要想一想，如果罗素不是英国人，而是中国人，是今天的中国人，他要写那句话，该怎样写呢？"他说玄奘所译的佛经是很忠实于原文的，可是在社会上成为文学名著的译本，却是鸠摩罗什的译本，而不是玄奘的。鸠摩罗什的翻译，有时把句子重加组织，有时甚至整段删掉，因为他觉得译得拖泥带水让人家看不懂，不如译得干净利落能让人家看得懂。胡适于是做结论说："**宁愿译百分之七十五让读者看得懂，而不译百分之一百让读者看不懂。** 这百分之七十五是有伸缩性的，可以为百分之七十六，也可以为百分之八十。"他以学者所特有的谦逊态度说："我这种主张是不是对，希望大家批评，体无完肤地批评。"

四、拓展阅读

陈吉荣.解析胡适的翻译思想［J］.四川外语学院学报,2007（5）:112-116.

姜义华.胡适学术文集·新文学运动［M］.北京:中华书局,1993.

胡适.胡适文集［M］.北京:北京大学出版社,1998.

廖七一.胡适诗歌翻译研究［M］.北京:清华大学出版社,2006.

史云波.胡适对中国现代翻译事业的贡献［J］.汕头大学学报,2000（4）:53-59.

赵文静.翻译的文化操控——胡适的改写与新文化［M］.上海:复旦大学出版社,2006.

袁锦翔.胡适与文学翻译理论［J］.中国翻译,1996（4）:50-58.

五、翻译练习

The Last Lesson^①

Alphonse Daudet

I started for school very late that morning and was in great dread of scolding, especially because M. Hamel had said that he would question us on participles, and I did not know the first word about them. For a moment I thought of running away and spending the day out of doors. It was so warm, so bright! The birds were chirping at the edge of the woods; and in the open field back of the sawmill the Prussian soldiers were drilling. It was all much more tempting than the rule for participles, but I had the strength to resist, and hurried off to school.

When I passed the town hall there was a crowd in front of the bulletin-board. For the last two years all our bad news had come from there—the lost battles, the draft, the orders of commanding officer—and I thought to myself, without stopping, "What can be the matter now?"

Then, as I hurried by as fast as I could go, the blacksmith, Wachter, who was there, with his apprentice, reading the bulletin, called after me, "Don't go so fast, bub; you'll get to your school in plenty of time!"

I thought he was making fun of me, and reached M. Hamel's little garden all out of breath. Usually when school began, there was a great bustle, which could be heard out in the street, the opening and closing of desks, lessons repeated in unison, very loud, with our hands over our ears to understand better, and the teacher's great ruler rapping on the table. But now it was all so still! I had counted on the commotion to get to my desk without being seen; but, of course, that day everything had to be as quiet as Sunday morning. Through the window I saw my classmates, already in their places, and M. Hamel walking up and down with his terrible iron ruler under his arm. I had to open the door and go in before everybody. You can imagine how I blushed and how frightened I was.

But nothing happened. M. Hamel saw me and said very kindly, "Go to your place quickly, little Franz. We were beginning without you."

I jumped over the bench and sat down at my desk. Not till then, when I had got a little

①　*The Last Lesson*〔EB/OL〕.〔2019-08-12〕. https://en.wikisource.org/wiki/The_Last_Lesson.

over my fright, did I see that our teacher had on his beautiful green coat, his frilled shirt, and the little black silk cap, all embroidered, that he never wore except on inspection and prize days. Besides the whole school seemed so strange and solemn. But the thing that surprised me most was to see, on the back benches that were always empty, the village people sitting quietly like ourselves; old Hauser, with his three-cornered hat, the former mayor, the former postmaster, and several others besides. Everybody looked sad; and Hauser had brought an old primer, thumbed at the edges, and he held it open on his knees with his great spectacles lying across the pages.

While I was wondering about it all, M. Hamel mounted his chair, and in the same grave and gentle tone which he had used to me, said, "My children, this is the last lesson I shall give you. The order has come from Berlin to teach only German in the schools of Alsace and Lorraine. The new master comes tomorrow. This is your last French lesson. I want you to be very attentive."

第四章 鲁 迅

引 言

鲁迅生前曾谈到，评论一个作家必须顾及全人："倘有取舍，即非全人，再加抑扬，更离真实。"[①] 然而，在鲁迅逝世一年多之后，陈独秀说："世间毁誉过当者，莫如对于鲁迅先生。"[②] 因此，读者要注意一分为二、实事求是地评论鲁迅的译论和译作。

一、名家简介

鲁迅(1881—1936)，浙江绍兴人，原名周樟寿，后改名周树人，字豫山，后改豫才，"鲁迅"是他 1918 年发表《狂人日记》时所用的笔名，也是他影响最为广泛的笔名。精通日语，通晓德语，粗通英语，略知俄语。

我们都知道鲁迅，也学过他的很多作品，如《从百草园到三味书屋》《社戏》《藤野先生》《孔乙己》《阿 Q 正传》《狂人日记》《药》《故乡》，因为其作品的艰深，甚至一度被誉为中学生的噩梦。很少人知道鲁迅其实还是个翻译家，或者说，**鲁迅首先是个翻译家，其次才是文学家**。按如今的资料，鲁迅翻译的数量，大于其创作的数量。鲁迅的译文著作有 31 部，300 多万字，数量比他的杂文集和小说集加起来还多。要认识一个完整的鲁迅，不能不去读他的译文著作。但是，一直以来，鲁迅的译文被漠视、淡忘，主要是基于两个原因：其一是所译的作品多是隐曲的灰色之作，

① 鲁迅.鲁迅全集：第 6 卷［M］.北京：人民文学出版社，2005：436.
② 陈独秀.我对于鲁迅之认识［M］// 陈独秀著作选：第 3 卷.上海：上海人民出版社，1993：430.

与社会主流文化有隔膜。其二是译笔苦涩，译文晦涩难懂，难以卒读。

据统计，鲁迅总共翻译过 14 个国家近百位作家的 200 多种作品，其中苏俄文学最多。主要译著有：俄国阿尔志跋绥夫的《工人绥惠略夫》，俄国爱罗先珂的《桃色的云》，俄国小说家二十人集上册《竖琴》、下册《一天的工作》，苏联班台莱夫的《表》，俄国果戈理的《死魂灵》，俄国契诃夫的《坏孩子和别的奇闻》，苏联高尔基的《俄罗斯的童话》。其次是一些日本文学作品，如武者小路实笃著戏剧《一个青年的梦》，厨川白村的《苦闷的象征》和《出了象牙之塔》。

鲁迅早期还翻译了大量日文版科幻小说，如法国作家儒勒·凡尔纳的两部科幻小说《月界旅行》和《地底旅行》。鲁迅是第一个以自觉的科学意识介绍宣传这些小说的人。在挑选翻译作品时，鲁迅的重要选择标准就是："对社会有借鉴作用"，"于读者有益"，同时要保持作品的原貌。

鲁迅的翻译和创作是互动的。他最初的小说《狂人日记》很明显受到了果戈理的某些影响，但内蕴却染有安德烈夫、陀思妥耶夫斯基的色调。他翻译夏目漱石回忆老师的文章以后，也写了《藤野先生》。因此，研究鲁迅的翻译有助于更深入地理解鲁迅创作的作品。

鲁迅的翻译实践与其对翻译的认识有着密切的关系。他的翻译观一直处于调整之中。早期他受林纾的影响，以意译为主；后来强调直译，甚至主张"硬译"，"宁信而不顺"。晚年提出了比较折中的观点："凡是翻译，必须兼顾着两面，一当然力求其易解，一则保存着原作的丰姿。"① 他的主要翻译理论出现在与瞿秋白关于翻译的通信中，其次是专门谈论翻译的杂文：《几条"顺"的翻译》《再来一条"顺"的翻译》《非有复译不可》《为翻译辩护》。受其翻译观的影响，鲁迅的翻译风格，既不同于严复、林纾那一代人，也与胡适、林语堂有明显的区别，成为现代文坛和翻译界一道独特的风景。正如其所言："……但我自信并无故意的曲译，打着我所不佩服的批评家的伤处了的时候我就一笑，打着我的伤处了的时候我就忍疼，却决不肯有所增减，这也是始终'硬译'的一个原因。自然，世间总会有较好的翻译者，能够译成既不曲，也不'硬'或'死'的文章的，那时我的译本当然就被淘汰，我就只要来填这从'无有'到'较好'的空间罢了。"② 鲁迅不求其译作成不朽之作，但求成历史中间物，最终求仁得仁，为后来的新译本所替代。但鲁迅的探索精神、自我牺牲精神，是值得后人学习的。

---

① 鲁迅.鲁迅全集：第 6 卷［M］.北京：人民文学出版社，2005：364.

② 鲁迅."硬译"与"文学的阶级性"［M］// 鲁迅全集：第 6 卷.北京：人民文学出版社，2005：215.

二、名译欣赏：小约翰

【原文】

Little Johannes[①]

Frederik Van Eeden / Translated by Clare Bell

I will tell you something about little Johannes. My tale has much in it of a fairy story; but it nevertheless all really happened. As soon as you do not believe it you need read no farther, as it was not written for you. Also you must never mention the matter to little Johannes if you should chance to meet him, for that would vex him, and I should get into trouble for having told you all about it.

Johannes lived in an old house with a large garden. It was difficult to find one's way about there, for in the house there were many dark doorways and staircases, and cupboards, and lumber-lofts, and all about the garden there were sheds and hen-houses. It was a whole world to Johannes. He could make long journeys there, and he gave names to all he discovered. He had named the rooms in the house from the animal world; the caterpillar-loft, because he kept caterpillars there; the hen-room, because he had once found a hen there. It had not come in of itself; but Johannes' mother had set it there to hatch eggs. In the garden he chose names from plants, preferring those of such products as he thought most interesting. Thus he had Raspberry Hill, Cherry-tree Wood, and Strawberry Hollow. Quite at the end of the garden was a place he had called Paradise, and that, of course, was lovely. There was a large pool, a lake where white water-lilies floated and the reeds held long whispered conversations with the wind. On the farther side of it there were the dunes or sand-hills. Paradise itself was a little grassy meadow on the bank, shut in by bushes, among which the hemlock grew tall. Here Johannes would sometimes He in the thick grass, looking between the swaying reeds at the tops of the sand-hills across the water. On warm summer evenings he was always to be found there, and would lie for hours, gazing up, without ever wearying of it. He would think of the depths of the still, clear water in front of him—how pleasant it must be there among the water-plants, in that strange twilight; and then again of the distant, gorgeously coloured clouds which swept across the sand-downs—what could

---

① *Little Johannes* [EB/OL] . [2019-01-26] . http://www.gutenberg.org/files/40656/40656-h/40656-h.htm.

be behind them? How splendid it would be to be able to fly over to them! Just as the sun disappeared, the clouds gathered round an opening so that it looked like the entrance to a grotto, and in the depths of the cavern gleamed a soft, red glow. That was what Johannes longed to reach. 'If I could but fly there!' thought he to himself. 'What can there be beyond? If I could only once, just for once, get there!'

But even while he was wishing it the cavern fell asunder in rolling dark clouds before he could get any nearer. And then it grew cold and damp by the pool, and he had to go back to his dark little bedroom in the old house.

【译文】

小约翰①

鲁 迅 译

　　我要对你们讲一点小约翰。我的故事，那韵调好像一篇童话，然而一切全是曾经实现的。设使你们不再相信了，你们就无须看下去，因为那就是我并非为你们而作。倘或你们遇见小约翰了，你们对他也不可提起那件事，因为这使他痛苦，而且我便要后悔，向你们讲说这一切了。

　　约翰住在有大花园的一所老房子里。那里面是很不容易明白的，因为那房子里是许多黑暗的路，扶梯，小屋子，还有一个很大的仓库，花园里又到处是保护墙和温室。这在约翰就是全世界。他在那里面能够作长远的散步，凡他所发见的他就给与一个名字。为了房间，他所发明的名字是出于动物界的：毛虫库，因为他在那里养过虫；鸡小房，因为他在那里寻着过一只母鸡。但这母鸡却并非自己跑去的，倒是约翰的母亲关在那里使它孵卵的。为了园，他从植物界里选出名字来，特别着重的，是于他紧要的出产。他就区别为一个覆盆子山，一个梨树林，一个地莓谷。园的最后面是一块小地方，就是他所称为天堂的，那自然是美观的罗。那里有一片浩大的水，是一个池，其中浮生着白色的睡莲，芦苇和风也常在那里絮语。那一边站着几个沙冈。这天堂原是一块小草地在岸的这一边，由丛莽环绕，野凯白勒茂盛地生在那中

---

① 望·蔼覃.小约翰［M］.鲁迅，译 // 北京鲁迅博物馆.鲁迅译文全集（第三卷）［M］.福州：福建教育出版社，2008: 15-16.［2021-07-13］.http://www.etstory.cn/tonghua/75311.html. 读者可以参阅其他两个译本，分析各译本的优劣：胡剑虹译《小约翰》（华夏出版社，2004），景文译《小约翰》（长江文艺出版社，2017）。

间。约翰在那里，常常躺在高大的草中，从波动的芦苇叶间，向着水那边的冈上眺望。当炎热的夏天的晚上，他是总在那里的，并且凝视许多时光，自己并不觉得厌倦。他想着又静又清的水的深处，在那奇特的夕照中的水草之间，有多么太平，他于是又想着远的，浮在冈上的，光怪陆离地著了色的云彩——那后面是怎样的呢，那地方是否好看的呢，倘能够飞到那里去。太阳一落，这些云彩就堆积到这么高，至于像一所洞府的进口，在洞府的深处还照出一种淡红的光来。这正是约翰所期望的。"我能够飞到那里去！"他想。"那后面是怎样的呢？我将来真，真能够到那里去么？"

他虽然时常这样地想望，但这洞府总是散作浓浓淡淡的小云片，他到底也没有能够靠近它一点。于是池边就寒冷起来，潮湿起来了，他又得去访问老屋子里的他的昏暗的小屋子。

三、名论细读

为翻译辩护[①]

今年是围剿翻译的年头。

或曰"硬译"，或曰"乱译"，或曰"听说现在有许多翻译家……翻开第一行就译，对于原作的理解，更无从谈起"，所以令人看得"不知所云"。

这种现象，在翻译界确是不少的，那病根就在"抢先"。

中国人原是喜欢"抢先"的人民，上落电车，买火车票，寄挂号信，都愿意是一到便是第一个。翻译者当然也逃不出这例子的。而书店和读者，实在也没有容纳同一原本的两种译本的雅量和物力，只要已有一种译稿，别一译本就没有书店肯接收出版了，据说是已经有了，怕再没有人要买。

举一个例在这里：现在已经成了古典的达尔文的《物种由来》，日本有两种翻译本，先出的一种颇多错误，后出的一本是好的。中国只有一种马君武博士的翻译，而他所根据的却是日本的坏译本，实有另译的必要。然而那里还会有书店肯出版呢？除非译者同时是富翁，他来自己印。不过如果是富翁，他就去打算盘，再也不来弄什么翻译了。

还有一层，是中国的流行，实在也过去得太快，一种学问或文艺介绍进中国来，多则一年，少则半年，大抵就烟消火灭。靠翻译为生的翻译家，如果精心作意，推敲起来，则到他脱稿时，社会上早已无人过问。中国大嚷过托尔斯泰，屠格纳夫，

---

① 鲁迅. 鲁迅全集：第 5 卷 [M]. 北京：人民文学出版社, 2005: 274-276.

后来又大嚷过辛克莱，但他们的选集却一部也没有。去年虽然还有以郭沫若先生的盛名，幸而出版的《战争与和平》，但恐怕仍不足以挽回读书和出版界的惰气，势必至于读者也厌倦，译者也厌倦，出版者也厌倦，归根结蒂是不会完结的。

　　翻译的不行，大半的责任固然该在翻译家，但读书界和出版界，尤其是批评家，也应该分负若干的责任。要救治这颓运，必须有正确的批评，指出坏的，奖励好的，倘没有，则较好的也可以。然而这怎么能呢；指摘坏翻译，对于无拳无勇的译者是不要紧的，倘若触犯了别有来历的人，他就会给你带上一顶红帽子，简直要你的性命。这现象，就使批评家也不得不含胡了。

　　此外，现在最普通的对于翻译的不满，是说看了几十行也还是不能懂。但这是应该加以区别的。倘是康德的《纯粹理性批判》那样的书，则即使德国人来看原文，他如果并非一个专家，也还是一时不能看懂。自然，"翻开第一行就译"的译者，是太不负责任了。然而漫无区别，要无论什么译本都翻开第一行就懂的读者，却也未免太不负责任了。

八月十四日

非有复译不可①

　　好像有人说过，去年是"翻译年"；其实何尝有什么了不起的翻译，不过又给翻译暂时洗去了恶名却是真的。

　　可怜得很，还只译了几个短篇小说到中国来，创作家就出现了，说它是媒婆，而创作是处女。在男女交际自由的时候，谁还喜欢和媒婆周旋呢，当然没落。后来是译了一点文学理论到中国来，但"批评家"幽默家之流又出现了，说是"硬译"，"死译"，"好像看地图"，幽默家还从他自己的脑子里，造出可笑的例子来，使读者们"开心"，学者和大师们的话是不会错的，"开心"也总比正经省力，于是乎翻译的脸上就被他们画上了一条粉。

　　但怎么又来了"翻译年"呢，在并无什么了不起的翻译的时候？不是夸大和开心，它本身就太轻飘飘，禁不起风吹雨打的缘故么？

　　于是有些人又记起了翻译，试来译几篇。但这就又是"批评家"的材料了，其实，正名定分，他是应该叫作"唠叨家"的，是创作家和批评家以外的一种，要说得好听，也可以谓之"第三种"。他像后街的老虔婆一样，并不大声，却在那里唠叨，说是

① 鲁迅.鲁迅全集：第6卷［M］.北京：人民文学出版社，2005：283-285.

莫非世界上的名著都译完了吗，你们只在译别人已经译过的，有的还译过了七八次。

记得中国先前，有过一种风气，遇见外国——大抵是日本——有一部书出版，想来当为中国人所要看的，便往往有人在报上登出广告来，说"已在开译，请万勿重译为幸"。他看得译书好像订婚，自己首先套上约婚戒指了，别人便莫作非分之想。自然，译本是未必一定出版的，倒是暗中解约的居多；不过别人却也因此不敢译，新妇就在闺中老掉。这种广告，现在是久不看见了，但我们今年的唠叨家，却正继承着这一派的正统。他看得翻译好像结婚，有人译过了，第二个便不该再来碰一下，否则，就仿佛引诱了有夫之妇似的，他要来唠叨，当然罗，是维持风化。但在这唠叨里，他不也活活的画出了自己的猥琐的嘴脸了么？

前几年，翻译的失了一般读者的信用，学者和大师们的曲说固然是原因之一，但在翻译本身也有一个原因，就是常有胡乱动笔的译本。不过要击退这些乱译，诬赖、开心、唠叨，都没有用处，唯一的好方法是又来一回复译，还不行，就再来一回。譬如赛跑，至少总得有两个人，如果不许有第二人入场，则先在的一个永远是第一名，无论他怎样蹩脚。所以讥笑复译的，虽然表面上好像关心翻译界，其实是在毒害翻译界，比诬赖、开心的更有害，因为他更阴柔。

而且**复译还不止是击退乱译而已，即使已有好译本，复译也还是必要的。**曾有文言译本的，现在当改译白话，不必说了。即使先出的白话译本已很可观，但倘使后来的译者自己觉得可以译得更好，就不妨再来译一遍，无须客气，更不必管那些无聊的唠叨。取旧译的长处，再加上自己的新心得，这才会成功一种近于完全的定本。**但因言语跟着时代的变化，将来还可以有新的复译本的，**七八次何足为奇，何况中国其实也并没有译过七八次的作品。如果已经有，中国的新文艺倒也许不至于现在似的沉滞了。

三月十六日

"题未定"草①

一

极平常的豫想，也往往会给实验打破。我向来总以为翻译比创作容易，因为至少是无须构想。但到真的一译，就会遇着难关，譬如一个名词或动词，写不出，创作时候可以回避，翻译上却不成，也还得想，一直弄到头昏眼花，好像在脑子里面摸一个急于要开箱子的钥匙，却没有。严又陵说，"一名之立，旬月踟蹰"，是他

---

① 鲁迅 . 鲁迅全集：第 6 卷 [M] . 北京：人民文学出版社，2005：362—365.

的经验之谈，的的确确的。

新近就因为豫想的不对，自己找了一个苦吃。《世界文库》的编者要我译果戈理的《死魂灵》，没有细想，一口答应了。这书我不过曾经草草的看过一遍，觉得写法平直，没有现代作品的希奇古怪，那时的人们还在蜡烛光下跳舞，可见也不会有什么摩登名词，为中国所未有，非译者来闭门生造不可的。我最怕新花样的名词，譬如电灯，其实也不算新花样了，一个电灯的另件，我叫得出六样：花线，灯泡，灯罩，沙袋，扑落，开关。但这是上海话，那后三个，在别处怕就行不通。《一天的工作》里有一篇短篇，讲到铁厂，后来有一位在北方铁厂里的读者给我一封信，说其中的机件名目，没有一个能够使他知道实物是什么的。呜呼，——这里只好呜呼了——其实这些名目，大半乃是十九世纪末我在江南学习挖矿时，得之老师的传授。不知是古今异时，还是南北异地之故呢，隔膜了，在青年文学家靠它修养的《庄子》和《文选》或者明人小品里，也找不出那些名目来。没有法子。"三十六着，走为上着"，最没有弊病的是莫如不沾手。

可恨我还太自大，竟又小觑了《死魂灵》，以为这倒不算什么，担当回来，真的又要翻译了。于是"苦"字上头。仔细一读，不错，写法的确不过平铺直叙，但到处是刺，有的明白，有的却隐藏，要感得到；虽然重译，也得竭力保存它的锋头。里面确没有电灯和汽车，然而十九世纪上半期的菜单，赌具，服装，也都是陌生家伙。这就势必至于**字典不离手，冷汗不离身**，一面也自然只好怪自己语学程度的不够格。但这一杯偶然自大了一下的罚酒是应该喝干的：硬着头皮译下去。到得烦厌，疲倦了的时候，就随便拉本新出的杂志来翻翻，算是休息。这是我的老脾气，休息之中，也略含幸灾乐祸之意，其意若曰：这回是轮到我舒舒服服的来看你们在闹什么花样了。
……

二

还是翻译《死魂灵》的事情。躲在书房里，是只有这类事情的。动笔之前，就先得解决一个问题：竭力使它归化，还是尽量保存洋气呢？日本文的译者上田进君，是主张用前一法的。他以为讽刺作品的翻译，第一当求其易懂，愈易懂，效力也愈广大。所以他的译文，有时就化一句为数句，很近于解释。我的意见却两样的。只求易懂，不如创作，或者改作，将事改为中国事，人也化为中国人。如果还是**翻译**，那么，**首先的目的，就在博览外国的作品，不但移情，也要益智**，至少是知道何地何时，有这等事，和旅行外国，是很相像的：**它必须有异国情调，就是所谓洋气**。其实世界上也不会有完全归化的译文，倘有，就是貌合神离，从严辨别起来，它算不得翻译。**凡是翻译，必须兼顾着两面，一当然力求其易解，一则保存着原作的丰姿**，但这保存，却又常常和易懂相矛盾：看不惯了。不过它原是洋鬼子，当然谁也看不惯，为比较的顺眼起见，只能改换他的衣裳，却不该削低他的鼻子，剜掉他的眼睛。我是不主张削鼻剜眼的，所以有些地方，仍然宁可译得不顺口。只是文句的组织，无须科学理论似的精密了，就随随便便，但副词的"地"字，却还是使用的，因为我觉得现在看惯了这字的读者已经很不少。

......

四、拓展阅读

顾钧.鲁迅翻译研究［M］.福州：福建教育出版社,2009.

罗选民.从"硬译"到"易解"：鲁迅的翻译与中国现代性［J］.中国翻译,2016（5）：
　　32-37.

鲁迅.鲁迅全集［M］.北京：人民文学出版社,2005.

鲁迅.鲁迅译文全集［M］.福州：福建教育出版社,2008.

孙郁.鲁迅翻译思想之一瞥［J］.鲁迅研究月刊,1991（3）：31-38.

王宏志.重释"信、达、雅"——20世纪中国翻译研究［M］.北京：清华大学出版社,
　　2007.

王友贵.翻译家鲁迅［M］.天津：南开大学出版社,2005.

雄鹰.从《小约翰》到《药用植物》：鲁迅反帝国主义植物学的一次翻译实践［J］.
　　鲁迅研究月刊,2015（6）：35-47.

五、翻译练习

孔乙己①

有几回，邻居孩子听得笑声，也赶热闹，围住了孔乙己。他便给他们茴香豆吃，一人一颗。孩子吃完豆，仍然不散，眼睛都望着碟子。孔乙己着了慌，伸开五指将碟子罩住，弯腰下去说道，"不多了，我已经不多了。"直起身又看一看豆，自己摇头说，"不多不多！多乎哉？不多也。"于是这一群孩子都在笑声里走散了。

---

① 鲁迅.鲁迅小说选（汉英对照）［M］.杨宪益，戴乃迭，译.北京：外文出版社,2000：46-48.

第五章　林语堂

引　言

　　"海外林熊各擅场，卢前王后费评量。北都旧俗非吾识，爱听天桥话故乡。" 这是史学大师陈寅恪赠给熊式一的一首诗，其中的 "林熊" 分别指林语堂与熊式一，两人用英语写作，在西方均十分有名，孰优孰劣，正如初唐四杰中卢照邻与王勃一样高下难分。送给熊式一的诗，却把林语堂放在前面，可见林语堂在海外的影响力之大。论对外传播中国文化方面的贡献，至今无人能出其右。

一、名家简介

　　林语堂（1895—1976），福建龙溪（今属漳州）人，原名和乐，后改玉堂，又改语堂，中国现代著名作家、学者、翻译家、语言学家。早年留学美国、德国，获哈佛大学文学硕士学位、莱比锡大学语言学博士学位。先后在清华大学、北京大学、厦门大学任教，与蔡元培、胡适、鲁迅、赵元任、赛珍珠等国内外名人有密切交往。曾任联合国教科文组织美术与文学主任、南洋大学校长、国际笔会副会长等职。林语堂于 1940 年和 1950 年先后两度获得诺贝尔文学奖提名。曾创办《论语》《人间世》《宇宙风》等畅销刊物。1966 年定居中国台湾，出版《平心论高鹗》，讨论《红楼梦》后四十回真伪问题，并完成《红楼梦》英译（未出版）。

　　林语堂之所以闻名海内外，是因为他**"两脚踏东西文化，一心评宇宙文章"**，是中国现代少见的双语作家，至今无人能出其右。他出版的英文著译约 42 种，其中《生活的艺术》一书在美国就印行了 40 多版，还有英国、德国、法国、意大利、丹麦、瑞典、西班牙、葡萄牙、荷兰的版本，畅销三四十年而不衰。《林语堂当代汉英词典》为其写作生涯的巅峰之作，1972 年 10 月由香港中文大学出版，全书约 1800 页。读者熟悉的《吾国与吾民》（*My Country and My People*）、《生活的艺术》

（*The Importance of Living*）、《京华烟云》（*Moment in Peking*）、《苏东坡传》
（*The Gay Genius: The Life and Times of Su Tungpo*）、《武则天传》（*Lady Wu*）都是
其英文创作。林语堂不仅用中英文双语创作，还从事英译汉和汉译英及自译工作。
英译汉的名篇有萧伯纳的《卖花女》（*Pygmalion*）；汉译英的名篇有沈复的《浮生
六记》（*Six Chapters of a Floating Life*）、《中国与印度之智慧》（*The Wisdom of
China and India*）、《孔子的智慧》（*The Wisdom of Confucius*）、《老子的智慧》
（*The Wisdom of Laotse*）、《寡妇、尼姑与歌妓》（*Widow, Nun and Courtesan*）、
《英译重编传奇小说》（*Famous Chinese Short Stories*）、《古文小品译英》（*The
Importance of Understanding*）、《中国画论》（*The Chinese Theory of Art*）等。

　　林语堂的翻译实践始于 1923 年，当时他刚从德国留学回国，在北京《晨报副刊》
上翻译发表了海涅的一些诗作。1924 年，他在《对于译名划一的一个紧要提议》中
的观点是对其翻译观的发轫之作，1933 年的《论翻译》是对其翻译观的系统论述，
1965 年的《论译诗》是对其翻译观的有益补充，1972 年的《当代汉英词典缘起》中
的翻译观 "Translation is an art"，微言大义，可算是最后总结。当然，林语堂在其
译作的前言中也多次提到自己的翻译观，但一般都是就事论事，不是一概而论。读
者只要仔细研读《论翻译》一文，基本上就可以系统了解林语堂的观点。

　　林语堂作为一个成功的翻译家、中英语言和文化的传播者，成功地克服了归化
与异化、准确性与艺术性、形式与功能之间的壁垒，扩大了两种语言之间的维度。
作为一个翻译理论家，他成功地抛弃了长期有争议的直译意译二分法，提出句译法。
作为翻译批评家，他成功地建立了一个以翻译目的为基础的、建设性的批评原则。[①]

二、名译欣赏：浮生六记

【原文】

浮生六记

沈　复

卷一　闺房记乐[②]

　　余生乾隆癸未冬十一月二十有二日，正值太平盛世，且在衣冠之家，居苏州沧

---

① 李平. 译路同行——林语堂的翻译遗产［M］. 北京：中央编译出版社，2014：封底.

② 沈复. 浮生六记（*Six Records of a Floating Life*）［M］. 白伦（Leonard Pratt），江素惠，译.
　南京：译林出版社，2006：2-6.

浪亭畔。天之厚我，可谓至矣。东坡云："事如春梦了无痕"，苟不记之笔墨，未免有辜彼苍之厚。因思《关雎》冠三百篇之首，故列夫妇于首卷，余以次递及焉。所愧少年失学，稍识之无，不过记其实情实事而已。若必考订其文法，是责明于垢鉴矣。

余幼聘金沙于氏，八龄而夭，娶陈氏。陈名芸，字淑珍，舅氏心余先生女也。生而颖慧，学语时，口授《琵琶行》，即能成诵。四龄失怙，母金氏，弟克昌，家徒壁立。芸既长，娴女红，三口仰其十指供给，克昌从师，修脯无缺。一日，于书簏中得《琵琶行》，挨字而认，始识字。刺绣之暇，渐通吟咏，有"秋侵人影瘦，霜染菊花肥"之句。

余年十三，随母归宁，两小无嫌，得见所作，虽叹其才思隽秀，窃恐其福泽不深，然心注不能释，告母曰："若为儿择妇，非淑姊不娶。"母亦爱其柔和，即脱金约指缔姻焉。此乾隆乙未七月十六日也。

是年冬，值其堂姊出阁，余又随母往。芸与余同龄而长余十月，自幼姊弟相呼，故仍呼之曰淑姊。时但见满室鲜衣，芸独通体素淡，仅新其鞋而已。见其绣制精巧，询为己作，始知其慧心不仅在笔墨也。其形削肩长项，瘦不露骨，眉弯目秀，顾盼神飞，唯两齿微露，似非佳相。一种缠绵之态，令人之意也消。

索观诗稿，有仅一联，或三四句，多未成篇者。询其故，笑曰："无师之作，愿得知己堪师者敲成之耳。"余戏题其签曰"锦囊佳句"。不知夭寿之机，此已伏矣。

【译文1】

Six Chapters of a Floating Life

Translated by Lin Yutang

CHAPTER I　Wedded Bliss[①]

I WAS BORN in 1763, under the reign of Ch'ienlung, on the twenty-second day of November. The country was then in the heyday of peace and, moreover, I was born in a scholars' family, living by the side of Ts'anglang Pavilion in Soochow. So altogether I may say the gods have been unusually kind to me. Su Tungp'o said: "Life is like a spring dream which vanishes without a trace." I should be ungrateful to the gods if I did not try to put my

---

① Shen, F. *Six Chapters of a Floating Life* ［G］// Lin, Y. T.（trans. and ed.）. *The Wisdom of China and India*. New York: Random House, 1942: 968−970.

life down on record.

Since the *Book of Poems* begins with a poem on wedded love, I thought I would begin this book by speaking of my marital relations and then let other matters follow. My only regret is that I was not properly educated in childhood; all I know is a simple language and I shall try only to record the real facts and real sentiments. I hope the reader will be kind enough not to scrutinize my grammar, which would be like looking for brilliance in a tarnished mirror.

I was engaged in my childhood to one Miss Yü, of Chinsha, who died in her eighth year, and eventually I married a girl of the Ch'en clan. Her name was Yün and her literary name Suchen. She was my cousin, being the daughter of my maternal uncle, Hsinyü. Even in her childhood, she was a very clever girl, for while she was learning to speak, she was taught Po Chüyi's poem, *The P'i P'a Player*, and could at once repeat it. Her father died when she was four years old, and in the family there were only her mother (of the Chin clan) and her younger brother K'ech'ang and herself, being then practically destitute. When Yün grew up and had learnt needle-work, she was providing for the family of three, and contrived always to pay K'ech'ang's tuition fees punctually. One day, she picked up a copy of the poem *The P'i P'a Player* from a paper basket, and from that, with the help of her memory of the lines, she learnt to read. Between her needlework, she gradually learnt to write poetry. One of her poems contained the two lines:

"Soaked in autumn, one's figure becomes thin,

Touched by frost, the chrysanthemum grows fat."

When I was thirteen years old, I went with my mother to her maiden home and there we met. As we were two young innocent children, she allowed me to read her poems. I was quite struck by her talent, but feared she was too clever to be happy. Still I could not help thinking of her all the time, and once I told my mother, "If you choose a girl for me, I won't marry any one except cousin Su." My mother also liked her for being so gentle, and gave her her gold ring as a token for the betrothal.

This was on July 16 in the year 1775. In the winter of this year one of my girl cousins was going to get married and I again accompanied my mother to her maiden home.

Yün was of the same age as myself, but ten months older, and as we had been accustomed to calling each other 'elder sister' and 'younger brother' from childhood, I continued to call her 'Sister Su.'

At this time the guests in the house all wore bright dresses, but Yün alone was clad in a dress of quiet colour, and had on a new pair of shoes. I noticed that the embroidery on her shoes was very fine, and learnt that it was her own work, so that I began to realize that she was gifted at other things, too, besides reading and writing.

Of a slender figure, she had drooping shoulders, and a rather long neck, slim but not to the point of being skinny. Her eyebrows were arched and in her eyes there was a look of quick intelligence and soft refinement. The only defect was that her two front teeth were slightly inclined forward, which was not a mark of good omen. There was an air of tenderness about her which completely fascinated me.

I asked for the manuscripts of her poems and found that they consisted mainly of couplets and three or four lines, being unfinished poems, and I asked her the reason. She smiled and said: "I have had no teacher in poetry, and wish to have a good teacher-friend who could help me to finish these poems." I wrote playfully on the label of this book of poems the words: "Beautiful Lines in an Embroidered Case," and did not realize that in this case lay the cause of her short life.

【译文2】

Six Records of a Floating Life

白伦（Leonard Pratt）、江素惠　译

Part I　The Joys of the Wedding Chamber[①]

I was born in the winter of the 27th year of the reign of the Emperor Chien Lung, on the second and twentieth day of the eleventh month. Heaven blessed me, and life then could not have been more full. It was a time of great peace and plenty, and my family was an official one that lived next to the Pavilion of the Waves in Soochow. As the poet Su Tung-po wrote, "All things are like spring dreams, passing with no trace." If I did not make a record of that time, I should be ungrateful for the blessings of heaven.

The very first of the three hundred chapters of the *Book of Odes* concerns husbands and wives, so I too will write of other matters in their turn. Unfortunately I never completed my studies, so my writing is not very skillful. But here my purpose is merely to record true

① 沈复. 浮生六记（*Six Records of a Floating Life*）［M］. 白伦（Leonard Pratt），江素惠，译. 南京：译林出版社, 2006: 3–7.

feelings and actual events. Criticism of my writing will be like the shining of a bright light into a dirty mirror.

When I was young I was engaged to a girl names Yu from Chinsha, but she died when she was eight years old. Eventually I married Chen Yün, the daughter of my uncle, Mr. Chen Hsin-yü. Her literary name was Shu-chen.

Even while small, she was very clever. While she was learning to talk she was taught the poem *The Mandolin Song* and could repeat it almost immediately.

Yün's father died when she was four years old, leaving her mother, whose family name was Chin, and her younger brother, Ko-chang. At first they had virtually nothing, but as Yün grew older she became very adept at needlework, and the labour of her ten fingers came to provide for all three of them. Thanks to her work, they were always able to afford to pay the tuition for her brother's teachers.

One day Yün found a copy of *The Mandolin Song* in her brother's book-box and, remembering her lessons as a child, was able to pick out the characters one by one. That is how she began learning to read. In her spare moments she gradually learned how to write poetry, one line of which was, "We grow thin in the shadows of autumn, but chrysanthemums grow fat with the dew."

When I was thirteen, my mother took me along on a visit to her relatives. That was the first time I met my cousin Yün, and we two children got on well together. I had a chance to see her poems that day, and though I sighed at her brilliance I privately feared she was too sensitive to be completely happy in life. Still, I could not forget her, and I remember saying to my mother, "If you are going to choose a wife for me, I will marry no other than Yün."

Mother also loved her gentleness, so she was quick to arrange our engagement, sealing the match by giving Yün a gold ring from her own finger. This was in the 39th year of the reign of the Emperor Chien Lung, on the 16th day of the seventh month.

That winter mother took me to their home once again, for the marriage of Yün's cousin. Yün and I were born in the same year, but because she was ten months older than I, I had always called her "elder sister," while she called me "younger brother." We continued to call one another by these names even after we were engaged.

At her cousin's wedding the room was full of beautifully dressed people. Yün alone wore a plain dress; only her shoes were new. I noticed they were skillfully embroidered, and when she told me she had done them herself I began to appreciate that her cleverness lay not only in her writing.

Yün had delicate shoulders and a stately neck, and her figure was slim. Her brows arched over beautiful, lively eyes. Her only blemish was two slightly protruding front teeth, the sign of a lack of good fortune. But her manner was altogether charming, and she captivated all who saw her.

I asked to see more of her poems that day, and found some had only one line, others three or four, and most were unfinished. I asked her why.

"I have done them without a teacher," she replied, laughing. "I hope you, my best friend, can be my teacher now and help me finish them." Then as a joke I wrote on her book, "The Embroidered Bag of Beautiful Verses." I did not then realize that the origin of her early death already lay in that book.

三、名论细读

论翻译①

序言——译学无成规——翻译上之标准问题——翻译标准之三方面——讨论译文必先从文字心理问题之研究下手

一、论忠实——忠实之四等：死译与胡译——直译意译名称之不妥——字译与句译之解释——字译之不可行——忠实之三义：1. 忠实非字字对译之谓——字典辞书之不可靠——字典之用处；*Concise Oxford Dictionary* ——2. 忠实须求传神——3. 绝对忠实之不可能

二、论通顺——忠实非说不通中国语之谓——行文之心理，Wundt 的学说——译文须以句为本位——译者须完全根据中文心理——翻译与语体欧化

三、论翻译与艺术文——真正艺术文之不可译——Sapir 论艺术文之二等——说什么与怎么说法——外的与内的体裁问题——Croce "翻译即创作" 之说及其意义

一

论译学无成规

谈翻译的人首先要觉悟的事件，就是翻译是一种艺术。凡艺术的成功，必赖个人相当之艺才，及其对于该艺术相当之训练。此外别无成功捷径可言，因为艺术素

① 林语堂.语言学论丛［M］.长春：东北师范大学出版社，1994：304-321.

来是没有成功捷径的。翻译的艺术所倚赖的：第一是译者对于原文文字上及内容上透彻的了解；第二是译者有相当的国文程度，能写清顺畅达的中文；第三是译事上的训练，译者对于翻译标准及手术的问题有正当的见解。此三者之外，绝对没有什么纪律可为译者的规范，像英文文法之于英文作文。（或者依一些文法家之意见如《马氏文通》之于本国古文。）所以本篇目的，并不是要替"译学"画出一些规矩准绳来，或是要做些削足适履、强人以同的工夫。所谓"规矩准绳"，实则是老学究对于真正艺术自隐其愚的手段，太相信规矩准绳的人，也就上了老学究的当。这个当，恐怕就要比以念《马氏文通》学做古文的当还厉害。

应讨论的翻译标准问题

但是译学虽不能找出何等的成规，倒有许多手术上的问题不可不讨论的。譬如译家的标准应如何，对于原文应取如何态度，译文时应具何种心理，译文应否保守原文句法（"语体欧化"），"字字对译"可实行否，或较高深的，如译艺术文（诗文戏曲）的问题，这都是凡要着手译书的人所必审察考量的，不是能翻英文字典及稍通汉文的人，便可纵笔直译，而一定能不冤枉买他译品的读者。这就是以上所说的第三条件：译者对翻译标准及手术上的问题，应有正当的见解。倘是译者于第一第二条件（中西程度）相符，而对于译事还存些"字字对译"或"语体欧化"的迷信或其他荒谬思想，有时候"余之巴黎妻"（Notre Dame de Paris）派的译者，且可自信其为译界之明星，或者以说不通中国话为语体欧化之保证。此种译文既风行海内，其势力蔓延所及，遂使译学博士有时候也可以给我们六十四根牙齿嚼不动的句子。说翻译必须以中西文相当的造就为基础的话，固然是不值一辩；但是对于译者之目的，工具，方法，问题，谓可全不过问，也有点近于荒唐。

翻译标准之三方面

翻译的标准问题大概包括三方面。我们可依三方面的次序讨论它。第一是忠实标准，第二是通顺标准，第三是美的标准。这翻译的三重标准，与严氏的"译事三难"，大体上是正相比符的。忠实就是"信"，通顺就是"达"，至于翻译与艺术文（诗文戏曲）的关系，当然不是"雅"字所能包括。倘是照桐城吴进士"与其伤洁，毋宁失真"衣钵真传的话为原则，为叫起来方便起见，就以极典雅的"信，达，雅"三字包括这三方面，也无不可。但是我们须记得所以求信达雅的道理，却不是如是的简单。我们并须记得这所包括的就是：第一，译者对原文方面的问题，第二，译者对中文方面的问题，第三，是翻译与艺术文的问题。以译者所负的责任言，第一是译者对原著者的责任，第二是译者对中国读者的责任，第三是译者对艺术的责任。

三样的责任全备，然后可以谓具有真正译家的资格。

讨论翻译须研究其文字及心理问题

素来讨论这翻译问题的文极少，更少有特别的调查可以供我们参考。有三两篇的论文，如严几道的《天演论译例言》，章行严的《答容挺公论译名书》，胡以鲁的《论译名》，傅斯年的《译书感言》，以及报端时见评译论译的文章，或散见于译书序言中单辞片句论译的意见，或泛论译法，或单论译名，都是直接出于经验的话，未尝根据问题上的事实做学理的剖析，所以立论仍不免出于主观而终不能达到明确的定论。其实翻译上的问题，仍不外乎译者的心理及所译的文字的两样关系。所以翻译的问题，就可以说是语言文字及心理的问题。倘是我们要于此问题得比较客观的解决，自当以语言文字心理的剖析为立论的根基。必先明语言文字及行文心理的事实，然后可以做译者标准应如何、态度应如何的结论。本篇虽不敢说对于语言文字有何种充分彻底的研究，而其立论总是本这个意旨，先研究字义的性质，然后断定字译方法之可能否；先研究行文的心理，然后断定译者译文时应取的态度。

二

一论忠实标准

译者的第一责任，就是对原文或原著者的责任，换言之，就是如何才可以忠实于原文，不负著者的才思与用意。在这个上面，最重要的问题就是所谓忠实应作如何解释，是否应字字拘守原文，或是译者可有自由的权利，于译文时可自行其裁判力，于原文字句得斟酌损益，以求合于译文通顺明畅的本旨。

忠实之四等

大概忠实的程度可分四等，就是直译，死译，意译，胡译。今日译界的成绩可谓四等俱备。死译可以说是直译派极端的结果，也可以说是直译派中的"过激党"，其态度就是对于原文字句务必敬拜崇奉，不敢擅越一步，推其逻辑之结果，则非把 the apple of my eye（宠眷特隆之人，掌上珠）译为"我目的苹果"，或是把 took the heart out of him（使胆怯）译为"将其心拿出"不可。其意若曰，非如此，不足以保其原文亲切之意味，或不足以表现中文"欧化之美"。若是使译汉文为英文，大概"趣味横生"亦当以 the interest flows horizontally，认为相当的译词（"嫁祸他人"似亦可作 marry the misfortune to others）。反过来说，胡译也可以说是意译的"过激党"，其主张就是凡可以助译文之明畅，或使合于艰深典雅，毕肖古人的主旨，译者无不可为。胡译的极端成绩，无论如何，不能超过林琴南、严几道二位先生之上：一位把赫胥黎十九世纪文字译成柳子厚《封建论》之小影（引张君劢先生批语）；一位把西洋的长短篇小说变成《七侠五义》《阅微草堂笔记》等的化身。此等译法若译者能详细揣摩原文的意旨，尚可以不悖原文的大意，若是并原文而不求甚解，只是捕风捉影，画蛇添足，则终不免有"余之巴黎妻"（代译"巴黎天主堂"）之笑话。胡译而至于此程度，可谓已与死译相握手，无复孰是孰非之可言。

"直译""意译"名称之不妥

所以我们可以不论死译胡译，而单论直译与意译。但是于此读者心中必发起一种疑问，就是直译将何以别于死译？及意译将何以别于胡译？于是我们不能不对此"直译""意译"两个通用名词生一种根本疑问，就是这两个名词是否适用，表示译者应持的态度是否适当。我觉得这两个名词虽然便用，而实于译文者所持的态度，只可说是不中肯的名称；不但不能表示译法的程序，并且容易引起人家的误会。既称为"直译"，就难保持此主张者不当它做"依字直译"的解说；"依字直译"实与"死译"无异。所以读者若问"直译"与"死译"之区别何在，不但作者，恐怕就是最高明的直译主义家，亦将无辞以对。事实上的结果，就是使一切死译之徒可以"直译"之名自居，而终不悟其实为"死译"。换过来说，的确有见过报上大谈特谈翻译的先生，自己做出胡译的妙文来，方且自美其名为"意译"。直译者以为须一味株守，意译者以为不妨自由。而终于译文实际上的程序问题无人问到，这就是用这两名词的流弊。不但如此，沿用这名词的结果，就是使译者起一种观念，以为译事有两重同时可行的标准。"直译""死译"皆可随便。其实译者的忠实责任，决不容有两重的标准。至当的标准只有一个，最适宜的技术也只有一个。译法固然不可强同，各译家之译法，自由或忠实程度，难免各有出入，但是事实上因各人个性关系不能免的不同，决不可当作译事可有歧异的标准解说。

字译与句译

倘是我们要求一相当译法的名称，必须使学者可由名而见义，必使此名称能明白具体表示译文的程序。换言之，必须由译者对于文字的关系有所指明。按译者对于文字的解法与译法不外两种，就是以字为主体，与以句为主体。前者可称为"字译"，后者可称为"句译"。字译句译是什么，及其详细意义，自当待下文讨论，才能明白。但是于未讨论之先，我们可先给一普通的解说。字译是以字解字及以字译字的方法；其对于字义相信其有可与上下文分开独立之存在，译者须把逐字意义一一译出；把这些零碎独立的字义，堆积起来，便可得全句之意义。句译与此正相反：句译者所最怕的是把字义看得太板，字义每每因在文中之用法而生变化，或者极难捉摸；译者无字字对译之必要，且字字对译常是不可能之事。所以句译家对于字义是当活的看，是认一句为有结构有组织的东西，是有集中的句义为全句的命脉；一句中的字义是互相连贯互相结合而成一新的"总意义"（gesamtvorstellung），此总意义须由字的活用和字的连贯上得来。其对于译文方面，是取一种态度，先把原文整句的意义明白准确的体会，然后依此总意义，据本国语言之语法习惯重新表示出来。若能字字相对固善，若此总意义在本国文不能用同样之辞字表出，就不妨牺牲此零字，而别求相当的，或最近的表示方法。倘是一成语，在本国语中果为最准确翻译原义的，就是不与原文所用的相同，也可不顾；与其求守原文逐字意义，毋宁求达原文之语意。这是字译与句译的区别。

字译之不对

以上所谓字译句译，绝非一种代替直译意译的新名词，可做翻译的新的两种标准，留为双方争营对垒之余地。此字译句译之分，纯粹根据于解释文字方法之不同，绝对非若直译意译议论之全出主观，可由个人依意选择的。解释字义方法，非是即不是，非不是即是，倘是字译的方法对，就句译的方法不对（反是亦然），两者决不能兼容并立的。两法之孰是孰否，可各由其对原文译文所持之见解而断。我们可以明确决定的说，句译是对的，字译是不对的。这是一条明明白白的大道理。句译之果为何物及详细方法如何，自当详细讨论于后；至于字译方法之不对，却须先交代清楚。因为此以字解字及以字译字的方法，就是普通译者错误之一大原因。请依序论字译方法所以不可行之理由。

忠实非字字对译之谓

字译方法之所以不可行，第一，就是其字义观之根本误谬。字义是活的，随时随地随用法而变化的，一个字有几个用法，就有几个不同意义。其所以生此变化，就是因为其与上下文连贯融合的缘故。倘是译者必呆板板的执以字解字的主张，就不免时有咬文嚼字、断章取义的错误。大概文字的意义，一部分是比较有定义的，一部分是变化莫测的，其字愈常用，愈简单，则其用法愈繁复，而愈不适用于逐字拆开翻译之方法；因为拆开了，还是不能得其全句之义。此原理于英文尤为显著。譬如"问题""研究""目的""工具"等字，是少有变换的，若以 the study of the problem 逐字拆开，译为"问题之研究"是决不会错的。但是比如 parson 解为"牧师"，nose 解为"鼻子"，而将 parson's nose（席上清炖鸡或烧鸭之臀部）解为"牧师之鼻"，未免要太对不住这些教会的长官了。或是 street 为"街路"，Arab 为"亚拉伯人"，而将 street Arab（街上无依之儿童或其他乡顽不受教育者）解为"街上亚拉伯人"，无论是出于译者之不懂，或是因其抱字字对译的主义，总是不忠实不达意的译法。此所谓"成语"中字义之变换，固为人人所公认的。但是字义在文中之变换，实不只限于成语。如英文 young 一字，通常解为"青年""年轻者"，然如 a young person 由字面上看，当是"年轻之人"，而实际上常是妪仆等对于下等年轻妇人之俗称。the young person 乃含有未长成不可与语淫亵事件者之义，young people 常系指已长成而未有家室之青年，young rascal 乃一种对儿童戏玩之呼法，young things 且兼有爱惜之义，a young man in a hurry 即指热心改革社会的青年，余如 the night is yet young，young in crime 等（俱见《牛津简明字典》中），都可表明一字用法与原义之不同。凡要明字义的人，必求之于全句文中，非咬文嚼字或区区靠字典上的界说定义所能明白的。又如 dramatic possibilities with religious exactitude，someone's eternal，gray hat，the way of all flesh 等句中之 dramatic，religious，eternal，all flesh 等字，若必依字字对译之原理，依原义解释，必为万不能之事。"all flesh"只好解为"血气之属"或为"圆颅方趾"，于这些地方我们可以特别看见字义在文中之变化及所谓活的字义观之意义。字译法之所以不可行，即以其强以字为主体，且以一句有连贯之意义，强为拆开，以为字字可以单独译出。译者自应对于原文字义有深切入神的体会，字义了解的确是句义了解的根基，但是所谓字义，不能看做死的，固定的，分立的，须当做活的，有连贯的，不可强为分裂的东西。

字典辞书之不可靠

其实字之不可断章取义以求强解，本为极显而易见的事实，不待以上的详辩。然事实上译家之错误（如报端所指斥批评的），每每即为此死的字义观所致。究其原因，就是译者于英文尚无深长的研究经验，于字之用法（以上所谓须注重者）尚未熟识，而徒据字典上之定义以解字，然后由此零碎字义以解句。换言之，就是对于字典上辞字定义的信心过重。于是不得不讨论字典辞书可靠不可靠问题。倘是一人于英文研究之程度未深，欲靠一本字典译书行世，可行不可行？如是，以上我们所说的字义观及字义由用法而定的话是对的，我们就不能不极力注重译者高深之英文造就，为译者之必要基件，而对于此种"抱字典译书"的方法大加怀疑。凡译者于一字之用法，浏览既多，意义自熟，故即使有疑难，亦心中自有把握。若徒据字典上一面之缘，以为便可得字义之底蕴而必不一误者，就可以说是太信定义，是守死的字义观的人。今日译界之毛病，即在译者未知注重英文相当之训练，为翻译之基础，而抱此种单靠字典可以译出的迷信。

字典之用处，论*Concise Oxford Dictionary*

虽然，字典非无用处。于略有相当英文程度之人，字典之用处，就是使学者对于一字本不甚明了，不甚精确的解说，能变为明了精当的解说。最好的字典，且应以用法为主体，专以客观方法，做搜集各字用法实例的工夫，将一字所有的用法及其所组的成语，集合列入该字之下，然后依其用法，分出其字义在使用上发生之变化，务使学者开卷便得了然一字所有之用法，而非专做定义界说的工夫。有这种的字典，也就可以用不着借助他人，或问津师长。英文已有此世界历史上空前之字典革命事业，就是《牛津英文字典》，然卷帙浩繁，非私人所能购置。但已有《牛津简明字典》（*Concise Oxford Dictionary*）体例与大字典同，而简明详尽，已可谓包罗万有，英文文字之精华尽萃乎此，且书价极廉，为人人所能购置。此书为全球英文学界所共赏识，而独于吾国则若不闻不问，故顺便介绍于此。〔此书为译者所必备，大概其字愈简，用法愈繁，则引例愈详。最近（1924）牛津大学出版部又出《袖珍牛津字典》（*Pocket Oxford Dictionary*）一种，价目比《牛津简明字典》更低，而取材丰富，亦甚可用。〕

忠实须求传神

以上了结以字译字错误之理由，所以忠实的第一结论就是忠实非字字对译之谓，译者对于原文有字字了解而无字字译出之责任。译者所应忠实的，不是原文的零字，乃零字所组者的语意。忠实的第二义，就是译者不但须求达意，并且须以传神为目的。译文须忠实于原文之字神句气与言外之意。这更加是字译家所常做不到的。"字神"是什么？就是一字之逻辑意义以外所夹带的情感上之色彩，即一字之暗示力。凡字必有神（即"传神达意""神"字之义），即语言学所谓 Gefühlston（依 Sapir 在英文做"feeling-tone"）。语言之用处实不只所以表示意象，亦所以互通情感；不但只求一意之明达，亦必求使读者有动于中。诗与散文之别，则诗人能运用语言文字之直接的传感力，使于意义之外，读者能得一种暗示，受一种冲动。如我们读"山重水复疑无路，柳暗花明又一村"二句时，恍惚中因此文字暗示力之冲动，引起我们的幻象，宛然如亲临其境。不善用字之暗示力者，徒执字字对译之义将全句文义译出，则不如不译之为妙。（如近人以《国风》译成白话诗，此等达意而不传神之作品，不能名为翻译原文，只可说是暗杀原文。）于此可见译事之难；然翻译固未尝是易事，与其视之太易，毋宁视之太难。若为私人之练习，固不妨时作尝试，但是此种私人或课堂上的练习，固不必刊出行世或列入某某丛书中，以钩利求名为目的。因为译者至少须有对原著者之责任心，叫读者花些冤枉钱事小，将一个西洋美术作品戕贼毁伤，不使复留本来面目，而美其名为介绍，这却是何必呢？

绝对忠实之不可能

复次，论忠实的第三义，就是绝对忠实之不可能；译者所能达到之忠实，即比较的忠实之谓，非绝对的忠实之谓。字译之徒，以为若字字译出可达到一百分的忠实。其实一百分之忠实，只是一种梦想。翻译者能达七八成或八九成之忠实，已为人事上可能之极端。凡文字有声音之美，有意义之美，有传神之美，有文气文体形式之美，译者或顾其义而忘其神，或得其神而忘其体，决不能把文义文神文气文体及声音之美完全同时译出。这就是因为以上第二条所说的字神的缘故，一字有一字的个性，在他国语言觅一比较最近之字则有，欲觅一意义色彩个性全同的字就没有，例如中文极平常之"高明""不通""敷衍""对付""切磋""砥砺""隔膜""疏通"都是不可译之字。就以字字对译而论，一句中或一文中的话，能把七八成的字，字字译出已为难事，余者总须以曲达的方法明原文之意。这是就精细方面而论，免译者空做行所无事一百分直译之梦想。译者应十分明白原文意义，然后依译者之笔力，尽量依本国语之语性，寻最相当之译句表示出来，务必使原文意义大体上满意的准确的移译出来，至于一二因语性不同不免出入之处，自可不必强求符合。我们须记得翻译只是一种不得已而很有用的事业，并不是足代原文之谓，译者所能求的只是比较的而非绝对的成功。文章愈优美，则其文字之精英愈难捉摸，谓莎士比亚的 And thus the native hue of resolution is sicklied o'er with the pale cast of thought，或是说陆游的"山重水复疑无路，柳暗花明又一村"二句之神彩，可以一百分的译出，同是一样的胡闹。

三

译者对本国读者之责任

二是通顺问题——以上论忠实之三义，使读者略明字译方法之非，然句译为何物，尚未说到。且忠实有第四义，即忠实非说不通中国话之谓。译者一方面对原著者负责任，然既为本国人译出，当然亦有对本国读者之责任，此则翻译与著述相同之点。或以诘屈聱牙之文饷读者，而谓读者看惯了此种文便不觉得，这实在是不明译者对读者之责任。

行文之心理

翻译上的通顺问题，即如何以西洋思想译入本国之文字。但是，我们须觉得此通顺问题与寻常作文之通顺问题无甚差别，且其行文之心理亦必根本相同。寻常作文之心理必以句为本位，译文若求通顺亦必以句为本位，寻常作文之心理程序，必是分析的而非组合的，先有总意义而后分裂为一句之各部，非先有零碎之辞字，由此辞字而后组成一句之总意义；译文若求达通顺之目的，亦必以句义为先，字义为后。此所谓句之分析说（源于温德氏［Wundt］），很容易由各人之经验证明。凡做文章通顺之人，行文时于未下笔之先，必先有一句要说的意思在心里，即所谓总意象（total concept），心知其所欲言，直至下笔成文之时，然后不得不依习练之语法一字一字写出来，决非先由各字之意义堆积成句，然后明其所欲言之全句意义。若行文顺转，必于笔未下时，文句自现，宛然于耳中预先闻见此字句之声响，若待到处再求辞字，由辞字而后堆成句者，其文必不雅驯；前者即所谓 auto-dictation，后者即所谓 extemporizing（依 Palmer 名称）。所以若经删改之句，字句愈改愈觉不妥，译者在一句之中每觉欠和，就是因为以字为先，以句为后，依组合的而不依分析的程序。此所谓总意象之分析，即寻常行文之心理。（所谓分析，实非自觉的"分析"之谓，实一种不得已之程序而已。如写字的人，必先有全字之印象在心目中，然后按笔画一一写出。）

译文须以句为本位

译文与作文之不同者，即其原有思想非发自译者心中，而出于一使用外国文之作者。然于译者欲以同一思想用本国文表示出来时，其心理应与行文相同，换言之，必以句为本位，而非可一字一字叠成的。

第一，译者必将原文全句意义详细准确的体会出来，吸收心中，然后将此全句意义依中文语法译出。这就是我们所谓"句译"的方法。

译者须完全根据中文心理

第二，行文时须完全根据中文心理。翻译者所表之思想，既本于外国文，则不免多少受外国文之影响，且译者亦不应过改其本来面目。虽然，若是译者心中非先将此原文思想译成有意义之中国话，则据字直译，似中国话而实非中国话，似通而不通，决不能达到通顺结果。我们读此种译文时之感觉，则其文法或且无疵可摘，然中国人说话决非如此。一语言有一语言之语性，语法句法如何，皆须跟从一定之习惯，平常所谓"通"与"不通"即其句法是否跟从习惯。凡与此习惯相反者即所谓"不通"，不必触犯文法上之纪律也。（作古文不通，即不合古文之笔法习惯而已，"习惯"即 usage, idiom；"文法"即 grammar。）中国学生，每每可作"中国人之英文"，其思想心理句法，完全为中文的而非英文的；虽其文法上全无错误，而由英人观之，则必曰"不是英文"；犹如西人以"谢谢很多"代"谢谢"者，华人亦必斥之为"外国话"。译文太牢守西洋心理者，其读者之感念，亦必以为"非中国话"。此种非中国话之中国话，实不必以"欧化"之名自为掩饰，因为他是与欧化问题不同的。无论何种语体于未经"国化"以前都是不通，不能以其为翻译而为例外。且欧化之大部分工作在于词汇，若语法乃极不易欧化，而且不能句句皆欧化也。此非本篇所宜讨论，且以篇幅关系，不得不赶紧进论翻译与艺术文问题。

四

美的问题

　　第三，翻译与艺术文——以上所论翻译之忠实与通顺问题，系单就文字上立论，求译文必信必达的道理。但是还有翻译艺术上之问题，也不能不简略考究一下。翻译于用之外，还有美一方面须兼顾的。理想的翻译家应当将其工作看做一种艺术，以爱艺术之心爱它，以对艺术谨慎不苟之心对它，使翻译成为美术之一种（translation as a fine art）。且所译原文，每每属于西洋艺术作品，如诗文小说之类，译者不译此等书则已，若此等书则于达用之外，不可不注意于文字之美的问题。

论艺术文之不可译

　　论真，我们可以承认 Croce 的话："凡真正的艺术作品都是不能译的。"（Croce 谓艺术文不可"翻译"只可"重作"，译文即译者之创作品，可视为 production，不可视为 reproduction。见 Benedetto Croce: *Aesthetiks.* 72）譬如诗为文学品类中之最纯粹之艺术，最为文字之精英所寄托的，而诗乃最不可译的东西。无论古今中外，最好的诗（而尤其是抒情诗）都是不可译的。因为其为文字之精英所寄托，因为作者之思想与作者之文字在最好作品中若有完全天然之融合，故一离其固有文字则不啻失其精神躯壳，此一点之文字精英遂发发不能自存。凡艺术文大都如此。这就是以上所说忠实之第三义，绝对忠实之不可能，但是于艺术文特觉显明。虽然，诗文既有不可不译之时，自亦当求一切不可中比较之可。且事实上固有成绩昭然之艺术文翻译如 Schlegel 之译莎士比亚，Fitzgerald 之译 Sophocles，Omar Khayyam Morris 之译 Volsunga，Carlyle 之译 Wilhelm Meister 等。其原因则艺术文亦有二种，一发源于作者之经验思想，一则艺术之美在文字自身（即此经验思想具体表示之方法，事实上两种自难完全分开），前者如莎士比亚之戏曲，后者如 Swinburne 之抒情诗；前者如古人之《孔雀东南飞》，后者则如南唐后主之词。前者较不倚赖作者之本国文字，后者则与本国文字精神固结不能分离，欲译此第二种，几等于万不可能之事。（参观 Edward Sapir：*Language*）

说什么与怎么说法

译艺术文最重要的，就是应以原文之风格与其内容并重。不但须注意其说的什么，并且须注意怎么说法。譬如苏州街上有女人骂人，我们尽可不管她骂的什么，尽可专心欣赏其语调之抑扬顿挫。或者拜读吴稚晖先生的大文时，可不必管吴先生诌的什么，只可记得吴先生怎么诌的。一作家有一作家之风度文体，此风度文体乃其文之所以为贵。Iliad 之故事，自身不足以成文学，所以成文学的是荷默之风格（Homer's manner，参观 Matthew Arnold: *On Translating Homer*）。《长恨歌》《会真记》之故事虽为动人，而终须元稹、白居易之文章，及洪昉思与王实甫之词句，乃能为世人所传诵欣赏。故文章之美，不在质而在体。体之问题即艺术之中心问题。所以我们对于我们所嗜好之作者之作品，无论其所言为何物，每每不忍释手，因为所爱的是那位作者之风格个性而已。凡译艺术文的人，必先把其所译作者之风度神韵预先认出，于译时复极力发挥，才是尽译艺术文之义务。叫一个不懂 Goldsmith 的"幽默"（诙谐风度）的人，译《戚克斐牧师传》，即此书之文趣必如同嚼蜡。因为有一位懂得 *Alice in Wonderland* 的神趣的赵元任先生来翻译这本书，故这本译文仍不失为可以读得可以欣赏的作品。

外的与内的体裁问题

所谓体裁问题，不可看得太浅。体裁有外的有内的（outer form and inner form）。外的体裁问题，就是如句之长短繁简及诗之体格等；内的体裁，就是作者之风度文体与作者个性直接有关系的，如像理想，写实，幻象，奇想，乐观，悲观，幽默之各种，悲感，轻世等。外的体裁问题，自当待译者一番的试验，然后能求得相当之体格。我们现在所当觉悟的，就是中国诗体之缺乏。以五言译 English dramatic blank verse，与以长短句译西洋的民歌，或不论其为 Scott's ballad 或为 Milton's sonnet，不论其为 blank verse 或为 Pindaric Ode，同以我们最风行不成体之自由诗译它，的确是胡闹。至于所谓内的体裁问题，就全在于译者素来在文学上之经验学识为基础，非文学之教员或指导书所能代为指明。译者必自信其于原文文学上之神趣已全数领会，然后可以着手翻译。若不能如此而苦无良法，则须记得不译亦是一法。这是最简单，最容易办的。

Croce "翻译即创作" 之说

我们可以说翻译艺术文的人，须把翻译自身事业也当做一种艺术。这就是 Croce 所谓翻译即创作，not reproduction，but production 之义。

以上所说一切，实不过做种普通方针之指导而已，至于临时译书字句之去取，须由译者自己之抉择，或妙文妙句天生巧合，足与原文媲美的，亦必由译者之自出心裁。译学无一定之成规，且译书无所谓绝对最好之译句；同一句原文，可有各种译法，尽视译者国文之程度而差。譬如同一段原文，章行严之译文与一些新文人之译文，就使二译者主张无论如何一致，其结果必不相同。这就是翻译中个人自由之地，而个人所应该极力奋勉之处。翻译所以可称为艺术，就是这个意义。

四、拓展阅读

褚东伟. 翻译家林语堂［M］. 上海：上海外语教育出版社, 2012.

冯智强. 中国智慧的跨文化传播——林语堂英文著译研究［M］. 山东：中国海洋大学出版社，2011.

李平. 林语堂翻译研究［G］. 杭州：浙江大学出版社, 2020.

李平. 林语堂著译互文关系研究［M］. 杭州：浙江大学出版社, 2020.

李平. 译路同行——林语堂的翻译遗产［M］. 北京：中央编译出版社, 2014.

李平, 杨林聪. 林语堂自译《啼笑皆非》的"有声思维"［J］. 中南大学学报, 2014（1）：267-272.

李平, 程乐. 从自译视角看忠实的幅度：以林语堂为例［J］. 浙江工商大学学报，2012（5）：86-90.

林太乙. 林语堂传［M］. 台北：联经, 1989.

钱锁桥. 林语堂传：中国文化重生之道［M］. 桂林：广西师范大学出版社，2019.

钱锁桥. 林语堂双语文集［G］. 北京：九州出版社, 2012.

五、翻译练习

In Defense of Pidgin English[①]

I think pidgin a glorious language. It has tremendous possibilities. So far as I know, Bernard Shaw and Otto Jespersen are the only people who have a good word to say for pidgin. In a newspaper interview, Shaw is quoted as saying that the pidgin "no can" is a more expressive and more forceful expression than the "unable" of standard English. When a lady says she is "unable" to come, you have a suspicion she may change her mind

---

① Lin, Y. T. In Defense of Pidgin English ［J］. *The China Critic* （Ⅵ）, July 22, 1933: 742-743.

and perhaps come after all, but when she replies to your request with an abrupt, clear-cut "no can," you know you have to reckon without her company. Now, according to the new esthetics of Benedetto Croce and his school, any literary or artistic act can be judged only in terms of its expressiveness, irrespective of external standards like meter in poetry or grammar in language. Judged therefore by this Crocean standard, expressions like "no can," "no wanchee" and "maskee," which are always forceful and expressive, have as much literary value as the most polished lines of Milton. Perhaps they gain a little by that comparison. They always express what the speaker means.

第六章　赵元任

引　言

　　1916 年 1 月 26 日，胡适在日记中这样评价赵元任："每与人评论留美人物，辄推常州赵君元任为第一。此君与余同为赔款学生之第二次遣送来美者，毕业于康南耳，今居哈佛，治哲学，物理，算数，皆精。以其余力旁及语学，音乐，皆有所成就。其人深思好学，心细密而行笃实，和蔼可亲。以学以行，两无其俦，他日所成，未可限量也。"[①] 赵元任这位旷世奇才，在翻译理论与实践领域同样留下了一笔遗产，其 1921 年翻译的《阿丽思漫游奇境记》至今仍被奉为经典。

一、名家简介

　　赵元任（1892—1982），江苏常州人，国际著名的语言学家、语言教育家，中国现代语言学的奠基人之一，中国现代音乐的先驱。这位被称为"中国语言学之父"的奇才，会说 33 种汉语方言，并精通多国语言，是我国文化史上少见的一位文理兼修、全面发展的"通才"。

　　1910 年，18 岁的赵元任考取庚子赔款第二期留学生，赴美求学，与同期的胡适等分在康奈尔大学，赵元任主修数学，辅修物理、哲学。1914 年，获康奈尔大学数学学士学位，毕业后在该校哲学院研究一年，第二年入哈佛大学，主修哲学，选修音乐。1918 年，以论文《论连续性——方法论的研究》在哈佛大学获哲学博士学位。1919 年，赵元任受邀返回康奈尔大学，任物理系讲师。1920 年，回国任清华学校心理学及物理教授。1921 年，再入哈佛大学研习语音学，继而任哈佛大学哲学系讲师、中文系教授。1925 年，33 岁的赵元任与梁启超、王国维、陈寅恪一起，被聘为清华国学院

---

① 胡适 . 胡适日记全编：第 2 卷 [M] . 曹伯言 , 整理 . 合肥：安徽教育出版社 , 2001 : 326.

导师，指导范围为"现代方言学""中国音韵学""普通语言学"等。他在"五四"时期创作的《新诗歌集》是音乐界评价最高的，而他为刘半农诗歌谱曲的《教我如何不想她》则是最广为流传的一首。但赵元任在文学上最为得意的，是早年所译的这本"处女作"《阿丽思漫游奇境记》（以下简称《阿丽思》）。

《阿丽思》第一种中文全译本出自赵元任的手笔，1922年1月由商务印书馆初版。在译者序中，赵元任写道：

> 《阿丽思漫游奇境记》这部书一向没有经翻译过。就我所知道的，就是庄士敦（R. F. Johnston）曾经把它口译给他的学生宣统皇帝听过一遍。这书其实并不新，出来了已经五十多年，亦并不是一本无名的僻书；大概是因为里头玩字的笑话太多，本来已经是似通的不通，再翻译了变成不通的不通了，所以没有人敢动它。我这回冒这个不通的险，不过是一种试验。我相信这书的文学的价值，比起莎士比亚最正经的书亦比得上，不过又是一派罢了。现在当中国的言语这样经过试验的时代，不妨乘这个机会来做一个几方面的试验：一、这书要是不用语体文，很准翻译到"得神"，所以这个译本亦可以做一个评判语体文成败的材料。二、这书里有许多玩意儿在代名词的区别，例如在末首诗里，一句里 he，she，it，they 那些字见了几个，这个是两年前没有他、她、它的时候所不能翻译的。三、这书里有十来首"打油诗"，这些东西译成散文自然不好玩，译成文体诗词，更不成问题，所以现在就拿它来做语体诗式试验的机会，并且好试试双字韵法。我说"诗式的试验"，不说"诗的试验"，这是因为这书里的都是滑稽诗，只有诗的形式而没有诗文的意味，我也本不长于诗文，所以这只算诗式的试验。以上所说的几句关于翻译的话，似乎有点说头，但是我已经说**最好是丢开了附属品来看原书。翻译的书也不过是原书附属品之一，所以也不必看**。……[1]（粗体为编者所加）

《阿丽思》是赵元任在1921年上半年翻译的。其时，英国哲学家罗素来华巡回演讲，赵元任担任翻译，同时，赵元任还与后来成为其夫人的杨步伟在热恋中。杨步伟在回忆录中提到，1921年"三月中罗素忽然大病。连遗嘱都写了。因此元任又忙个不停，就终日在我住处译《阿丽思漫游奇境记》"。赵元任自己的回忆录则称，当时"商务印书馆要我写一本（国语）教科书，并制作一套国语留声片；但我最感

---

① 卡罗尔.阿丽思漫游奇境记［M］.赵元任，译.上海：商务印书馆，1922：译者序10—11.

兴趣的还是翻译《阿丽思漫游奇境记》。这是我的处女作，由胡适命的书名，1922年在上海出版"[1]。作为"五四"初期外国文学白话文翻译的重要成果之一，赵元任译的这部书是典型的名著名译，非常成功（"卖得很好"——赵元任语），好评如潮（胡适、林语堂等均赞不绝口）。译文优美流畅，语言清新自然，译技高明，译笔精彩。此书的叙事（包括书中的 10 多首诗）全用语体文（白话文）翻译，但为使书中的对话活灵活现，又恰到好处地采用了一些北京方言，为此，译者特意编制了一份"特别词汇"对照表，供读者参考。书前还有"凡例"，对翻译体例和译者认为必须交代的注音等问题详加说明。赵元任翻译此书一丝不苟的良苦用心由此清晰可见。[2]

在翻译《阿丽思》之前，赵元任在其创办的《科学》杂志上翻译了不少科学小品文，如《科学与经历》《无线电》《海王星之发现》《煤烟之四害》《七天中三个礼拜日》等。之后翻译了其夫人所撰写的《一个女人的自传》（*Autobiography of a Chinese Woman*）。译作不多，但每一本（篇）都是精品。1968 年，赵元任先后在加州大学伯克利分校（UC Berkeley）和台湾大学发表演讲，比较系统地提出了自己的翻译观《论翻译中信、达、雅的信的幅度》（见"名论细读"部分）。在他看来，"信"是翻译中最最基本的条件与要求，没有"信"就谈不上翻译。然而，"信"又是有幅度的，受到多种因素的制约与影响。因此，"信"度是相对的，不是绝对的。译文的"信"度随翻译过程的具体情况和需要而变化。这种翻译"信"度的辩证观和相对论是赵元任先生翻译思想的精髓所在。

二、名译欣赏：阿丽思漫游奇境记

【原文】

Alice's Adventures in Wonderland

Lewis Carroll

CHAPTER I   Down the Rabbit-Hole[3]

Alice was beginning to get very tired of sitting by her sister on the bank, and of having nothing to do: once or twice she had peeped into the book her sister was reading, but it had

---

① 杨步伟，赵元任. 浪漫人生［M］. 南京：江苏文艺出版社，1998：48.

② 陈子善.《爱丽丝漫游奇遇记》的第一部中译本［J］. 译林书评，1999（5）：123-124.

③ 卡罗尔. 阿丽思漫游奇境记［M］. 赵元任，译. 思果，评. 北京：中国对外翻译出版公司，2004：1-9.［2019-07-20］. https://www.cs.cmu.edu/~rgs/alice-I.html. 经核对，与原文一致.

no pictures or conversations in it, "and what is the use of a book," thought Alice "without pictures or conversation?"

So she was considering in her own mind (as well as she could, for the hot day made her feel very sleepy and stupid), whether the pleasure of making a daisy-chain would be worth the trouble of getting up and picking the daisies, when suddenly a White Rabbit with pink eyes ran close by her.

There was nothing so very remarkable in that; nor did Alice think it so very much out of the way to hear the Rabbit say to itself, "Oh dear! Oh dear! I shall be late!" (when she thought it over afterwards, it occurred to her that she ought to have wondered at this, but at the time it all seemed quite natural); but when the Rabbit actually *took a watch out of its waistcoat-pocket*, and looked at it, and then hurried on, Alice started to her feet, for it flashed across her mind that she had never before seen a rabbit with either a waistcoat-pocket, or a watch to take out of it, and burning with curiosity, she ran across the field after it, and fortunately was just in time to see it pop down a large rabbit-hole under the hedge.

In another moment down went Alice after it, never once considering how in the world she was to get out again.

The rabbit-hole went straight on like a tunnel for some way, and then dipped suddenly down, so suddenly that Alice had not a moment to think about stopping herself before she found herself falling down a very deep well.

Either the well was very deep, or she fell very slowly, for she had plenty of time as she went down to look about her and to wonder what was going to happen next. First, she tried to look down and make out what she was coming to, but it was too dark to see anything; then she looked at the sides of the well, and noticed that they were filled with cupboards and book-shelves; here and there she saw maps and pictures hung upon pegs. She took down a jar from one of the shelves as she passed; it was labelled "ORANGE MARMALADE", but to her great disappointment it was empty: she did not like to drop the jar for fear of killing somebody, so managed to put it into one of the cupboards as she fell past it.

"Well!" thought Alice to herself, "after such a fall as this, I shall think nothing of tumbling down stairs! How brave they'll all think me at home! Why, I wouldn't say anything about it, even if I fell off the top of the house!" (Which was very likely true.)

Down, down, down. Would the fall never come to an end! "I wonder how many miles I've fallen by this time?" she said aloud. "I must be getting somewhere near the centre of the earth. Let me see: that would be four thousand miles down, I think—" (for, you see,

Alice had learnt several things of this sort in her lessons in the schoolroom, and though this was not a very good opportunity for showing off her knowledge, as there was no one to listen to her, still it was good practice to say it over) "—yes, that's about the right distance— but then I wonder what Latitude or Longitude I've got to?" (Alice had no idea what Latitude was, or Longitude either, but thought they were nice grand words to say.)

Presently she began again. "I wonder if I shall fall right through the earth! How funny it'll seem to come out among the people that walk with their heads downward! The Antipathies, I think—" (she was rather glad there was no one listening, this time, as it didn't sound at all the right word) "—but I shall have to ask them what the name of the country is, you know. Please, Ma'am, is this New Zealand or Australia?" (and she tried to curtsey as she spoke—fancy curtseying as you're falling through the air! Do you think you could manage it?) "And what an ignorant little girl she'll think me for asking! No, it'll never do to ask: perhaps I shall see it written up somewhere."

Down, down, down. There was nothing else to do, so Alice soon began talking again. "Dinah'll miss me very much to-night, I should think!" (Dinah was the cat.) "I hope they'll remember her saucer of milk at tea-time. Dinah my dear! I wish you were down here with me! There are no mice in the air, I'm afraid, but you might catch a bat, and that's very like a mouse, you know. But do cats eat bats, I wonder?" And here Alice began to get rather sleepy, and went on saying to herself, in a dreamy sort of way, "Do cats eat bats? Do cats eat bats?" and sometimes, "Do bats eat cats?" for, you see, as she couldn't answer either question, it didn't much matter which way she put it. She felt that she was dozing off, and had just begun to dream that she was walking hand in hand with Dinah, and saying to her very earnestly, "Now, Dinah, tell me the truth: did you ever eat a bat? " when suddenly, thump! thump! down she came upon a heap of sticks and dry leaves, and the fall was over.

【译文1】

阿丽思漫游奇境记

赵元任　译

第一章　钻进兔子洞①

阿丽思陪着她姊姊闲坐在河边上没有事做，坐得好不耐烦。她有时候偷偷地瞧她姊姊看的是什么书，可是书里又没有画儿，又没有说话，她就想道，"一本书里又没有画儿，又没有说话，那样书要它干什么呢？"

所以她就无精打采地自己在心里盘算——（她也不过勉强地醒着，因为这热天热得她昏昏地要睡）——到底还是做一枝野菊花圈儿好呢？还是为着这种玩意儿不值得站起来去找花的麻烦呢？她正在纳闷的时候，忽然来了一只淡红眼睛的白兔子，在她旁边跑过。

就是看见一只淡红眼睛的白兔子，本来也不是件怎么大了不得的事情，并且就是阿丽思听见那兔子自言自语地说，"嗳呀，啊噫呀！我一定要去晚了！"她也不觉得这算什么十二分出奇的事情（事后想起来她才觉得这是应当诧异的事，不过当时她觉得样样事情都像很平常似的）；但是等到那兔子当真在它背心袋里摸出一只表来，看了一看时候，连忙又往前走，阿丽思想道，"那不行！"登时就站了起来，因为阿丽思心里忽然记得她从来没有见过兔子有背心袋的，并且有只表可以从袋里摸出来的。她忍不住了好奇的心，就紧追着那兔子，快快地跑过一片田场，刚刚赶得上看见它从一个篱笆底下的一个大洞里钻进去。

不管四七二十八，阿丽思立刻就跟进洞去，再也不想想这辈子怎么能再出来。

那个兔子洞先一段是一直往前的，到了一个地方，忽然直住下拐，下去的那么快，阿丽思跑的又那么急，连想停都没来得及想也就顺着洞往一个好像很深的深井里掉了下去。

那口井要不是非常地深，那就定是她掉得很慢，何以呢？因为她掉了半天还掉不完，倒有工夫四面望望；还有空自己问问，"等一会儿又有什么来了，等一会儿要碰见什么了。"她先还往下瞧瞧，要看看到底等会儿会掉在什么上头，可是底下漆黑的，什么都看不见；于是乎她就回头瞧瞧井壁的四周，看见都是些柜子和书架子：有时候又看见这里那里有些地图和画挂在钉子上。她经过一个架子的时候就伸手把一个小瓶子拿了出来；瓶上写的是"橙子玛玛酱"，可是里头空了，好个失望：

---

① 加乐尔.阿丽思漫游奇境记［M］.赵元任，译.北京：商务印书馆，2002：1-4.

她不肯把瓶扔掉，因为怕掉到底下去砸死了人，所以想法子等再经过底下一个柜口，巧巧的把它又放了进去。

"呵！"阿丽思自己想道，"我摔过了这么一大回跤。那再从梯子上滚下去可算不得什么事啦！家里他们一定看我胆子真好大啦！哼，哪怕我从房顶上掉下来，我也会一句都不提的！"（这倒怕猜得不错，那样摔下来，自然不做声了！）

掉啊，掉啊，掉啊！这一跤怎么一辈子摔不完了吗？她出声道，"我不晓得现在掉了几英里路嘞，我一定快近地心嘞。让我看：那是有四千英里深呢，我想有呢？"——你想这些事情是阿丽思从学堂里学着背的，现在可惜没有人在旁边听着夸她，都白说掉了，可是练练说说也好——"是啊，是差不多这么远——但是我的纬度是多少嘞？我的经度到了哪儿嘞？"（其实阿丽思一点也不懂得纬度是什么件东西，经度是怎么回事，但是她想那两个名词说在嘴里一定很好听的。）

一会儿她又说话了。她道，"我倒不知道会不会一直掉穿了地球嘞，那怎么呢？掉到那边，遇见了许多倒着站的人，一定很好玩儿！叫倒猪世界，不是吗？"——她这回倒觉得幸亏没有人听着，因为她想不起来书里那个"倒足世界"的名字，又觉"倒猪世界"又不大像——"但是你想我不是得要问他们贵国的名字叫什么吗？泼里寺、麻达姆，这是新西兰啊，还是澳大利亚啊？"（说着就一头向空中请安——你想想看，在半空中一头往下掉，一头又要请安，你能办得到吗？）"可是要这样问，他们一定把我当个傻孩子，连自己在什么国里都会不知道。不行，这个一定不好意思问人的；或者我会看见在哪儿墙上或是柱上写着：这是新西兰或者这是澳大利亚。"

掉下去呀！掉下去呀！掉下去呀！阿丽思又没有别的事做，所以又自己咕咕叨叨地说话玩。"啊呀，我猜今儿晚上我的黛那一定要想我嘞！"（黛那是她的猫。）我盼望他们开晚茶的时候，会记得黛那的牛奶。我的乖黛那呀，我真想现在你跟我在一块儿呀。可是我怕半空中没有耗子，那末捉个蝙蝠子也好的，蝙蝠子同耗子也差不多的，黛那，你想可不是吗？但是我倒不晓得？猫吃蝙蝠子不吃的？"阿丽思觉得有点困得慌了，就自言自语地半醒半梦地咕叨，"猫子吃蝙蝠子吗？猫子吃蝙蝠子吗？"有时候说说说乱了，变成"蝙子吃猫蝠子吗？吃子蝙猫蝠子吗？"你想她横竖答不出来这话，所以顺着问，倒着问也还不是一样。她觉得好像睡着了，才梦见和黛那手挽手地同行，正在那里很恳切地问她："你来，黛那，告诉我老实话：你到底曾经吃过蝙蝠子没有？"正说着那时间忽然地扑通！扑通！她身子一掉，掉在一大堆树枝子和干叶子上，这一跤就此跌完了。

【译文2】

爱丽丝漫游仙境

瑞　烨　译

第一章　掉进兔子洞①

爱丽丝靠着姐姐坐在河岸边很久了，由于没有什么事情可做，她开始感到厌倦。她一次又一次地瞧瞧姐姐正在读的那本书，可是书里没有图画，也没有对话。爱丽丝想："要是一本书里没有图画和对话，那还有什么意思呢？"

天热得她非常困，甚至迷糊了，但是爱丽丝还是认真地盘算着，做一只雏菊花环的乐趣，能不能抵得上摘雏菊的麻烦呢？就在这时，突然一只粉红眼睛的白兔，贴着她身边跑过去了。

爱丽丝并没有感到奇怪，甚至于听到兔子自言自语地说："哦，亲爱的，哦，亲爱的，我太迟了。"爱丽丝也没有感到离奇。虽然过后，她认为这事应该奇怪，可当时她的确感到很自然。但是兔子竟然从背心口袋里掏出一块怀表看看，然后又匆匆忙忙跑了。这时，爱丽丝跳了起来。她突然想到：从来没有见过穿着有口袋背心的兔子，更没有见到过兔子还能从口袋里拿出一块表来。她好奇地穿过田野，紧紧地追赶那只兔子，刚好看见兔子跳进了矮树下面的一个大洞。

爱丽丝也紧跟着跳了进去，根本没考虑怎么再出来。

这个兔子洞开始像走廊，笔直地向前，后来就突然向下了。

爱丽丝还没有来得及站住，就掉进了一个深井里。

也许是井太深了，也许是她自己感到下沉得太慢，因此，她有足够的时间去东张西望，而且去猜测下一步会发生什么事。首先，她往下看，想知道会掉到什么地方。但是下面太黑了，什么都看不见。于是，她就看四周的井壁，只见井壁上排满了碗橱和书架，以及挂在钉子上的地图和图画。她从一个架子上拿了一个罐头，罐头上写着"桔子酱"，却是空的，她很失望。她不敢把空罐头扔下去，怕砸着下面的人，因此，在继续往下掉的时候，她就把空罐头放到另一个碗橱里去了。

"好啊，"爱丽丝想，"经过了这次锻炼，我从楼梯上滚下来就不算回事。家里的人都会说我多么勇敢啊，嘿，就是从屋顶上掉下来也没什么了不起。"——这点倒很可能是真的，屋顶上摔下来，会摔得说不出话的。

掉啊，掉啊，掉啊，难道永远掉不到底了吗？爱丽丝大声说："我很知道掉了

---

① 卡洛尔.爱丽丝梦游仙境［M］.瑞烨，译.海口：南海出版公司，2014：11-14.

多少英里了，我一定已经靠近地球中心的一个地方啦！让我想想：这就是说已经掉了大约四千英里了，我想……"（你瞧，爱丽丝在学校里已经学到了一点这类东西，虽然现在不是显示知识的时机，因为没一个人在听她说话，但是这仍然是个很好的练习）"……是的，大概就是这个距离。那么，我现在究竟到了什么经度和纬度了呢？"（爱丽丝不明白经度和纬度是什么意思，可她认为这是挺时髦的字眼，说起来怪好听的。）

不一会儿，她又说话了："我想知道我会不会穿过地球，到那些头朝下走路的人们那里，这该多么滑稽呀！我想这叫做'对称人'①吧？"这次她很高兴没人听她说话，因为"对称人"这个名词似乎不十分正确。"我想我应该问他们这个国家叫什么名称：太太，请问您知道这是新西兰，还是澳大利亚？"（她说这话时，还试着行个屈膝礼。可是不成，你想想看，在空中掉下来时行这样的屈膝礼，行吗？）"如果我这样问，人们一定会认为我是一个无知的小姑娘哩。不，永远不能这样问。也许我会看到它写在哪儿的吧！"

掉啊，掉啊，掉啊，除此之外，没别的事可干了。因此，过一会儿爱丽丝又说话了："我敢肯定，黛娜今晚一定非常想念我。"（黛娜是只猫）"我希望他们别忘了午茶时给她准备一碟牛奶。黛娜，我亲爱的，我多么希望你也掉到这里来，同我在一起呀。我怕空中没有你吃的小老鼠，不过你可能捉到一只蝙蝠。你要知道，它很像老鼠。可是猫吃不吃蝙蝠呢？"这时，爱丽丝开始瞌睡了，她困得迷迷糊糊时还在说："猫吃蝙蝠吗？猫吃蝙蝠吗？"有时又说成："蝙蝠吃猫吗？"这两个问题她哪个也回答不出来，所以，她怎么问都没关系。这时候，她已经睡着了，开始做起梦来了。她梦见正同黛娜手拉着手走着，并且很认真地问："黛娜，告诉我，你吃过蝙蝠吗？"就在这时，突然"砰"地一声，她掉到了一堆枯枝败叶上了，总算掉到了底了！

---

① 19世纪中学地理教科书上流行个名词，叫"对跖人"，意思是说地球直径两端的人，脚心对着脚心，爱丽丝对"地球对面的人"的概念模糊，以为他们是"头朝下"走路的。而且把"对跖（zhī）人"错念成"对称人"了。——译者原注

三、名论细读

<h3 style="text-align:center">论翻译中信、达、雅的信的幅度①</h3>

　　严又陵先生尝论凡从事翻译的必求信、达、雅三者俱备才算尽翻译的能事。不过说起雅的要求来，虽然多数时候是个长处，可是如果原文不雅，译文也应该雅吗？比方一个人告人骂他 You are a damn fool，公堂的通事翻译成"你是一位很愚笨的人"，雅的程度固然是增加了，可是信的程度减低了，甚至还会影响到打官司的结果呐。至于达的要求，多半时候是个长处，比方一个病重或受伤的人说话说不清楚，一个当翻译的对医生翻译清楚了当然是应该的。可是一个小说家描写各种人物在辞令上的个性的不同，要是一个译者把人人的话都说的一样的流利通畅，那么达是达了，可是对于原意就"失信"了。

　　所以话又说回头，还是得拿信作为翻译中的基本条件。在讨论信的各种因素以前，现在先得考虑一下要翻译的单位是什么性质跟尺寸。翻译的对象可能是一部书，一首诗，一出戏的对话，或是一篇演说；翻译出来的东西可能是写下来的，或是说出来的。在尺寸上就可以小自一个字大至一部二十四史那么多。在考虑翻译的条件时候，有一件常须记住的要点就是语言跟文字虽然都是可以表达或描写人生的，可是同时也是人生的一部分，并不是人生以外的东西。凡是翻译一段文，它总有它的上下文，凡是翻译一句话，那句话总是在一个什么情况说出来的。

　　关于这个有好些语言跟非语言之间的边缘现象，比方嗓音的不同，语调的抑扬顿挫（不是说字的声调），脸上跟手上的姿势或动作，于翻译都是有关系的。有时候要使"听"者得同样的印象，一句话也许最好翻译成一种动作，例如"我哪儿知道啊？"翻成法文最好就把肩膀一耸。比用任何语调说 Je ne sais pas 几个字还要恰当。还有在日文在有些时候也不必用字。有一次我对一堂日本的听众讲演，在每一小段我停顿一下表示分段的意思，给我翻译的就把我每次小顿翻译成一个长长的缩气的"嘶——"，同时还以九十度鞠躬的姿势慢慢直起身子来。这个算不算语言？要不是的话那就是用非语言来翻译语言了。又有一阵子，联合国里有一个替苏联作口译

---

① 　赵元任. 论翻译中信、达、雅的信的幅度［G］// 赵元任. 赵元任语言学论文集. 北京：商务印书馆，2002: 601–616. 本文是赵元任先生 1968 年 10 月 23 日在台湾大学的中文演讲词。大致内容于 1968 年 4 月 3 日曾在加州大学伯克利分校用英文讲过（英文题目是"Dimensions of Fidelity in Translation, with Special Reference to Chinese"），不过说法及举例与本文有很多不同的地方。

的翻译员，他翻译的又信又达。因为他碰巧是个美国公民，结果好些人写信来骂他不爱国，甚至告他叛国的罪名。以他的立场，那当然只是他的本行工作，他不干也会有别人一样干。可是不知道那次某苏联代表把一只鞋放在桌上来表示一句要紧的话，他的翻译是否也脱了他自己的鞋来放在桌上，那就没有纪录可考了。

　　说到翻译中最小的单位，光是一个字或是一个词，要是没有上下文，那根本就没有一定的翻译。所以在词典里头每一个词总不止一个定义。从前瑞卡兹（I. A. Richards）在清华时候曾说过，你如果要知道一个词应该翻译成同一个词或是不同的词，只须看原来本国话的词典里是在同一个号码或是不同号码的定义。比方英文 make 在某号定义之下就相当于中文的"做"，在另一号定义之下就相当于"使，令"；又如 state 在某号定义之下就应该译成中文的"情形，状态"，在某号定义之下就是中文的"国家"。哪个定义用得上就得看是在什么地方用的了。

　　一个字句的最确定的上下文就是实在有过某地方一回的见次。这种见次在交通信息论的术语里叫做"实类"（token），所有过去现在跟将来可能再见的同型的例，总称就叫"型类"（type）。比方一个"叟"字总说起来是个型类，可是在梁惠王叫孟子"叟"那一次的时候那就是个实类了。我因为觉到考据家都注重某字句在某一次见处的用法而语言学家就注重字句一般典型的性质，所以我常常形容这两门学问的不同就说考据学是实类的研究，语言学是型类的研究。那么翻译一段史料就是翻译一个实类，如果把那材料有关的上下文做过了充分的考据之后就应该得到一个定本的译文。不过这还只是限于解释原文的方面，因为用译文的，每人的背景不同，每人听或是读译文的情形不同，所以得到的印象还是会不同。那么要是求与原文所呈的印象一样，译文因情形不同反而要有不同的译法了。所以他们才有《圣经》新旧译本的争执。因为上一辈的人念惯了 Douay Rheims 的传统译本，里头的许多联想跟涵义在新译本里都不是那个味儿了。可是反过来说，新译本是根据很审慎的考据写的，现代的人读了所得的印象也许更接近最早原文的意味，因为这一辈的人压根儿就不是从小跟着旧译本长大的嘚。

　　上文只是就翻译中信的问题作笼统的讨论，现在把信的幅度再一一的分析一下。一种就是意义跟功用上的幅度。比方拿一句法文 Ne vous dérangez pas, je vous en pris! 照字义译成英文就是 Do not disturb yourself, I pray you! 可是按功用翻英文就说 Please don't bother! 因为在同样情形之下法国人那么说英美人就这么说。不过要是把任何原文跟译文的成素细看起来，就可以看出来所谓意义跟功用的不同还只是程度的问题。固然法文的 dérangez 不能翻成英文的 derange，因为那是比较词的来历，不是翻译，不过要是求意义相近一点也许也可以译作 disturb yourself。同样，I request you 跟 je vous pris 意义较为接近，可是在功用上法文说 je vous pris 的时候英文多半是说

please。不过归根说起来一个字句在某场合的意义不就是在那场合的功用吗？要是的话，那么意义最合的翻译也是最用得上的翻译了。可是翻译中意义这因素也不是全无意义的——这倒不是在这儿玩儿字的话。平常说按意义翻译是指某字的最常见的用法，并且在一般情形之下总是拿较早的用法认为本义。不过这当然还是有程度的问题，因为凡是用多了过后就是那个意思了。比方有好些话嫌太不雅而用别的说法来代替，先是只有避讳代替的功用，等用久了又让原义渗进去了，又变成不好听的话了。例如以前考场里如果有出去一会儿的必要，就得拿着一个牌子给监考人看着，牌子上写的是"出恭入敬"四个字，这多文雅！可是这避讳的话用用又渐渐染上了直接的意义了，甚至又产生结恭、恭桶等等新词出来了。

跟意义与功用的幅度很相近而不相同的是直译与意译的幅度。直译是照字面一一翻译，意译是取最相近而译语中较通行的语句来翻译。比方英国的死胡同儿口上贴着 No Thoroughfare 可以直译作"没有通路"，美国街上就贴着 Not A Through Street，直译是"不是一条通街"，或者文一点儿叫"非通衢"。可是意译成中国街上贴的字就是"此路不通"了。从一方面看起来所谓直译乃是一种细颗粒的翻译，意译是粗颗粒的翻译。如果光是翻译的颗粒细而结果功用不相当或语句不通顺，那么信的总分数就不能算高。

有一个很重要而译者常常忽略的幅度就是见次的频率。如果原文跟译文当中一个是常见的一个是罕见的字句，那么，其他幅度虽译的准，可是信的总分数就不能算高。固然在某国某时代一天到晚常说的东西在另一处或另一时代可能是不大提的，甚至不知道的。如果那件事是要讲的本题，那当然没有办法。例如讲美国所谓"世界系列"的棒球竞赛不难译成日文，可是译成中文，可能是可能，不过好些人就不懂说的什么，要是讲足球的事情中文在中国就比较听得惯。可是如果一个常见的词句只当作譬喻用而不是本题，那么与其用一个表面上好像译的很信而频率相差太远的译法，不如用一个见次频率相当的译法较为合适。比方，一件事快成功了，美国人常常说"到了 third base"，译成中文尽管可以用麻将来代替棒球，就说"听张了"。按正式的名称，third base 是叫"第三垒"，可是很少中国人知道第三垒是什么东西。我在加州大学讲这问题的时候几百听众里头大概有几十个中国人。我问他们谁听见过"第三垒"这名词的请举手，结果没一个人举手。我的女儿如兰听见过也没举手，因为是那天下午我才告诉她的。

在继续分析其他幅度以前得先讨论一下两个语言之间借词的现象。平常一个语言甲借语言乙里的一个词就是取乙的某词改用甲的音里可能的音当一个新词来用。例如英文 inspiration 中文叫"烟士披里纯"。借了外来词以后不但音会改变并且意义跟用法不一定跟原来的一样。比方法文 menu［mə'ny］是整套的饭，借到英文里来念成［'mejnju］或［'menju］并且当菜单子讲了（原来法文也有这个讲法的）。又如中国话"豆腐"这个词日本话借用叫作 /tōfu/（无论是仍写"豆腐"两个汉字或是用假名写成卜ウフ），这也是借词的例。

还有一种借法是不用外国话的音，而把外国的复合词的各部分直译过来，杜撰成为一种新词，这就成为所谓借译词，西文叫 calque（原来是跟着脚印儿走的意思），英文也叫 translation borrowing。例如 telephone 中国旧叫法是"德律风"，那是直接借词，可是德文叫 Fernsprecher，这里的 fern- 翻译 tele-，-sprecher 粗略翻译 -phone，所以就是借译词了。至于"电话"那就是整个儿另外翻译了。又如 television 在美国的中文报管它叫"传真"，这也是另外翻译的，可是在中国叫"电视"可以算是借译词（更准一点当然该叫"远视"，不过"远视"早有了别的用法了，所以不能用了）。现在新名词当中借译最多的就是一些外语的词头词尾成了一些惯用的译法，例如，亲 - pro-，反 - anti-，- 化 -ize，-fy，- 性 -ness，-ity，- 主义 -ism 等等。借译的现象当然不限于复合词的各部分，也有整个儿的语句借译的。比方"高峰会议"中国本来没有这个话，是从 summit conference 译来的。有时候有些话听多说多了根本就忘了是外来的了，例如"换句话说……"或"换言之……"是从 in other words... 来的，"我跟你赌什么……"是从 I bet you... 来的，又如英美人一天到晚说 That goes without saying，可是他们很少人知道那是从法国话 ça va sans dire 来的。反过来呐，有时候以为是借译的外来语其实是本国人瞎诌的。很多人以为 Long time no see 是从中国话借译来的，其实中国话没有"长时不见"这话，只有"好久不见"，要是借译起来应该是 Good long not see 才对。

借译的时候最容易忽略的就是一种岔枝借译的现象，比方一个外国词有 A、B、C、D 等等讲法，其中的意义 A 应该译成本国语的甲。可是译者不另外用乙、丙、丁等等来对 B、C、D 等等，他不管三七二十一每次看见或听见那个词就一律用甲字来翻译。这种现象我给它加一个形容词叫 skewed（translation borrowing），中文就叫岔枝借译。现代的新名词，特别是报章上，这类岔枝借译的例子到处都是的。比方英文的 delicate 的意义之一是"微妙"，可是另一个讲法是说局面危如累卵的意思。可是翻译新闻的人一查英汉词典 delicate 等于"微妙"，就把政局也变成"微妙"了。这么着习非成是，"微妙"这个词就添了一个新讲儿了。还有 liquidate 是把（快倒的）买卖给清算了的意思。后来用在因政治关系 liquidate 一个人，中文就跟着也可以把人给清算了。又有时候外语某词有 A、B 不同的词品，译成中文只有词品甲可是后来又跟着也当词品乙用了。比方 ideal "理想"是名词，可是英文 ideal 也可以当形容词，结果中文也跟着说"最理想"了。还有 stress 当"重要"，"强调"讲是个名词，当"注重"，"着重"讲是个及物动词，可是现代的中国人动不动就强调这个，强调那个，硬把名词用作动词了。又如 publish 当不及物动词可以译作动宾结构的"出版"，可是 publish a book 现在就常看见（甚至听见）"出版一部书"了。不过还没看见过把 type a letter 译成"打字一封信"呐吧？

什么样的岔枝翻译可以成立，什么样的不可以成立，那是程度的问题，虽然习非可以成是，可是也得习久了才成。比方 authority 译成"权威"本来是在政治上有权有威的意思，后来由岔枝借译加上了"专家"的意思，现在这讲法已经比较通行了。可是旧金山一个中国报又进一步，讲到一九五五年罗素、爱因斯坦等等关于轻气弹的宣言的时候说"自比坚尼之试验，良好的当局莫不异口同声，指出轻气弹之战争，可能毁灭全世界之人类"（《世界日报》一九五五年七月十一日社论）。

我看了半天，看不懂什么叫"良好的当局"，试翻译英文 benevolent administrators 还是莫名其妙。再试试别的英文译法才想到良好的当局是 good authorities 的意思，是说据专家称云云。归根说起来，岔枝的借译是懒人的翻译法。如果外语学生译岔了枝就该扣分数，如果有地位的作家译岔了枝，起初读者看不懂，写多了就成了新用法了。不过懒人也有懒人的贡献。因为现代生活好些词都在借译着，结果虽然不达不雅，可是给编辑杂志的，给联合国的翻译员，给将来机器翻译的工作者，给那些人的工作都可以简单化一点了。

现在再继续叙述信的其他的幅度。有一个幅度很容易使人求信而失信的就是每个语言里头往往有些必具的范畴。比方英文的名词非得是单数或是多数，动词不是现在就是过去（在形态方面英文没有将来式）。德文的朋友非得一定是男的或者一定是女的。反之英文只有 cousin 总名称，中文就得分堂表兄弟姊妹的不同。在翻译的时候如果有些必具的范畴于本文无关紧要的尽管可以不管，例如"表妹"可以就译成 cousin，否则你见了人打招呼总不能说 good morning, my female-cousin-on-mother's-or-paternal-aunt's-side-younger-than-myself 煞！又如英文一个 marry 字中文或是俄文都分嫁娶。有一次，在民国九年勃拉克（Dora Black）女士在北京师大演讲，我给她当翻译。她提到 unmarried men and unmarried women，我把两个字弄颠倒了说成"没有嫁的男人，没有娶的女人"。当然大家马上哄堂大笑，讲演的问怎么回事？我只好打喳喳儿说"这个解释起来太长，我得呆会儿再讲给你听"。

像这样很显著的必具范畴倒是不难照顾，麻烦的是有些不显著的例子更容易叫一个翻译的人上当。比方一个看似简单容易的英文句子 He put on his hat and went on his way，因为英文里规矩，凡是是他的就得说"他的"。可是如果叫一个初学英文的法国、德国，或是中国学生来翻译这句话，十回九回他一定忠忠实实的把两回的 his 都翻译出来："他戴上他的帽子，走上他的路了。"而其实如果不管英文，他自己在那儿说这句话的意思，也许根本只说："他戴了帽子就走了。"

　　这种翻译过头的文章要是写多了看多了日久当然又成一种新体。例如起头是学英文没学好,凡是看见一个过去式的动词在中文就照例地加一个"了"字,其实译者自己平常说话作文的时候,并不每次提到过去的事情都用"了"字。又比方英文被动式用 by,译者每次看见被动式就用"被",忘了中文平常被动式多半用在不好的事情上的。可是这种起头儿觉得怪的说法看多了听多了,那就不但在翻译外语时候,连自己说话作文都用这样句法了。比方英文 A in B(名介名)式里的 in B 是形容 A 的,中文照例是说(在)B 里的 A,例如 soup in the pot 是"锅里的汤"。可是近来报上杂志上平常有"阿丽思在中国"的句法,好像是个整句子,其实是个等于 Alice in China 的名词语。这种现象在语言学里叫做借来的结构,就是说不光是借来某某词某某语,而是借来一套结构的格式。所以现在一个人不但可以被打被骂,又可以被爱被称赞了。可是"政变在南美"这类的名词语还只限于标题,还没听见人说过"请你给我一碗'汤在锅里'"呐。

　　除了把必具范畴都想译出来之外还有一个倾向就是把名词对名词,动词对动词,等等,或者翻译语句的时候把名词性的对名词性的,动词性的对动词性的等等语句。如果别的幅度上都一样信,那么当然词品相当就可以增加信的程度。可是别的幅度上很少完全一样的,所以词品相当不相当只能算应当考虑的各幅度之一。例如"真讨厌!"译成英文最好说 What a nuisance! 那就是把形容词译成名词语了。固然也可以译成 How annoying! 不过在体裁上又差了,因为那是把很白的话翻成太正式的话了。又比方"多好玩儿!"要是维持原来的词品译成 How funny! 那就根本把意思都翻走了。这句话当然要改成名词语说 What fun! 才对。再举一个法译英的例子:Quelle merveille! 是名词语,如果对英文的 What marvel! 词品是相当了,可是意思又太重,见次的频率又少的多,不如还是用个形容词说 How marvelous! 这样总信度较高一点。

　　有时候不但词品不必相当,甚至根本不同性质的语言成分可能是最好的翻译。例如中文的"好是好"的句法,如果用英文来分析可以说"(As for being)good,(it)is good."不过这是解释中国话的文法,不能算是翻译。这种句法最好的翻译是一种特别的语调,就是英国的 H. E. Palmer 称为雁颈式的语调(the swan)。比方"好"译作 It's good,是平常的降调。可是"好是好"可以译作 It's good ∿(but)——这样子就是把中文的字译成英文的调了。这个句法固然也可能用字来翻译,例如加一个 to be sure 或是加个更白话式的一个低升调的 all right ↗,不过用那雁颈式的语调来对"好是好"的公式比任何用字来翻译更恰当了。还有成素性质相差更远一点的,语言都可以用非语言来翻译,如同上文所说用耸肩翻译"我不知道"之类。

　　跟上文所说的必具范畴有关的是数量词翻译的问题。不同的语言,不同的民族,对于数量、币制、颜色的名称,连数目字的本身,当然都是参差不齐的。英文没有

"青"，中文没有 brown，"码"跟"打"在中文是新进口的洋货。如果一个语言里不是从十三到十九有个 –teen 在里头就不会有 teens 或是 teen–age 的观念。光是翻译数量本身当然很容易翻的很准确，可是用数量词的时候往往不注重数量的本身而在其他的涵义，那就应该考虑其他的幅度了。比方要是一个语言里没有 dozen 的观念的，那么英文说 a few dozen 不如说"好几十"比说"好几倍十二"好多了。这些数量单位的不同不但影响语言，甚至还影响到物价等等实际的事情。比方美国一块钱换十个毛钱儿，或是四个两毛五的钱币，因此好些东西定价跟包装的份量也就跟着来，并且好些卖口香糖，香烟等等的机器的设计也是跟着币制走的。法国要不是从前有个五生丁的小铜钱就不会有 pas un sou "没有一个大子儿"的话。中国从前要不是有那种叫蚨子的制钱就不会有"没有一个蚨子"的话。

原文跟译文体裁相当不相当自然是极要紧的幅度。现代的语言当然最好用现代语言来翻译。如果原文是很古的东西，翻译起来就有些问题了。如果某作品早有用了很久的译文，那么这译文也成了一种作品，那又是一回事。但是光求两方的时代相当并不一定就能译的很信。并且如果原文的时代还远在译文的语言成立以前，例如中国的十三经的时候还没有所谓英文那语言，那怎么办呐？在这种情形之下，最好的办法——并且也是最常取的办法——是用一种最无时代性的体裁来翻译。这办法虽然免不了失掉点原来的精采跟生气，可是至少可以免掉搀入与原文不合的意味。固然过久了先以为无时代性的，后来的人还是会觉得出来那是某时代的译文。所以有些名著过过就又得重新翻译。不过翻译旧东西的时候至少要避免太漂亮太时髦的词句。因为越漂亮就越容易蔫，越时髦就越容易过时。

有一个极要紧而常常被忽略过的幅度就是语言的音调方面。要是翻译诗歌的时候，那么节律跟押韵尤其要紧。可是语言跟语言之间词义的范围从来不能一一相配，还有那些必具的范畴这个多那个少这个少那个多的，总是参差不齐的。那么如果要把原文所有包涵的东西都照顾的一点不剩，免不了就会同时又带进了好些不相干的成素，结果就把译文弄的太长了。在这种情形之下译者当然只能斟酌取舍，并且还不要忘记了音节方面是求信的一个重要的幅度。比方法文有句话叫 et patati et patata 要是光译成"瞎说"那就太短了，译成"瞎说八道"比较近些，要是说"叽里咕噜，瞎说八道"那就跟法文一样是八个音节了。

成语当然最好能用相当的成语来翻译，如果能把音节弄到相近那就更好。例如"种瓜得瓜，种豆得豆"译成 As ye sow, so shall ye reap，不但也是个成语，并且节律也相近。

反之，有时候一国文字习惯上在某种场合用很对称的节律而另一国文字在同样场合就用完全不同的节律。比方从前英国人办沪宁铁路时候在火车里贴的通告说：

随处吐痰，

最为恶习。

既惹人厌，

又碍卫生。

车站月台，

尤须清洁。

倘有违犯，

面斥莫怪。

八句。底下的英文"翻译"只说：

IN THE INTEREST OF CLEANLINESS AND PUBLIC HEALTH PASSENGERS ARE REQUESTED TO REFRAIN FROM SPITTING IN THE TRAINS OR WITHIN THE STATION PREMISES.

一长句。这里头固然还带了有"文明"人教训乡下人的口气，英文就完全是对平等人的措辞，所以翻译的内容不符一半是成心的。不过通告上用对称的节律在中文的确很多，而英文除了故意逗趣的通告多半都是用散文的。

翻译诗歌的时候如果还得按原来的调子来唱，那当然节律跟用韵得完全求信，一切别的幅度就管不到了。比方随便翻开一页德英文对照的舒勃特的歌谱，例如 *Erlkönig* 的头两句：

Wer rei – tet so spät durch Nacht und wind?
Who rides +there so late through night +so +wild?

–Es ist der va – ter mit sei – nem kind.
+A +lov – ing fa – ther with his +young child.①

---

① 见 *Franz Schubert Songs,* Theodore Baker 英译，纽约一八九五，一九二三 Schirmer 版册 343，页 214–215。

这个译的可以算是很准了，可是为着节律关系，there, loving, young三处是加的；und wind 不然很好译成and wind，可是为了跟child押韵，只好译成so wild了。（谱词里有减号的是原文有而未译的，有加号的是原文无而译文添的。）反之，西洋人翻译中国旧诗为了注重内容就没法子顾到声音了。像理雅各（James Legge）翻译的《诗经》跟韦烈（Arthur Waley）翻译的唐诗，跟原文比起来平均总多到原文两倍至四倍的音节。他们那些译文固然把内容跟涵蓄的诗意都表达的很全，可是我们这些一小儿背中国诗长大的人念起那些冗长的英文中国诗来，虽然不能说味如嚼蜡，可是总觉得嘴里嚼着一大些黄油面包似的。

至于从英文翻译到现代的中国白话，在节律方面就相称的多了。比方我翻译路易斯·加乐尔的书的时候，我的工作就容易的多，把意思都翻译了，同时还可以不牺牲声音方面。特别在《走到镜子里》不但玩儿字的地方都翻译出来，所有的诗差不多能全照原来的轻重音跟韵脚的格式。例如《炸脖》诗的头一首：

> Twas brillig, and the slithy toves
> Did gyre and gimble in the wabe.
> All mimsy were the borogoves
> And the mome raths outgrabe.

> 有一天点里，那些活济济的猵子
> 在卫边儿尽着踂尽着觅。
> 好难四儿啊，那些鸹鹅鸹子
> 还有蒙的猎子呕得格儿。

用国语罗马字写出来不但读的像原文，连看起来都有点儿像：

> Yeou' tian beirlii, nehshie hwojihjide toutz
> Tzay weybial jiinj gorng jiinj berl.
> Hao nansell a, nehshie borogoutz
> Hair yeou miade rhatz owdegerl.

这里虽然有些"有音无字"的字，可是所有的声、韵、调都是国音里可能的字音。那么后来昏弟敦弟解释那些怪字的来历当然也都得说得通，例如wabe原文的解释是way before, way behind, 跟way beyond，那么中文方面卫边儿（weybial）是这边儿

（jeybial），那边儿（neybial），跟外边儿（waybial）。

最后，**翻译中信的幅度有一样于实际常常有关系的就是原文与译文用时的场合。**上文已经提过有时候语言得翻译成非语言或是非语言译成语言。比方中文有个感叹词"唉！"翻译戏剧的时候英文除了现在已不通行的 heigh-ho 之类没有字可以翻译，所以只用个括弧写个（sigh），换言之，中文原来是对话的一部分，译成英文变成"叹气介"的导演语，不是对话了。还有时候翻译活语言的时候，说着说着事情变了，那怎么办呐？要是接着翻译完了就把一句本来说的对的话翻成了（现在）不对的话了。要不然应该怎么办？下面是有次一个能临机应变的飞机师对付的方法，大概是飞过大西洋时候预备紧急降落的事情吧。他先用法文说：

> Attention, messieurs et mesdames. C'est votre commandant. Attachez vos ceintures de sécurité et préparez-vous pour un atterrissage d'urgence.

接着用德文说：

> Achtung, meine Damen und Herren. Hier spricht ihr Flugzeugführer. Bitte, befestigen sie ihren Sicherheitsgürtel und bereiten sie sich auf einer Notlandung vor.

可是说到英文的时候情形又变好了，他说的是：

> Ladies and gentlemen, forget it. Everything is now A-OK.[1]

那么这个算不算翻译呐？要是的话，他的信的程度不是等于零或甚至负一百分了吗？

总之，上文讲起信的各种幅度的时候都好像拿它当作可以衡量的独立变数似的。其实那些幅度既不能作定量的准衡，又不是各自独立不相牵涉的，更谈不到怎么设立一个数学的函数来求得一个最大数值的总信度了。多数读者对于上文里提出的一些问题大概都有过经验。本文不过把这些问题聚拢在一块儿使从事翻译者容易参考参考就是了。眼前的翻译学的状态只能算是在有些正式学门里所谓尚未系统化的阶段，换言之，里头说的都还是些半调子未成熟的观念，美其名曰 presystematic stage

---

[1]　见 *Punch* 周刊一九六六年十月十九日页 577 漫画。要是照原文翻英文的话当然得说：This is Captain Smith speaking. Please fasten your seat-belts and be ready for an emergency landing.

而已。我们现在其实还没很超过 Postgate 五十多年前论翻译时候所注重的话。他说："大家都承认，虽然大家不都实行，一个翻译的基本优点就在乎一个信，谁翻译的跟原文最近就是谁翻译的最好。"① 可是远近既然还是程度的问题，这话不是又说回头了吗？有一个有用的试验法就是把译文译回头，看是不是另有一个更恰切的原文可以对这译文。如果有的话，那就是起头儿翻译的不够信。固然这只是个试验的方法，而信的多幅性的困难依然存在。说起来的话，有哪门学问里不是老在那儿愁着多幅性的困难的？

四、拓展阅读

Carroll, L. *Alice's Adventures in Wonderland* ［M］. London: Penguin Books Ltd., 2007.

加乐尔 . 阿丽思漫游奇境记［M］. 赵元任，译 . 北京：商务印书馆，2002.

卡罗尔 . 阿丽思漫游奇境记［M］. 赵元任，译 . 思果，评 . 北京：中国对外翻译出版公司，2004.

罗选民，朱嘉春 . 作为教育行为的翻译——赵元任《阿丽思漫游奇境记》翻译个案研究［J］. 现代大学教育，2016（5）：10-16.

戎林海 . 论赵元任的翻译观［J］. 常州工学院学报，2008（5）：5-10.

戎林海 . 赵元任翻译研究［M］. 南京：东南大学出版社，2011.

徐德荣，江建利 . 儿童文学翻译中的规范——《爱丽丝漫游奇境记》翻译的个案研究［J］. 中国海洋大学学报，2011（6）：85-90.

赵元任 . 赵元任语言学论文集［G］. 北京：商务印书馆，2002.

五、翻译练习

Alice's Adventures in Wonderland②

There seemed to be no use in waiting by the little door, so she went back to the table, half hoping she might find another key on it, or at any rate a book of rules for shutting people up like telescopes: this time she found a little bottle on it, ("which certainly was not

---

① Postgate, J. P. *Translation and Translations* ［M］. London: G. Bell and Sons, Ltd., 1922: 3.
② 卡罗尔 . 阿丽思漫游奇境记［M］. 赵元任，译 . 思果，评 . 北京：中国对外翻译出版公司，2004：13-16.

here before," said Alice,) and round the neck of the bottle was a paper label, with the words "DRINK ME" beautifully printed on it in large letters.

It was all very well to say "Drink me," but the wise little Alice was not going to do that in a hurry. "No, I'll look first," she said, "and see whether it's marked 'poison' or not"; for she had read several nice little histories about children who had got burnt, and eaten up by wild beasts and other unpleasant things, all because they would not remember the simple rules their friends had taught them: such as, that a red-hot poker will burn you if you hold it too long; and that if you cut your finger very deeply with a knife, it usually bleeds; and she had never forgotten that, if you drink much from a bottle marked "poison," it is almost certain to disagree with you, sooner or later.

However, this bottle was not marked "poison," so Alice ventured to taste it, and finding it very nice, (it had, in fact, a sort of mixed flavour of cherry-tart, custard, pine-apple, roast turkey, toffee, and hot buttered toast,) she very soon finished it off.

第七章　郭沫若

引　言

郭沫若是一位 20 世纪有多方面实践的文化名人，是中国现代文化史上著名的文学家、历史学家、古文字学家和翻译家。他不是一名专职的翻译家，翻译活动甚至都不是他的"主项"，这些翻译作品更多的是他在学习、生活之余的创作成果。虽然不是专职所为，但他却做出了惊人的成绩，30 部、500 多万字的译作是他留给后人丰硕的财产，给世人呈献了一幅五彩斑斓的翻译画卷。

一、名家简介

郭沫若（1892—1978），原名郭开贞，字鼎堂。1892 年 11 月 16 日出生于四川乐山沙湾，毕业于日本九州帝国大学，现代文学家、历史学家、新诗奠基人之一、中国科学院首任院长、中国科学技术大学首任校长、苏联科学院外籍院士。1921 年，出版第一本新诗集《女神》，书中洋溢着强烈的浪漫主义气息。《女神》是中国新诗的奠基之作，郭沫若也因而成为中国新诗的重要奠基人之一。同年，又与成仿吾、郁达夫等人一同创立上海文学学社"创造社"，是新文化运动的重要旗手。

从 20 世纪 20 年代到 70 年代的 50 多年里，郭沫若翻译出版了以《少年维特之烦恼》《浮士德》等为代表的译著共计 500 多万字，有多达 289 种译作问世。翻译活动贯穿了郭沫若文化活动的全过程。郭沫若不是一名专职的翻译家，翻译活动甚至都不是他的"主项"，这些翻译作品更多的是他在学习、生活之余的创作成果。就其翻译作品原作者的国籍来讲，涉及欧洲、北美洲、亚洲等的 9 个国家，作品以德国、英国、美国、俄国等欧美国家为主，同时还包括波斯、印度、日本等东方国家，涉及 98 位作者；就其翻译作品所涉及的种类来讲，既有文学类作品（含诗歌、戏剧、小说）如歌德的《少年维特之烦恼》《浮士德》等，又有艺术史类的著作如《美术考古一世纪》等，还有科学史著作如《生命之科学》、马克思和恩格斯的经典著作《政治经济学批判》等。不仅如此，郭沫若通过自己的翻译实践活动，还提出了诸如"译文应同样是一件艺术品"等翻译思想和观点。因此，无论从哪个角度来讲，郭沫若都无愧于中国现代文化史上一个著名的翻译家的称号。[①]

（1）文学类体裁作品的翻译

文学类体裁作品的翻译是郭沫若翻译的重点，主要有小说类《争斗》《法网》《石炭王》《屠场》《煤油》《战争与和平（第一分册）》《日本短篇小说集》等，诗歌类《新俄诗选》《德国诗选》《鲁拜集》等，诗剧类《华伦斯坦》和《赫曼与窦绿苔》等。文学类体裁作品占了他译作的一半还要多的数量，这也印证了郭沫若以文学家的身份登上"五四"历史舞台的必然性。

（2）自然科学类体裁作品的翻译

自然科学类体裁翻译作品主要是《生命之科学》。《生命之科学》是郭沫若翻译的所有著作中工程量最为浩大的。1931年3月开始着手翻译，后手稿在商务印书局编译馆中被"一二·八事变"的战火焚毁，1934年又重新翻译并于同年10月陆续出版，至1949年11月才最终完成，前后经历了近19年的时间。这部作品的翻译完成，充分显示出了郭沫若广博的学识和严谨的科学素养，也奠定了他"百科全书式"的文化成就。

（3）社会理论体裁作品的翻译

新文化运动后，国内社会局势不断变化，如何清晰地辨别中国未来社会发展的方向成了学者们最为急迫的任务。因此翻译马克思主义经典著作也成了郭沫若翻译体裁选择的重点。他先后完成了马克思主义经典作品《经济学方法论》《政治经济学批判》《德意志意识形态》《艺术作品之真实性》《美术考古一世纪》《隋唐燕乐调研究》等6部社会理论著作。

除了丰富多彩的翻译内容，郭沫若还提出了不少意味深远的翻译思想。总体来讲，他的翻译思想主要体现在两个方面。首先就是有关"风韵译"的翻译思想。他认为，翻译应该注重翻译作品内在的韵味，不能仅仅只是字面的转译。再者就是他认为，翻译应该等同于创作，"好的翻译等于创作，甚至还可能超过创作"[②]。

郭沫若最初从事翻译活动主要是因为学业的要求、生活的艰辛等被动而为，到了五四运动开始翻译《少年维特之烦恼》等作品后，他便开始了有意识的翻译活动，无论是翻译对象的甄别、翻译语种的选择，还是翻译内容的选取等方面，都有了系

---

① 张勇.《郭沫若全集补编·翻译编》编辑札记——以译文版本为中心［J］.山东师范大学学报，2015（3）：77.

② 张勇.郭沫若的翻译世界［N］.人民政协报，2017-09-25（10）.

统性和计划性，而这些翻译作品也逐渐形成了他翻译思想中所提倡的"重审美、强意蕴、促创作"审美原则，从而形成了一个完整的翻译思想体系。

二、名译欣赏：少年维特之烦恼

【原文】（略）

Die Leiden des jungen Werther[①]

J. W. von Goethe

【英译文】

The Sorrows of Young Werther[②]

Translated by R. D. Boylan

I have carefully collected whatever I have been able to learn of the story of poor Werther, and here present it to you, knowing that you will thank me for it. To his spirit and character you cannot refuse your admiration and love; to his fate you will not deny your tears.

And thou, good soul, who sufferest the same distress as he endured once, draw comfort from his sorrows; and let this little book be thy friend, if, owing to fortune or through thine own fault, thou canst not find a dearer companion.

BOOK I.

May 4th.

How happy I am that I am gone! My dear friend, what a thing is the heart of man! To leave you, from whom I have been inseparable, whom I love so dearly, and yet to feel happy! I know you will forgive me. Have not other attachments been specially appointed by fate to torment a head like mine? Poor Leonora! and yet I was not to blame. Was it my fault, that, whilst the peculiar charms of her sister afforded me an agreeable entertainment,

---

① 德文原文可下载。［2019-07-25］. http://www.digbib.org/Johann_Wolfgang_von_Goethe_1749/ Die_Leiden_des_jungen_Werther_.pdf.

② von Goethe, J. W. *The Sorrows of Young Werther*［EB/OL］. Trans. R. D. Boylan.［2019-02-14］. http://www.gutenberg.org/cache/epub/2527/pg2527.txt.

a passion for me was engendered in her feeble heart? And yet am I wholly blameless? Did I not encourage her emotions? Did I not feel charmed at those truly genuine expressions of nature, which, though but little mirthful in reality, so often amused us? Did I not—but oh! what is man, that he dares so to accuse himself? My dear friend I promise you I will improve; I will no longer, as has ever been my habit, continue to ruminate on every petty vexation which fortune may dispense; I will enjoy the present, and the past shall be for me the past. No doubt you are right, my best of friends, there would be far less suffering amongst mankind, if men—and God knows why they are so fashioned—did not employ their imaginations so assiduously in recalling the memory of past sorrow, instead of bearing their present lot with equanimity. Be kind enough to inform my mother that I shall attend to her business to the best of my ability, and shall give her the earliest information about it. I have seen my aunt, and find that she is very far from being the disagreeable person our friends allege her to be. She is a lively, cheerful woman, with the best of hearts. I explained to her my mother's wrongs with regard to that part of her portion which has been withheld from her. She told me the motives and reasons of her own conduct, and the terms on which she is willing to give up the whole, and to do more than we have asked. In short, I cannot write further upon this subject at present; only assure my mother that all will go on well. And I have again observed, my dear friend, in this trifling affair, that misunderstandings and neglect occasion more mischief in the world than even malice and wickedness. At all events, the two latter are of less frequent occurrence.

In other respects I am very well off here. Solitude in this terrestrial paradise is a genial balm to my mind, and the young spring cheers with its bounteous promises my oftentimes misgiving heart. Every tree, every bush, is full of flowers; and one might wish himself transformed into a butterfly, to float about in this ocean of perfume, and find his whole existence in it.

The town itself is disagreeable; but then, all around, you find an inexpressible beauty of nature. This induced the late Count M to lay out a garden on one of the sloping hills which here intersect each other with the most charming variety, and form the most lovely valleys. The garden is simple; and it is easy to perceive, even upon your first entrance, that the plan was not designed by a scientific gardener, but by a man who wished to give himself up here to the enjoyment of his own sensitive heart. Many a tear have I already shed to the memory of its departed master in a summer-house which is now reduced to ruins, but was his favourite resort, and now is mine. I shall soon be master of the place. The gardener has become attached to me within the last few days, and he will lose nothing thereby.

MAY 10.

A wonderful serenity has taken possession of my entire soul, like these sweet mornings of spring which I enjoy with my whole heart. I am alone, and feel the charm of existence in this spot, which was created for the bliss of souls like mine. I am so happy, my dear friend, so absorbed in the exquisite sense of mere tranquil existence, that I neglect my talents. I should be incapable of drawing a single stroke at the present moment; and yet I feel that I never was a greater artist than now. When, while the lovely valley teems with vapour around me, and the meridian sun strikes the upper surface of the impenetrable foliage of my trees, and but a few stray gleams steal into the inner sanctuary, I throw myself down among the tall grass by the trickling stream; and, as I lie close to the earth, a thousand unknown plants are noticed by me: when I hear the buzz of the little world among the stalks, and grow familiar with the countless indescribable forms of the insects and flies, then I feel the presence of the Almighty, who formed us in his own image, and the breath of that universal love which bears and sustains us, as it floats around us in an eternity of bliss; and then, my friend, when darkness overspreads my eyes, and heaven and earth seem to dwell in my soul and absorb its power, like the form of a beloved mistress, then I often think with longing, Oh, would I could describe these conceptions, could impress upon paper all that is living so full and warm within me, that it might be the mirror of my soul, as my soul is the mirror of the infinite God! O my friend—but it is too much for my strength—I sink under the weight of the splendour of these visions!

【中译文1】

少年维特之烦恼①

郭沫若 译

凡我所能寻得的可怜的维特之故事，我努力搜集了来，呈献于诸君之前，我知道诸君是会感激我的。诸君对于他的精神和性格当不惜诸君之赞叹和爱慕，对于他的命运当不惜诸君之眼泪。

---

① 歌德. 少年维特之烦恼［M］. 郭沫若，译. 上海：创作社出版部，1928: 2–6.

并且你，善良的灵魂哟，你正在感受着同样的窘迫，和他一样，请你从他的哀苦中汲取些慰安来，把这本小书当做你的朋友吧，你如从运命或自身的错犯中寻不出更可亲近者的时候！

第一篇
一七七一年五月四日

分袂以来，我是何等快活哟！好友，人的心真是难解呢！我那么爱你，和你是形影不相离的，离开了你，而我偏会快活！我知道你会恕我。我其他的交契，不是被命运搬弄了来，专为扰乱了我这样个方寸的吗？可怜那洛诺丽姑娘呀！但是我是无罪的。她妹子倾城的媚力使我生出一种快感来，而在她那可怜的心中偏会有苦情生出，这个我可能负责吗？但是——我就全然无罪了么？我不曾助长了她的感情？我不曾把她拿来取乐，她那种人性的纯真的表现，本来毫不足笑的，偏常常使我们发笑？我不曾……啊，自家埋怨一阵，又有甚么？我要，好友，我和你相约，我要改善我自己了，我不再和从前一样听随命运弄人；我要乐享现在了，过去的事情我让它过去。不错，你说得好，朋友，你说：假使人类不那么热心地逞思索之力去回想过往的不幸，仅好好地忍受着无苦无碍的这个目前的时候，人类中的苦痛定会减少。——但是人类何以只造成个这样，只有上帝知道！——

请你费心告诉我的母亲，说她的事务我要尽力去办，不久便有消息报告她。我和叔母说过了，我看她绝不是如我们所想像的甚么恶妇。她是位快活的、急性的女人，心肠很好，我向她说明了我母亲关于久不分产的困苦；她向我说出了她的根据、理由和条件，在这些条件之下她准备让出一切，为我们所不曾望及的——但是，我现在总还不想写出。请向我母亲说，一切都可如意罢了。并且，朋友，我在这件小小的事务中又感觉得：世界中误解和怠惰恐怕比诈欺和作恶还要误事。至少，后两者总比较的少些。

再者我在此地甚好。在这乐园般的地方，寥寂之于我心正是高贵的良药，值此初春之季更十分地温慰我时感不安的寸心。林树、蔡垣，都成花簇，我愿化为金虫能在这香海之中游泳，摄取一切的养料。

城市自身本无可取，但是四郊却有不可言喻的自然之美。这自然之美能使已故M伯爵心动，建其园于小丘之上。群丘簇拥，为状至佳，所构成之溪谷亦极秀美。园之结构单纯，一入园门即可知非专门园艺家所擘画，乃成诸素心人之手，欲于此以自行娱乐者。在此颓榭中对于逝者我已流了不少的眼泪，此亭为逝者所爱好，今则已归我有。不久我将为此园之主人；来此才数日，园丁已与我相得，留此彼将不以为苦。

五月十日

一种不可思议的愉快，支配了我全部的灵魂，就好像我所专心一意领略着的这甘美的春晨一样。我在此独乐我生，此地正是为我这样的灵魂造下的。我真幸福，我友，我全然沉浸于幽居的情趣之中，我的艺术已无所致其用了。我现在不能画，不能画一笔，但我的画家的生涯从来不曾有这一刻的伟大。当那秀美的山谷在我周围蒸腾，呆呆的太阳照在浓荫没破的森林上，只有二三束光线偷入林内的圣地来时，我便睡在溪旁的深草中，地上千万种的细草更贴近地为我所注意；我的心上更贴切地感觉着草间小世界的嗡营，那不可数，不可穷状的种种昆虫蚊蚋，而我便感觉着那全能者的存在，他依着他的形态造成了我们的，我便感觉着那全仁者的呼息，他支持着我们漂浮在这永恒的欢乐之中；啊，我的朋友。眼之周遭如昏黄时，世界环拥着我，天宇全入我心，如画中爱宠；我便常常焦心着想道：啊！我心中这么丰满，这么温慰地生动着的，我愿能把它再现出来，吹嘘在纸上呀！我的心如永远之神的明镜，画纸也愿能如我的心之明镜呀！——朋友！——但是我终不能成功，我降伏在这种风物的威严下了。

【中译文2】

少年维特之烦恼①

杨武能 译

关于可怜的维特的故事，凡是我能找到的，我都努力搜集起来，呈献在诸位面前了。我知道，诸位会感激我的，对于他的精神和性格，诸位定会产生钦慕与爱怜；对于他的命运，诸位都不免一洒自己的同情泪的。

而你，正感受着与他同样烦恼的善良的人呵，就从他的痛苦中汲取安慰，并让这本薄薄的小书做你的朋友吧，要是你由于命运不济或自身的过错，已不可能有更知己的人的话。

第一编
一七七一年五月四日

我多高兴啊，我终于走了！好朋友，人心真不知是个什么东西！我离开了你，离开了自己相爱相亲、朝夕不舍的人，竟然会感到高兴！我知道你会原谅我。命运

① 歌德.少年维特之烦恼［M］.杨武能，译.北京：人民文学出版社，1981：1-5.

偏偏让我结识了另外几个人,不正是为了来扰乱我这颗心吗?可怜的蕾奥诺莱!但我是没有错的。她妹妹的非凡魅力令我赏心悦目,却使她可怜的心中产生了痛苦,这难道怪得着我?然而——我就真的完全没有错吗?难道我不曾助长她的感情?难道当她自自然然地流露真情时,我不曾沾沾自喜,并和大家一起拿这原本不可笑的事情来取笑她吗?难道我……唉,这人啊真是一种惯会自怨自责的怪物!而我,亲爱的朋友,我向你保证,我一定改弦更张,绝不再像以往那样,总把命运加给我们的一点儿痛苦拿来反复咀嚼回味;而要乐享眼前,过去了的就让它过去。是的,好朋友,诚如你所说:人们要是不这么没完没了地运用想象力去唤起昔日痛苦的回忆——上帝才知道为什么把人造成这个样子——而是多多考虑考虑如何挨过眼前的话,人间的痛苦本来就会少一些的。

劳驾告诉我母亲,我将尽力料理好她那件事,并尽快回信给她。我已见过我姑妈了,发现她远非我们在家所讲的那么个刁婆子,而是一位热心快肠的夫人。我向她转达了我母亲对于扣下一部分遗产未分的不满;她则对我说明了这样做的种种理由和原因,以及要在什么条件下,她才准备全部交出来,也就是说比我们要求的还多……简单讲,我现在还不想具体谈什么;请转告我母亲,一切都会好起来的。就在这件小小的事情上,好朋友,我再次发现误解与成见,往往会在世界上铸成比诡诈与恶意更多的过错。至少可以肯定,后两者要罕见一些。

再就是我在此间非常愉快。这个乐园一般的地方,它的岑寂正好是医治我这颗心的灵丹妙药;还有眼前的大好春光,它的温暖已充满我这颗时常寒栗的心。每一株树,每一排篱笆上,都是繁花盛开;人真想变成一只金甲虫,到那馥郁的香海中去遨游,去尽情地吸露吮蜜。

城市本身并不舒适,四郊的自然环境却说不出的美妙。也许这才打动了已故的M伯爵,把他的花园建在一座小丘上。类似的小丘在城外交错纵横,千姿百态,美不胜收,丘与丘之间还构成一道道幽静宜人的峡谷。花园布局单纯,一进门便可感觉出绘制蓝图的并非某位高明的园艺家,而是一颗渴望独享幽寂的敏感的心。对于这座废园的故主人,我在那间业已破败的小亭中洒下了不少追怀的眼泪;这小亭子是他生前最爱待的地方,如今也成了我流连忘返的所在。不久我便会成为这花园的主人;没几天工夫看园人已对我产生好感,再说我搬进去也亏待不了他。

五月十日

一种奇妙的欢愉充溢着我的整个灵魂,使它甜蜜得就像我所专心一意地享受着的那些春晨。这地方好似专为与我有同样心境的人创造的;我在此独自享受着生的乐趣。我真幸福啊,朋友,我完全沉湎在对宁静生活的感受中,结果我的艺术便荒废了。眼下我无法作画，哪怕一笔也不成；但尽管如此，我现在却比任何时候都更配称一个伟大的画家。每当我周围的可爱峡谷霞气蒸腾，杲杲的太阳悬挂在林梢，将它的光芒这儿那儿地偷射进幽暗密林的圣地中来时，我便躺卧在飞泉侧畔的茂草里，紧贴地面观察那千百种小草，感觉到叶茎间有个扰攘的小小世界——这数不尽的形形色色的小虫子、小蛾子——离我的心更近了，于是我感受到按自身模样创造我们的全能上帝的存在，感受到将我们托付于永恒欢乐海洋之中的博爱天父的嘘息，我的朋友！随后，每当我的视野变得朦胧，周围的世界和整个天空都像我爱人的形象似的安息在我心中时，我便常常产生一种急切的向往：啊，要是能把它再现出来，把这如此丰富、如此温暖地活在我心中的形象，如神仙似的呵口气吹到纸上，使其成为我灵魂的镜子，正如我的灵魂是无所不在的上帝的镜子一样，这该有多好呵！——我的朋友！——然而我真去做时却会招致毁灭，我将在壮丽自然的威力底下命断魂销。

三、名论细读

谈文学翻译工作①

文学翻译工作的重要性是尽人皆知的。通过翻译，我们可以承受全世界的文学遗产。世界上各个国家，各个民族，都有优秀的作家，留下了优秀的作品。这是全世界人民的共同的文化遗产，需要我们翻译工作者把它们译成本国语言，才能使我们更多的人来享受。我国有六万万以上的同胞，不可能人人都懂得许多外国语文，要使我国人民都能享受全世界的文化遗产，不经过翻译是不行的。

在今天来讲，**翻译工作对保卫世界和平、反对新战争威胁，是起了很大作用的。**国与国之间的文化交流，可以增进彼此之间的相互了解。特别是文学作品的翻译，因为是生活的反映，更能使这种相互了解深入。这样，就可以消除人为的障碍，人为的隔阂，所以翻译工作在保卫世界和平方面占有很重要的地位。

文学是现实生活的反映。**我们通过文学翻译，既可以了解各国人民的生活习惯和他们的愿望；更可以促进本国的创作，促进作家的创作欲；作家读了翻译作品，可以学习它的表现生活的方法。**通过翻译，也可以帮助我国语文的改进。中国语文固然优美，但是认真使用起来，就感到语法的不够用了，做翻译工作的人都会体会

---

① 该文写于1954年8月18日，为出席全国文学翻译工作会议时的讲话，载于1954年8月29日《人民日报》，现收于：郭沫若.郭沫若全集：第17卷［M］.北京：人民文学出版社，1989：72-77.

到这一点的。**通过翻译，我们可以学习别国语言的构成和运用，采取它们的长处，弥补我们的短处。**我国过去长期封建统治的结果，使我国人民和各国文学作品很少接触的机会，世界上很多古典文学名著，以及资本主义国家的进步文学，翻译过来的很少，今后需要大量介绍，而这个责任是要由翻译工作者承当起来的。

翻译工作是一项艰苦的工作，我不但尊重翻译，也深知翻译工作的甘苦。凡是从事翻译的人，大概都能体会到这一层。**翻译是一种创作性的工作，好的翻译等于创作，甚至还可能超过创作。这不是一件平庸的工作，有时候翻译比创作还要困难。创作要有生活体验，翻译却要体验别人所体验的生活。**翻译工作者要精通本国的语文，而且要有很好的外文基础，所以它并不比创作容易。严复对翻译工作有很多的贡献，他曾经主张翻译要具备信、达、雅三个条件。我认为他这种主张是很重要的，也是很完备的。翻译文学作品尤其需要注重第三个条件，因为**译文同样应该是一件艺术品。**

翻译工作既然是这样的重要，这样的艰苦，而又需要具备这样的条件，所以我们对翻译工作决不能采取轻率的态度。翻译工作者必须具有高度的责任感。他不能随便抓一本书就翻，他要从各方面衡量一部作品的价值和它的影响。在下笔以前，对于一部作品的时代、环境、生活，都要有深刻的了解。翻译工作者没有深刻的生活体验，对原作的时代背景没有深入的了解，要想译好一部作品很不容易。我自己就有这样的体会。我译过一部《浮士德》，这是歌德的代表作，是他积六十年的生活经验写成的一部伟大诗篇。这部作品有上下两部，我二十几岁开始翻译，中间差不多经过了三十年，到一九四六年才把它完成。第一部是歌德少年时期的作品，我在翻译的时候感到很轻松，原因是作品的内容很像我国的"五四"时代，摧毁旧的，建立新的，少年歌德的情感和我那时候的情感很合拍，思想也比较接近，因此译的时候很顺利，并不感到吃力。第二部是歌德晚年写的，他的思想感情我在那时候很难体会，觉得简直啃不动它，于是便把它抛在一边，不但不想翻译它，甚至想否定它是一部世界名著了。这样经过了将近三十年的时间，我自己也积累了一些生活经验，参加了大革命，又经过了抗日战争，看到了蒋介石的反动统治的黑暗，一九四六年到了上海，又在国民党匪帮的白色恐怖下经历了一段惊涛骇浪的生活，这时再回头来看《浮士德》的第二部，感情上就比较接近了，翻译起来也非常痛快，觉得那里面有好些话好像就是骂蒋介石的。结果，在很短的时间内便把它译完了。

所以，翻译工作也是需要有生活体验的，不过我们也不必单纯强调这一个条件。不久以前，法捷耶夫为了写一部作品，曾经到钢铁厂去体验了一年多的生活。我们翻译工作者不可能也不一定每人都到钢铁厂去生活一个时期，但是我们也要有一定的生活体验，这样方能体会原作的内容。

当然，对于文学翻译工作者来说，重要的还是文学的修养和语文的修养。一个翻译工作者至少必须精通一种外文。但是仅仅懂得一种外文，也不容易把工作做好。**除了一种外文以外，最好还能懂得第二第三种外文，这样不但在研究上方便，翻译时还可以用来作为助手。**把别国的译文拿来对照，对自己的翻译确有很大的帮助，我自己就有过这样的经验。

但是，除此之外，更重要的是对本国语文的修养。如果本国语文没有深厚的基础，不能运用自如，即使有再好的外文基础，翻译起来也是不能胜任的。**外国诗译成中文，也得像诗才行。**有些同志过分强调直译，硬译。可是诗是有一定的格调，一定的韵律，一定的诗的成分的。如果把以上这些一律取消，那么译起来就毫无味道，简直不像诗了。这是值得注意的。本来，**任何一部作品，散文、小说、剧本，都有诗的成分，一切好作品都是诗，没有诗的修养是不行的。**

又要外文好，又要中文好。但是外文好的人，中文不一定就好。我说翻译是一项艰苦的工作，它的艰苦处就在这儿。如果一个人从小就在外国生活，外文好了，但结果又等于一个外国人了，中文很难同时学好的。可是一个人在二十岁以后，想学好外文并不容易，就是想学好中文也不容易。拿我自己来说，我二十岁以后在日本过了二十年，生活是日本方式，孩子们在周围讲的都是日本话。在这样环境里，我的日文并不敢夸口，可是我的中文还勉强可以，因为我在母亲的怀抱里接触的就是本国的语文。但是这样能不能说中文就很好了呢？还是不敢说的。所以，想把外文学好已经很不容易，再加上本国的语文难以掌握，要同时具备这两个条件，这就难上加难了。不过困难总是可以克服的。毛主席说：有困难，有办法，有希望。这一句话对我们翻译工作者也同样通用。在这儿我想向各位推荐苏联的一个经验。苏联译一首中国诗时，懂得中文的人先把意思译出来，然后再让懂得诗的人把它加以诗化。集体翻译在苏联已经普遍推行，我觉得这一个方法很值得学习。在我们中国，大多只做了第一步，这就是把意思译出来，第二道的加工，根本就没有做，或者很少做，而这一步工作正是少不了的工作。一杯伏特卡酒不能换成一杯白开水，总要还它一杯汾酒或茅台，才算尽了责。假使变成一杯白开水，里面还要夹杂些泥沙，那就不好领教了。

总之，**在翻译工作上，责任感是非常重要的。在翻译之前，必须慎重选择，准备周到。在翻译的过程中，要广泛地参考，多方面请教，尽量地琢磨。**所谓"下笔千言，倚马可待"，实际上就是马虎了事，不负责任。

在旧时代，人们受到资产阶级思想的影响，在翻译工作上你争我抢，把它当成名利双收的事情，这一种做法显然是错误的。**在今天，我们来做这项工作，首先就要对得起作者，对得起读者。**我们必须大家来商量，来计划，来进行，使我们的翻译达到理想的地步。互相校订是一个很好的办法，可以纠正错误，发现问题，我们也可以在翻译界培养批评和自我批评的风气。

四、拓展阅读

丁新华．郭沫若与翻译研究［M］.上海：上海交通大学出版社，2014.

傅勇林．郭沫若翻译研究［M］.成都：四川文艺出版社，2009.

顾彬．郭沫若与翻译的现代性［J］.中国图书评论，2008（1）：116–120.

郭沫若．郭沫若全集：第 17 卷［M］.北京：人民文学出版社，1989.

孔令翠．郭沫若翻译理论研究［J］.译苑新谭，2009（1）：12–27.

谭福民．郭沫若翻译研究［M］.上海：上海交通大学出版社，2014.

张勇.《郭沫若全集补编·翻译编》编辑札记——以译文版本为中心［J］.山东师范大学学报，2015（3）：76–84.

张勇．郭沫若早期历史剧创作与诗剧翻译钩沉［J］.北方论丛，2017（1）：48–55.

五、翻译练习

A Red, Red Rose[①]

by Robert Burns

O my Luve is like a red, red rose

That's newly sprung in June;

O my Luve is like the melody

That's sweetly played in tune.

So fair art thou, my bonnie lass,

So deep in luve am I;

And I will luve thee still, my dear,

Till a' the seas gang dry.

---

① 转引自：李文．从文体学角度看《一朵红红的玫瑰》三个译本的不同风格[J].文教资料，2012(3)：50.

Till a' the seas gang dry, my dear,

And the rocks melt wi' the sun;

I will love thee still, my dear,

While the sands o' life shall run.

And fare thee weel, my only luve!

And fare thee weel awhile!

And I will come again, my luve,

Though it were ten thousand mile.

第八章 朱生豪

引 言

中国的读者一提起莎士比亚，不能不联想起第一个决心将全部莎士比亚戏剧移植到中国来的朱生豪。他第一个将莎士比亚 37 部剧中的 31 部半译成了中文，填补了我国翻译史上的空白，为后来出版莎氏全集打下了基础。

一、名家简介

朱生豪（1912—1944），翻译家、诗人，出生于浙江嘉兴一个破落的商人家庭。1929 年入杭州之江大学，主修中国文学，同时攻读英语。毕业后于 1933 年在上海世界书局任英文编辑。他从 24 岁起，以宏大的气魄、坚韧的毅力，经数年呕心沥血，翻译出版了《莎士比亚戏剧全集》戏剧 31 部。

为便于中国读者阅读，朱生豪在翻译过程中打破了英国牛津版按照写作年代排列的顺序，按照喜剧、悲剧、史剧、杂剧四类编排，自成体系。在抗日战争中，朱生豪的译稿三次被毁，又辗转流亡，但他始终坚持翻译，一生共译出莎翁戏剧 31 部半。在翻译完《亨利五世》第二幕之后，朱生豪便被确诊为肺结核，卧床难起，于 1944 年 12 月 26 日与世长辞。朱生豪曾经悲痛地表示，早知一病不起，就是拼命也要把它译完。朱生豪翻译态度严肃认真，在翻译过程中始终以"求于最大可能之范围内，保持原作之神韵"为宗旨，译笔流畅，文辞华丽。这也是朱生豪区别于其他译者最明显之处。1947 年秋，朱生豪生前翻译的稿件由上海世界书局分为三辑出版。他所译的《莎士比亚戏剧全集》是迄今我国莎士比亚戏剧最完整的、质量较好的译本。中国出版的第一部外国作家全集——1978 年版的《莎士比亚全集》（中文本），戏剧部分采用了朱生豪的译文。

二、名译欣赏：哈姆雷特

【原文】

Hamlet

Act I, Scene II.[①]

KING: And now, Laertes, what's the news with you?

　　You told us of some suit; what is't, Laertes?

　　You cannot speak of reason to the Dane,

　　And loose your voice: what wouldst thou beg, Laertes,

　　That shall not be my offer, not thy asking?

　　The head is not more native to the heart,

　　The hand more instrumental to the mouth,

　　Than is the throne of Denmark to thy father.

　　What wouldst thou have, Laertes?

LAERTES: My dread lord,

　　Your leave and favour to return to France;

　　From whence though willingly I came to Denmark,

　　To show my duty in your coronation,

　　Yet now, I must confess, that duty done,

　　My thoughts and wishes bend again toward France

　　And bow them to your gracious leave and pardon.

KING: Have you your father's leave? What says Polonius?

POLONIUS: He hath, my lord, wrung from me my slow leave

　　By laboursome petition, and at last

　　Upon his will I seal'd my hard consent:

　　I do beseech you, give him leave to go.

KING: Take thy fair hour, Laertes; time be thine,

　　And thy best graces spend it at thy will!

　　But now, my cousin Hamlet, and my son,—

---

① 英文原文引自：莎士比亚.哈姆雷特［M］.梁实秋,译.北京:中国广播电视出版社;台北:远
东图书公司, 2002: 32-34.

HAMLET: ［Aside］A little more than kin, and less than kind.

KING: How is it that the clouds still hang on you?

HAMLET: Not so, my lord; I am too much i' the sun.

QUEEN: Good Hamlet, cast thy nighted colour off,

　　　　And let thine eye look like a friend on Denmark.

　　　　Do not for ever with thy vailed lids

　　　　Seek for thy noble father in the dust:

　　　　Thou know'st 'tis common; all that lives must die,

　　　　Passing through nature to eternity.

HAMLET: Ay, madam, it is common.

【译文1】

哈姆莱特

朱生豪　译

第一幕　第二场①

国王：现在，雷欧提斯，你有什么话说？你对我说你有一个请求；是什么请求，
　　　雷欧提斯？只要是合理的事情，你向丹麦王说了，他总不会不答应你。你有什
　　　么要求，雷欧提斯，不是你未开口我就自动许给了你？丹麦王室和你父亲的关
　　　系，正像头脑之于心灵一样密切；丹麦国王乐意为你父亲效劳，正像双手乐于
　　　为嘴服役一样。你要些什么，雷欧提斯？

雷欧提斯：陛下，我要请求您允许我回到法国去。这一次我回国参加陛下加冕的盛
　　　典，略尽臣子的微忱，实在是莫大的荣幸；可是现在我的任务已尽，我的心愿
　　　又向法国飞驰，但求陛下开恩允准。

国王：你父亲已经答应你了吗？波洛涅斯怎么说？

波洛涅斯：陛下，我却不过他几次三番的恳求，已经勉强答应他了；请陛下放他
　　　去吧。

国王：好好利用你的时间，雷欧提斯，尽情发挥你的才能吧！可是来，我的侄儿哈
　　　姆莱特，我的孩子——

哈姆莱特：（旁白）超乎寻常的亲族，漠不相干的路人。

---

① 莎士比亚.莎士比亚全集：第5卷［M］.朱生豪，译.北京：人民文学出版社，1994：290-291.

国王：为什么愁云依旧笼罩在你的身上？

哈姆莱特：不，陛下；我已经在太阳里晒得太久了。

王后：好哈姆莱特，抛开你阴郁的神气吧，对丹麦王应该和颜悦色一点；不要老是垂下了眼皮，在泥土之中找寻你的高贵的父亲。你知道这是一件很普通的事情，活着的人谁都要死去，从生活踏进永久的宁静。

哈姆莱特：嗯，母亲，这是一件很普通的事情。

【译文2】

哈姆雷特

梁实秋　译

第一幕　第二景①

王：现在，赖尔蒂斯，你可有什么事吗？你曾向我请求过什么事；是什么事来的，赖尔蒂斯？有道理的话，你自管向丹麦王说，你绝不会白说的：你要求什么，赖尔蒂斯？什么是假如你不要求我便不给你的呢？头和心得亲近，手和口的相助，都不比丹麦王和你的父亲之间的关系更密切。你要什么，赖尔蒂斯？

赖：陛下，我请求准我回到法国去；虽然是我自愿由法国回到丹麦参与陛下加冕盛典以尽臣职，但是如今臣职已尽，又想遣返法国，请求陛下恩准。

王：你曾得到你父亲的允许了么。——普娄尼阿斯，你意下如何？

普：陛下，他竭力的请求，终于夺去了我的迟迟不给的允诺，我算是勉强依了他；我请求陛下，准他去吧。

王：珍重你的青春吧，赖尔蒂斯；时间是你的，你自由的善自遣用吧！——现在，我的侄子哈姆雷特，也是我的儿子，——

哈：［旁白。］比侄子是亲些，可是还算不得儿子②。

王：怎么，你脸上还是罩着一层愁云？

---

① 莎士比亚.哈姆雷特［M］.梁实秋，译.北京：中国广播电视出版社；台北：远东图书公司，2002：33–35.

② 哈姆雷特的第一句话就是"旁白"，并且就包含一个双关语，是可注意的。此语显然是接上文而言，意谓不仅是族侄（因彼已为继父），终然非同一血统，故云。Malone, Steevens 诸氏所解，俱不恰。——译者原注

哈：不是的，陛下；我受的阳光太多了①。

后：哈姆雷特好孩子，抛弃你那一层昏黯的起色。对丹麦王表示一点和气。别竟垂着眼皮在尘土里面去寻你的高贵的父亲。你要知道这是一件平常事；有生即有死，经过尘世以达于永恒。

哈：对了，母亲，是很平常。

【译文3】

丹麦王子哈姆雷特②

卞之琳　译

王：现在，莱阿替斯，你有什么事情呢？你说过有所请求。就说吧，莱阿替斯。丹麦王只要听你说得有理，总会答应的。你对我有什么要求，还怕不会是未开口先到手，莱阿替斯？丹麦王座对于你的父亲，就像头对于心一样的休戚相关，就像手对于嘴一样的乐于效劳。你想要怎样，莱阿替斯？

莱阿替斯：国王陛下，敢求陛下鸿恩，准回法国；这次回丹麦参加陛下的加冕礼，克尽为臣的责任，不胜荣幸；目下，为臣的敢说，任务已了，心思和意愿重新又折回法国，仅此伏求陛下开恩俯允。

王：你父亲答应吗？你说怎样，波乐纽斯？

波：陛下，他苦苦哀求，舌敝唇焦，好容易挖出了我嘴里"可以"两个字，我在他决心上盖下了生硬的"同意"。他要走，就请陛下放他走吧。

王：善用好时光，莱阿替斯。时间都归你，愿发挥你的美德去充分消受！得，哈姆雷特，我的侄儿，我的儿——

哈：（旁白）亲上加亲，越亲越不相亲！

王：你怎么还是让愁云惨雾罩着你？

---

① 约翰孙印证俗语"出天堂，晒太阳"（Out of heaven's blessing into the warm sun）云云，谓之由良好境遇踏入较恶劣之环境，哈姆雷特此处所谓"受阳光太多"或即指此。Sun 与 son 音相似，或亦有双关意，译文但求通达，其内蕴之意义须于言外求之，因原文即晦涩难解也。——译者原注

② 莎士比亚．莎士比亚悲剧四种［M］．卞之琳，译．北京：人民文学出版社，1989：15-16.

哈：陛下，太阳大，受不了这个热劲"儿"①。

后：好哈姆雷特，摆脱你黑夜的阴沉气，和颜悦色，来面对丹麦王上吧。你不要老
　　是这样子垂下了眼睑，想在黄土中寻找你高贵的父亲。你知道这是很普通的；
　　有生就必有死，谁都得通过人世，跨进永恒的。

哈姆雷特：唔，母亲，很普通。

三、名论细读

译者自序②

　　于世界文学史中，足以笼罩一世，凌越千古，卓然为词坛之宗匠，诗人之冠冕者，其唯希腊之荷马，意大利之但丁，英之莎士比亚，德之歌德乎。此四子者，各于其不同之时代及环境中，发为不朽之歌声。然荷马史诗中之英雄，既与吾人之现实生活相去过远；但丁之天堂地狱，复与近代思想诸多抵牾；歌德去吾人较近，彼实为近代精神之卓越的代表。然以超脱时空限制一点而论，则莎士比亚之成就，实远在三子之上。盖莎翁笔下之人物，虽多为古代之贵族阶级，然彼所发掘者，实为古今中外贵贱贫富人人所同具之人性。故虽经三百余年以后，不仅其书为全世界文学之士所耽读，其剧本且在各国舞台与银幕上历久搬演而弗衰，盖由其作品中具有永久性与普遍性，故能深入人心如此耳。

　　中国读者闻莎翁大名已久，文坛知名之士，亦尝将其作品，译出多种，然历观坊间各译本，失之于粗疏草率者尚少，失之于拘泥生硬者实繁有徒。拘泥字句之结果，不仅原作神味，荡焉无存，甚且艰深晦涩，有若天书，令人不能卒读，此则译者之过，莎翁不能任其咎者也。

　　余笃嗜莎剧，尝首尾研诵全集至十余遍，于原作精神，自觉颇有会心。廿四年春，得前辈詹文浒先生之鼓励，始着手为翻译全集之尝试。越年战事发生，历年来辛苦搜集之各种莎集版本，及诸家注释考证批评之书，不下一二百册，悉数毁于炮

---

① 原文行尾"太阳"（"日"）与前三行"我的儿"的"儿"字谐音。译文"热劲儿"的"儿"
　字故意重读，而且"热"意也与前两行的"亲"意相呼应。哈姆雷特一个人穿了黑衣服，与宫
　廷人物富丽堂皇的衣饰，成强烈对照，因此"太阳"也指满廷的光辉。一说原文"晒太阳"还
　有被逐出户，享受不到合法权利的寓意。——译者原注
② 原文收录于朱生豪译1947年版《莎士比亚戏剧全集》。转引自：莎士比亚. 汉姆莱脱 [M].
　朱生豪，译. 北京：中国青年出版社，2012：202-204.

火，仓卒中惟携出牛津版全集一册，及译稿数本而已。厥后转辗流徙，为生活而奔波，更无暇晷，以续未竟之志。及三十一年春，目睹世变日亟，闭户家居，摈绝外务，始得专心一志，致力译事。**虽贫穷疾病，交相煎迫，而埋头伏案，握管不辍。凡前后历十年而全稿完成**（案：译者撰此文时，原拟在半年后可以译竟。讵意体力不支，厥功未竟，而因病重辍笔），夫以译莎工作之艰巨，十年之功，不可云久，然毕生精力，殆已尽注于兹矣。

余译此书之宗旨，第一在求于最大可能之范围内，保持原作之神韵；必不得已而求其次，**亦必以明白晓畅之字句，忠实传达原文之意趣；而于逐字逐句对照式之硬译，则未敢赞同。**凡遇原文中与中国语法不合之处．往往再四咀嚼，不惜全部更易原文之结构，务使作者之命意豁然呈露，不为晦涩之字句所掩蔽。**每译一段竟，必先自拟为读者，察阅译文中有无暧昧不明之处。又必自拟为舞台上之演员，审辨语调之是否顺口，音节之是否调和。**一字一句之未惬，往往苦思累日。然才力所限，未能尽符理想；乡居僻陋，既无参考之书籍，又鲜质疑之师友。谬误之处，自知不免。所望海内学人，惠予纠正，幸甚幸甚！

原文全集在编次方面，不甚恰当，兹特依据各剧性质，分为"喜剧""悲剧""杂剧""史剧"四辑，每辑各自成一系统。读者循是以求，不难获见莎翁作品之全貌。昔卡莱尔尝云："吾人宁失百印度，不愿失一莎士比亚。"夫莎士比亚为世界的诗人，固非一国所可独占；倘因此集之出版，使此大诗人之作品，得以普及中国读者之间，则译者之劳力，庶几不为虚掷矣。知我罪我，惟在读者。

生豪书于三十三年四月

四、拓展阅读

苏福忠．说说朱生豪的翻译［J］．读书，2004（5）：23-31.

冯颖钦．朱生豪译学遗产三题［J］．中国翻译，1991（6）：27-32.

莎士比亚．莎士比亚全集［M］．朱生豪，译．人民文学出版社，1994.

莎士比亚．罗密欧与朱丽叶［M］．朱生豪，译．北京：人民文学出版社，2003.

张汨，文军．朱生豪翻译手稿描写性研究——以《仲夏夜之梦》为例［J］．外语与外
　　语教学，2016（3）：120-128.

朱骏公．朱译莎剧得失谈［J］．中国翻译，1998（5）：24-26.

五、翻译练习

Romeo and Juliet[①]

A lane by the wall of Capulet's orchard.

　　[Enter ROMEO]

ROMEO: Can I go forward when my heart is here? Turn back, dull earth, and find thy centre out.

　　[He climbs the wall, and leaps down within it]

　　[Enter BENVOLIO and MERCUTIO]

BENVOLIO: Romeo! my cousin Romeo!

MERCUTIO: He is wise; And, on my lie, hath stol'n him home to bed.

BENVOLIO: He ran this way, and leap'd this orchard wall: Call, good Mercutio.

MERCUTIO: Nay, I'll conjure too.

　　Romeo! Humours! Madman! Passion! Lover!

　　Appear thou in the likeness of a sigh:

　　Speak but one rhyme, and I am satisfied;

　　Cry but "Ay me!" pronounce but "love" and "dove."

　　Speak to my gossip Venus one fair word,

　　One nick-name for her purblind son and heir,

　　Young Adam Cupid, he that shot so trim,

　　When King Cophetua loved the beggar-maid!

　　He heareth not, he stirreth not, he moveth not;

　　The ape is dead, and I must conjure him.

　　I conjure thee by Rosaline's bright eyes,

　　By her high forehead and her scarlet lip,

　　By her fine foot, straight leg and quivering thigh

　　And the demesnes that there adjacent lie,

　　That in thy likeness thou appear to us!

BENVOLIO: And if he hear thee, thou wilt anger him.

MERCUTIO: This cannot anger him: 'twould anger him

---

① ［2019-07-27］. http://shakespeare.mit.edu/romeo_juliet/romeo_juliet.2.1.html.

To raise a spirit in his mistress' circle

Of some strange nature, letting it there stand

Till she had laid it and conjured it down;

That were some spite: my invocation

Is fair and honest, and in his mistress' name

I conjure only but to raise up him.

BENVOLIO: Come, he hath hid himself among these trees,

To be consorted with the humorous night:

Blind is his love and best befits the dark.

MERCUTIO: If love be blind, love cannot hit the mark.

Now will he sit under a medlar tree,

And wish his mistress were that kind of fruit

As maids call medlars, when they laugh alone.

Romeo, that she were, O, that she were

An open et caetera, thou a poperin pear!

Romeo, good night: I'll to my truckle-bed;

This field-bed is too cold for me to sleep: Come, shall we go?

BENVOLIO: Go, then; for 'tis in vain

To seek him here that means not to be found.

[Exeunt]

第九章　张友松

引　言

读者对美国作家马克·吐温肯定很熟悉，但是对翻译家张友松却可能很陌生。他翻译的《竞选州长》曾多年入选中学语文教材。在张友松 92 年的生命里，译介马克·吐温是他 60 多年翻译生涯最重要的事业。可以说，他的翻译之于马克·吐温，犹如傅雷之于巴尔扎克，朱生豪之于莎士比亚，草婴之于托尔斯泰。

一、名家简介

张友松（1903—1995），原名张鹏，笔名松子、张鹤、常健，湖南省醴陵人。1922 年考入北京大学半工半读，课余翻译英文小说。1924 年夏考入北大英文系，与石民、梁遇春、冯文炳等同班，鲁迅、林语堂都曾教过他们。他一生翻译了大量作品，在 20 世纪 50 年代的翻译界曾与曹靖华、傅雷、汝龙等齐名。作为马克·吐温的翻译专家，张友松似乎处于被忽视的位置，学术界对他的研究很少，但其译作被广泛传播和接受却是不争的事实。大体而言，张友松的翻译生涯可以分为三个阶段①。

1. 起步期（1925—1931）：为生存而译

张友松从 20 世纪 20 年代初期就开始从事文学翻译。"他的第一篇译作是 1925 年发表的《安徒生评传》，登在《小说月报》的《安徒生专号》上。"②但是，当时他主要是把翻译作为一种谋生的手段。在北京大学期间，他半工半读，既要维持自

---

① 李平，何三宁. 以译为业　译著等身——翻译家张友松研究［J］. 江苏外语教学研究，2015（4）：71-74.

② 张立莲. 怀念我的父亲张友松［J］. 新文学史料，1996（2）：143.

已的学业，还要养母亲和弟妹。张友松1927年自北京大学英文系肄业后到上海，鲁迅推荐他去北新书局做编辑。1928年10月，在鲁迅和林语堂支持下，张友松、夏康农、林熙盛创办了春潮书局。林语堂于1929年为春潮书局主编"现代读者丛书"，共收有四种译作：第一种为林语堂翻译的《易卜生评传及其情书》（丹麦勃兰兑斯［G. M. C. Brandes］原著），第二种为梁遇春翻译的论文集《近代论坛》（英国狄更生［G. Lowes Dickinson］原著），第三种为林语堂与张友松合译之长篇小说《新俄学生日记》（苏联奥格涅夫［N. Ognyov］原著），第四种为石民、张友松合译的长篇小说《曼侬》（法国神父卜赫佛［Abbe Prevost］原著）。[①]

张友松刚开始从事翻译工作时，主要是为了解决家庭和个人的生计问题。因此，着笔时一味求快，多出成果，顾不上仔细推敲。几十年后张友松审查从前的作品，"不能不承认那些译品的质量是很差的"[②]。他说："为了求易求快，我专选一些译成英语的外国短篇小说来转译，以契诃夫的作品为主。""在那个阶段，我虽然译得太快，却还是力求在文字上忠于原著，不增不减，并使译文通畅，不让读者看了头痛。"[③]结果，他的译作还颇受欢迎。他翻译的英汉对照本《欧美短篇小说选》和《茵梦湖》都曾畅销多年。

这一时期，张友松翻译出版了契诃夫的《三年》《爱》《决斗》和《契诃夫短篇小说集》、屠格涅夫的《春潮》和《薄命女》、奥格涅夫的《新俄学生日记》（合译）、陀思妥耶夫斯基的《诚实的贼》、弗列曼的《曼侬》（合译）、显克微支的《地中海滨》、吉卜林的《如此如此》、霍桑的《野客心》、高尔基的《二十六男与一女》、斯托谟的《茵梦湖》、欧·亨利的《最后的残叶》，以及《欧美小说选》等10余种。毋庸讳言，凭他早期的这些译作，是难以进入翻译家的殿堂的。不过，在当时的历史条件下，尽管他翻译图快，但是他对介绍外国文学的启蒙运动尽了自己的一份力。

2. 成熟期（1954—1967）：为爱好而译

1951年，张友松应邀到北京担任《中国建设》英文版编辑，负责编译、采访、组稿和审稿等工作。当时，文化部有组织专业翻译队伍的计划。1954年，出于对翻译工作的热爱，他辞去编辑部的职务，从事专业翻译，成为新中国第一批专业翻译。当上了专业翻译后，他被人民文学出版社聘为特约编译员。听从友人萧乾的建议，

① 张友松.鲁迅和春潮书局及其它［G］// 鲁迅博物馆，等编.鲁迅回忆录（下）.北京：北京出版社，1999：1222-1236.
② 张立莲.怀念我的父亲张友松［J］.新文学史料，1996（2）：144.
③ 张友松.文学翻译漫谈［G］// 巴金，等.当代文学翻译百家谈.北京：北京大学出版社，1989：431.

他动手为人民文学出版社翻译美国幽默大师马克·吐温的作品。马克·吐温在幽默讽刺作家的行列中是绝顶高手，翻译他的作品要想达到传神的效果其实很不容易。张友松几乎把主要精力都投给了马克·吐温作品的研究和翻译。《马克·吐温短篇小说集》是其翻译马克·吐温的第一部书。张友松（1982年1月16日）回忆道："在十三年中，总共译了八部马克·吐温的名著和十来部别人的作品，总计三四百万字。"①他的译本相当经典，畅销不衰，印数以万册计。许多上乘之作，如《竞选州长》，选入中学语文课本，更是家喻户晓。这是他译书的鼎盛时代。

经典译作的诞生至少离不开四个因素。第一是译者因素。人到中年的张友松，无论是人生阅历还是翻译经验，都达到成熟期。早年他为了生存而翻译求快，但是20世纪50年代的稿酬很高，译者的待遇很优厚，因此他得以安心工作、刻苦钻研，译文质量显著提高。他的经典作品基本上出自这个时期。第二是社会因素。翻译事业在新中国成立之后逐步走向计划化和制度化，翻译质量和数量较新中国成立前都有了极大的提高。第三是选材因素。马克·吐温的作品适应了中国当时特殊历史语境的需要。美国文学在当时被冷落，但是马克·吐温却因其作品中表现出来的某些"政治觉悟"而成为时代的幸运儿。当时苏联将马克·吐温的作品直接当成政治宣传工具。受苏联的影响，马克·吐温的作品在中国也成了意识形态主导下的政治斗争工具。据研究，"二十世纪五十年代的马克·吐温译介活动有两个特点，一是新品、译家多，二是重译、再版多。中国国家图书馆的相关数据显示，仅1950年至1960年十年间，中国就出版了30部左右译介吐温的作品，绝大部分为新作品，少部分为经典重译"②。张友松的译本能够在众多译本中幸存下来，本身就说明其译本受到读者广泛欢迎。第四是出版社因素。人民文学出版社在文学出版界的声誉有目共睹，市场占有率稳居全国同行之首。因此，名家、名作、名译、名社，还有什么理由不成为经典呢？

3. 整理期（1978—1994）：为理想而译

"文革"后，他淡忘荣辱，一心译书，继续进行马克·吐温著作的翻译工作。1978年恢复工作后，他开始整理旧译本，同时翻译新作，连节假日都不休息。在79岁高龄时，他仍表示要"克服重重困难，争取再干几年，弥补过去的损失，绝不愿虚度晚年"③。十多年间他硬是把马克·吐温的作品一部部译了出来，三百万字的12

---

① 张友松.文学翻译漫谈［G］//巴金，等.当代文学翻译百家谈.北京：北京大学出版社，1989：433.

② 杨金才，于雷.中国百年来马克·吐温研究的考察与评析［J］.南京社会科学，2011（8）：134.

③ 张友松.文学翻译漫谈［G］//巴金，等.当代文学翻译百家谈.北京：北京大学出版社，1989：434.

卷《马克·吐温选集》由江西人民出版社出版，从而跟傅雷译巴尔扎克，叶君健译安徒生，潘家洵译易卜生，梁实秋、朱生豪译莎士比亚一样，成为专译一家的佼佼者。后来他又翻译出版了屠格涅夫的短篇小说集《世外桃源》、美国黑人作家基伦斯的《扬布拉德一家》、史蒂文森的《荒岛探宝记》。

与前两个阶段不同，在翻译生涯的最后阶段，他开始总结翻译经验，探讨翻译理论。他的译论大致包括以下几点[①]：

（1）关于直译与意译的关系。张友松认为两者并不是互相排斥的："如能把直译和意译融合起来，倒是可以译出上等的成品。"尽管鲁迅是张友松的老师，但是，在这个问题上，张友松坚持"吾爱吾师，吾更爱真理"的原则。他说：

> 曾经有过所谓的"宁信而不顺"和"宁顺而不信"之争，其实两者主张都不是翻译的正道，谁也不要为自己的硬译和乱译辩解。中文和外国语文各有其语言特点，由于语法结构不同，译文必须灵活安排，既不可漏掉原文的词义，又不可译得生硬、死板，总要尽可能避免所谓"翻译体"的似通非通的毛病，力求使人读了像读创作的东西一样舒畅。……总之，我认为直译和意译不能截然分开，两者是可以相辅相成的。[②]

（2）关于翻译与创作的关系。张友松认为，文学翻译是一种再创作。他说："文学翻译工作者也像作家一样，需要运用形象思维，不可把翻译工作当作单纯的文字转移工作。译者如果只有笔杆子的活动，而没有心灵的活动，不把思想感情调动起来，那就传达不出作者的风格和原著的神韵，会糟蹋名著，贻误读者。"

（3）从美学角度来探讨翻译问题。文学作品大都以塑造人物性格为特征。文学翻译的重要任务在于再现人物的性格。张友松谈到翻译马克·吐温作品的体会时说："译者必须细心揣摩原作中描绘的各色各样的人物形象及其言谈举止，把自己溶化在作品的境界里，下笔时就要力求使原著中的各种人物和自然景色活生生地呈现在读者眼前，使读者得到艺术的享受。"

（4）译者的责任。他认为："搞文学翻译的人都要认真对待自己的工作，要有责任感。首先要认清这种工作的重大意义，要有明确的目的性。无论译什么，都要

---

① 张友松.文学翻译漫谈［G］//巴金,等.当代文学翻译百家谈.北京：北京大学出版社,1989：430-440.

② 张友松.文学翻译漫谈［G］//巴金,等.当代文学翻译百家谈.北京：北京大学出版社,1989：438-439.

考虑介绍这种作品能起什么作用，对哪些读者有哪些好处。"

（5）如何实现作者的风格。他建议："文学翻译工作者应该争取多译同一作家的作品；出版单位也应尽可能给予译者这种机会。同一作家的作品译得越多，就会越熟悉这一作家的风格，译品质量肯定会比常常更换作家要强得多。"

另外，他针对当时翻译界存在的问题，提出了一些建议：（1）人力的合理调配和翻译人才的培养问题。（2）领导对文学翻译事业不够重视。（3）出版单位片面追求利润的风气太甚，工作作风有待改善。（4）文学翻译成品的质量参差不齐，读者买到质量太差的译品而上当之后，就不免对翻译的东西有所怀疑，甚至产生厌恶心理。（5）翻译界至今还没有全面搞好团结合作。（6）编辑同志要严于把关，力求保证译品的质量。（7）应加强作家和翻译家的互助合作。作家从事创作的经验对翻译工作者是有益的，翻译家的译品也有助于作家吸收外国文学的精华，以资借鉴。彼此交流经验，互助合作，双方都可以提高水平。（8）我们缺乏文学翻译的批评工作，这很不利于译品质量的提高，也不能制止粗劣的译品的出版。他指出，现在评介文学翻译的文章往往有两种偏向：一是对名家和相好的朋友的译作过分赞扬；一是文人相轻，意气用事，对一些较好的译本专挑错误，加以夸张，损害译者的声誉。他提出，我们应该提倡摒除私见、实事求是的精神。这些问题有的至今仍存在，有些建议至今仍有意义。

二、名译欣赏：竞选州长

【原文】

Running for Governor[①]

Mark Twain

A few months ago I was nominated for Governor of the great State of New York, to run against Stewart L. Woodford and John T. Hoffman, on an independent ticket. I somehow felt that I had one prominent advantage over these gentlemen, and that was, good character. It was easy to see by the newspapers, that if ever they had known what it was to bear a good name, that time had gone by. It was plain that in these latter years they had become familiar with all manner of shameful crimes. But at the very moment that I was exalting my

---

① ［2019-07-27］. http://twainquotes.com/Galaxy/187012c.html.

advantage and joying in it in secret, there was a muddy undercurrent of discomfort "riling" the deeps of my happiness—and that was, the having to hear my name bandied about in familiar connection with those of such people. I grew more and more disturbed. Finally I wrote my grandmother about it. Her answer came quick and sharp. She said:

You have never done one single thing in all your life to be ashamed of—not one. Look at the newspapers—look at them and comprehend what sort of characters Woodford and Hoffman are, and then see if you are willing to lower yourself to their level and enter a public canvass with them.

It was my very thought! I did not sleep a single moment that night. But after all, I could not recede. I was fully committed and must go on with the fight. As I was looking listlessly over the papers at breakfast, I came across this paragraph, and I may truly say I never was so confounded before:

PERJURY.—Perhaps, now that Mr. Mark Twain is before the people as a candidate for Governor, he will condescend to explain how he came to be convicted of perjury by thirty-four witnesses, in Wakawak, Cochin China, in 1863, the intent of which perjury was to rob a poor native widow and her helpless family of a meagre plantain patch, their only stay and support in their bereavement and their desolation. Mr. Twain owes it to himself, as well as to the great people whose suffrages he asks, to clear this matter up. Will he do it?

I thought I should burst with amazement! Such a cruel, heartless charge—I never had seen Cochin China! I never had beard of Wakawak! I didn't know a plantain patch from a kangaroo! I did not know what to do. I was crazed and helpless. I let the day slip away without doing anything at all. The next morning the same paper had this—nothing more:

SIGNIFICANT.—Mr. Twain, it will be observed, is suggestively silent about the Cochin China perjury.

[Mem.—During the rest of the campaign this paper never referred to me in any other way than as "the infamous perjurer Twain."]

【译文】

竞选州长①

张友松　译

几个月以前，我被提名为独立党的纽约州州长候选人，与斯图阿特·伍德福先生和约翰·霍夫曼先生竞选。我总觉得我有一个显著的长处胜过这两位先生，那就是——声望还好。从报纸上很容易看出，即令他们曾经知道保持名誉的好处，那个时候也已经过去了。近几年来，他们显然对各式各样可耻的罪行都习以为常了。但是正当我还在赞美自己的长处，并因此暗自得意的时候，却有一股不愉快的浑浊潜流"搅浑"我那快乐心情的深处，那就是——不得不听到我的名字动辄被人家拿来与那些人相提并论地到处传播。我心里越来越烦乱。后来我就写信给我的祖母，报告这桩事情。她的信回得又快又干脆。她说——

你生平从来没有干过一桩可羞的事情——从来没有。你看看报纸吧——你看一看，要明白伍德福和霍夫曼这两位先生是一种什么人物，然后想一想你是否情愿把自己降到他们的水平，和他们公开竞选。

我也正是这么想呀！那天晚上我片刻也没有睡着。可是事已至此，我究竟无法撒手了。我已经完全卷入了漩涡，不得不继续这场斗争。早餐时，我无精打采地看着报纸，忽然发现下面这么一段；老实说，我从来没有那么吃惊过——

伪证罪——马克·吐温先生现在既然在大众面前当了州长候选人，他也许会赏个面子，说明一下他怎么会在一八六三年在交趾支那瓦卡瓦克被三十四个证人证明犯了伪证罪。那次做伪证的意图是要从一个贫苦的土著寡妇及其无依无靠的儿女手里夺取一块贫瘠的香蕉园，那是他们失去亲人之后的凄凉生活中唯一的依靠和唯一的生活。吐温先生应该把这桩事情交代清楚，才对得起他自己，才对得起他所要求投票支持他的广大人民。他是否会照办呢？

我不胜诧异，简直气炸了！这样残酷无情的诬蔑！我一辈子连见也没有见过交趾支那！瓦卡瓦克我连听也没有听说过！至于香蕉园，我简直就不知道它和一只袋

---

① 马克·吐温.竞选州长［M］.张友松，译.北京：人民文学出版社，1979：1-3.

鼠有什么区别！我真不知道怎么办才好。我简直弄得神经错乱，不知所措。我只好把那一天混过去，根本就没有采取任何步骤。第二天早上，同一报纸上登着这么一条——别的什么也没有——

耐人寻味——大家都会注意到，吐温先生对于那桩交趾支那的伪证案保持缄默，似有隐衷。

（附注——在竞选运动期中，从此以后，这个报纸一提到我，唯一的称呼就始终是"无耻的伪证制造者吐温"。）

三、名论细读

我对文学翻译的探索和经验体会①

我从接受翻译马克·吐温的作品这一任务以来，为了让译本的读者能够获得阅读原著的艺术享受，从实践中摸索出了一些经验和诀窍，现在连同译者和读者共同关心的某些问题，一并陈述如下，就正于各位高手：

（1）从事文学翻译，首先必须打好外语和中文的基础，对自然科学和社会科学也要稍懂一些。（2）译文要忠于原著，而又不死板，使人读来不觉枯燥乏味。（3）译者应多读中外古典名著和当代名家作品，扩大自己的词汇，增长表达的能力。（4）不可专靠查字典，对辞书中的释义要善于灵活而准确地引申，例如"significant"一字，在适当的场合，可译为"耐人寻味"，比字典上的"意味深长"和"值得注意"的注释更为生动而恰切（见吐温的短篇小说《竞选州长》）。（5）处理难句必须多动脑筋，想出妙法来，把一个难译的句子译得切合原意，不露破绽。例如在吐温的中篇小说《败坏了赫德莱堡的人》中，有一个别扭的句子，讲的是一对被人公认为最不贪非分之财的老夫妻经不住诱惑，企图侵吞一个陌生人委托他们暂时代为保存的一袋"黄金"时，老太太讥讽她的丈夫的话，原文是：

Just blasphemous presumption, and no more becoming to a meek and humble professor of…

---

①　张友松. 我对文学翻译的探索和经验体会［J］. 世界文学，1990（2）：272-277.

这是一句没有说完的话，措词十分尖刻，而且用了一些不容易摸透的字眼；译文既要不失原意，又要译成一个未完的句子。如照原文的字序和词性来译，肯定是行不通的。我经过反复思索，译成这样："无非是冒犯神灵的大胆妄为，根本就和你装出的那副温和谦让的神气不相称，亏你还假惺惺地自命为……"译这么一句话，必须完全摆脱原文的结构和词义的约束，独辟蹊径，在吃透原句的含义的前提下，灵活地译成一个地道的中文句子。原文的"blasphemous"译成"冒犯（或亵渎）神灵的"，"presumption"译成"大胆妄为"，"no more becoming to"译成"和……不相称"，"...professor of..."译成"……自命为……"，都不是按照字典上的释义死译，而是引申词义的灵活译法。"professor"一字，辞典上的释义是"声明者""自称者"和"声称……的人"。曾有一位译者把它译成"……的声言者"，以致谁也看不懂整句译文是什么意思。全篇译文谬误百出，也就不足为奇了。其实"professor"在这里的确是"自称者"的意思，但怎能把"……"夹在一个中文句子当中呢？我们只好把这个英文字拆开，根据"professor"的含义"自命为"（"自称"的引申），译成"自命为……"，这既恰切地表达了愿意，又解决了把"……"放在句末的难题，这就把一个难句译活了。（6）翻译方言土语，译文就得像个中国方言土语的口气。我们可以借助于方言土语的专用辞典之类的工具书，但也要善于灵活的引申，否则就会使读者有索然无味之叹。

（7）译文应使长句的语法结构条理分明，而又符合中文的格调，不露"洋腔"的痕迹——译一个结构复杂的长句时，必须把句中包括的主句（principal clause）与各个性质不同的从句（subordinate clause）和词组（phrase）之间的相互关系安排妥当，使人看了一目了然。否则就会译得词不达意，莫名其妙。我曾译过一个结构非常复杂、占了一页多篇幅的长句，可惜现在想不起它的出处了；只好从马克·吐温的中篇杰作《败坏了赫德莱堡的人》中找出一个中等长度的句子为例。原文如下：

He began to throw out chaffing remarks about people not looking quite so happy as they did a day or two ago; and next he claimed that the new aspect was deepening to positive sadness; next, that it was taking a sick look; and finally he said that everybody was becoming so moody, thoughtful and absent-minded that he could rob the meanest man in town of a cent out of the bottom of his breeches pocket and not disturbing his reverie.

我是这样译的：

他发现有些人一两天以前还很快活，现在却不像那么高兴，于是他就说些拿他们取笑的话；然后他又说这种新现象越来越厉害，简直就成了一副晦气相；然后他又说人家现出了苦恼不堪的神气；最后他说人都变得那么郁郁不乐、若有所思、心不在焉，如果他一直伸手到全镇最吝啬的人裤袋底去扒掉他一分钱，那也不会扰乱他的幻想。

（8）用词造句均应照顾上下文的统一；有些译者往往使下文与前面的有关词句不能互相呼应，其原因就在于对原文的真义没有吃透，以致出现词意混乱的毛病。（9）译者应在适当的地方采用一些我国古典文学中的笔法，这可以增添译文的风采。但此法不宜滥用。（10）译者也要像作家一样，"进入角色"，揣摩原著中各色人物和情景的意境，用纯熟而入神的词句在译文中表达出来，以求与原著的风格和韵味相吻合。（11）对原著中的各色人物，要考虑他们的不同年龄、性别和不同的身份、爱好、语言、姿态，以及不同的种族、国籍等等方面的差异，多多揣摩，用恰如其分的祖国语言译述出来，以供读者品味。（12）小说当中有时出现一些不成熟的儿童小诗，译者切不可把它译得像诗人的作品那样高雅，以致失去原文的风趣。（13）关于与别人合译，我也有一些经验体会。60年前，我曾邀请我的老师林语堂教授根据英译本给春潮书局译一部《新俄学生日记》，他只译了一半，就因接受了为开明书店编英语教本的任务，不能续译此书的下半部。他叫我接着译完，我只得从命。我细读了原著，并研究林先生的译文，琢磨他的文笔和原著所用的中学生的语气，才动笔译完此书。结果林先生表示满意，读者也看不出前后两半译文有什么差异。此外我还和亡友北大同学石民根据英译本合译过法国作家普列服的爱情小说《曼侬·列斯戈》。我们互相校订了译文，只稍作修改，效果也很好。但是后来我和两位生手合译了四部书，那可就太费劲了。足见合译者必须具有大致不差的水平才行，否则就只能是由一方对另一方起培养的作用，而不能算是合译。（14）我国翻译界老前辈严复首倡的"信、达、雅"的翻译标准，长期被后继者奉为圭臬。严氏是早期介绍西方资产阶级社会科学理论的先行者，他所提出的这三条标准是颇为中肯的。但若用于翻译文学作品，那就太不够用了。因为文学作品都具有艺术性，翻译外国作品也就要能把原著的艺术性表达出来；如果只求做到字面上的"信、达、雅"，当然就不能算是完美的译文。

（15）文学翻译是一种再创作，译者既要忠于原作者的风格，又要用纯熟的本国语言展现书中人物的风貌和言谈举止，以及自然景物变化万端的实况。这就需要译者将全部身心沉浸在原著的境界中，使读者对译文产生浓厚的兴趣。关于创作和翻译孰难孰易的问题，文学界一向有不同的看法。多数富有经验的严肃译者都尝到过文学翻译的甘苦，深知一般人认为翻译比创作容易的看法是一种偏颇之见。直到现在，翻译的稿酬始终与创作差距很大，这是很不公允的。因为译者笔下既要忠于原著，又要力求译文的精湛；有时比作家反而需要付出更多的脑力。翻译界对这种不公平的待遇早已发出呼吁，但似乎尚未引起足够的重视。我国的稿酬比欧美的标准相差很远，译者的待遇更低；如不予以适当的调整，那是不利于文学事业的发展的。我译的书不算少，并能保证译文质量，但我至今还在过着中下水平的生活，不胜感叹。只因我热爱文学翻译，才不舍得改行。

同志们问我对文学翻译有何诀窍和捷径，以上所谈就是我的回答。我讲的都是自己的实际经验体会，叫我提供秘诀和捷径，我是无可奉告的。无论干什么工作，都要坚持"三分天才，七分勤奋"这一信条，切不可存任何侥幸心理。惟有通过不懈的努力，才能取得成功。我决不是故弄虚玄，把文学翻译说得神乎其神，使人望而却步，而是现身说法，给有志于此道的中青年同志指出一条通向成功的途径，以利于文学翻译事业的开展。奉劝有志于这种工作的中青年同志，为了打好中文和外语的基础，最好是多读一些古今中外的名著，并对照原文，多读名家译品，反复练习，以求提高自己的水平。负责审稿的编辑同志既要严格把关，不可马虎了事，让低劣的译品得以出版，又要对值得培养的新一代译者予以热情的鼓励和扶持。修改得多的译品可以作为合译。出版社如能采取这种办法，定能提高新手和编辑同志的积极性，为文学翻译队伍输送新生力量。根据我的切身体会，我之所以能取得一些成就，固然是主要靠自己的主观努力，但别人的支持和鼓励也起了很大的作用，我是受益不浅，感受极深的。有志者事竟成，只要肯多下功夫，就有成为行家的希望。我相信我们的文学翻译队伍定将日益壮大，前途无量。

1989 年 5 月于成都寓庐

四、拓展阅读

李平.张友松与林语堂［J］.东方翻译,2010（5）:54–56.

李平,何三宁.以译为业　译著等身——翻译家张友松研究［J］.江苏外语教学研究,
　　2015（4）:71–74.

马克·吐温.马克·吐温选集［M］.张友松,等译.南昌:百花洲文艺出版社,1995.

马克·吐温.马克·吐温小说全集［M］.张友松,译.内蒙古:内蒙古文化出版社,
　　1996.

王璐.翻译家张友松研究［D］.山西大学硕士论文,2018.

翟广顺. 张友松在青岛的教学及世界名著翻译活动——纪念张友松诞辰 110 周年 [J].
　　青岛职业技术学院学报, 2013（5）: 81-86.

张友松. 文学翻译漫谈 [G] // 巴金, 等. 当代文学翻译百家谈. 北京 : 北京大学出版社,
　　1989: 430-440.

五、翻译练习

The £1,000,000 Bank-Note[①]

Mark Twain

When I was twenty-seven years old, I was a mining-broker's clerk in San Francisco, and an expert in all the details of stock traffic. I was alone in the world, and had nothing to depend upon but my wits and a clean reputation; but these were setting my feet in the road to eventual fortune, and I was content with the prospect.

My time was my own after the afternoon board, Saturdays, and I was accustomed to put it in on a little sail-boat on the bay. One day I ventured too far, and was carried out to sea. Just at nightfall, when hope was about gone, I was picked up by a small brig which was bound for London. It was a long and stormy voyage, and they made me work my passage without pay, as a common sailor. When I stepped ashore in London my clothes were ragged and shabby, and I had only a dollar in my pocket. This money fed and sheltered me twenty-four hours. During the next twenty-four I went without food and shelter.

About ten o'clock on the following morning, seedy and hungry, I was dragging myself along Portland Place, when a child that was passing, towed by a nurse-maid, tossed a luscious big pear—minus one bite—into the gutter. I stopped, of course, and fastened my desiring eye on that muddy treasure. My mouth watered for it, my stomach craved it, my whole being begged for it. But every time I made a move to get it some passing eye detected my purpose, and of course I straightened up then, and looked indifferent, and pretended that I hadn't been thinking about the pear at all. This same thing kept happening and happening, and I couldn't get the pear. I was just getting desperate enough to brave all the shame, and to seize it, when a window behind me was raised, and a gentleman spoke out of it, saying:

"Step in here, please."

---

① 　[2019-07-27]. http://www.eastoftheweb.com/short-stories/UBooks/MilPou.shtml.

I was admitted by a gorgeous flunkey, and shown into a sumptuous room where a couple of elderly gentlemen were sitting. They sent away the servant, and made me sit down. They had just finished their breakfast, and the sight of the remains of it almost overpowered me. I could hardly keep my wits together in the presence of that food, but as I was not asked to sample it, I had to bear my trouble as best I could.

第十章　叶君健

引　言

在中国，与《安徒生童话》紧紧相伴的一个名字就是叶君健。叶君健是将这本书直接从丹麦文翻译成中文的第一人。1988 年，叶君健被丹麦女王玛格丽特二世授予"丹麦国旗勋章"，成为全世界翻译安徒生童话的唯一获此殊荣的翻译家。叶君健也因此被世界译坛誉为"中国的安徒生"，其译本也被公认为是最有影响力的中译本。

一、名家简介

叶君健（1914—1999），湖北红安人，是著名的小说家、文学翻译家和儿童文学作家，又是长期从事对外宣传工作的宣传家。1932 年，叶君健考入武汉大学，攻读外国文学。从 1933 年到 1936 年，他陆续用世界语写了 13 篇短篇小说，包括《岁暮》《王得胜从军记》等，于 1937 年结集为《被遗忘的人们》出版，署名马耳。1936 年毕业于武汉大学外文系。1938 年在武汉国民政府军事委员会政治部第三厅从事国际宣传工作，同年参加发起成立中华全国文艺界抗敌协会，在香港主编英文刊物《中国作家》，曾任重庆大学、中央大学、复旦大学教师。1944 年，叶君健应英国战时宣传部邀请，到英国各地演讲，宣传中国的抗日战争，并重新开始一度中断了的小说创作。1945 年第二次世界大战结束后，英国政府授予叶君健英国永久居留权，并根据他的个人爱好安排他到剑桥大学国王学院研究英国文学。正是在这一段时间，他用英文出版了大量介绍中国人民苦难和斗争的革命小说，包括短篇小说集《无知的和被遗忘的》《蓝蓝的低山区》，长篇小说《山村》《他们飞向前方》等。这些作品都是出于向国外读者"解释中国"的目的而创作的。其中最引人注目的小说是《山村》。这本书被翻译成二十多种文字，1984 年还被英国世界语诗人威廉·奥尔德翻译成世界语，被国际世界语协会列入"20 世纪东西方系列丛书"中。他成为一位在英国具有知名度的作家，被称为"英国文学史的一个章节"。《被遗忘的人们》在国际世界语文学史上占有一席地位。它被国际世界语领导人拉本纳称为"世界语无产阶级文学的一个重要组成部分"。叶君健 1949 年归国，历任北京辅仁大学教授、文化部外联局编译处处长、《中国文学》副主编、中国作家协会书记处书记、中外文学交流委员会主任。

作为世界知名的小说家和翻译家，叶君健对我国儿童文学事业的发展也予以极大的关注，并做出了很大的贡献。在剑桥大学期间，叶君健主要研究了欧洲的作家，如法国的巴尔扎克、梅里美，丹麦的安徒生，俄国的托尔斯泰、屠格涅夫等。也是在这一时期，叶君健开始系统地阅读欧洲文学作品。在这些作品中，他对安徒生的童话产生了特别的兴味。他想起了自己单调和枯燥的童年，他和安徒生这位不同时代的异国作家有着相同的成才经历。通过对照彼此的出身和经历，叶君健对安徒生及其童话产生了一种发自内心的认同感。在研读安徒生早期童话《海的女儿》时，他深为作家笔下的女主人公为追求纯真爱情而勇于牺牲的精神品格所感动。他想起自己的中篇《冬天狂想曲》与《海的女儿》颇有相通之处。艺术表现的同一性，不仅在叶君健心里激起极大的感情共鸣，而且促使他握笔用汉语把《海的女儿》做了一次愉快又最花时间的翻译。

在翻译中，叶君健想，要在译文中准确生动地传达出具有诗人气质的安徒生的童话情韵，仅仅靠英文和法文的对照还是远远不够的。正因为此，他决定学习丹麦语，并竭力争取到安徒生的故乡去观察和体验童话诞生的真实背景。1946 年暑假，他在朋友的帮助下，动身去了位于丹麦首都哥本哈根的朋友家中生活了两个月。多年以后，回忆起这段丹麦生活时，叶君健很有感触地说："在安徒生的童话语言的感召下，我甚至对整个北欧的文学都感兴趣，后来我又学了瑞典文和挪威文。他们都属于同一个语系，比较容易学。"[①]

假期结束回到英国剑桥后，叶君健不但根据《海的女儿》的丹麦语版本进行了重译，而且还立下宏愿：把安徒生童话介绍给中国年轻一代，将成为自己永不放弃的追求。

从那时起，叶君健就将把安徒生童话完整地译介到中国作为自身的追求，他希望可以把安徒生童话作为中国儿童文学的借鉴。因此，从 1947 年秋天起，叶君健便每年都利用寒暑假去丹麦两次，住在丹麦的朋友家里，了解他们的生活，感受丹麦

---

① 汪胜.叶君健：在安徒生童话和中国读者间搭一座桥［N］.中华读书报，2018-04-04（14）.

人民的思想感情，也呼吸丹麦这个北欧国家所特有的童话空气。

此后的三十多年里，叶君健凭着严肃和认真的态度，一一对照英文和法文译本，完成了《安徒生童话全集》的翻译。1977 年 12 月，叶君健在为《安徒生童话全集》写译者前言时写道："北欧在冬天天黑得早，夜里非常静。特别是在圣诞节和新年前后，家家户户窗上都挂着人工制作的星星，在夜色中发出闪亮，普遍呈现出一种童话的气氛。在这种气氛中我觉得再好莫过于把这幽静的夜花在翻译安徒生的童话上面了。"①

叶君健对安徒生创作的艺术特色的把握是十分到位的，在译者前言中，叶君健引用了安徒生给一个朋友写信时的一段话："我用我的一切感情和思想来写童话，但是同时我也没有忘记成年人。当我写一个讲给孩子们听的故事的时候，我永远记住他们的父亲和母亲也会在旁边听，因此我也得给他们写一点东西，让他们想想。"

值得一提的是，在全世界数百种安徒生童话译本中，唯有叶君健翻译的 16 卷本《安徒生童话全集》被丹麦的汉学家誉为是"比安徒生原著更适于今天的阅读和欣赏"的译文。②

自 20 世纪 50 年代至今，叶君健译介的安徒生童话分别以单行本、精选本乃至系列或套书形式在我国数十家出版社出版。叶译安徒生童话丰富了几代中国读者的精神生活，并极大地影响了我国当代儿童文学作家的创作。《安徒生童话》现有 80 多种文字的译本，丹麦报纸有评论认为中文译本是最好的。文中说："只有中国的译本把他当作一个伟大作家和诗人来介绍给读者，保持了作者的诗情、幽默感和生动活泼的形象化语言，因而是水平最高的译本。"为此，丹麦女王曾隆重授予叶君健"丹麦国旗勋章"，这是全世界《安徒生童话》众多译者中唯一获此殊荣的；也是安徒生与叶君健作为作者与译者，因一部作品先后获得同样勋章的唯一先例。

叶君健一生为世人留下了 500 多万字的创作作品和 300 多万字的文学翻译作品，其中由他翻译的《安徒生童话全集》，已成为中国几代读者宝贵的精神财富。他还创办了新中国第一个大型对外文学刊物《中国文学》。许多外国人了解中国文学，是从阅读《中国文学》开始的。20 世纪 80 年代，《中国文学》进入了黄金时期，达到了顶峰，英、法两个文版的总印数在 6 万份以上。

---

① 汪胜．叶君健：在安徒生童话和中国读者间搭一座桥［N］．中华读书报，2018-04-04（14）．
② 汪胜．叶君健：在安徒生童话和中国读者间搭一座桥［N］．中华读书报，2018-04-04（14）．

二、名译欣赏：海的女儿

【英译文】

The Little Mermaid[①]

Translated by John Irons

Far out at sea the water is as blue as the petals of the loveliest cornflower and as clear as the purest glass, but it is very deep, deeper than any anchor cable can reach, many church towers would have to be placed on top of each other to stretch from the sea-bed to the surface.

Down there the sea-folk live.

Do not believe, though, that there is nothing but the bare, white sand on the sea bed; no, the most marvellous trees and plants grow there that have such pliant trunks, stems and leaves that the slightest movement of the water causes them to move as if they were alive. All the fishes, great and small, slip between their branches, just as birds up here do in the air. At the very deepest spot lies the sea-king's palace, the walls are of coral and the tall pointed windows of the clearest amber, but the roof is of mussel shells that open and close as the water passes—it looks so lovely, for in each of them lie gleaming pearls, a single one of which would be a prize gem in a queen's crown.

For many years the sea-king down there had been a widower, but his old mother kept house for him, she was a wise woman, but proud of her high birth, so she always wore twelve oysters on her tail while all the other fine folk were only allowed to wear six. Otherwise, she deserved much praise, especially because she was so fond of the small sea-princesses, the daughters of her son. There were six lovely children, but the youngest one was the most beautiful of them all, her skin was as clear and delicate as a rose petal, her eyes as blue as the deepest sea, but like the rest of them she had no feet, her body ended in a fish's tail.

All day long they could spend playing down in the palace, in the great halls where living flowers grew out of the walls. The great amber windows would be opened, and

---

① 原文为丹麦语版本。［2019—08—05］. 英译本引自：http://andersen.sdu.dk/moocfiles/littlemermaid. pdf.

then the fishes would swim in to them, just as the swallows fly in to us when we open the windows, but the fishes swam right up to the small princesses, ate out of their hand and let themselves be stroked.

Outside the palace there was a large garden with bright-red and dark-blue trees, with fruit that shone like gold and flowers that blazed like fire in the constantly moving stems and leaves. The earth itself was the finest sand, but blue as a flare of sulphur. There lay a mysterious blue sheen over everything down there—it would be easier to believe one was high up in the air and could only see sky above and beneath one than that one was down on the sea-bed. When the sea was calm, one could make out the sun, it seemed to be a purple flower with its entire light streaming out of the calyx.

Each of the small princesses had her own little plot in the garden where she could dig and sow as she wanted; one gave her flower plot the form of a whale, another preferred hers to look like a little mermaid, but the youngest princess made hers completely round like the sun, and only had flowers that shone red like it did.

She was strange child, quiet and thoughtful, and while the other sisters added the most remarkable things they had taken from stranded ships as decoration, all she wanted to have, apart from the rose-red flowers that resembled the sun high up above, was a beautiful marble statue, it was of a fine-looking lad, carved out of clear white stone and left on the sea-bed after a ship had foundered. At its base she planted a rose-red weeping willow, it grew splendidly and hung with its fresh branches over the statue, down towards the blue sea-bed, where its shadow appeared to be violet and in motion, just like the branches; it looked as if the tree-top and its roots pretended to be kissing each other.

Nothing made her happier than to hear about the human world above them; the old grandmother had to tell all she knew about ships and cities, people and animals and what seemed especially delightful to her was that up on the earth the flowers had a scent, for they did not down on the sea-bed, and that the forests were green and the fish that could be seen among their branches could sing so loudly and sweetly that it gladdened the heart; it was the small birds that grandmother called fish, for otherwise the sisters would not be able to understand her, as they had never seen a bird.

'When you complete your fifteenth year,' grandmother said,'you will be allowed to rise up out of the sea, sit in the moonlight on the rocks and watch the big ships that sail past—you will see forests and cities!'

【中译文】

海的女儿①

叶君健　译

　　在海的远处，水是那么蓝，像最美丽的矢车菊花瓣，同时又是那么清，像最明亮的玻璃。然而它是很深很深，深得任何锚链都达不到底。要想从海底一直达到水面，必须有许多许多教堂尖塔一个接着一个地联起来才成。海底的人就住在这下面。

　　不过人们千万不要以为那儿只是一片铺满了白砂的海底。不是的，那儿生长着最奇异的树木和植物。它们的枝干和叶子是那么柔软，只要水轻微地流动一下，它们就摇动起来，好像它们是活的东西。所有的大小鱼儿在这些枝子中间游来游去，像是天空的飞鸟。海里最深的地方是海王宫殿所在的处所。它的墙是用珊瑚砌成的，它那些尖顶的高窗子是用最亮的琥珀做成的；不过屋顶上却铺着黑色的蚌壳，它们随着水的流动可以自动地开合。这是怪好看的，因为每一颗蚌壳里面含有亮晶晶的珍珠。随便哪一颗珍珠都可以成为皇后帽子上最主要的装饰品。

　　住在那底下的海王已经做了好多年的鳏夫，但是他有老母亲为他管理家务。她是一个聪明的女人，可是对于自己高贵的出身总是感到不可一世，因此她的尾巴上老戴着一打的牡蛎——其余的显贵只能每人戴上半打。除此以外，她是值得大大的称赞的，特别是因为她非常爱那些小小的海公主——她的一些孙女。她们是六个美丽的孩子，而她们之中，那个顶小的要算是最美丽的了。她的皮肤又光又嫩，像玫瑰的花瓣，她的眼睛是蔚蓝色的，像最深的湖水。不过，跟其他的公主一样，她没有腿：她身体的下部是一条鱼尾。

　　她们可以把整个漫长的日子花费在皇宫里，在墙上生有鲜花的大厅里。那些琥珀镶的大窗子是开着的，鱼儿向着她们游来，正如我们打开窗子的时候，燕子会飞进来一样。不过鱼儿一直游向这些小小的公主，在她们的手里找东西吃，让她们来抚摸自己。

　　宫殿外面有一个很大的花园，里边生长着许多火红和深蓝色的树木；树上的果子亮得像黄金，花朵开得像焚烧着的火，花枝和叶子在不停地摇动。地上全是最细的砂子，但是蓝得像硫黄发出的光焰。在那儿，处处都闪着一种奇异的、蓝色的光彩。你很容易以为你是高高地在空中而不是在海底，你的头上和脚下全是一片蓝天。当海是非常沉静的时候，你可瞥见太阳：它像一朵紫色的花，从它的花萼里射出各

---

① 安徒生.海的女儿［M］.叶君健，译.上海：上海译文出版社，1978：112-114.

种色彩的光。

在花园里，每一位小公主有自己的一小块地方，在那上面她可以随意栽种。有的把自己的花坛布置得像一条鲸鱼，有的觉得最好把自己的花坛布置得像一个小人鱼。可是最年幼的那位却把自己的花坛布置得圆圆的，像一轮太阳，同时她也只种像太阳一样红的花朵。她是一个古怪的孩子，不大爱讲话，总是静静地在想什么东西。当别的姊妹们用她们从沉船里所获得的最奇异的东西来装饰她们的花园的时候，她除了像高空的太阳一样艳红的花朵以外，只愿意有一个美丽的大理石像。这石像代表一个美丽的男子，它是用一块洁白的石头雕出来的，跟一条遭难的船一同沉到海底。她在这石像旁边种了一株像玫瑰花那样红的垂柳。这树长得非常茂盛。它新鲜的枝叶垂向这个石像、一直垂到那蓝色的砂底。它的倒影带有一种紫蓝的色调。像它的枝条一样，这影子也从不静止，树根和树顶看起来好像在做着互相亲吻的游戏。

她最大的愉快是听些关于上面人类的世界的故事。她的老祖母不得不把自己所有一切关于船只和城市、人类和动物的知识讲给她听。特别使她感到美好的一件事情是：地上的花儿能散发出香气来，而海底上的花儿却不能；地上的森林是绿色的，而且人们所看到的在树枝间游来游去的鱼儿会唱得那么清脆和好听，叫人感到愉快。老祖母所说的"鱼儿"事实上就是小鸟，但是假如她不这样讲的话，小公主就听不懂她的故事了，因为她还从来没有看到过一只小鸟。

"等你满了十五岁的时候，"老祖母说，"我就准许你浮到海面上去。那时你可以坐在月光底下的石头上面，看巨大的船只在你身边驶过去。你也可以看到树林和城市。"

三、名论细读

关于文学作品翻译的一点体会①

由于对某些外国文学作品的喜爱，或者因为某些外国文学作品对我们的创作具有一定的启发和借鉴作用，我偶尔也在时间允许之下译点外国文学作品，供国内读者和作家参考。工作做得很零碎，还带点偶然性，所以说不上对翻译有什么"经验"。但既然在这方面投入过一点精力，也不能说什么体会都没有。此外，自1950年开始，我就从事编译一个英文文学期刊《中国文学》（后来又增加了法文版），一编就将近四分之一个世纪，直到1974年才离开这个岗位。它基本上是一个文学翻译刊物，

---

① 叶君健.关于文学作品翻译的一点体会［J］.中国翻译，1983（2）：8-16.

只不过是从中文译成外文罢了。我自己虽然没有直接参加翻译，但每篇作品和文章，从译者交来的译稿到定稿，直到最后清样，我都一字不漏地从头到尾读过。从别人的劳动中，我自然也获得了一些有关翻译的体会。

　　总的说来，我觉得我国最早的一位态度非常严肃的翻译家严复对翻译工作所提出的标准，即"信""达""雅"，仍不失为我们从事这种工作的人的一个较切合实际的标准。实际上，这应该也是世界各国从事翻译工作的人的一个准绳，有普遍意义，可以适用于任何文字的翻译。严复没有翻译文学作品。他所译的都是政治、经济和社会学方面的世界名著。但他对翻译质量的要求，除了"信"和"达"以外，还提出"雅"，这就难能可贵了。"雅"属于"风格"的范畴，特别在文学作品的翻译中，是一个极为重要的成分。如果我们把"信"和"达"当作一个译者在他翻译一篇作品的过程中应遵循的"政治"标准的话，那么"雅"就是他所不应忽视的"艺术"标准了。如果这个说法能成立，那么"信""达""雅"就是一个译者在他的工作中所要争取达到的"最好的政治与最完美的艺术相结合"的目标。实际上，在今天社会主义的中国，这仍然是我们在翻译工作中应努力达到的要求。无论从外文译成中文或从中文译成外文，我们都不能离开这个准则。我根据外国的一些翻译作品判断，外国的翻译家在他们的工作中也基本上力图达到这个要求。

　　不过，什么叫做"信"，各人有各人的理解，我们至今还未能有一个较为令人满意的普遍定义。一般总是认为，原文怎样，译文就应是怎样；原文有个什么形容词，译文中也应有个什么形容词。不仅在字面上如此，甚至在形式上也是这样。我看到过有些译诗，原文用什么韵律，每行有几个音步，韵脚是怎样一个模式，译文也依样照办。这样做不能不谓为"忠实"，但在这种情况下，要在译文中做到既"达"且"雅"，恐怕就难办了，特别是用我们的方块字译西方的诗的时候——当然，做得比较令人满意的例子也并不是完全没有。根据这种"信"的原则，如果再加上以"忠于政治"为理由的某种狭隘的理解，甚至可能走向另一个极端："死译"。曾经有个时期，在中译外的工作中，为了"忠于原文"，在"政治上站得住"，真的就有人把"老虎"译成"old tiger"，把肥猪译成"fat pig"……一些搞外文的同志哭笑不得，把这叫做"对号入座"。还有一个很值得深思的例子：我们在哲学上有个术语，名"两点论"，译法文的时候，为了"在政治上忠实"，就把它译成 La thèse en deux points。不幸的是，在法文中有个标点符号，即"冒号"（：），正好叫做 deux points。于是这个庄严的哲学名词在法文中就成了"冒号论"。据闻，译者曾就此事请示有关"首长"，但得到的指示还是必须直译，因而"两点论"这个词就作为"冒号论"被介绍出去了。同样，曾一度流行的"亲密战友"这个词，为了"政治上的忠实"，在法文中就成了"Compagnon intime"，而同样不幸的是，"intime"这个形容词在法文中有男女之间"亲密"的含意。结果，这种形式上的"信"，在政治上却变成了"歪曲"。

那么，什么叫做"信"或"忠实"于原文呢？我每次提起笔搞点翻译的时候，总感到有些茫然。译一篇文学作品，如一首诗，无非是把原作者的本意、思想、感情、意境如实地传达给读者，使读者的感受与作者当初写作时的感受一样或差不多。但作者当时的感受究竟是怎样的呢？我们无法去问作者。这只能从字面上去推测。事实上，作者在"灵感"或"冲动"的诱导下写出一篇作品，恐怕他自己对他当时的感受也很难说出一个具体的轮廓。文学和艺术作品毕竟不是科学，而是触及"灵魂"的东西，这里面有"朦胧"和"似与不似之间"的成分，要用像数学那样精确的形式表达出来是不可能的。曾经有人问过英国诗人布朗宁（Robert Browning，1812—1889），要他说明他所写的某一首诗的意义。他把那首诗读了一遍，说："我写这首诗的时候，只有两个人知道我的意思，即我和上帝。至于现在呢，那只有上帝知道了。"

事过境迁，布朗宁写那首诗时的"灵感"或"冲动"早消失了，当时的情况他自己也捉摸不定了。当然，那首诗的内涵，我们大致还可以从诗句的字面上体会出一个粗略的概念，但要说对作者的本意能够掌握到什么程度，那就很难说了。把它移植到另一种文字的时候，移植者（译者）也只有从字面上揣度原作当时的意义和主题思想。译者在"揣度"的过程中，就受到他本人的人生修养、文化和政治水平、艺术欣赏趣味以及他对作者及其时代背景的知识等因素的限制，而他所达到的理解程度，就不一定完全与原作的本意相吻合了。这里有一个"再解释"的过程，而这种"再解释"由于地理和时间的间隔以及社会情况和文化背景的不同，也自然因人而异。所以在"信"的问题上，事情并不是太简单。

拿一个简单的名词"面包"来说吧，它也因时因地和因原材料的差异而异，不仅在形状上如此，在味道上也是这样，因而它所引起的联想也就不同。法国的普通面包细而长，像纺锤一样，很脆，我一想起它的时候，就不禁要联想起巴黎的某些普通职员，早上赶着上班、一边走路、一边啃面包的情景。当然，他们现在有了私人小汽车，可能他们早晨上班前吃面包的方式也改变了。同样，"兰花"在中国和外国，无论从形状或香味上讲都不一样，至于它所引起的联想和内在含义就更不相同。这种不同有时甚至还涉及作品的内容和主题思想。在中国的文学作品中，"兰花"代表"高洁"的性格和气质；在外国，它只不过是花之一种罢了。

从上述的情况看来，在翻译中要做到绝对的"信"，是比较难于办到的。我们所能争取做到的，只有从历史唯物主义的观点，尽量使译文符合原作者当时所想要表达的内容和主题思想，其根据还是原作者的作品本身，其他的根据是没有的。在这方面，一般有三种作法。一是逐字逐句直译，或"死译""硬译"。由于译文与原文的语法习惯不尽相同，这种作法往往是由"信"开始，而以"费解"告终，原作的内容完全没有能表达出来。第二种作法是，在着重"信"的同时，也不忽视"达"。这就不能逐字逐句死扣了。译者得尽可能地争取根据原作的字面形象去理解它内涵的全部意义，而且在可能范围内，基本按照原作的语形，把原作的词意和精神实质传递出来。一般的译者大概都是这样进行工作的，这种作法是比较费脑筋的。第三种作法是，在词意上把"信"放到次要地位，而力求"达"和一定程度的"雅"。这也可以说是"再创造"吧。成功的例子当然也有，但在这种情况下所作出的成绩，应该被视为译者本人的创作，不能说是翻译。这种作法多半是由两个因素造成的：一、对原文的理解能力很差或看不懂；二、态度不严肃，急于求成，把原文大致看了一下就动手翻译。不幸的是，这种作法在一些发达的资本主义国家还很普遍哩！例子也不少。在这里不妨谈一点我个人的"经验"。

五十年代初期，有个出版社约我翻译塞万提斯的《堂·吉诃德》。我所根据的是西班牙皇家学院通讯院士、巴塞龙那大学文学教授马丁·德·里克尔（Martin de Riquer）订正的、一般西方大学用作教材的版本。我译完了第一部，第二部也译了好几章。出版社要我送一部分译稿去审阅。大概这个出版社当时没有懂西班牙文的同志，只有英文和法文专家。他们根据英译本和法译本核对了我的译文，发现我的译文与英译较相近而与法译则相差甚远。他们认为，法文与西班牙文同属拉丁语系，差别不太大，法译应该是可靠的根据。由于我的译文与法译相差太远，审阅稿件的有关同志便感到迷惑了，甚至怀疑我的译文是根据英文而不是西班牙文，因而提出了许多指责。后来，我找到了英译本，即美国山缪尔·普特南（Samuel Putnam）的译本，以及法译本，即法朗西斯·德·米奥漫得尔（Francis de Miomdandre）的译本。关于前者，据说译者对原著花了15年时间进行准备和研究才动手翻译，他的态度无疑是认真的；后者属于巴黎斯托克（Stock）出版社编印的《西班牙文学名著丛书》，当然也应该是权威译本。我把两种译本随便翻到一个地方，即第二卷第二章开头的一段。这一段是再简单不过的了，没有任何复杂的意义或深奥的哲理。西班牙原文是这样的：

Cuenta la historia que las voces que oyeron don Quijote, el cura y el barbero eran de la sobrina y ama, que las daban diciendo a. Sancho Panza, que pugnaba per entrar a ver a don Quijote, y ellas le defendian la puerta:

我现在把这一段直译成英文，为了使不谙西班牙语的同志可以看出这一小段的本来面目：

> The story relates that the voices which Don Quixote, the curate and the barber heard were from the niece and the house-keeper and which they gave to tell Sancho Panza, who was struggling to enter to see Don Quixote, that they were guarding the door:

英译为了"信"，同时大概也为了"达"，可能还为了"雅"，就把这句略加改造，译成这样：

> The history tells *us* that the *cries* which Don Quixote, the curate, and the barber heard *came* from the niece and the housekeeper. They were *shouting at* Sancho Panza, who was struggling to get in to see *the knight*, *while* they were *doing their best* to keep him out:（斜体是我标出的）

这段译文中加了些字，删了些字，也略改动几个字的色调层次，句子构成也略打乱了。我想，在把一种文字的作品译成另一种文字时，这种作法是合理的，容许的。译文的意义是忠实于原文的。但在法译中，这句的文字却变成了这个模样：

> Le bruit venait de la nièce et de la gouvernante. Sancho voulait à tout force entrer pour voir son maitre, et les femmes refusaient d'ouvrir, en criant：

这一句，原是叙述极简单的动作，没有什么繁难之处，译者不会不懂得它的意思；但他把西文移植到法文中时，却似乎没有动太多脑筋，把原文随意肢解，"信""达""雅"就全都谈不上了。至于原文比较复杂的段落，这个法译本就更处理得乱七八糟，非驴非马。用这种译本来核对中译，自然会发现中译接近英译，而与法译风马牛不相及了——尽管法文比起英文来更接近于西班牙文。这也说明出版社编审工作中存在的问题，即：不按译文所根据的原文来核阅稿件，所得出的判断一定是错误的。这么一来，译者也就无法与出版社继续合作下去了。我那部未完成的译稿只好束之高阁，直到"文化大革命"中两次被抄家时全部被毁掉。

上面的例子也包含了另一个问题，即翻译态度问题。译文要做到"信""达""雅"，译者除了对两种文字及有关的文化和社会背景知识应具有一定的修养外，翻译态度也起重要的作用。我想以安徒生童话的译本为例来说明这一点。在世界文学作品中，除《圣经》外，安徒生童话被译成的语种恐怕是最多的了。在英文中，译本就有好几十种，而新的译本现在还在不断地出现。我译安徒生童话时，曾参考过欧美的许多译本，包括英文的译本十多种，其中较严肃和完善的是本世纪初出的两个全集译本。它们都相当老，但比较忠实，分别由瓦得·洛克出版公司（Ward Lock & Co.）和牛津大学出版社（Oxford University Press）出版。这两个译本都是按照原文直译的。尽管如此，原文中有些难度比较大的地方，如童话中的诗，可能是为了"达""雅"和为了迁就本国读者的口味，译者也就抛掉"信"而乱了套了。我在这里随便举个例子。如《幸运的套鞋》中的第三个故事，其中有一首诗，共分四节。由于这首诗既要像诗，又要幽默，还要带上一点打油诗的色彩，译起来就得费脑筋了。牛津大学出版社的版本干脆把它删掉。瓦德·洛克出版公司的版本倒是把它全文译出来了，但结果却成了译者自己的"创作"，与安徒生没有太大的关系。我现在把该诗第一节的原文和我根据原文的中文直译以及英文中的"创造性的翻译"，一并举出，供参考。

原丹麦文：

"Gid jeg var rig!" det bad jeg mangen Gang,

Da jeg endnu var knap en Alen lang.

Gid jeg var rig! saa blev jeg Officeer,

Fik mig en Sabel, Uniform og Fjer.

Den Tid dog kom, at jeg blev Officeer,

Men ingensinde var jeg rig, des vaerre!

Mig hjalp vor Herre!

我根据丹麦文逐字逐句的直译（已收入我译的全集本）：

"让我发财吧！"我祈祷过好几次，

那时我不过是一两尺高的孩子。

让我发财吧！我要成一个军官，

戴上羽毛，穿起制服，挂上宝剑。

后来我居然也当上了军官，

可是很不幸，我一直没有发财！

上帝呀，请您伸出援助的手来！

英译本的译文：

"Oh, were I rich!" —such was my childish prayer,

When few of Life's brief summers had passed o'er me;

And, bright with promised hope and fortune rare,

The world lay new and beautiful before me.

"Oh, were I rich! —I'd be a soldier bold,

With sword, and epaulettes of burnished gold."

The swift years gave me half my wish secure:

They brought the epaulettes—but left me poor!

从英文的角度看，这个译文不能说不好，可就是距原文太远了！由此我不禁联想到，过去我们有许多西方文学作品大都是根据英文或法文重译过来的，有些译文的"信"，读者无法判断，"只有上帝知道"。如果我们的评论家和作家通过这类译文来研究、评论或"借鉴"西方作家和作品，那就不免要"脱离实际"了。当然，西方也有不少很好的翻译，如过去英国"雅典出版社"（The Athenaeum Press）出版的英译巴尔扎克全集就很不错。我曾把它的一些段落和法文原文对照过，发现"信""达""雅"可以说都在一定程度上做到了；但译者却也删掉了一些他或出版者认为不合英国趣味的所谓具有"黄色"性质的句子和段落。我想，如果巴尔扎克地下有知，他一定会提出抗议的。

谈到重译的问题，我又联想到我们出版的另一部世界名著：但丁的《神曲》。我们有两种译本。一种出自王维克的手笔，是散文译本。据该书"出版说明"声称："这个译本，是译者根据意大利文原著并参照了法、英等其他文字的译本翻译的。"（着重点是引者加的）另一种是朱维基译的，版权页上说明，它所根据的版本是英国卡耐尔博士（Dr. Carlyle）的译本。我现在把《神曲》第一部《地狱篇》的"第一歌"的"序曲"第一、二、三节的两种译文连同意大利原文，引在下面，作为上述两种译文的比较。

王译：

当人生的中途，我迷失在一个黑暗的森林之中。要说明那个森林的荒野，严肃和广漠，是多么困难呀！我一想到他，心里就起一阵害怕，不下于死的光临。在叙述我遇着救护人之前，且先把触目惊心的景象说一番。

朱译：

正当我们人生旅程的中途，

我在一座昏暗的森林之中醒悟过来，

因为我在里面迷失了正直的道路。

唉！要说出那是一片如何荒凉、如何崎岖，

如何不毛的森林地是多么难的一件事呀，

我一想起它心中又会惊惧！

那是多么辛酸，死也不过如此：

可是为了要探讨我在那里发现的善，

我就得叙一叙我看见的其他事情。

意大利原文：

Nel mezzo del cammin di nostra vita

　　mi ritrovai per una selva oscura,

　　chè la diritta via era smarrita.

Ahi quanto a dir qual era è cosa dura

　　esta selva selvaggia e aspra e forte,

　　che nel pensier rinnova la paura!

Tant'è amara che poco è più morte:

　　ma per trattar del ben ch'i' vi trovai,

　　dirò de l'altre cose ch'i' v'ho scorte.

为了使不谙意大利文的同志便于比较，我现在逐字逐句把它译成英文（当然不是诗）：

In the middle of the journey of our life

　　I find myself again through a dark forest

　　where the straight road was lost.

Oh dear! how to tell how hard a thing it was,

　　this forest wild and harsh and severe,

　　that renews fear in the thought!

So bitter it is, that scarcely more is death:

　　but to treat of the good that I found there,

I will tell of other things, that I have perceived there.

如果把这三节诗直译成中文的话（不作为诗），那么它们的意思就应该是：

在我们生命的旅途正中，

我又发现自己在穿过一个黑暗的森林，

那里笔直的路已经遗失。

啊！怎么说清这是件多么困难的事，

这个荒野、严峻和苛刻的森林，

它在思想中重新引起恐惧！

那是多么痛苦，跟死差不了多少：

不过要论述我在那里所发现到的善，

我就得讲出我在那里所察觉到的其他事情。

从以上例子可以看出，原文并不见得太难懂。王译如果是根据意大利文原著，就没有"参照法、英等其他文字的译本"的必要。"参照"的结果，译出的东西反而与原文大大地走了样。倒是朱译干脆根据英文，还基本上表达了原意。这也说明，一篇文学作品，经过不同的翻译，多少总要走些样的，甚至可以变得面貌全非。这对不懂外文的读者所产生的效果，确实不可想象。

当然，并不是说我们不能通过重译介绍外国文学作品。在我国目前的情况下，恐怕还须继续这样作。我们大多数有经验的译者都是精于英文、法文或日文。今后若干年内有许多世界名著恐怕还得通过这几种文字转译过来。我自己也做过一些转译工作。如：我不懂希腊文，但我却根据英国诗人路易·麦克尼斯（Louis MacNeice，1907—1963）的英译本，译了希腊埃斯库罗斯（Aeschylus，纪元前525—前456）的悲剧《阿伽门农王》（Agamemnon）。我也通过英文和法文译过南斯拉夫和东欧的一些儿童文学作品。在这样作的时候，我想，我们得考虑两个条件：一、如果原作是名著，则所根据的译本必须是严肃的，最接近于原文的。麦克尼斯译的《阿伽门农王》，是根据希腊文直译的，而且他本人也是一个诗人，我和他讨论过这个译本，也向他的老师、牛津大学希腊文学教授道兹（E. R. Dodds）请教过有关译文的许多问题。二、一般作品，如果只是以情节或故事取胜，则根据别人的译本重译，我想问题不至于太大，因为所要传达给读者的横竖只是情节和故事。这类作品在语言和风格，即我们所谓的"雅"方面，作者在原作中也往往不太重视。

关于"雅"，如果说它是与语言和风格有关的话，如果说它是属于"再创造"

的范畴的话，那么译者个人的语言风格和文学修养，他的气质，他的人生经验，他对原文掌握的程度，就要起很大的作用了。同一部文学作品，同一个作家，在不同的译者笔下，就会呈现出不同的面貌，对读者也会产生不同的效果。傅雷译的巴尔扎克与其他人译的巴尔扎克就不完全一样，因而读者对作品的感受，甚至理解，也不尽相同。情况既然如此，原作通过译者在"信""达""雅"三个方面的有机处理，就可能有某种程度的"失真"，甚至很大程度的"失真"。上面所举的一些例子已经多多少少地说明了这个问题。因此一部作品，在岁月演变过程中，在不同译者的笔下，可以被染上不同的颜色，呈现不同的面貌，这一点也不奇怪。我这种说法是不是悲观了一点呢？好像读者永远也无法通过译文见到"庐山真面目"。我不是这个意思，实际情况也不是如此。我的意思是说，译文要做到绝对的"信"很困难，在大多数情况下，只不过是与原文近似罢了。因此，一部作品，在不同的时代有不同的译本，在同一个时代也经常会有好几种译本同时存在，其原因恐怕也就在此。读者并不一定会埋怨译本的重复，因为他可以有较多的选择，从不同的译本中去体会原作。在这种意义上，翻译就不能说是"复制"，而确实有"再创造"的一面，因而也是一种文学"创作"。无怪乎英国文学界总是把优秀的翻译作品看成是英国文学，而不是"外国文学"，如阿瑟·魏莱（Arthur Waley，1889—1966）译的中国唐诗和费兹季拉德（Edward Fitzgerald，1809—1883）译的古波斯的《鲁拜集》（*The Rubáiyát of Omar Khayyám*），就是如此。

当然，这种"再创造"究竟还是与一个作家本人的创作不同。这种"再创造"须基于原作，基于"信"，而"信"的程度又与译者对原作的理解有密切关系。他只有在他的理解的基础上，才能发挥他在"达"和"雅"方面的艺术才能，而这种理解又往往与译者各方面的修养分不开。他的译本所能达到的水平，就是由他的理解程度来决定的。

比如《堂·吉诃德》这部作品，过去有许多译者把它理解为一部武侠小说，而看不清该书的社会背景及作者所要表达的主题思想。至于堂·吉诃德这个人物，过去也有人认为他不过是一个荒唐可笑的"江湖奇侠"，而忽视了他的理想，他对人生的严肃态度和他性格中的"诗"——根据我粗浅的理解，他是一个伟大的诗人。因此，这部作品有许多译本大量运用了武侠小说中的语汇，使人现在读起来不禁要感到幼稚和荒唐可笑了。同样，我们的《金瓶梅》一直被人理解为一部下流的淫书；《红楼梦》在它以《风月宝鉴》的名称流行的时候，也被理解为具有某种黄色意味的作品，而忽视了它具有伟大现实主义的意义，贬低了它作为一部史诗的价值。至于《金瓶梅》，我们现在好像仍然忌讳对它作出历史唯物主义的评价。我曾跟一些西方作家——特别是信仰马克思主义的作家——交换过关于它的意见。他们都认为它是一部伟大的现实主义作品，它把一个封建地主阶级统治的堕落社会描绘得那么淋漓尽致，指出这个社会没有任何出路和必然灭亡的结局。像这类有气魄的、泼辣的现实主义作品，世界文学中还不多见。

基于这个理解，英国卢特莱基和克根·保尔出版社（Routledge & Kegan Paul）出版的、由克勒门·埃格登（Clement Egerton）翻译的《金瓶梅》全本，读起来就不像一本淫书，而像一部伟大的现实主义名著了。译者是这样理解这部作品的："作者冷静地、客观地叙述在中国官场达到了极度腐化的时代里一个典型家庭的致富和后来的灭亡。他对这种在公开的生活和私生活中所表现出的腐化的细节一点也不遗漏。无疑，他认为这些细节对他所写的故事是必不可少的组成部分。如果他是一个英国作家，也许他会完全避开这种描写，而一笔带过，用些含糊的字眼来制造一点气氛。可是他却决不愿意保持沉默，他把他所要讲的话，用清楚明白的语言全都讲了出来。这当然会使译者感到极为尴尬。"但这位译者却不顾这种"尴尬"，把那些细节都如实地译了出来。这说明他对他所译的作品的性质的理解，从他的这种理解也产生了他对翻译这部作品的态度。他只是在明确了这两点以后，才在他的译文中追求"达"和"雅"。在我看来，他的这部译作也成了一部"再创造"的优秀文学作品。也许某一天，英国人同样会把它纳入"英国文学"的范畴。

我自己根据丹麦原文译了安徒生的全部童话，共 168 篇，分 16 册出版。**在动笔以前，我也得确定我对原作的理解，根据我的理解而进一步确定我的翻译态度和作法。**虽然安徒生把他的童话叫做"讲给孩子们听的故事"，但我在注意到他所指出的"听"和"故事"这两个特点的同时，还根据我有限的文学修养和欣赏水平，把这些童话当作"诗"来理解。从这个理解出发，我在追求"达"和"雅"时，就从"诗"的角度来选择词汇、创造意境和气氛。当然，我所力图表达的"诗"，和我个人的气质和人生经验也分不开，也就是说，我对安徒生的童话有我个人的体会。别的译者，尽管他对原作的理解和所持的翻译态度也许与我类似，但他翻译出来的成品决不会和我的译文一样。

我想，这种情况同样也会出现在其他艺术作品方面。梅兰芳表演的《游园惊梦》，一定与别的演员的表演不同；劳伦斯·奥里弗（Laurence Olivier, 1907— ）演的《哈姆莱特》（Hamlet），一定也有他自己的个性和特点。芬登（Margot Fonteyn, 1919— ）演的《睡美人》（Sleeping Beauty），与洛波柯娃（Lydia Lopokova）演的同名芭蕾舞必然两样。因为他们对原作的理解不同，从而他们对原作的解释也不同。当然，这里所说的"理解"不仅因人而异，也必然会因时代和环境的不同而异。贝多芬的第五交响乐，由赫贝特·冯·加尔扬（Herbert von Karjan, 1908— ）在维也纳歌剧院指挥，与由伯恩斯坦（Leonard Bernstain, 1918— ）在纽约市政中心指挥，其效果必然会不一样；而由东方人小泽征二在北京音乐厅指挥，效果就更不相同了。《哈姆莱特》，今天由中国译者从历史唯物主义的角度来翻译，与西方译者从弗洛伊德（Sigmund Freud，1856—1939）的心理分析角度来翻译，其结果必然会大相径庭。译者的个人因素在翻译工作中所起的作用，是决不能忽视的。

　　但个人所起的作用还得以对原作的"信"为条件。在"信"的基础上如何调整"达"和"雅"的关系，做到"三不误"，主观的因素和客观的因素都在起作用。这一点，从上面所举的几个例子中就可以看得出来。幸运的是我所翻译的安徒生童话，是作者在"讲给孩子们听的故事"的精神指导下写出来的。既是"讲"，而又要利于"听"，他的文字就不能那么"深奥"和"矫揉造作"，因而我对它的理解也比较直接，从而也能逐字逐句地"直译"，保持一定程度的"信"。剩下的事情，就是要在"达"的基础上努力传达他的"诗"了。这里就得"再创造"。哥本哈根大学东方研究所所长、汉学家苏伦·埃格洛（Soren Egerod）教授在他发表于"丹麦、挪威、瑞典东方学会"（Societates Orientales Danica Norvegica Svecia）出版的刊物《东方世界》（*Le Monde Oriental*）上的评论文章[①]里，对我的译文表示了他的看法：

　　　　译文是有权威性的和准确的，准确得有时近乎学究气。他按照原文的分段和缩格一字不漏地翻译。文体正如现代中文一样，辞汇用得相当多，但是非常清晰流畅，特别适宜于朗读。他的处理很像珍·赫尔叔特女士所译的那个优美的美国版本[②]。这个版本牺牲原作某些微小的地方而取得流畅易懂的效果。所以现在中国的版本，很像这个美国版本，创造出了一个新的安徒生版本；这个版本，对现代的儿童说来，要比原文本在今天的丹麦清楚易懂得多。

　　这说明我的译文也逃不脱我们这个时代的烙印，我也把安徒生的语言和风格"改造"了，"现代化"了，"创造出了一个新的安徒生版本"。恐怕这也是任何文学翻译工作中一个不可避免的现象——几乎可以说是成了一个规律。

　　但是在语言上，我却不愿意把安徒生"中国化"。我总觉得，既然是翻译洋人的作品，译文中总还应该表现出一点"洋味"。当然，中译文应该符合中国语言的规律，应该读起来"通达"，但它还应该保留一点安徒生气味、丹麦味。如果它读起来具有像赵树理的文字那样的中国味，或像宋人话本的语言那样流畅，我觉得对原作来说总未免有点不公平。就这一点来看，我在译文中究竟做到了哪种程度，当

---

① 他的文章已译成中文，发表在《读书》杂志 1981 年 5 月号上。——作者原注
② Jean Hersholt. *The Complete Andersen*. N. Y. 1942 & 1948. ——作者原注

然是另一个问题。总的说来，我认为翻译外国文学作品时，在"信""达""雅"的原则下，是否还可以加一点东西，即译文的"外国味"？

四、拓展阅读

安徒生．安徒生童话全集［M］．叶君健，译．北京：中国城市出版社，2010.

刘军平．后严复话语时代：叶君健对严复翻译思想的拓新［J］．外语与外语教学，
　　2015（6）：69-74.

铁凝．讲述"中国故事"的先行者——纪念叶君健百年诞辰［J］．党建，2015（2）：
　　54-55.

汪胜．叶君健：在安徒生童话和中国读者间搭一座桥［N］．中华读书报，2018-04-04
　　（14）.

叶君健．翻译也要出精品［J］．中国翻译，1997（1）：29-30.

叶君健．文学翻译问题［J］．中国翻译，1992（4）：14-16.

叶君健．毛泽东诗词的翻译——一段回忆［J］．中国翻译，1991（4）：7-9.

叶君健．我和中国文学的对外译介［J］．人民文学，1989（10）：106.

叶君健．关于文学作品翻译的一点体会［J］．中国翻译，1983（2）：8-16.

五、翻译练习

The Emperor's New Clothes[①]

A translation of Hans Christian Andersen's "Keiserens nye Klæder" by Jean Hersholt

Many years ago there was an Emperor so exceedingly fond of new clothes that he spent all his money on being well dressed. He cared nothing about reviewing his soldiers, going to the theatre, or going for a ride in his carriage, except to show off his new clothes. He had a coat for every hour of the day, and instead of saying, as one might, about any other ruler, "The King's in council," here they always said. "The Emperor's in his dressing room."

In the great city where he lived, life was always gay. Every day many strangers came to town, and among them one day came two swindlers. They let it be known they were

---

① 　［2019-07-28］. http://www.andersen.sdu.dk/vaerk/hersholt/TheEmperorsNewClothes_e.html.

weavers, and they said they could weave the most magnificent fabrics imaginable. Not only were their colors and patterns uncommonly fine, but clothes made of this cloth had a wonderful way of becoming invisible to anyone who was unfit for his office, or who was unusually stupid.

"Those would be just the clothes for me," thought the Emperor. "If I wore them I would be able to discover which men in my empire are unfit for their posts. And I could tell the wise men from the fools. Yes, I certainly must get some of the stuff woven for me right away." He paid the two swindlers a large sum of money to start work at once.

第十一章 梁实秋

引 言

朱生豪从 1937 年开始翻译莎士比亚作品，至 1944 年先后译有喜剧、悲剧、杂剧等 31 部，可惜他英年早逝，有 6 部历史剧和全部诗歌没有来得及翻译。梁实秋 1930 年开始着手翻译莎士比亚的戏剧，从 1936 年商务印书馆首次出版其翻译的莎士比亚戏剧 8 部，至 1967 年最终完成《莎士比亚全集》的翻译并出版，历时 37 年。梁实秋是中国独自翻译《莎士比亚全集》的第一人。

一、名家简介

梁实秋，1903 年 1 月 6 日出生于北京，1987 年 11 月 3 日病逝于台北，享年 84 岁。在他漫长的一生中，除全面抗战的 8 年在重庆膺选为国民参政员，在国民党政府教育部任职以外，几乎从没离开过学校。1915—1923 年整整 8 年就读于清华留美预备学校；1923—1926 年先后就读于科罗拉多大学、哈佛大学和哥伦比亚大学；1926 年起，先后任教于东南大学、青岛大学、北京大学、北京师范大学和中山大学；1949 年到台湾，任教于台湾师范大学（现名），至 1966 年退休。

梁实秋一生有三大成就：一是**文学创作与文学评论**，他出版的散文、小品、杂文集多达 20 多种；二是**编纂英汉词典**，他编写了 30 多种英汉字典、词典及英文教科书；三是**翻译《莎士比亚全集》**，这也是耗时最长、用精力最大的一项工程。可以说，梁实秋不愧为一代文学大师、翻译大师。

从就读于清华学校到退休的半个多世纪的岁月中，梁实秋从学英文到教英文和用英文授课，都不曾离开翻译活动。即使在入清华学校之前和从台湾师范大学退休之后，他也与翻译实践结着不解之缘。就翻译实践来说，梁实秋成绩斐然。他用 37 年时间独自翻译了《莎士比亚全集》，共 40 卷，还翻译了 10 余种其他作品，如《彼得·潘》（1930）、《西塞罗文录》（1933）、《织工马南传》（1932）、《咆哮山庄》（1944）、《百兽图》（1956）等西方文学名著，主编了《远东英汉大辞典》（1977）等多种辞书。实际上，梁实秋也是翻译理论家，其翻译思想散见于其散文、回忆录及其早期参与的翻译标准论战中，而《翻译的信念》是其翻译思想的结晶。

梁实秋退休前，为鼓励他所任教的台湾师范大学的同仁积极从事文学翻译工作，撰写了《翻译的信念》。此实为其翻译守则，是其60余年文学翻译工作的经验总结。

翻译的信念①

1. 我们相信，一个负责任的翻译家应该具备的三个条件：（1）对于原作尽力研究，以求透彻之了解。（2）对于文学之运用努力练习，以期达纯熟之境地。（3）对于翻译之进行慎重细心，以求无负于作者与读者。

2. 译一流的作品，经过时间淘汰的作品，在文学史上有地位的作品。

3. 从原文翻译，不从其他文字转译。

4. 译原作的全文，不随意删略。

5. 不使用生硬的语法，亦不任意意译。

6. 注意版本问题，遇版本有异文时，应做校勘功夫。

7. 在文字有困难处，如典故之类，应加注释。

8. 凡有疑难不解之处，应胪列待考。

9. 引用各家注解时，应注明出处。

10. 译文前应加序文，详述作者生平及有关材料。

基于这些信念，梁实秋对莎士比亚的作品进行了全译，把朱生豪译本有意忽略的猥亵语也翻译了出来，并且在译作中加了大量注释，可以说相当用心。梁译本的最大特点为：白话散文式的风格；直译，忠实于原文；全译，绝不删略原文。除此之外，梁译本还有独到之处：一是加了注释。莎翁作品原文常有版本的困难，晦涩难解之处很多，各种双关语、熟语、俚语、典故也多，猥亵语也不少，梁实秋不但直译，而且加了大量注释，帮助读者理解原文。二是每剧前都加了序言。序言中对该剧的版本、著作年代、故事来源、舞台历史、该剧的意义及批评意见等均有论述。

---

① 转引自：白立平. 翻译家梁实秋［M］. 北京：商务印书馆，2016: 322-323.

二、名译欣赏：罗密欧与朱丽叶

【原文】

Romeo and Juliet

William Shakespeare

Prologue[①]

[Enter Chorus]

Two households, both alike in dignity,

In fair Verona, where we lay our scene,

From ancient grudge break to new mutiny,

Where civil blood makes civil hands unclean.

From forth the fatal loins of these two foes

A pair of star-cross'd lovers take their life；

Whole misadventur'd piteous overthrows

Do with their death bury their parents' strife.

The fearful passage of their death-mark'd love,

And the continuance of their parents' rage,

Which, but their children's end, nought could remove,

Is now the two hours' traffick of our stage;

The which if you with patient ears attend,

What here shall miss, our toil shall strive to mend.

[Exit.]

---

① 英文原文及梁实秋译文均引自：莎士比亚. 罗密欧与朱丽叶（中英对照）［M］. 梁实秋，译.
北京：中国广播电视出版社；台北：远东图书公司，2002: 14–15.

【译文1】梁实秋译	【译文2】朱生豪译[1]
序诗	**开场诗**
〔说明人上。〕	（致辞者上。）
我们的故事发生在繁华的维洛那，	故事发生在维洛那名城，
那里有两大家族，有相等的声望，	有两家门第相当的巨族，
从宿仇中又有新的嫌怨爆发，	累世的宿怨激起了新争，
使得市民的血把清白的手弄脏。	鲜血把市民的白手污渎。
命中注定，从这两家仇人的肚里，	是命运注定这两家仇敌，
生出一对命途多舛的情人；	生下了一双不幸的恋人，
他们的不幸的悲惨的结局，	他们的悲惨凄凉的殒灭，
埋葬了两家父母的纠纷。	和解了他们交恶的尊亲。
他们殉情之悲惨的经历，	这一段生生死死的恋爱，
以及双方家长之长久的仇恨斗争，	还有那两家父母的嫌隙，
除了儿女双双死亡无法能够平息。	把一对多情的儿女杀害，
这便是我们的两小时内的剧情，	演成了今天这一本戏剧。
如果诸位肯耐心细听，	交代过这几句挈领提纲，
现在陈述过简之处我们会尽力补充。〔下。〕	请诸位耐着心细听端详。（下。）

【原文】

Act Two[2]

Scene Two—The Same. Capulet's orchard.

〔Enter ROMEO.〕

ROMEO: He jests at scars that never felt a wound.

〔JULIET appears above at a window.〕

But, soft! what light through yonder window breaks?

It is the east, and Juliet is the sun.

Arise, fair sun, and kill the envious moon,

Who is already sick and pale with grief,

That thou her maid art far more fair than she:

---

① 莎士比亚. 罗密欧与朱丽叶〔M〕. 朱生豪，译. 北京：人民文学出版社，2003: 5.

② 英文原文及梁实秋译文均引自：莎士比亚. 罗密欧与朱丽叶（中英对照）〔M〕. 梁实秋，译.
北京：中国广播电视出版社；台北：远东图书公司，2002: 74–89.

Be not her maid, since she is envious;

Her vestal livery is but sick and green,

And none but fools do wear it; cast it off.

It is my lady; O, it is my love!

O, that she knew she were!

She speaks, yet she says nothing: what of that?

Her eye discourses; I will answer it.

I am too bold, 'tis not to me she speaks:

Two of the fairest stars in all the heaven,

Having some business, do entreat her eyes

To twinkle in their spheres till they return.

What if her eyes were there, they in her head?

The brightness of her cheek would shame those stars

As daylight doth a lamp; her eyes in heaven

Would through the airy region stream so bright

That birds would sing and think it were not night.

See, how she leans her cheek upon her hand!

O, that I were a glove upon that hand,

That I might touch that cheek!

JULIET: Ay me!

ROMEO: She speaks:

O! speak again, bright angel; for thou art

As glorious to this night, being o'er my head,

As is a winged messenger of heaven

Unto the white-upturned wondering eyes

Of mortals that fall back to gaze on him

When he bestrides the lazy-pacing clouds,

And sails upon the bosom of the air.

JULIET: O Romeo, Romeo! wherefore art thou Romeo?

Deny thy father, and refuse thy name;

Or, if thou wilt not, be but sworn my love,

And I'll no longer be a Capulet.

ROMEO: [Aside.] Shall I hear more, or shall I speak at this?

JULIET: 'Tis but thy name that is my enemy;

  Thou art thyself, though not a Montague.

  What's Montague? it is nor hand, nor foot,

  Nor arm, nor face, nor any other part

  Belonging to a man. O, be some other name!

  What's in a name? that which we call a rose

  By any other name would smell as sweet;

  So Romeo would, were he not Romeo call'd,

  Retain that dear perfection which he owes

  Without that title. Romeo, doffthy name,

  And for that name which is no part of thee

  Take all myself.

ROMEO: I take thee at thy word:

  Call me but love, and I'll be new baptized;

  Hence forth I never will be Romeo.

JULIET: What man art thou that thus bescreen'din night

  So stumblest on my counsel?

ROMEO: By a name I know not haw to tell thee who I am:

  My name, dear saint, is hateful to myself,

  Because it is an enemy to thee;

  Had I it written, I would tear the word.

JULIET: My ears have not yet drunk a hundred words

  Of that tongue's utterance, yet I know the sound:

  Art thou not Romeo and a Montague ?

ROMEO: Neither, fair saint, if either thee dislike.

JULIET: How camest thou hither, tell me, and wherefore?

  The orchard walls are high and hard to climb,

  And the place death, considering who thou art,

  If any of my kinsmen find thee here.

ROMEO: With love's light wings did I o'er-perch these walls;

  For stonylimits cannot hold love out,

  And what love can do that dares love attempt;

  Therefore thy kinsmen are no let to me.

JULIET: If they do see thee, they will murder thee.

ROMEO: Alack, there lies more peril in thine eye

    Than twenty of their swords: look thou but sweet,

    And I am proof against their enmity.

JULIET: I would not for the world they saw thee here.

ROMEO: I have night's cloak to hide me from their sight;

    And but thou love me, let them find me here:

    My life were better ended by their hate,

    Than death prorogued, wanting of thy love.

JULIET: By whose direction found'st thou out this place?

ROMEO: By love, who first did prompt me to inquire;

    He lent me counsel and I lent him eyes.

    I am no pilot; yet, wert thou as far

    As that vast shore wash'd with the farthest sea,

    I would adventure for such merchandise.

JULIET: Thou know'st the mask of night is on my face,

    Else would a maiden blush bepaint my cheek

    For that which thou hast heard me speak tonight

    Fain would I dwell on form, fain, fain deny

    What I have spoke: but farewell compliment!

    Dost thou love me? I know thou wilt say'Ay,

    And I will take thy word: yet if thou swear'st,

    Thou mayst prove false; at lovers'perjuries

    Then say, Jove laughs. O gentle Romeo,

    If thou dost love, pronounce it faithfully:

    Or if thou think'st I am too quickly won,

    I'll frown and be perverse an say thee nay,

    So thou wilt woo; but else, not for the world.

    In truth, fair Montague, I am too fond,

    And therefore thou mayst think my'havior light:

    But trust me, gentleman, I'll prove more true

    Than those that have more cunning to be strange.

    I should have been more strange, I must confess,

But that thou over-heard'st, ere I was 'ware,

My true love's passion: therefore pardon me,

And not impute this yielding to light love,

Which the dark night hath so discovered.

ROMEO: Lady, by yonder blessed moon I swear

That tips with silver all these fruit-tree tops—

JULIET: O, swear not by the moon, the inconstant moon,

That monthly changes in her circled orb,

Lest that thy love prove likewise variable.

ROMEO: What shall I swear by?

JULIET: Do not swear at all;

Or, if thou wilt, swear by thy gracious self,

Which is the god of my idolatry,

And I'll believe thee.

ROMEO: If my heart's dear love—

JULIET: Well, do not swear: although I joy in thee,

I have no joy of this contract tonight:

It is too rash, too unadvised, too sudden;

Too like the lightning, which doth cease to be

Ere one can say it lightens. Sweet, good night!

This bud of love, by summer's ripening breath,

May prove a beauteous flower when next we meet.

Good night, good night! as sweet repose and rest

Come to thy heart as that within my breast!

ROMEO: O, wilt thou leave me so unsatisfied?

JULIET: What satisfaction canst thou have to-night?

ROMEO: The exchange of thy love's faithful vow for mine.

JULIET: I gave thee mine before thou didst request it;

And yet I would it were to give again.

ROMEO: Wouldst thou withdraw it? for what purpose, love?

JULIET: But to be frank, and give it thee again.

And yet I wish but for the thing I have:

My bounty is as boundless as the sea,

My love as deep; the more I give to thee,

The more I have, for both are infinite.

[Nurse calls within.]

I hear some noise within; dear love, adieu!

Anon, good nurse! Sweet Montague, be true.

Stay but a little, I will come again.

[Exit, above.]

ROMEO: O blessed, blessed night! I am afeard.

Being in night, all this is but a dream,

Too flattering-sweet to be substantial.

[Re-enter JULIET, above.]

JULIET: Three words, dear Romeo, and good night indeed.

If that thy bent of love be honourable,

Thy purpose marriage, send me word to-morrow,

By one that I'll procure to come to thee,

Where and what time, thou wilt perform the rite;

And all my fortunes at thy foot I'll lay,

And follow thee my lord throughout the world.

Nurse

[Within.] Madam!

JULIET: I come, anon. —But if thou mean'st not well, I do beseech thee—Nurse

[Within.] Madam!

JULIET: By and by, I come: —To cease thy suit, and leave me to my grief:

Tomorrow will I send.

ROMEO: So thrive my soul—

JULIET: A thousand times good night!

[Exit, above.]

ROMEO: A thousand times the worse, to want thy light.

Love goes toward love, as schoolboys from their books,

But love from love, toward school with heavy looks.

[Retiring.]

[Re-enter JULIET, above.]

JULIET: Hist! Romeo, hist! O!for a falconer's voice,

To lure this tassel-gentle back again!

Bondage is hoarse, and may not speak aloud;

Else would I tear the cave where Echo lies,

And make her airy tongue more hoarse than mine,

With repetition of my Romeo's name.

ROMEO: It is my soul that calls upon my name:

How silver-sweet sound lovers' tongues by night,

Like softest music to attending ears!

JULIET: Romeo!

ROMEO: My dear!

JULIET: At what o'clock tomorrow

Shall I send to thee?

ROMEO: At the hour of nine.

JULIET: I will not fail: 'tis twenty years till then.

I have forgot why I did call thee back.

ROMEO: Let me stand here till thou remember it.

JULIET: I shall forget, to have thee still stand there,

Remembering how I love thy company.

ROMEO: And I'll still stay, to have thee still forget,

Forgetting any other home but this.

JULIET: 'Tis almost morning; I would have thee gone;

And yet no further than a wanton's bird;

Who lets it hop a little from her hand,

Like a poor prisoner in his twisted gyves,

And with a silk thread plucks it back again,

So loving-jealous of his liberty.

ROMEO: I would I were thy bird.

JULIET: Sweet, so would I: Yet I should kill thee with much cherishing.

Good night, good night! parting is such sweet sorrow,

That I shall say good night till it be morrow.

[Exit.]

ROMEO: Sleep dwell upon thine eyes, peace in thy breast!

Would I were sleep and peace, so sweet to rest!

Hence will I to my ghostly father's cell,

His help to crave, and my dear hap to tell.

[Exit.]

【译文1】梁实秋译	【译文2】朱生豪译①
第二幕	**第二幕**
第二景：同上。卡帕莱特的花园。	**第二场 同前。凯普莱特家的花园**
［罗密欧上。］	（罗密欧上。）
罗：没受过伤的人才讥笑别人的疤。	罗密欧：没有受过伤的才会讥笑别人身上的创痕。（朱丽叶自上方窗户中出现）轻声！那边窗子里亮起来的是什么光？那就是东方，朱丽叶就是太阳！起来吧，美丽的太阳！赶走那妒忌的月亮，她因为她的女弟子比她美得多，已经气得面色惨白了。既然她这样妒忌着你，你不要忠于她吧；脱下她给你的这一身惨绿色的贞女的道服，它是只配给愚人穿的。那是我的意中人；啊！那是我的爱；唉，但愿她知道我在爱着她！她欲言又止，可是她的眼睛已经道出了她的心事。待我去回答她吧；不，我不要太卤莽，她不是对我说话。天上两颗最灿烂的星，因为有事他去，请求她的眼睛替代它们在空中闪耀。要是她的眼睛变成了天上的星，天上的星变成了她的眼睛，那便怎样呢？她脸上的光辉会掩盖了星星的明亮，正像灯光在朝阳下黯然失色一样；在天上的她的眼睛，会在太空中大放光明，使鸟儿误认为黑夜已经过去而唱出它们的歌声。瞧！她用纤手托住了脸，那姿态是多么美妙！啊，但愿我是那一只手上的手套，好让我亲一亲她脸上的香泽！
［朱丽叶自上面窗口出现。］	
小声些！窗口那边透出的是什么光亮？那是东方，朱丽叶就是太阳！升起来吧，美丽的太阳，杀掉那嫉妒的月亮，她因为她的女侍比她美丽得多，便难过得面色惨白：她如此善妒，不要作她的信徒；她所能给的贞洁的道袍是惨绿的颜色，只有愚人才肯穿；把它脱掉吧。是我的小姐；啊！是我的爱人；啊！我但愿她知道她是我的爱人。她说话了，又好像是没说什么：那又有什么关系？她的眼睛在说话；我要回答她。我太鲁莽了，她不是在对我说话：天上两颗最灿烂的星，因公外出，在归位之前央求她的眼睛代替他们在星座中闪烁。如果她的眼睛放在星座里，星嵌在她的头上，那又有何不可呢？她的脸上的光辉可以使群星惭愧，恰似白昼可以使灯光失色一般；她的眼睛会在天空闪出一片亮光，鸟儿会以为夜色已阑而开始歌唱。看！她手托香腮的样儿有多么俏；啊！我愿化身为她手上的一只手套，那样便可抚摩她的香腮了。	
朱：哎呀！	朱丽叶：唉！

---

① 莎士比亚.罗密欧与朱丽叶［M］.朱生豪，译.北京：人民文学出版社，2003：26-31.

（续）

【译文1】梁实秋译	【译文2】朱生豪译
罗：她说话了：啊！再说下去，光明的天使；因为在这夜间，你高高在我头上，恰似生翅膀的天使一般明亮，使尘世的众生翻着白眼，惊得倒退，看你踏着懒洋洋的白云在天空驶过。	罗密欧：她说话了。啊！再说下去吧，光明的天使！因为我在这夜色之中仰视着你，就像一个尘世的凡人，张大了出神的眼睛，瞻望着一个生着翅膀的天使，驾着白云缓缓地驰过了天空一样。
朱：啊罗密欧，罗密欧！你为什么是罗密欧？否认你的父亲，放弃你的姓氏；如果你不肯，那么你只消发誓做我的爱人，我便不再是一个卡帕莱特家的人。	朱丽叶：罗密欧啊，罗密欧！为什么你偏偏是罗密欧呢？否认你的父亲，抛弃你的姓名吧；也许你不愿意这样做，那么只要你宣誓做我的爱人，我也不愿意再姓凯普莱特了。
罗：〔旁白。〕我听下去呢，还是就此开始说话？	罗密欧：（旁白）我还是继续听下去呢，还是现在就对她说话？
朱：只有你的姓氏成为我的仇敌；你就是不姓蒙特鸠，你还是你自己。蒙特鸠是什么？不是手，不是脚，不是臂，不是脸，也不是人身上任何其他一部分。啊！换另外一个姓吧：姓算得什么？我们所谓的玫瑰，换个名字，还是一样的香；所以罗密欧，如果不叫罗密欧，名字虽然换掉，依旧可以保持他的那份优秀。罗密欧，放弃你那个名姓，那名姓本不是你的一部分，为弥补这名姓的损失请把我整个自己拿了去吧。	朱丽叶：只有你的名字才是我的仇敌；你即使不姓蒙太古，仍然是这样的一个你。姓不姓蒙太古又有什么关系呢？它又不是手，又不是脚，又不是手臂，又不是脸，又不是身体上任何其他的部分。啊！换一个姓名吧！姓名本来是没有意义的；我们叫做玫瑰的这一种花，要是换了个名字，它的香味还是同样的芬芳；罗密欧要是换了别的名字，他的可爱的完美也决不会有丝毫改变。罗密欧，抛弃了你的名字吧；我愿意把我整个的心灵，赔偿你这一个身外的空名。
罗：我就依照你的话了。只要称我为爱人，我就算是取了新的名字；此后我再也不是罗密欧了。	罗密欧：那么我就听你的话，你只要叫我做爱，我就重新受洗，重新命名；从今以后，永远不再叫罗密欧了。
朱：你是什么人，躲在黑夜里，偷听我的秘密？	朱丽叶：你是什么人，在黑夜里躲躲闪闪地偷听人家的话？

（续）

【译文1】梁实秋译	【译文2】朱生豪译
罗：我不知道应该怎样告诉你我姓甚名谁：我的名姓，亲爱的圣徒，我自己都恨，因为这名姓是你的仇敌；如果我写出来，我会把那个字撕碎。	罗密欧：我没法告诉你我叫什么名字。敬爱的神明，我痛恨我自己的名字，因为它是你的仇敌；要是把它写在纸上，我一定把这几个字撕成粉碎。
朱：我的耳朵吸进你的说的字尚不满百，但是我已辨出那个声音：你不是罗密欧，蒙特鸠家的人么？	朱丽叶：我的耳朵里还没有灌进从你嘴里吐出来的一百个字，可是我认识你的声音；你不是罗密欧，蒙太古家里的人吗？
罗：都不是，美丽的小姐，如果你都不喜欢。	罗密欧：不是，美人，要是你不喜欢这两个名字。
朱：你怎样来到此地的，告诉我，并且为什么？花园的墙高峻难爬，而且这地方是致命的，想想你是谁，如果我的任何一位家人在此地发现了你。	朱丽叶：告诉我，你怎么会到这儿来，为什么到这儿来？花园的墙这么高，是不容易爬上来的；要是我家里的人瞧见你在这儿，他们一定不让你活命。
罗：用爱情的轻翅我翻过了这高墙，因为石头做的藩篱挡不住爱，爱人能做的事我都有胆量去做；所以你的家人也拦不住我。	罗密欧：我借着爱的轻翼飞过园墙，因为砖石的墙垣是不能把爱情阻隔的；爱情的力量所能够做到的事，它都会冒险尝试，所以我不怕你家里人的干涉。
朱：如果他们看见你，会杀死你。	朱丽叶：要是他们瞧见了你，一定会把你杀死的。
罗：哎呀！你的眼睛比他们二十把剑还要厉害：你只要对我温柔，我不怕他们的敌意。	罗密欧：唉！你的眼睛比他们二十柄刀剑还厉害；只要你用温柔的眼光看着我，他们就不能伤害我的身体。
朱：无论如何我也不愿他们在此地看见你。	朱丽叶：我怎么也不愿让他们瞧见你在这儿。
罗：我有黑夜遮盖，他们看不到我；只要你爱我，让他们在此地看到我也无妨；在他们的仇恨之中结束我的生命，也比得不到你的爱而苟延残喘要好一些。	罗密欧：朦胧的夜色可以替我遮过他们的眼睛。只要你爱我，就让他们瞧见我吧；与其因为得不到你的爱情而在这世上捱命，还不如在仇人的刀剑下丧生。
朱：是谁指点你找到这个地方的？	朱丽叶：谁叫你找到这儿来的？

（续）

【译文1】梁实秋译	【译文2】朱生豪译
罗：是爱神首先鼓动我来寻找；他给我以指导，我借给他以眼睛。我不是舵手；但是，纵然你在荒海之滨，我为了这样的奇珍异宝也要冒险去追寻。 朱：你知道黑夜遮着我的脸，否则你今夜听到的我所说的话，将要使处女的红晕涂上我的腮。我愿遵守礼教，甚愿甚愿否认我所说的话；但是再会吧，礼教！你爱我吗？我知道你会说"是"；我相信你的话；可是如果你发誓，你可能是虚伪的；对于情人们的伪誓，据说，天神也只好一笑置之。啊温柔的罗密欧！如果你真爱我，老老实实的说；如果你以为我是得来太易，我就皱起眉头板起面孔拒绝你，你好继续追求；否则的话，我绝不肯这样做。老实说，英俊的蒙特鸠，我实在太痴心，也许你因此以为我太轻佻；但是相信我，先生，我会证明我比那些假装冷淡的人更为真诚。我应该再冷淡一些，我必须承认，但是你在我不提防的时候偷听到我的真情；所以原谅我吧，不要以为我的委身相爱是由于轻狂，实在是黑夜泄露了我的爱情。 罗：小姐，我指着那把这些树梢涂了银色的圣洁的月亮发誓，——	罗密欧：爱情怂恿我探听出这一个地方；他替我出主意，我借给他眼睛。我不会操舟驾舵，可是倘使你在辽远辽远的海滨，我也会冒着风波寻访你这颗珍宝。 朱丽叶：幸亏黑夜替我罩上了一重面幕，否则为了我刚才被你听去的话，你一定可以看见我脸下羞愧的红晕。我真想遵守礼法，否认已经说过的言语，可是这些虚文俗礼，现在只好一切置之不顾了！你爱我吗？我知道你一定会说"是的"；我也一定会相信你的话；可是也许你起的誓只是一个谎，人家说，对于恋人们的寒盟背信，天神是一笑置之的。温柔的罗密欧啊！你要是真的爱我，就请你诚意告诉我；你要是嫌我太容易降心相从，我也会堆起怒容，装出倔强的神气，拒绝你的好意，好让你向我婉转求情，否则我是无论如何不会拒绝你的。俊秀的蒙太古啊，我真的太痴心了，所以也许你会觉得我的举动有点轻浮；可是相信我，朋友，总有一天你会知道我的忠心远胜过那些善于矜持作态的人。我必须承认，倘不是你乘我不备的时候偷听去了我的真情的表白，我一定会更加矜持·点的；所以原谅我吧，是黑夜泄漏了我心底的秘密，不要把我的允诺看作无耻的轻狂。 罗密欧：姑娘，凭着这一轮皎洁的月亮，它的银光涂染着这些果树的梢端，我发誓——

（续）

【译文1】梁实秋译	【译文2】朱生豪译
朱：啊！不要指着月亮发誓，月亮变化无常，每月有圆有缺，你的爱也会发生变化。 罗：那我指着什么发誓呢？ 朱：根本不要发誓；如果你一定要发誓，就指着你那惹人动心的自身起誓好了，那是我崇拜的偶像，我会相信你的。 罗：如果我心里的这一段情爱—— 朱：好了，不要发誓。我虽然喜欢你，却不愿今晚就和你私定终身；那是太仓卒，太草率，太突然了；太像是电闪，没来得及说它闪亮，即已消逝。爱，再会吧！这爱情的蓓蕾，经过夏日的薰风吹拂，等我们下次见面时，会变成一朵美丽的花。再会，再会！愿我心上的舒适安详同样的来到你的心上！ 罗：啊！不给我一点满足就让我走么？ 朱：你今晚能有什么样的满足呢？ 罗：你还没有说出你的爱情的忠诚的誓约和我交换呢。 朱：在你还没有要求的时候我已经把我的誓言给你了；但是我愿我还没有结过你。 罗：你想收回你的誓言？为什么，爱人？	朱丽叶：啊！不要指着月亮起誓，它是变化无常的，每个月都有盈亏圆缺；你要是指着它起誓，也许你的爱情也会像它一样无常。 罗密欧：那么我指着什么起誓呢？ 朱丽叶：不用起誓吧；或者要是你愿意的话，就凭着你优美的自身起誓，那是我所崇拜的偶像，我一定会相信你的。 罗密欧：要是我的出自深心的爱情—— 朱丽叶：好，别起誓啦。我虽然喜欢你，却不喜欢今天晚上的密约；它太仓卒、太轻率、太出人意外了，正像一闪电光，等不及人家开一声口，已经消隐了下去。好人，再会吧！这一朵爱的蓓蕾，靠着夏天的暖风的吹拂，也许会在我们下次相见的时候，开出鲜艳的花来。晚安，晚安！但愿恬静的安息同样降临到你我两人的心头！ 罗密欧：啊！你就这样离我而去，不给我一点满足吗？ 朱丽叶：你今夜还要什么满足呢？ 罗密欧：你还没有把你的爱情的忠实的盟誓跟我交换。 朱丽叶：在你没有要求以前，我已经把我的爱给了你了；可是，我倒愿意重新给你。 罗密欧：你要把它收回去吗？为什么呢，爱人？

（续）

【译文1】梁实秋译	【译文2】朱生豪译
朱：只是为了表示慷慨再给你一次。但是我想要的只是现在我所有的这点爱情；我的慷慨像海一般的广阔无垠，我的爱情像海一般的深；我给你的越多，我自己的也越多，因为二者都是无穷的。〔乳母内呼。〕我听见里面有人叫；亲爱的，再见！我就来，好奶妈！亲爱的蒙特鸠，可不要负心。稍候一下，我就回来。〔自上方下。〕	朱丽叶：为了表示我的慷慨，我要把它重新给你。可是我只愿意要我已有的东西：我的慷慨像海一样浩渺，我的爱情也像海一样深沉；我给你的越多，我自己也越是富有，因为这两者都是没有穷尽的。（乳媪在内呼唤。）我听见里面有人在叫；亲爱的，再会吧！——就来了，好奶妈！——亲爱的蒙太古，愿你不要负心。再等一会儿，我就会来的。（自上方下。）
罗：啊幸福的，幸福的夜！这是在梦里，我生怕这一切都是梦，太快活如意，怕不是真的。 〔朱丽叶自上重现。〕	罗密欧：幸福的，幸福的夜啊！我怕我只是在晚上做了一个梦，这样美满的事不会是真实的。 （朱丽叶自上方重上。）
朱：再说三句话，亲爱的罗密欧，可真要再会了。如果你的爱情是纯正的，有意和我结婚，明天给我消息，我会设法派人到你那里去，告诉他在什么地方什么时候我们举行婚礼；我要把我的命运完全交付给你，把你当作我的主人，随着你走遍天涯。	朱丽叶：亲爱的罗密欧，再说三句话，我们真的要再会了。要是你的爱情的确是光明正大，你的目的是在于婚姻，那么明天我会叫一个人到你的地方来，请你叫他带一个信给我，告诉我你愿意在什么地方、什么时候举行婚礼；我就会把我的整个命运交托给你，把你当作我的主人，跟随我到天涯海角。
乳：〔内呼。〕小姐！	乳媪：（在内）小姐！
朱：我来了；就来。——但是如果你存心不良，我就要请求你，——	朱丽叶：就来。——可是你要是没有诚意，那么我请求你——
乳：〔内呼。〕小姐！	乳媪：（在内）小姐！
朱：等一下；我来了；——停止追求，让我独自去哀伤；我明天派人来。	朱丽叶：等一等，我来了。——停止你的求爱，让我一个人独自伤心吧。明天我就叫人来看你。

（续）

【译文1】梁实秋译	【译文2】朱生豪译
罗：愿我的灵魂得救，——	罗密欧：凭着我的灵魂——
朱：我对你说一千遍再见！〔自上方下。〕	朱丽叶：一千次的晚安！（自上方下。）
罗：没你的光明，将是一千倍的黑暗。赴情人约会，像学童抛开书本一样；和情人分别，像学童板着脸上学堂。〔欲去。〕〔朱丽叶又自上方出现。〕	罗密欧：晚上没有你的光，我只有一千次的心伤！恋爱的人去赴他情人的约会，像一个放学归来的儿童；可是当他和情人分别的时候，却像上学去一般满脸懊丧。（退后。）（朱丽叶自上方重上。）
朱：嘘！罗密欧，嘘！啊！我若有放鹰人的声音就好了，把这只雄鹰叫回来。在拘束中只能哑声叫，不能高声喊，否则要冲破了哀科女神居住的洞，使她用更哑的嗓音发出回声，重复我的罗密欧的名字。	朱丽叶：嘘！罗密欧！嘘！唉！我希望我会发出呼鹰的声音，招这只鹰儿回来。我不能高声说话，否则我要让我的喊声传进厄科的洞穴，让她的无形的喉咙因为反复叫喊着我的罗密欧的名字而变成嘶哑。
罗：是我的灵魂喊叫我的名字：在夜间情人的声音像银铃儿一样清脆，听起来像最柔的音乐一般！	罗密欧：那是我的灵魂在叫喊着我的名字。恋人的声音在晚间多么清婉，听上去就像最柔和的音乐！
朱：罗密欧！	朱丽叶：罗密欧！
罗：我的爱！	罗密欧：我的爱！
朱：我明天几点钟派人到你那里去？	朱丽叶：明天我应该在什么时候叫人来看你？
罗：九点钟吧。	罗密欧：就在九点钟吧。
朱：我一定准时不误；要到二十年才能挨到那个时间。我忘记为什么叫你回来了。	朱丽叶：我一定不失信；挨到那个时候，该有二十年那么长久！我记不起为什么要叫你回来了。
罗：让我站在此地让你慢慢的想。	罗密欧：让我站在这儿，等你记起了告诉我。
朱：我只是爱和你在一起，为了使你永久站在那里，我将永远想不起。	朱丽叶：你这样站在我的面前，我一心想着多么爱跟你在一块儿，一定永远记不起来了。

（续）

【译文1】梁实秋译	【译文2】朱生豪译
罗：那么我就永久的等着，好让你永久的想不起。因为除了这个地方我也记不得还有什么家。	罗密欧：那么我就永远等在这儿，让你永远记不起来，忘记除了这里以外还有什么家。
朱：差不多天亮了；我要你走；但又不愿你走的太远，像是顽皮女孩子手里的一只鸟，让它离开手掌跳几下，像带着镣铐的因犯一般，用一根丝线又把它扯回来，舍不得把它放走。	朱丽叶：天快要亮了；我希望你快去；可是我就好比一个淘气的女孩子，像放松一个囚犯似的让她心爱的鸟儿暂时跳出她的掌心，又用一根丝线把它拉了回来，爱的私心使她不愿意给它自由。
罗：我愿意作你的一只鸟。	罗密欧：我但愿我是你的鸟儿。
朱：爱，我也愿意；不过我太欢喜你也许要害死你。再见，再见，离别是这样又甜蜜又心伤，我要对你说再见一直说到大天亮。〔下。〕	朱丽叶：好人，我也但愿这样；可是我怕你会死在我的过分的爱抚里。晚安！晚安！离别是这样甜蜜的凄清，我真要向你道晚安直到天明！（下。）
罗：愿睡眠停在你的眼上，和平进入你的胸膛！我愿变作睡眠与和平，好一个安息的地方！我现在要到我的神父的斋堂里去，求他帮忙，并且告诉他我的艳遇。〔下。〕	罗密欧：但愿睡眠合上你的眼睛！但愿平静安息我的心灵！我如今要去向神父求教，把今宵的艳遇诉他知晓。（下。）

三、名论细读

关于莎士比亚的翻译[①]

我从民国二十年开始翻译莎士比亚，到如今已有三十多年，其间经过一场八年的战争，胜利之后又遭逢巨变，一再迁徙，生活不能安定，翻译的工作只是断断续续的进行，到今天只能先拿出二十种付印，这是很寒碜的事，我感觉非常惭愧。翻译进展之迟缓，不能完全诿过于环境不良，在文艺界有多少从事翻译的人，其环境

---

① 原文见：梁实秋.关于莎士比亚的翻译［G］//梁实秋.莎士比亚诞辰四百周年集.台北：台湾编译馆，1966：561—581.这里节选其中一部分内容，相关内容可参阅：柯飞.梁实秋谈翻译莎士比亚［J］.外语教学与研究，1988(1)：46—51.

远不如我，但是他们的成绩比我多，比我好。我只应怨我自己懒惰，以至事功未竟，年已蹉跎。我本打算努力把全集译完，再行付梓。……萧孟能先生在好几年前就建议把我的译稿付印，我迟迟未敢应命，今年四百周年纪念好像是无可抗拒的一个压力，所以我就答应先把这二十种印出来。翻译经过也似乎应该有一点说明，对读者有个交代，这就是我写此文的缘由。

翻译莎士比亚的事，是胡适之先生倡议的。民国十九年胡先生就任中华教育文化基金董事会编译委员会的主任委员职。他有一个很大的翻译计划，莎士比亚戏剧的翻译只是其中的一项。这个编译委员会的成果以后都陆续交由商务印书馆印行……

我着手翻译所遭遇到的第一个问题就是版本的选择，当时颇费踌躇。我选择的标准，是不注意其注解部分是否丰富，因为我要参考一切可能弄到手的编本，所以哪一本注解较多对我不发生影响，我要注意的乃是莎士比亚的原文。译者没有能力自己去做校勘的功夫，甚至也没有功夫去仔细比较前人所作的校勘的成果。译者把作品从原文移译成另一种文字，已经够他应付的了。因此，我只能选一本比较为大众所接受的本子。我终于选定了牛津大学的编本，这个本子销行很广，美国耶鲁大学的编本也是根据这个本子编的。

一般学校使用的教科书式的莎士比亚，有一个共同的缺点，那便是都多多少少经过删节，所删节的即是所谓猥亵的部分。莎氏的观众在当时是很复杂的，以站着看戏的小市民为主，他们的品味不是很雅致的。像任何时代的大众剧院一样，莎士比亚的观众喜欢听一些带着粗俗淫秽色彩的笑话，莎士比亚就不能不供给他们这种笑话。……戏剧里的插科打诨，本自有其时代背景的意义。纵然涉及猥亵，亦无伤大雅，有时且可表示一种心里健康的意味。牛津本是个完整的本子，没有任何删节，我翻译时也没有顾及任何忌讳，我努力试行恰如其分地把原文忠实地翻译出来，以存其真。

四、拓展阅读

白立平.翻译家梁实秋［M］.北京：商务印书馆，2016.

冯智强.学者型翻译家梁实秋翻译思想研究［J］.白城师范学院学报，2006（1）：66-68.

柯飞.梁实秋谈翻译莎士比亚［J］.外语教学与研究，1988（1）：46-51.

莎士比亚.罗密欧与朱丽叶（中英对照）［M］.梁实秋，译.北京：中国广播电视出版社；台北：远东图书公司，2002.

马玉红.文豪述诗豪　梁翁传莎翁——梁实秋与《莎士比亚全集》翻译［J］.新文学史料，2010（4）：156-161.

汪宝荣 . 十年磨一剑，"严重"转厚重——白立平新著《翻译家梁实秋》述评［J］.
　　燕山大学学报 , 2018（2）: 67–73.

赵军峰 . 翻译家研究的纵观性视角: 梁实秋翻译活动个案研究［J］. 中国翻译 , 2007(2):
　　28–32.

五、翻译练习

The Merchant of Venice

Act 4, Scene 1. Venice. A court of justice[①]

(Enter the DUKE: the Magnificoes; ANTONIO, BASSANIO, GRATIANO, SALARINO, SALANIO, and Others.)

DUKE: What, is Antonio here?

ANTONIO: Ready, so please your Grace.

DUKE: I am sorry for thee; thou art come to answer

A stony adversary, an inhuman wretch,

Uncapable of pity, void and empty

From any dram of mercy.

ANTONIO: I have heard

Your Grace hath ta'en great pains to qualify

His rigorous course; but since he stands obdurate,

And that no lawful means can carry me

Out of his envy's reach, I do oppose

My patience to his fury, and am arm'd

To suffer with a quietness of spirit

The very tyranny and rage of his.

DUKE: Go one, and call the Jew into the court.

SALARINO: He is ready at the door; he comes, my lord.

(Enter SHYLOCK.)

DUKE: Make room, and let him stand before our face.

---

① 莎士比亚 . 威尼斯商人（中英对照）［M］. 梁实秋 , 译 . 北京 : 中国广播电视出版社 ; 台北 : 远
　　东图书公司 , 2001: 138–142..

Shylock, the world thinks, and I think so too,

That thou but leadest this fashion of thy malice

To the last hour of act; and then, 'tis thought,

Thou'lt show thy mercy and remorse, more strange

Than is thy strange apparent cruelty;

And where thou now exacts the penalty, —

Which is a pound of this poor merchant's flesh, —

Thou wilt not only loose the forfeiture,

But, touch'd with human gentleness and love,

Forgive a moiety of the principal,

Glancing an eye of pity on his losses,

That have of late so huddled on his back,

Enow to press a royal merchant down,

And pluck commiseration of his state

From brassy bosoms and rough hearts of flint,

From stubborn Turks and Tartars, never train'd

To offices of tender courtesy.

We all expect a gentle answer, Jew.

SHYLOCK: I have possess'd your Grace of what I purpose,

And by our holy Sabbath have I sworn

To have the due and forfeit of my bond.

If you deny it, let the danger light

Upon your charter and your city's freedom.

You'll ask me why I rather choose to have

A weight of carrion flesh than to receive

Three thousand ducats. I'll not answer that,

But say it is my humour: is it answer'd?

What if my house be troubled with a rat,

And I be pleas'd to give ten thousand ducats

To have it ban'd? What, are you answer'd yet?

Some men there are love not a gaping pig;

Some that are mad if they behold a cat;

And others, when the bagpipe sings i' the nose,

Cannot contain their urine; for affection,

Mistress of passion, sways it to the mood

Of what it likes or loathes. Now, for your answer:

As there is no firm reason to be render'd,

Why he cannot abide a gaping pig;

Why he, a harmless necessary cat;

Why he, a wauling bagpipe; but of force

Must yield to such inevitable shame

As to offend, himself being offended;

So can I give no reason, nor I will not,

More than a lodg'd hate and a certain loathing

I bear Antonio, that I follow thus

A losing suit against him. Are you answer'd?

第十二章　傅　雷

引　言

　　我国有许多出类拔萃的翻译家，但在翻译理论与实践两方面都可以独树一帜的翻译大师却屈指可数，著名法国文学翻译家傅雷就是其中之一。他的译作被奉为经典；他提出的"重神似不重形似"的翻译主张，引起了翻译学者的高度重视，深深影响了翻译理论的发展，在中国文学翻译领域中成为核心理念。

一、名家简介

　　傅雷（1908—1966），字怒安，号怒庵，生于江苏省南汇县下沙乡（今上海市浦东新区航头镇），中国著名的翻译家、作家、教育家、美术评论家，中国民主促进会（民进）的重要缔造者之一。早年留学法国巴黎大学。他翻译了大量的法文作品，其中包括巴尔扎克、罗曼·罗兰、伏尔泰等名家著作。一生译著宏富，译文以传神为特色，更兼行文流畅，用字丰富，工于色彩变化。翻译作品共34部，主要有罗曼·罗兰获诺贝尔文学奖的长篇巨著《约翰·克利斯朵夫》，传记《贝多芬传》《米开朗琪罗传》《托尔斯泰传》；服尔德（伏尔泰）的《老实人》《天真汉》《查第格》；梅里美的《嘉尔曼》《高龙巴》；丹纳的《艺术哲学》；巴尔扎克的《高老头》《欧也妮·葛朗台》《邦斯舅舅》《贝姨》《夏倍上校》《搅水女人》《于絮尔·弥罗埃》《都尔的本堂神甫》《赛查·皮罗多盛衰记》《幻灭》等名著。译作约五百万言。20世纪60年代初，傅雷因在翻译巴尔扎克作品方面的卓越贡献，被法国巴尔扎克研究会吸收为会员。其有两子傅聪、傅敏，傅聪为世界范围内享有盛誉的钢琴家，傅敏为特级英语教师。他的全部译作，经家属编定，1981年交由安徽人民出版社编成《傅雷译文集》。

　　傅雷不仅做翻译，他还是中国翻译理论的积极建设者。多年的翻译实践，使他在翻译理论与观点上颇有思想和创见。他曾撰写了《〈高老头〉重译本序》和《翻译经验点滴》等多篇论述翻译的文章，并打算在有生之年再写一部有关翻译理论和技巧的专著，可惜未能如愿。傅雷在 1951 年 9 月撰写的《〈高老头〉重译本序》一文中提出"翻译应像临画一样，所求的不在形似，而在神似"。十年后，他在 1963 年 1 月致罗新璋的复信中又再次提到："愚对译事实看法甚简单，重神似不重形似。"傅雷是继我国传统翻译美学观"文与质""信与美"和"言与意"之后的"神似说"的最有代表性的人物。

二、名译欣赏：高老头

【原文】

Le Père Goriot

Honore de Balzac

Au grand et illustre Geoffroy-Saint-Hilaire[①]

　　Madame Vauquer, née de Conflans, est une vieille femme qui, depuis quarante ans, tient à Paris une pension bourgeoise établie rue Neuve-Sainte-Geneviève, entre le quartier latin et le faubourg Saint-Marceau. Cette pension, connue sous le nom de la Maison Vauquer, admet également des hommes et des femmes, des jeunes gens et des vieillards, sans que jamais la médisance ait attaqué les mœurs de ce respectable établissement. Mais aussi depuis trente ans ne s'y était-il jamais vu de jeune personne, et pour qu'un jeune homme y demeure, sa famille doit-elle lui faire une bien maigre pension. Néanmoins, en 1819, époque à laquelle ce drame commence, il s'y trouvait une pauvre jeune fille. En quelque discrédit que soit tombé le mot drame par la manière abusive et tortionnaire dont il a été prodigué dans ces temps de douloureuse littérature, il est nécessaire de l'employer ici: non que cette histoire soit dramatique dans le sens vrai du mot; mais, l'œuvre accomplie, peut-être aura-t-on versé quelques larmes intra muros et extra. Sera-t-elle comprise au-delà de Paris? le doute est permis. Les particularités de cette scène pleine d'observations

---

① Balzac, H. *Le Père Goriot* ［M］. Paris: Flammarion, 1995: 1-3.

et de couleurs locales ne peuvent être appréciées qu'entre les buttes de Montmartre et les hauteurs de Montrouge, dans cette illustre vallée de plâtras incessamment près de tomber et de ruisseaux noirs de boue; vallée remplie de souffrances réelles, de joies souvent fausses, et si terriblement agitée qu'il faut je ne sais quoi d'exorbitant pour y produire une sensation de quelque durée. Cependant il s'y rencontre çà et là des douleurs que l'agglomération des vices et des vertus rend grandes et solennelles: à leur aspect, les égoïsmes, les intérêts, s'arrêtent et s'apitoient; mais l'impression qu'ils en reçoivent est comme un fruit savoureux promptement dévoré. Le char de la civilisation, semblable à celui de l'idole de Jaggernaut, à peine retardé par un cœur moins facile à broyer que les autres et qui enraie sa roue, l'a brisé bientôt et continue sa marche glorieuse. Ainsi ferez-vous, vous qui tenez ce livre d'une main blanche, vous qui vous enfoncez dans un moelleux fauteuil en vous disant: Peut-être ceci va-t-il m'amuser. Après avoir lu les secrètes infortunes du père Goriot, vous dînerez avec appétit en mettant votre insensibilité sur le compte de l'auteur, en le taxant d'exagération, en l'accusant de poésie. Ah! sachez-le: ce drame n'est ni une fiction, ni un roman. All is true, il est si véritable, que chacun peut en reconnaître les éléments chez soi, dans son cœur peut-être.

La maison où s'exploite la pension bourgeoise appartient à Madame Vauquer. Elle est située dans le bas de la rue Neuve-Sainte-Geneviève, à l'endroit où le terrain s'abaisse vers la rue de l'Arbalète par une pente si brusque et si rude que les chevaux la montent ou la descendent rarement. Cette circonstance est favorable au silence qui règne dans ces rues serrées entre le dôme du Val-de-Grâce et le dôme du Panthéon, deux monuments qui changent les conditions de l'atmosphère en y jetant des tons jaunes, en y assombrissant tout par les teintes sévères que projettent leurs coupoles. Là, les pavés sont secs, les ruisseaux n'ont ni boue ni eau, l'herbe croît le long des murs. L'homme le plus insouciant s'y attriste comme tous les passants, le bruit d'une voiture y devient un événement, les maisons y sont mornes, les murailles y sentent la prison. Un Parisien égaré ne verrait là que des pensions bourgeoises ou des institutions, de la misère ou de l'ennui, de la vieillesse qui meurt, de la joyeuse jeunesse contrainte à travailler. Nul quartier de Paris n'est plus horrible, ni, disons-le, plus inconnu. La rue Neuve-Sainte-Geneviève surtout est comme un cadre de bronze, le seul qui convienne à ce récit, auquel on ne saurait trop préparer l'intelligence par des couleurs brunes, par des idées graves; ainsi que, de marche en marche, le jour diminue et le chant du conducteur se creuse, alors que le voyageur descend aux Catacombes. Comparaison vraie! Qui décidera de ce qui est plus horrible à voir, ou des cœurs desséchés, ou des crânes vides?

La façade de la pension donne sur un jardinet, en sorte que la maison tombe à angle droit sur la rue Neuve-Sainte-Geneviève, où vous la voyez coupée dans sa profondeur. Le long de cette façade, entre la maison et le jardinet, règne un cailloutis en cuvette, large d'une toise, devant lequel est une allée sablée, bordée de géraniums, de lauriers-roses et de grenadiers plantés dans de grands vases en faïence bleue et blanche. On entre dans cette allée par une porte bâtarde, surmontée d'un écriteau sur lequel est écrit: MAISON VAUQUER, et dessous: Pension bourgeoise des deux sexes et autres. Pendant le jour, une porte à claire-voie, armée d'une sonnette criarde, laisse apercevoir au bout du petit pavé, sur le mur opposé à la rue, une arcade peinte en marbre vert par un artiste du quartier. Sous le renfoncement que simule cette peinture, s'élève une statue représentant l'Amour. A voir le vernis écaillé qui la couvre, les amateurs de symboles y découvriraient peut-être un mythe de l'amour parisien qu'on guérit à quelques pas de là. Sous le socle, cette inscription à demi effacée rappelle le temps auquel remonte cet ornement par l'enthousiasme don't il témoigne pour Voltaire, rentré dans Paris en 1777:

Qui que tu sois, voici ton maître:

Il l'est, le fut, ou le doit être.

【英译文】

Old Man Goriot

Translated and noted by Olivia McCannon

I A Respectable Boarding House[①]

For the last forty years, an old woman by the name of Madame Vauquer, née de Conflans, has run a boarding house in Paris, in the Rue Neuve-Sainte-Geneviève, between the Latin Quarter and the Faubourg Saint-Marceau. Although this respectable establishment, known as the Maison Vauquer, accepts both men and women, young and old, its habits have never once excited malicious gossip. But then, no young lady has been seen there for thirty years and a young man who lodges there must have a very small allowance from his

---

① Balzac, H. *Old Man Goriot* [M]. Translated and noted by Olivia McCannon. New York: Penguin, 2010: 1-3.

family. However, in 1819, the year in which this drama begins, one poor young woman was to be found there. Now, the word drama has fallen into some disrepute, having been bandied about in such an excessive and perverse way, in this age of tear-strewn literature, but it does ask to be used here. Not that this story is dramatic in the true sense of the term, but by the end of it, perhaps a few tears will have been shed intra muros et extra. Will it be understood outside Paris? There is room for doubt. The peculiarities of this scene packed with commentary and local colour may only be appreciated between the hills of Montmartre and the heights of Montrouge, in that illustrious valley of endlessly crumbling stucco and black, mud-clogged gutters; a valley full of genuine suffering and frequently counterfeit joy, where life is so frantically hectic that only the most freakish anomaly will produce any lasting sensation. Nonetheless, here and there, in this dense web of vice and virtue, you come across sufferings that seem grand and solemn: the selfish, the self-interested stop and feel pity; although for them such things are no sooner seen than swallowed, as swiftly as succulent fruit. A stouter heart than most may put a temporary spoke in the wheel of the chariot of civilization, which resembles that of the idol of Jaggernaut, but will soon be crushed as it continues its glorious progress. You will react in much the same way, you who are holding this book in your white hand, you who are sinking into a soft-cushioned chair saying to yourself: 'Perhaps this will entertain me.' After reading about old man Goriot's secret woes, you will dine heartily, blaming your insensitivity firmly on the author, accusing him of exaggeration, pointing the finger at his feverish imagination. Well! Let me tell you that this drama is neither fiction nor romance. All is true, so true that we may each recognize elements of it close to home, perhaps even in our hearts.

The premises used for the business of the boarding house are owned by Madame Vauquer. The building stands at the foot of the Rue Neuve-Sainte-Geneviève, just where the ground shelves into the Rue de l'Arbalète so sharply and inconveniently that horses rarely go up or down it. This circumstance contributes to the silence which prevails in these streets wedged between the domes of the Val-de-Grâce and the Panthéon, two monuments which modify the atmospheric conditions, giving the light a jaundiced tinge, while the harsh shadows cast by their cupolas make everything gloomy. The pavements are dry, the gutters are empty of either water or mud, grass grows out of the walls. Every passer-by— even the most carefree man in the world—feels dejected here, where the sound of a carriage is a momentous event, the houses are drab and the walls make you feel boxed in. A Parisian who strayed this way would see nothing but boarding houses and institutions, tedium and wretchedness, old age dying, blithe youth forced to toil. No district of Paris is less attractive, nor, it must be said, so little known. The Rue Neuve-Sainte-Geneviève itself is like a bronze frame, the only one that fits this tale, for it prepares the mind only too well with its murky colours and sobering thoughts; just as, step by step, the daylight fades and the guide's patter rings hollow, when the traveller descends into the Catacombs. A fitting comparison! Who is to say which sight is the more horrible: shrivelled hearts, or empty skulls?

The front of the building overlooks a small patch of garden, while the boarding house as a whole stands at a right angle to the Rue Neuve-Sainte-Geneviève, where you see its depth in cross-section. Between the house and the garden, a sunken gravel strip a fathom wide runs the length of the façade, fronted by a sandy path bordered with geraniums, oleanders and pomegranate trees planted in large blue and white porcelain vases. The entrance to this path is through a secondary door, above which is a sign declaring: MAISON VAUQUER, and underneath: Lodgings for persons of both sexes et cetera. During the day, at the end of the path, through an openwork gate with a strident bell, you might glimpse a green marble arcade painted by a local artist on the wall facing the street. A statue of Eros stands in the recess suggested by the painting. Those fond of symbols might see in its blistering coat of varnish a kind of love more Parisian than mythical, one which is cured a stone's throw away. Beneath the pedestal, this half-eroded inscription, with its fashionable enthusiasm for Voltaire on his return to Paris in 1777, reveals the ornament's age:

Whoever you are, your master you see:

For that's what he is, was, or shall be.

【中译文1】

高老头

傅 雷 译

伏盖公寓①

一个夫家姓伏盖，娘家姓龚弗冷的老妇人，四十年来在巴黎开着一所兼包客饭的公寓，坐落在拉丁区与圣·玛梭城关之间的圣·日内维新街上。大家称为伏盖家的这所寄宿舍，男女老少，一律招留，从来没有为了风化问题受过飞短流长的攻击。

---

① 傅雷. 傅雷译文集：第 1 卷 [M]. 合肥：安徽人民出版社, 1981: 477−480.

可是三十年间也不曾有姑娘们寄宿；而且非要家庭给的生活费少得可怜，才能使一个青年男子住到这儿来。话虽如此，一八一九年上，正当这幕惨剧开场的时候，公寓里的确住着一个可怜的少女。虽然惨剧这个字眼被近来多愁善感，颂赞痛苦的文学用得那么滥，那么歪曲，以致无人相信；这儿可是不得不用。并非在真正的字义上说，这个故事有什么戏剧意味；但我这部书完成之后，京城内外也许有人会掉几滴眼泪。出了巴黎是不是还有人懂得这件作品，确是疑问。书中有许多考证与本地风光，只有住在蒙玛脱岗和蒙罗越高地之间的人能够领会。这个著名的盆地，墙上的石灰老是在剥落，阳沟内全是漆黑的泥浆；到处是真苦难，空欢喜，而且那么忙乱，不知要怎么重大的事故才能在那儿轰动一下。然而也有些东零西碎的痛苦，因为罪恶与德行混在一块而变得伟大庄严，使自私自利的人也要定一定神，生出一点同情心；可是他们的感触不过是一刹那的事，像匆匆忙忙吞下的一颗美果。文明好比一辆大车，和印度的神车一样①，碰到一颗比较不容易粉碎的心，略微耽搁了一下，马上把它压碎了，又浩浩荡荡的继续前进。你们读者大概也是如此：雪白的手捧了这本书，埋在软绵绵的安乐椅里，想道：也许这部小说能够让我消遣一下。读完了高老头隐秘的痛史以后，你依旧胃口很好的用晚餐，把你的无动于衷推给作者负责，说作者夸张，渲染过分。殊不知这惨剧既非杜撰，亦非小说。一切都是真情实事②，真实到每个人都能在自己身上或者心里发现剧中的要素。

公寓的屋子是伏盖太太的产业，坐落在圣·日内维新街下段，正当地面从一个斜坡向弩箭街低下去的地方。坡度陡峭，马匹很少上下，因此挤在华·特·葛拉斯军医院和先贤祠之间的那些小街道格外清静。两座大建筑罩下一片黄黄的色调，改变了周围的气息；穿窿阴沉严肃，使一切都暗淡无光。街面上石板干燥，阳沟内没有污泥，没有水，沿着墙根生满了草。一到这个地方，连最没心事的人也会像所有的过路人一样无端端的不快活。一辆车子的声音在此简直是件大事；屋子死沉沉的，墙垣全带几分牢狱气息。一个迷路的巴黎人③在这一带只看见些公寓或者私塾，苦难或者烦恼，垂死的老人或是想作乐而不得不用功的青年。巴黎城中没有一个区域更丑恶，更没有人知道的了。特别是圣·日内维新街，仿佛一个古铜框子，跟这个故

---

① 印度每年逢 Vichnou 神纪念日，将神像置于车上游行，善男信女奉之若狂，甚至有攀附神车或置身轮下之举，以为如此则来世可托生于较高的阶级（Caste）。——译者原注
② 原文是用的英文 All is true，且用斜体字。莎士比亚的悲剧《亨利八世》原名"All is true"，巴尔扎克大概是借用此句。——译者原注
③ 真正的巴黎人是指住在赛纳河右岸的人。公寓所在地乃系左岸。迷路云云谓右岸的人偶而漫步到左岸去的意思。——译者原注

事再合适没有。为求读者了解起见，尽量用上灰黑的色彩和沉闷的描写也不嫌过分，正如游客参观初期基督徒墓窟的时候，走下一级级的石梯，日光随着暗淡，向导的声音越来越空洞。这个比较的确是贴切的。谁又能说，枯萎的心灵和空无一物的骸髅，究竟哪一样看上去更可怕呢？

公寓侧面靠街，前面靠小花园，屋子跟圣·日内维新街成直角。屋子正面和小园之间有条中间微凹的小石子路，大约宽两公尺；前面有一条平行的砂子铺的小路，两旁有凤吕草，夹竹桃和石榴树，种在蓝白二色的大陶盆内。小路靠街的一头有扇小门，上面钉一块招牌，写着：伏盖宿舍；下面还有一行：**本店兼包客饭，男女宾客，一律欢迎**。临街的栅门上装着一个声音刺耳的门铃。白天你在栅门上张望，可以看到小路那一头的墙上，画着一个模仿青色大理石的神龛，大概是本区画家的手笔。神龛内画着一个爱神像：浑身斑驳的釉彩，一般喜欢象征的鉴赏家可能认做爱情病的标记，那是在邻近的街坊上就可医治的[1]。神像座子上模糊的铭文，令人想起雕像的年代，服尔德在一七七七年上回到巴黎大受欢迎的年代。那两句铭文是[2]：

> 不论你是谁，她总是你的师傅，
> 现在是，曾经是，或者将来是。

【中译文2】

一、沃克公寓[3]

许渊冲　译

沃克大妈的娘家姓宫方。她是一个老大娘了，四十年来，她在巴黎拉丁区之外，靠近红山口的圣贞妮薇芙新街上，开了一家供应普通人膳宿的公寓，名叫沃克之家，接待男女老少，名声不坏，没有什么人说三道四，评长论短。不过三十年来，公寓里也没有住过什么年轻人，只有境遇不好的家庭，提供不了太高的费用，才让子女来住公寓。话又说回来，就在本书戏剧性的事件开始的一八一九年，却有一个可怜的少女住进了沃克之家。在悲情文学盛行的年代，"戏剧"这个词不是让人随意滥用，就是受到粗暴的对待。但在这里，我却不得不借重这个词，不是因为这个故事真正

---

① 指附近圣·雅各城关的加波桑医院。——作者原注
② 服尔德为梅仲宫堡园中的爱神像所作的铭文。——作者原注
③ 巴尔扎克．高老头［M］．许渊冲，译．北京：燕山出版社，2012：1-3．

有多少戏剧性，而是因为读完本书之后，城里城外的读者也许会自觉或不自觉地掉下几滴同情的眼泪。不过城外人能不能理解城里的奥秘，那是可以怀疑的。这本书的特点是地方色彩浓厚，所写的见闻，不是亲身经历，到过蒙马特和红山头之间的这块光怪陆离的地方，恐怕很难体会。比如墙上斑斑驳驳的石灰随时都会脱落，掉到地上；阴沟里的污泥浊水已经流成了小河。这个乌七八糟的世界充满了虚假的欢乐、真实的痛苦，而且动荡不安，令人心烦意乱，如果不是发生了什么惊天动地的大事，还不容易引起一时的轰动。然而，坏事也像好事一样，都会积少成多，多到了爆发的地步，就会造成剧烈而重大的苦难。即使自私自利的人，见到这种景象，私心也不得不有所收敛，会产生片刻的同情，就像一口吞下了一个甜水果，反会食而不知其味一样。人类文明的列车不断前进，但是就像印度运载神像的大车，无论碰到什么不信神的人阻碍车轮前进，都会毫不留情地把他的心灵轧得粉碎，并且继续进行自己的光辉旅程。手拿这本小书的读者，会不会坐在安乐椅里自言自语，"这本书也许可以排忧解闷，消磨一段时光"？你们读到高里奥大爷（就是高老头）不便告人的痛苦时，会不会无动于衷，照常津津有味地吃你们的晚餐，反而怪作者无事生非，夸大其词，用文辞来扰乱人心呢？啊！你们要知道：这个戏剧性的事件既不是无中生有，也不是小说家的编排，一切都是真的，都是真情实感。每个人只要扪心自问，就会发现在自己身上，在心灵深处，都会发掘出这些情感的根源。

这座为普通人提供膳宿的公寓是沃克大妈的产业。公寓在圣贞妮薇芙新街的下段，新街到弓箭街是一个斜坡，坡度很陡，而且高低不平，很少有马车经过这里。这些杂乱无章的小街斜道，在慈悲谷修道院和先贤祠两座大建筑之间，反倒显得悠闲安静。这两座大楼庄严肃穆的圆形屋顶洒下了金黄的光彩，也投下了阴沉的暗影，改变了这里的环境和气氛。这里，路面上的铺石都是干巴巴的，没有污泥浊水，墙脚下长满了小草。最无忧无虑的人到了这里，也会像过路人一样感到忧从中来。车子的叽叽嘎嘎声似乎都是一件大事。房屋看起来阴沉沉的，高耸的围墙使人觉得像是监狱。一个走错了路的巴黎人到了这里，只看到普通人寄宿的公寓和办事处，只看到穷困潦倒、奄奄待毙的老头子，想寻开心却不得不拼命干活的年轻人。巴黎没有一个街区比这里更叫人恶心，甚至可以说，简直令人难以置信。而圣贞妮薇芙新街作为这幅苦难图的框架，真是再合适也没有了。为了使读者有个深刻的印象，不管用多么灰暗的色调，多么严酷的字眼，都不会是太过分的；就像参观古罗马的地下墓穴一样，一步一步走下墓道，越走光线越暗淡，导游的口气越说越枯燥。这个比喻真是再恰当不过了。其实谁能说得出：枯萎的心灵和空虚的脑袋，到底哪一样看起来更可怕呢？

公寓的正面朝着一个小花园，侧面靠着圣贞妮薇芙新街，形成一个直角，在公寓和小花园之间，沿着房子的正面有一条两米宽、连环形的砾石地，前面又有一条铺沙小路，路旁有天竺葵、夹竹桃、石榴花，都种在蓝白两色的陶器盆里。顺着小路就会走到一扇大门前，门上挂了一个招牌，上面写着"沃克之家"，下面还有"供应膳宿，欢迎男女客人光临"的字样。在白天，进门要先按栅栏上装的门铃，铃声不大好听；从栅栏向外看，可以看到铺沙路的尽头，对面墙上画了一个绿色大理石的神龛。看得出来是当地街区画家的艺术品。在神龛凹进去的地方，有一座爱神的雕像，一看雕像上五颜六色的油彩，象征画派的爱好者就可以看出巴黎的风流病了，而这种病不消走几步路就可以找到医治的地方。神像底座上刻的字已经看不清楚，但是总会使人猜想，是不是一七七七年伏尔泰荣归巴黎时，群众的热情高涨，为他的丰功伟绩立下了这座纪念碑呢？碑上刻的字是：

> 不管你是谁，爱神都是你的老师，
> 现在是，过去是，将来应该还是。

三、名论细读

《高老头》重译本序①

以效果而论，翻译应当像临画一样，所求的不在形似而在神似。以实际工作论，翻译比临画更难。临画与原画，素材相同（颜色，画布，或纸或绢），法则相同（色彩学，解剖学，透视学）。译本与原作，文字既不侔，规则又大异。各种文字各有特色，各有无可模仿的优点，各有无法补救的缺陷，同时又各有不能侵犯的戒律。像英、法，英、德那样接近的语言，尚且有许多难以互译的地方；中西文字的扞格远过于此，要求传神达意，铢两悉称，自非死抓字典，按照原文句法拼凑堆砌所能济事。

各国的翻译文学，虽优劣不一，但从无法文式的英国译本，也没有英文式的法国译本。假如破坏本国文字的结构与特性，就能传达异国文字的特性而获致原作的精神，那么翻译真是太容易了。不幸那种理论非但是刻舟求剑，而且结果是削足适履，两败俱伤。两国文字词类的不同，句法构造的不同，文法与习惯的不同，修辞格律的不同，俗语的不同，即反映民族思想方式的不同，感觉深浅的不同，观点角度的不同，风俗传统信仰的不同，社会背景的不同，表现方法的不同。**以甲国文字传达乙国文字所包含的那些特点，必须像伯乐相马，要"得其精而忘其粗，在其内而忘**

① 选自：傅敏. 傅雷谈翻译 [M]. 北京：当代世界出版社，2006：3-4.

其外"。而即使是最优秀的译文，其韵味较之原文仍不免过或不及。翻译时只能尽量缩短这个距离，过则求其勿太过，不及则求其勿过于不及。

倘若认为译文标准不应当如是平易，则不妨假定**理想的译文仿佛是原作者的中文写作。那么原文的意义与精神，译文的流畅与完整，都可以兼筹并顾，不至于再有以辞害意，或以意害辞的弊病了。**

用这个尺度来衡量我的翻译，当然是眼高手低，还没有脱离学徒阶段。《高老头》初译（一九四四）对原作意义虽无大误，但对话生硬死板，文气淤塞不畅，新文艺习气既刮除未尽，节奏韵味也没有照顾周到，更不必说作品的浑成了。这次以三阅月的工夫重译一遍，几经改削，仍未满意。艺术的境界无穷，个人的才能有限：心长力绌，唯有投笔兴叹而已。

译者　1951 年 9 月

翻译经验点滴[①]

《文艺报》编辑部要我谈谈翻译问题，把我难住了，多少年来多少人要我谈，我都婉词谢绝，因为有顾虑。谈翻译界现状吧，怕估计形势不足，倒反犯了自高自大的嫌疑；五四年翻译会议前，向领导提过一份意见书，也是奉领导之命写的，曾经引起不少人的情绪，一之为甚，岂可再乎？谈理论吧，浅的大家都知道，不必浪费笔墨；谈得深入一些吧，个个人敝帚自珍，即使展开论战，最后也很容易抬出见仁见智的话，不了了之。**而且翻译重在实践，我就一向以眼高手低为苦。**文艺理论家不大能兼作诗人或小说家，翻译工作也不例外；曾经见过一些人写翻译理论，头头是道，非常中肯，译的东西却不高明得很，我常引以为戒。不得已，谈一些点点滴滴的经验吧。

我有个缺点：把什么事看得千难万难，保守思想很重，不必说出版社指定的书，我不敢担承，便是自己喜爱的作品也要踌躇再三。一九三八年译《嘉尔曼》，事先畏缩了很久，一九五四年译《老实人》，足足考虑了一年不敢动笔，直到试译了万把字，才通知出版社。至于巴尔扎克，更是远在一九三八年就开始打主意的。

我这样的踌躇当然有思想根源。第一，由于我热爱文艺，视文艺工作为崇高神圣的事业，不但把损害艺术品看做像歪曲真理一样严重，并且介绍一件艺术品不能还它一件艺术品，就觉得不能容忍，所以态度不知不觉的变得特别郑重，思想变得

---

① 选自：傅敏. 傅雷谈翻译［M］. 北京：当代世界出版社，2006：8—11.

很保守。译者不深刻的理解、体会与感受原作，决不可能叫读者理解、体会与感受。而朋友：有的人始终与我格格不入，那就不必勉强；有的人与我一见如故，甚至相见恨晚。但即使对一见如故的朋友，也非一朝一夕所能真切了解。**想译一部喜欢的作品要读到四遍五遍，才能把情节、故事记得烂熟，分析彻底，人物历历如在目前，隐藏在字里行间的微言大义也能慢慢咂摸出来。**但做了这些功夫是不是翻译的条件就具备了呢？不。因为翻译作品不仅仅在于了解与体会，还需要进一步把我所了解的，体会的，又忠实又动人地表达出来。两个性格相反的人成为知己的例子并不少，古语所谓刚柔相济，相反相成；喜爱一部与自己的气质迥不相侔的作品也很可能，但要表达这样的作品等于要脱胎换骨，变做与我性情脾气差别很大，或竟相反的另一个人。倘若明知原作者的气质与我的各走极端，那倒好办，不译就是了。无奈大多数的情形是双方的精神距离并不很明确，我的风格能否适应原作的风格，一时也摸不清。了解对方固然难，了解自己也不容易。比如我有幽默感而没写过幽默文章，有正义感而没写过匕首一般的杂文；面对着服尔德那种句句辛辣，字字尖刻，而又笔致清淡，干净素雅的寓言体小说，叫我怎能不逡巡畏缩，试过方知呢？《老实人》的译文前后改过八道，原作的精神究竟传出多少还是没有把握。

因此，我深深地感到：（一）从文学的类别来说，**译书要认清自己的所短所长，不善于说理的人不必勉强译理论书，不会做诗的人千万不要译诗，**弄得不仅诗意全无，连散文都不像，用哈哈镜介绍作品，无异自甘做文艺的罪人。（二）从文学的派别来说，我们得弄清楚自己最适宜于哪一派：浪漫派还是古典派？写实派还是现代派？每一派中又是哪几个作家？同一作家又是哪几部作品？我们的界限与适应力（幅度）只能在实践中见分晓。勉强不来的，即是试译了几万字，也得"报废"，毫不可惜；能适应的还须格外加工。**测验"适应"与否的第一个尺度是对原作是否热爱，因为感情与了解是互为因果的；第二个尺度是我们的艺术眼光，没有相当的识见，很可能自以为适应，而实际只是一厢情愿。**

使我郑重将事的第二个原因，是学识不足，修养不够。虽然我趣味比较广，治学比较杂，但杂而不精，什么都是一知半解，不派正用。文学既以整个社会整个人为对象，自然牵涉到政治、经济、哲学、科学、历史、绘画、雕塑、建筑、音乐，以至天文地理，医卜星相，无所不包。有些疑难，便是驰书国外找到了专家说明，因为国情不同，习俗不同，日常生活的用具不同，自己懂了仍不能使读者懂（像巴尔扎克那种工笔画，主人翁住的屋子，不是先画一张草图，情节就不容易理解清楚）。

琢磨文字的那部分工作尤其使我长年感到苦闷。中国人的思想方式和西方人的距离多么远。他们喜欢抽象，长于分析；我们喜欢具体，长于综合。要不在精神上彻底融化，光是硬生生的照字面搬过来，不但原文完全丧失了美感，连意义都晦涩难解，叫读者莫名其妙。这不过是求其达意，还没有谈到风格呢。原文的风格不论怎么样，总是统一的，完整的；译文当然不能支离破碎。可是我们的语言还在成长的阶段，没有定形，没有准则；另一方面，规范化是文艺的大敌。我们有时需要用文言，但文言在译文中是否水乳交融便是问题；我重译《克利斯朵夫》的动机，除了改正错误，主要是因为初译本运用文言的方式，使译文的风格驳杂不纯。方言有时也得用，但太浓厚的中国地方色彩会妨碍原作的地方色彩。纯粹用普通话吧，淡而无味，生趣索然，不能作为艺术工具。多读中国的古典作品，熟悉各地的方言，急切之间也未必能收效，而且只能对译文的语汇与句法有所帮助；至于形成和谐完整的风格，更有赖于长期的艺术熏陶。像上面说过的一样，文字问题基本也是个艺术眼光的问题；要提高译文，先得有个客观标准，分得出文章的好坏。

文学的对象既然以人为主，人生经验不丰富，就不能充分体会一部作品的妙处。而人情世故是没有具体知识可学的。所以我们除了专业修养，广泛涉猎以外，还得训练我们观察、感受、想象的能力；平时要深入生活，了解人，关心人，关心一切，才能亦步亦趋地跟在伟大的作家后面，把他的心曲诉说给读者听。因为文学家是解剖社会的医生，挖掘灵魂的探险家，悲天悯人的宗教家，热情如沸的革命家；所以要做他的代言人，也得像宗教家一般的虔诚，像科学家一般的精密，像革命志士一般的刻苦顽强。

以上说的翻译条件，是不是我都做到了？不，差得远呢！可是我不能因为能力薄弱而降低对自己的要求。艺术的高峰是客观的存在，决不会原谅我的渺小而来迁就我的。**取法乎上，得乎其中，一切学问都是如此。**

另外一点儿经验，也可以附带说说。我最初从事翻译是在国外求学的时期，目的单单为学习外文，译过梅里美和都德的几部小说，非但没想到投稿，译文后来怎么丢的都记不起来，这也不足为奇，谁珍惜青年时代的课卷呢？一九二九年至一九三一年间，因为爱好音乐，受到罗曼·罗兰作品的启示，便译了《贝多芬传》，寄给商务印书馆，被退回了；一九三三年译了莫罗阿的《恋爱与牺牲》寄给开明，被退回了（上述两种以后都是重新译过的）。那时被退的译稿当然不止这两部；但我从来没有什么不满的情绪，因为总认为自己程度不够。事后证明，我的看法果然不错；因为过了几年，再看一遍旧稿，觉得当年的编辑没有把我幼稚的译文出版，真是万幸。和我同辈的作家大半都有类似的经历。甘心情愿地多做几年学徒，原是当时普遍的风气。假如从旧社会中来的人还不是一无足取的话，这个风气似乎值得现代的青年再来提倡一下。

四、拓展阅读

傅敏.傅雷谈翻译［M］.北京：当代世界出版社，2006.

金圣华.江声浩荡话傅雷［M］.北京：当代世界出版社，2006.

宋学智.傅雷翻译研究的人文学视角［J］.中国翻译，2017（4）：59-64.

宋学智,许钧.傅雷翻译实践的成功路径及其意义［J］.江苏社会科学，2009（6）：
　　154-157.

肖红,许钧.试论傅雷的翻译观［J］.四川外语学院学报，2002（3）：92-97.

许钧,沈珂.试论傅雷翻译的影响［J］.外语与外语教学，2013（6）：62-67.

许钧,宋学智,胡安江.傅雷翻译研究［M］.南京：译林出版社，2016.

五、翻译练习

Eugenie Grandet[①]

Honore de Balzac

Monsieur Grandet enjoyed a reputation in Saumur whose causes and effects can never be fully understood by those who have not, at one time or another, lived in the provinces. In 1789 Monsieur Grandet—still called by certain persons le Pere Grandet, though the number of such old persons has perceptibly diminished—was a master-cooper, able to read, write, and cipher. At the period when the French Republic offered for sale the church property in the arrondissement of Saumur, the cooper, then forty years of age, had just married the daughter of a rich wood-merchant. Supplied with the ready money of his own fortune and his wife's dot, in all about two thousand louis-d'or, Grandet went to the newly established "district," where, with the help of two hundred double louis given by his father-in-law to the surly republican who presided over the sales of the national domain, he obtained for a song, legally if not legitimately, one of the finest vineyards in the arrondissement, an old abbey, and several farms.

The inhabitants of Saumur were so little revolutionary that they thought Pere Grandet a bold man, a republican, and a patriot with a mind open to all the new ideas; though in point

---

① ［2019-07-27］. https://www.amazon.ca/Eugenie-Grandet-Honor%C3%A9-Balzac/dp/ B08VXC232L.

of fact it was open only to vineyards. He was appointed a member of the administration of Saumur, and his pacific influence made itself felt politically and commercially. Politically, he protected the ci-devant nobles, and prevented, to the extent of his power, the sale of the lands and property of the émigrés; commercially, he furnished the Republican armies with two or three thousand puncheons of white wine, and took his pay in splendid fields belonging to a community of women whose lands had been reserved for the last lot.

第十三章　草　婴

引　言

你可能没有听说过草婴的名字，但应该读过他的译著，因为他曾以一己之力译出俄罗斯文学巨匠托尔斯泰的所有小说。他的翻译既有很高的艺术境界又深具个人特色，在多个中文译本中堪称最佳也最受欢迎，《战争与和平》《复活》《安娜·卡列尼娜》……这些借由他而走向中国读者的经典影响了不止一代人。而且，他走上翻译之路的初衷是为了强国。

一、名家简介

草婴（1923—2015），原名盛峻峰，浙江镇海人，俄罗斯文学翻译家。他是我国第一位翻译肖洛霍夫作品的翻译家，曾翻译过莱蒙托夫、卡塔耶夫、尼古拉耶娃等人的作品，在中国读者中产生了极大的社会反响。后来草婴**以一己之力完成了《托尔斯泰小说全集》的翻译工作**，这一壮举在全世界都是独一无二的。

草婴 1941 年起为《时代》杂志翻译有关苏德战争的通讯、特写等，并为《苏联文艺》翻译短篇小说。1945 年至 1951 年在塔斯社上海分社工作，兼任时代出版社编译。20 世纪 50 年代起作为专业会员参加作家协会，专门从事文学翻译。50 年代末参加《辞海》修订工作，被聘为《辞海》编委，兼任外国文学分册主编。60 年代起开始翻译俄国古典作品，主要是托尔斯泰小说。后因中苏关系破裂和"文革"，草婴及其所翻译的肖洛霍夫作品成为运动的对象，受到冲击。"文革"结束后，草婴迎来翻译的春天，历时 20 年，完成《托尔斯泰小说全集》12 卷的翻译，共 400 万字。

草婴翻译的文学作品主要有：普拉东诺夫短篇小说《老人》（1942 年《苏联文艺》），巴夫连柯长篇小说《幸福》（1950 年时代出版社），戈尔巴托夫长篇小说《顿巴斯》（1955 年人民文学出版社），尼古拉耶娃中篇小说《拖拉机站站长和总农艺师》

（1955年中国青年出版社），班台莱耶夫等小说《翘尾巴的火鸡》（1956年少年儿童出版社），肖洛霍夫中篇小说《一个人的遭遇》（1957年新文艺出版社）、短篇小说集《顿河故事》（1959年上海文艺出版社）、长篇小说《新垦地》（旧译名《被开垦的处女地》）第一部和第二部（1962、1961年作家出版社），卡达耶夫中篇小说《团的儿子》（1961年少年儿童出版社），列夫·托尔斯泰中短篇小说《高加索故事》（1964年人民文学出版社上海分社），莱蒙托夫长篇小说《当代英雄》（1978年上海译文出版社），《托尔斯泰小说全集》［包括：《战争与和平》（四卷）、《安娜·卡列尼娜》（上、下卷）、《复活》、《一个地主的早晨》、《哥萨克》、《克鲁采奏鸣曲》、《哈吉·穆拉特》和《童年·少年·青年》，1978年至2004年先后由上海译文出版社、北京外文出版社、上海远东出版社、台湾木马文化事业有限公司、上海文艺出版社等出版］。著有《我与俄罗斯文学》（2003年文汇出版社）。

草婴在翻译界享有崇高声誉，他毕生从事俄罗斯文学翻译和研究，为中国翻译事业和中外文化交流做出了杰出贡献，他的学术成就受到国内外专家学者的高度评价。一生荣誉无数，包括俄罗斯政府颁发的"中俄友谊奖""高尔基奖章"，中国作家协会颁发的"鲁迅文学翻译彩虹奖"，第六届上海文学艺术奖终身成就奖等。在中国文学翻译史上，他是一面代表高尚品德和卓越成就的旗帜。2010年12月2日，87岁高龄的草婴成为首位"翻译文化终身成就奖"获得者。

草婴在与翻译家许钧的对谈中，曾如此表达自己的翻译初衷。"我从事翻译工作最初是为了参加反法西斯斗争，想通过翻译让读者了解反法西斯斗争的真实情况，从而增加中国人民对抗日战争胜利的信心。其次，我一向喜爱俄苏文学，因此也想通过翻译让中国读者欣赏到一些好的文学作品，丰富大家的精神食粮。"[1]在《我的翻译道路》一文中，草婴写道："我深深感到文艺作品首先要关心人，关心人们的苦难，培养人对人的爱，在俄罗斯文学中，人道主义思想一直占据首要地位，而托尔斯泰就是杰出的代表。他的作品中所反映出来的人道主义思想、人性的光辉是最强烈的。也因为这样，托尔斯泰被称为十九世纪世界的良心。"

托尔斯泰写《战争与和平》，不间断劳动了六年，修改了七遍。草婴翻译《战争与和平》同样不断地艰辛劳动了多年。草婴每次翻译前，都先把原著阅读几遍甚至十几遍，吃透后，弄清所有人物关系，所有情节起源，甚至做成卡片。比如，《战争与和平》中的人物就有559个。草婴给每个人做一张卡片，姓名、身份、性格特点、与其他人的关系等，一一写在上面。连名字、地点等名词都列出来统一翻译，以免

---

① 许钧，等.文学翻译的理论与实践：翻译对话录（增订本）［M］.南京：译林出版社，2010：142.

前后矛盾。一个词、一句话，他都要反复推敲多遍，直到满意为止。

草婴说，一个译者固然有自己的习惯和爱好，但既为译作，就要严格遵循原著的风格特点，要让读者在译作中得到的人物形象尽可能地同作者笔下的相一致。"要把原著作者的精神世界通过译文非常完整地传达给读者，使读者能准确感受到作者的思想感情、精神生活，翻译本身就要具备原著一样的艺术标准、艺术要求。"如果原著文风朴实，草婴的译作语言也非常朴素，绝没有故弄玄虚的华丽辞藻，如《托尔斯泰小说全集》。而如果原著充满诗意典雅的语言，草婴也会忠实于原著风格，使用华丽的词汇，如《当代英雄》。草婴说，他既不赞成直译，也不喜欢意译。**"我对翻译的具体标准，可以归纳为五句话：形象活泼，动作清楚，对话生动，节奏明快，音调铿锵。"**[①] 他提出的**"六步翻译法"**，值得大家学习：

第一步是反反复复阅读原作，首先要把原作读懂，这是关键的关键。他说："托翁写作《战争与和平》时，前后用了六年的时间，修改了七遍。译者怎么也得读上十遍二十遍吧？""读懂了，作品中的人物形象在自己的头脑里清晰了，译时才能得心应手。"

第二步是动笔翻译，也就是逐字逐句地忠实地把原著译成汉文。翻译家不是机器，文学翻译要有感情色彩……《战争与和平》有那么多纷纭的历史事件，表现了那么广阔的社会生活，牵涉到那么多的形形色色的人物。作为译者就必须跟随作者了解天文地理的广泛知识，特别是俄国的哲学、宗教、政治、经济、军事、风俗人情、生活习惯等等。

第三步是仔细核对译文。检查一下有没有漏译，有没有误解的地方。仔仔细细一句一句地核对。

第四步就是摆脱原作，单纯从译文角度来审阅译稿。他说他尽量努力做到译文流畅易读。"有时还请演员朋友帮助朗诵译稿，改动拗口的句子。"

第五步是把完成的译稿交给出版社编辑审读了。负责的编辑能提出宝贵的意见。然后再根据编辑的意见认真考虑，做必要的修改。

第六步，在校样出来后，坚持自己至少通读一遍。这是译者经手的最后一关。再以后得听读者的意见了。[②]

---

① 师文静. 草婴：处在翻译这座大山令人敬仰的高处［N］. 齐鲁晚报, 2019-07-20（A12）.
② 转引自：蓝英年. 草婴先生的翻译启示［N］. 文艺报, 2015-11-09（07）.

二、名译欣赏：战争与和平

【原文】

Война и Мир[①]

Лев Николаевич Толстой

—Eh bien, mon prince. Gênes et Lucques ne sont plus que des apanages, des поместья, de la famille Buonaparte. Non, je vous préviens que si vous ne me dites pas que nous avons la guerre, si vous vous permettez encore de pallier toutes les infamies, toutes les atrocités de cet Antichrist (ma parole, j'y crois) —je ne vous connais plus, vous n'êtes plus mon ami, vous n'êtes plus мой верный раб, comme vous dites[1]. Ну, здравствуйте, здравствуйте. Je vois que je vous fais peur[2], садитесь и рассказывайте.

Так говорила в июле 1805 года известная Анна Павловна Шерер, фрейлина и приближенная императрицы Марии Феодоровны, встречая важного и чиновного князя Василия, первого приехавшего на ее вечер. Анна Павловна кашляла несколько дней, у нее был грипп, как она говорила (грипп был тогда новое слово, употреблявшееся только редкими). В записочках, разосланных утром с красным лакеем, было написано без различия во всех: «Si vous n'avez rien de mieux à faire, Monsieur le comte (или mon prince), et si la perspective de passer la soirée chez une pauvre malade ne vous eff raye pas trop, je serai charmée de vous voir chez moi entre 7 et 10 heures. Annette Scherer»[3].

—Dieu, quelle virulente sortie![4]—отвечал, нисколько не смутясь такою встречей, вошедший князь, в придворном, шитом мундире, в чулках, башмаках и звездах, с светлым выражением плоского лица.

Он говорил на том изысканном французском языке, на котором не только говорили, но и думали наши деды, и с теми тихими, покровительственными интонациями, которые свойственны состаревшемуся в свете и при дворе значительному человеку. Он подошел к Анне Павловне, поцеловал ее руку, подставив ей свою надушенную и сияющую лысину, и покойно уселся на диване.

[1] Ну, князь, Генуя и Лукка—поместья фамилии Бонапарте. Нет, я вам вперед говорю, если вы мне не скажете, что у нас война, если вы еще позволите себе защищать все гадости, все ужасы этого

---

① 　[2019-08-09]. https://www.bookvoed.ru/files/3515/16/57/28.pdf.

Антихриста (право, я верю, что он Антихрист), —я вас больше не знаю, вы уж не друг мой, вы уж не мой верный раб, как вы говорите (франц). Переводы, за исключением специально отмеченных, принадлежат Л. Н. Толстому; переводы с французского языка не оговариваются. — Ред.

² Я вижу, что я вас пугаю.

³ «Если у вас, граф (или князь), нет в виду ничего лучшего и если перспектива вечера у бедной больной не слишком вас пугает, то я буду очень рада видеть вас нынче у себя между семью и десятью часами. Анна Шерер».

⁴ Господи, какое горячее нападение!

【英译文】

War and Peace①

Leo Tolstoy / Translated by Anthony Briggs

"Well, Prince, Genoa and Lucca are now nothing more than estates taken over by the Buonaparte family. No, I give you fair warning. If you won't say this means war, if you will allow yourself to condone all the ghastly atrocities perpetrated by that Antichrist— yes, that's what I think he is—I shall disown you. You're no friend of mine—not the 'faithful slave' you claim to be … But how are you? How are you keeping? I can see I'm intimidating you. Do sit down and talk to me."

These words were spoken (in French) one evening in July 1805 by the well-known Anna Pavlovna Scherer, maid of honour and confidante of the Empress Maria Fyodorovna, as she welcomed the first person to arrive at her soirée, Prince Vasily Kuragin, a man of high rank and influence. Anna Pavlovna had had a cough for the last few days and she called it la grippe—grippe being a new word not yet in common currency. A footman of hers in scarlet livery had gone around that morning delivering notes written in French, each saying precisely the same thing:

If you have nothing better to do, Count (or Prince), and if the prospect of spending an evening with a poor sick lady is not too unnerving, I shall be delighted to see you at

---

① Tolstoy, L. *War and Peace* ［M］. A New Translation by Anthony Briggs. New York: Penguin, 2006: 1.

my residence between seven and ten.

ANNETTE SCHERER

"My goodness, what a violent attack!" replied the prince, who had only just come in and was not in the least put out by this welcome. Dressed in his embroidered court uniform with knee-breeches, shoes and stars across his chest, he looked at her with a flat face of undisturbed serenity. His French was the elegant tongue of our grandparents, who used it for thought as well as speech, and it carried the soft tones of condescension that come naturally to an eminent personage grown old in high society and at court. He came up to Anna Pavlovna and kissed her hand, presenting to her a perfumed and glistening bald pate, and then seated himself calmly on the sofa.

【中译文1】

战争与和平①

草 婴 译

　　"哦，公爵，热那亚和卢卡如今成了波拿巴家的领地了。我可要把话说在前面，您要是不承认我们在打仗，您要是再敢替这个基督的敌人（是的，我认为他是基督的敌人）的种种罪孽和暴行辩护，我就同您绝交，您就不再是我的朋友，也不再像您自称的那样，是我忠实的奴仆。②哦，您好，您好！我知道我把您吓坏了，请坐，坐下来谈吧。"

　　一八〇五年七月，玛丽太后名声很大的女官和心腹安娜·巴夫洛夫娜·舍勒在迎接第一个来赴她晚会的大官华西里公爵时，说了上面这番话。安娜·舍勒咳嗽有好几天了，她自己说是得了流感（流感当时还是个新名词，很少有人使用）。那天早晨，她派一个身穿红色号衣的听差分送请柬，请柬上千篇一律地用法语写着这样的话：

　　　　伯爵（或公爵）！如果您没有其他更好的活动，如果参加一个可怜病妇的

---

①　托尔斯泰. 战争与和平［M］. 草婴，译. 上海：上海译文出版社，1995：1.
②　原文为法语。以下在本书中出现的楷体字，凡是在原著中为法语者，一律不再加注。——译者原注

晚会不会使您太难堪，那么，今晚七时至十时我将在舍间恭候大驾光临。

安娜·舍勒

"嚯，您的话真厉害！"进来的华西里公爵对这样迎接他毫不介意，回答女主人说。公爵身着绣花朝服，脚穿长统袜，低口鞋，胸前佩着几枚星章，扁平的脸上容光焕发。

他讲一口典雅的法语（我们的先辈当年不仅用这样的法语说话，而且用这样的法语思想），用的是在社交界阅历丰富、在朝廷里地位显要的人所特有的那种居高临下的温和语气。他走到安娜·舍勒跟前，低下洒过香水的亮光光的秃头，吻了吻她的手，然后怡然自得地在沙发上坐下来。

【中译文2】

战争与和平①

刘辽逸 译

"好啊，公爵，热那亚和卢加成为波拿巴家的领地了。不过我要预先告诉您，如果您还对我说我们没有战争，如果您还袒护这个敌基督（是的，我认为他是敌基督）的一切卑劣行为和他造成的一切惨祸，那么我就不再理您了，您就不再是我的朋友，不再是，像您所说的，我的忠实奴仆了。哦，您好，您好。我看得出，我把您吓坏了，坐下来谈谈吧。"

一八〇五年七月，大名鼎鼎的安娜·帕夫洛夫娜·舍列尔——玛丽亚·费奥多罗夫娜皇后的女官和亲信，在迎接第一个来赴晚会的达官要人瓦西里公爵时这样说。安娜·帕夫洛夫娜咳嗽了好几天，如她所说，她患的是流行性感冒（流行性感冒在当时是新名词，还很少有人使用）。请帖是当天早晨由穿红制服的听差送出的，内容全都一样：

伯爵（或公爵），如果您心目中尚无更好的消遣，如果与我这个可怜的病人共度一个晚间尚不致使您太害怕，请于今晚七至十时惠临舍下，将无任欢迎。

安娜·舍列尔。

"我的天，好厉害的进攻！"进来的公爵答道，并不为这样的接待露出丝毫的

---

① 托尔斯泰.战争与和平［M］.刘辽逸，译.北京：人民文学出版社，1988：1.

窘态。他穿着绣花朝服、长统袜和半高统鞋，胸前佩着几枚明星勋章，扁平的脸上带着喜悦的表情。

他操着一口优雅的法语，这是我们先辈不仅用来说话而且用来思考的那种优雅的法语，而语调又是那么文静，那么具有长者之风，那是只有长期混迹于上流社会和宫廷的重要人物才会有的腔调。他走到安娜·帕夫洛夫娜面前，俯下他那洒了香水的光亮的秃头，吻了吻她的手，就怡然自得地坐到沙发上。

三、名论细读

语文是基础的基础①

我爱好文学，从小喜读中外文学名著。从十八岁起翻译文学作品，至今已近半个世纪。如果有人问：做翻译工作什么条件最重要？我会毫不犹豫地回答：语文修养。说得更具体些，**如果把中国作品译成外语，外语是首要条件；如果把外国作品译成汉语，汉语是首要条件。为什么？因为翻译工作包括理解和表达两个方面。理解原著是第一步，用译文表达是第二步。理解不容易，表达则更难。**一般说，外译汉，只要外语有一定水平，能正确理解原著就行，但在理解后用汉语表达、译成的作品，也就是译文，高低优劣，往往千差万别。这里的关键就在于译者的汉语修养。在我的翻译生涯中，这一点感受特别深。我没有读过大学中文系，汉语根底不够扎实，在翻译时常常感到词汇不丰富，语言不生动，有时为了一个合适的词汇，半天搜索枯肠而不可得，只能掷笔兴叹，痛感年轻时在语文学习上没有下过苦功。为了弥补这方面的弱点，我平时比较注意语文学习，看到好文章、好诗总要吟诵一番，看电视也留心相声、话剧中的生动口语，但毕竟上了年纪，虽有志向，总是事倍功半。

有时遇到有志于翻译工作的青年朋友，我总是劝他们首先要重视语文学习。学生时代学习汉语的时间决不能少于学外语的时间，一定要扎扎实实打好汉语基础。学好汉语真是一辈子受用不尽。

其实，不仅从事翻译工作，做任何工作，学习语文都极其重要。这个道理语文老师是很清楚的，但青年学生未必都理解，社会上也未必都重视。现在有不少父母热爱子女，尤其独生子女。望子成龙，望女成凤，是普遍心理。但有些父母往往只注意培养孩子的特种技能，如学钢琴、学舞蹈、学画画，迫使孩子把大部分时间和精力都用在这方面，而忽视一般的文化学习，尤其是语文学习。结果大学毕业，还

---

① 草婴.语文是基础的基础［J］.语文学习，1990（2）：41.

做不成一篇文理通顺的文章，写不出一封没有语病的信，那真是很大的悲哀。

我认为文化是任何专业的基础，没有基本文化修养，不可能学好任何专业，而语文又是文化的基础，不学好语文，就不可能提高文化修养。因此，语文可以说是基础的基础，绝不能等闲视之。

四、拓展阅读

草婴.我与俄罗斯文学：翻译生涯六十年［M］.上海：文汇出版社,2003.

陈有生,王占林.硕果累累勤耕耘——访文学翻译家草婴［J］.中国翻译,1983（12）：36-38.

范海虹.出神入化 妙笔生花——探草婴译著中的"传神"［J］.山东社会科学,2009（S1）：123-125.

高莽.翻译家草婴其人［J］.收获,2002（6）：49-51.

蓝英年.草婴先生的翻译启示［N］.文艺报,2015-11-09（07）.

托尔斯泰.托尔斯泰小说全集［M］.草婴,译.上海：上海文艺出版社,2004.

许钧,等.文学翻译的理论与实践：翻译对话录（增订本）［M］.南京：译林出版社,2010.

许宗瑞.草婴的翻译思想与翻译精神［J］.浙江理工大学学报,2016（2）：151-156.

五、翻译练习

Resurrection[①]

Though hundreds of thousands had done their very best to disfigure the small piece of land on which they were crowded together, by paving the ground with stones, scraping away every vestige of vegetation, cutting down the trees, turning away birds and beasts, and filling the air with the smoke of naphtha and coal, still spring was spring, even in the town.

The sun shone warm, the air was balmy; everywhere, where it did not get scraped away, the grass revived and sprang up between the paving-stones as well as on the narrow strips of lawn on the boulevards. The birches, the poplars, and the wild cherry unfolded

---

① ［2019-07-27］. https://www.marxists.org/archive/tolstoy/1899/resurrection/book-1-chapter-1. html.

their gummy and fragrant leaves, the limes were expanding their opening buds; crows, sparrows, and pigeons, filled with the joy of spring, were getting their nests ready; the flies were buzzing along the walls, warmed by the sunshine. All were glad, the plants, the birds, the insects, and the children. But men, grown-up men and women, did not leave off cheating and tormenting themselves and each other. It was not this spring morning men thought sacred and worthy of consideration not the beauty of God's world, given for a joy to all creatures, this beauty which inclines the heart to peace, to harmony, and to love, but only their own devices for enslaving one another.

Anna Karenina[①]

All happy families are alike; each unhappy family is unhappy in its own way.

All was confusion in the Oblonskys' house. The wife had found out that the husband was having an affair with their former French governess, and had announced to the husband that she could not live in the same house with him. This situation had continued for three days now, and was painfully felt by the couple themselves, as well as by all the members of the family and household. They felt that there was no sense in their living together and that people who meet accidentally at any inn have more connection with each other than they, the members of the family and household of the Oblonskys. The wife would not leave her rooms, the husband was away for the third day. The children were running all over the house as if lost; the English governess quarrelled with the housekeeper and wrote a note to a friend, asking her to find her a new place; the cook had already left the premises the day before, at dinner-time; the kitchen-maid and coachman had given notice.

---

① 　［2019-07-27］. https://www.marxists.org/archive/tolstoy/1877/anna-karenina/part-1-chapter-1. html.

第十四章 丰子恺

引 言

对于丰子恺，喜欢他漫画的人往往将其看成大画家，喜欢他散文的人则认为他是散文大家。而18卷500多万字的《丰子恺译文集》则证明他是译作等身的翻译家，而且，丰子恺的文学生涯，是从翻译起步的，也是以翻译结束的。丰子恺的翻译作品，题材不一，风格各异。他的译文与其散文一样，都是丰子恺文学世界的宝贵财富。

一、名家简介

丰子恺（1898—1975）以漫画家、文学家的身份闻名于世，同时也是翻译家，浙江桐乡人。作为翻译家的丰子恺一生翻译的著作有30多部，涉及文学、美术、音乐等领域，译自俄、英、日等语种。其翻译大致分为三个阶段[①]：

第一阶段：20世纪20—30年代。跟很多作家一样，丰子恺的文笔生涯是从翻译开始的。丰子恺共翻译了11部作品，包括两本译自英文的文学著作[俄国屠格涅夫著、伽奈特夫人(Constance Garnett)译成英文的《初恋》和英国斯蒂文森的《自杀俱乐部》]，以及厨川白村的《苦闷的象征》、田边尚雄的《孩子们的音乐》、门马直卫的《音乐的听法》等9部日文的关于艺术、音乐的理论书籍。《初恋》于1921年开始翻译，1931年才由上海开明书店出版，比丰子恺1925年最早出版的《苦闷的象征》迟了6年，但他依然把《初恋》称为自己"文笔生涯的'初恋'"。

---

① 陆金英. 论丰子恺在中国翻译文学史上的地位和贡献［J］. 上海理工大学学报, 2014（1）: 18-21.

1924 年，日本学者厨川白村写了《苦闷的象征》。两个月后，《晨报副刊》上连载了鲁迅的译本，受到了文学界的一致好评。与此同时，《上海时报》也连载了丰子恺的译本。两本译本同时出版，引起了很多读者的注意。鲁迅当时已是成名的作家，而丰子恺则刚刚走上文坛。读者季小波（丰子恺的学生，与鲁迅也有交往）将厨川白村的原文及鲁译、丰译的同一节、同一句译文进行对照，在比较后指出：鲁迅在翻译上的确不如丰子恺。丰子恺的译本"既通俗易懂，又富有文采"，鲁迅的文章是大家手笔，但译文中有些句子长达百来字，佶屈聱牙。

第二阶段：20 世纪 50 年代。新中国成立以后，52 岁高龄的丰子恺在学习了一两年俄语后就着手翻译俄文书。起初翻译了《学校图画教育》《听歌唱的教育工作》《歌唱与音乐》等苏联的音乐及图画教学法书约 10 部。接着翻译了屠格涅夫的散文集《猎人笔记》、柯罗连科的长篇小说《我的同时代人的故事》一至四卷(与女儿丰一吟合译)，以及《夏目漱石选集》（第二卷）、《石川啄木小说集》、德富芦花的《不如归》、中野重治的《肺腑之言》（未出版）等苏联和日本的文学作品。

第三阶段：20 世纪六七十年代，从事日本文学的翻译。1961 年 8 月 1 日至 1965 年 9 月 29 日，丰子恺翻译了世界上最早的一部长篇小说——日本女作家紫式部所著的古典文学巨著《源氏物语》（上、中、下）。这部书译完后，正值"文革"开始，译稿存出版社，长期未能出版，直到 20 世纪 80 年代分别于 1980 年 12 月、1982 年 6 月和 1983 年 10 月先后由人民文学出版社出版。20 世纪 70 年代初，他翻译了三部日本民间文学作品，即《落洼物语》《竹取物语》及《伊势物语》，由人民文学出版社于 1984 年出版。

《源氏物语》先由钱稻孙译成前五帖，后因故改由丰子恺翻译。1961 年，丰子恺正式接受委托，开始翻译这部巨著。丰子恺于 1962 年写过一篇《我译〈源氏物语〉》，表示自己能够承担这项任务，深感荣幸，并"预计三年左右可以译毕，一九六五年左右可以出书"[①]。凭着勤奋，丰子恺的翻译进度颇快，果然到了 1965 年就大功告成。令人惋惜的是，译本准备出版时，由于"文革"，结果译稿一搁就是 15 年多，直到 1980 年其上册才得以问世，并先后分上、中、下三册由人民文学出版社出版，但此时丰子恺早已作古。1973 年林文月在中国台湾受邀翻译《源氏物语》，5 年后出版并畅销海内外，而丰译版被压着直到 1980 年才得见天日。结果，林文月的译本成为中国第一部《源氏物语》中译本，她以丰富的学识、女性的细腻、典雅的文笔，形成独特的日文翻译风格。如果林文月当时知道海峡对岸的丰子恺已

---

① 丰子恺.我译《源氏物语》［J］.名作欣赏，1981（2）：21.

经翻译了《源氏物语》，恐怕就不会翻译此书了。正是由于历史原因，我们读者有幸欣赏到两个优秀的译本。

在《〈源氏物语〉译后记》中，丰子恺曾提到这部作品的翻译资料情况："现代日语译本亦甚多，主要者为谷崎润一郎译本、与谢野晶子译本、佐成谦太郎译本。今此中文译本乃参考各家译注而成。原本文字古雅简朴，有似我国《论语》《檀弓》，因此不宜全用现代白话文翻译。今试用此种笔调译出，恨未能表达原文之风格也。"①由于该"中文译本乃参考各家译注而成"，不是根据原本译出，所以毁誉参半，甚至有人曾评丰子恺版为"茶店说书"②。

丰子恺一生翻译的书虽多，却很少写翻译的体会或经验。唯一一篇谈翻译经验的文章是《初恋》的"译者序"，而唯一一篇谈翻译理论的文章是《漫谈翻译》，明确地说出了翻译的要求。

二、名译欣赏：源氏物语

【现代日语版】

源氏物語

桐壺③

どの天皇様の御代であったか、女御とか更衣とかいわれる後宮がおおぜいいた中に、最上の貴族出身ではないが深い御愛寵を得ている人があった。

最初から自分こそはという自信と、親兄弟の勢力に恃む所があって宮中にはいった女御たちからは失敬な女としてねたまれた。その人と同等、もしくはそれより地位の低い更衣たちはまして嫉妬の焔を燃やさないわけもなかった。夜の御殿の宿直所から退る朝、続いてその人ばかりが召される夜、目に見耳に聞いて口惜しがらせた恨みのせいもあったかからだが弱くなって、心細くなった更衣は多く実家へ下がっていがちということになると、いよいよ帝はこの人にばかり心をお引かれになるという御様子で、人が何と批評をしようともそれに御遠慮などと

① 紫式部.源氏物语［M］.丰子恺，译.北京：人民文学出版社，1980：1290.

② 余连祥.历史语境中的周作人与丰子恺［J］.鲁迅研究月刊，2004（4）：53.

③ ［2019-07-27］.http://www.genji.co.jp/yosano/yy01.html.

いうものがおできにならない。御聖徳を伝える歴史の上にも暗い影の一所残るようなことにもなりかねない状態になった。

　高官たちも殿上役人たちも困って、御覚醒になるのを期しながら、当分は見ぬ顔をしていたいという態度をとるほどの御寵愛ぶりであった。唐の国でもこの種類の寵姫、楊家の女の出現によって乱が醸されたなどと蔭ではいわれる。今やこの女性が一天下の煩いだとされるに至った。馬嵬の駅がいつ再現されるかもしれぬ。その人にとっては堪えがたいような苦しい雰囲気の中でも、ただ深い御愛情だけをたよりにして暮らしていた。

　父の大納言はもう故人であった。母の未亡人が生まれのよい見識のある女で、わが娘を現代に勢力のある派手な家の娘たちにひけをとらせないよき保護者たりえた。それでも大官の後援者を持たぬ更衣は、何かの場合にいつも心細い思いをするようだった。

　前生の縁が深かったか、またもないような美しい皇子までがこの人からお生まれになった。寵姫を母とした御子を早く御覧になりたい思召しから、正規の日数が立つとすぐに更衣母子を宮中へお招きになった。小皇子はいかなる美なるものよりも美しいお顔をしておいでになった。

　帝の第一皇子は右大臣の娘の女御からお生まれになって、重い外戚が背景になっていて、疑いもない未来の皇太子として世の人は尊敬をささげているが、第二の皇子の美貌にならぶことがおできにならぬため、それは皇家の長子として大事にあそばされ、これは御自身の愛子として非常に大事がっておいでになった。

　更衣は初めから普通の朝廷の女官として奉仕するほどの軽い身分ではなかった。ただお愛しになるあまりに、その人自身は最高の貴女と言ってよいほどのりっぱな女ではあったが、始終おそばへお置きになろうとして、殿上で音楽その他のお催し事をあそばす際には、だれよりもまず先にこの人を常の御殿へお呼びになり、またある時はお引き留めになって更衣が夜の御殿から朝の退出ができずそのまま昼も侍しているようなことになったりして、やや軽いふうにも見られたのが、皇子のお生まれになって以後目に立って重々しくお扱いになったから、東宮にもどうかすればこの皇子をお立てになるかもしれぬと、第一の皇子の御生母の女御は疑いを持っていた。この人は帝の最もお若い時に入内した最初の女御であった。この女御がする批難と恨み言だけは無関心にしておいでになれなかった。この女御へ済まないという気も十分に持っておいでになった。

【英译文】

The Tale of Genji[①]

Translated by Dennis Washburn

Kiritsubo: The Lady of the Paulownia-Courtyard Chambers

IN WHOSE reign was it that a woman of rather undistinguished lineage captured the heart of the Emperor and enjoyed his favor above all the other imperial wives and concubines? Certain consorts, whose high noble status gave them a sense of vain entitlement, despised and reviled her as an unworthy upstart from the very moment she began her service. Ladies of lower rank were even more vexed, for they knew His Majesty would never bestow the same degree of affection and attention on them. As a result, the mere presence of this woman at morning rites or evening ceremonies seemed to provoke hostile reactions among her rivals, and the anxiety she suffered as a consequence of these ever-increasing displays of jealousy was such a heavy burden that gradually her health began to fail.

His Majesty could see how forlorn she was, how often she returned to her family home. He felt sorry for her and wanted to help, and though he could scarcely afford to ignore the admonitions of his advisers, his behavior eventually became the subject of palace gossip. Ranking courtiers and attendants found it difficult to stand by and observe the troubling situation, which they viewed as deplorable. They were fully aware that a similarly ill-fated romance had thrown the Chinese state into chaos. Concern and consternation gradually spread through the court, since it appeared that nothing could be done. Many considered the relationship scandalous, so much so that some openly referred to the example of the Prize Consort Yang. The only thing that made it possible for the woman to continue to serve was the Emperor's gracious devotion.

The woman's father had risen to the third rank as a Major Counselor before he died. Her mother, the principal wife of her father, was a woman of old-fashioned upbringing and character who was well trained in the customs and rituals of the court. Thus, the reputation of her house was considered in no way inferior and did not suffer by comparison with the brilliance of the highest nobility. Unfortunately, her family had no patrons who could

---

① ［2019-08-07］. http://sonic.net/~tabine/SAAFa15/translations.html.

provide political support, and after her father's death there was no one she could rely on. In the end, she found herself at the mercy of events and with uncertain prospects.

Was she not, then, bound to the Emperor by some deep love from a previous life? For in spite of her travails, she eventually bore him a son—a pure radiant gem like nothing of this world. Following the child's birth His Majesty had to wait impatiently, wondering when he would finally be allowed to see the boy. As soon as it could be ritually sanctioned, he had the infant brought from the home of the woman's mother, where the birth had taken place, and the instant he gazed on the child's countenance he recognized a rare beauty.

Now, as it so happened, the Crown Prince had been born three years earlier to the Kokiden Consort, who was the daughter of the Minister of the Right. As the unquestioned heir to the throne, the boy had many supporters and the courtiers all treated him with the utmost respect and deference. He was, however, no match for the radiant beauty of the newborn Prince; and even though the Emperor was bound to acknowledge the higher status of his older son and to favor him in public, in private he could not resist treating the younger Prince as his favorite and lavishing attention upon him.

The mother of the newborn Prince did not come from a family of the highest rank, but neither was she of such low status that she should have been constantly by the Emperor's side like a common servant. Certainly her reputation was flawless, and she comported herself with noble dignity, but because His Majesty obsessively kept her near him, willfully demanding that they not be separated, she had to be in attendance at all formal court performances or elegant entertainments. There were times when she would spend the night with him and then be obliged to continue in service the following day. Consequently, as one might expect, other courtiers came to look down on her not only as a person of no significance, but also as a woman who lacked any sense of propriety. Moreover, because the Emperor treated her with special regard following the birth of his second son, the Kokiden Consort and her supporters grew anxious; they worried about the effect of such an infatuation on the prospects of the Crown Prince and wondered if the younger Prince might not surpass his half brother in favor and usurp his position.

【中译文1】

源氏物语

丰子恺　译

第一篇　桐　壶①

话说从前某一朝天皇时代，后宫妃嫔甚多，其中有一更衣，出身并不十分高贵，却蒙皇上特别宠爱。有几个出身高贵的妃子，一进宫就自命不凡，以为恩宠一定在我；如今看见这更衣走了红运，便诽谤她，妒忌她。和她同等地位的，或者出身比她低微的更衣，自知无法竞争，更是怨恨满腹。这更衣朝朝夜夜侍候皇上，别的妃子看了妒火中烧。大约是众怨积集所致吧，这更衣生起病来，心情郁结，常回娘家休养。皇上越发舍不得她，越发怜爱她，竟不顾众口非难，一味徇情，此等专宠，必将成为后世话柄。连朝中高官贵族，也都不以为然，大家侧目而视，相与议论道："这等专宠，真正教人吃惊！唐朝就为了有此等事，弄得天下大乱。"这消息渐渐传遍全国，民间怨声载道，认为此乃十分可忧之事，将来难免闯出杨贵妃那样的滔天大祸来呢。更衣处此境遇，痛苦不堪，全赖主上深恩加被，战战兢兢地在宫中度日。

这更衣的父亲官居大纳言之位，早已去世。母夫人也是名门贵族出身，看见人家女儿双亲俱全，尊荣富厚，就巴望自己女儿不落人后，每逢参与庆吊等仪式，总是尽心竭力，百般调度，在人前装体面。只可惜缺乏有力的保护者，万一发生意外，势必孤立无援，心中不免凄凉。

敢是宿世姻缘吧，这更衣生下了一个容华如玉，盖世无双的皇子。皇上急欲看看这婴儿，赶快叫人抱进宫来。一看，果然是一个异常清秀可爱的小皇子。

大皇子是右大臣之女弘徽殿女御所生，有高贵的外戚作后盾，毫无疑义，当然是人人爱戴的东宫太子。然而讲到相貌，总比不上这小皇子的清秀俊美。因此皇上对于大太子，只是一般的珍爱，而把这小皇子看作自己私人的秘宝，加以无限宠爱。

小皇子的母亲是更衣，按照身份，本来不须像普通低级女官这样侍候皇上日常生活。她的地位并不寻常，品格也很高贵。然而皇上对她过分宠爱，不讲情理，只管要她住在身边，几乎片刻不离。结果每逢开宴作乐，以及其他盛会佳节，总会首先宣召这更衣。有时皇上起身很迟，这一天就把这更衣留在身边，不放她回自己宫室去。如此日夜侍候，照更衣身份而言，似乎反而太轻率了。自小皇子诞生之后，皇上对此更衣尤其重视，使得大皇子的母亲弘徽殿女御心怀疑忌。她想：这小皇子可能立为太子呢。

---

① 紫式部. 源氏物语［M］. 丰子恺，译. 北京：人民文学出版社，1980：1—2.

【中译文2】

源氏物语

林文月　译

第一章　铜　壶①

　　且说天皇时代，某朝后宫妃嫔众多，内中有一更衣。出身微寒，却蒙皇上万般恩宠。另几个出身高贵的妃子，刚入宫时，便很是自命不凡，以为定然能蒙皇上加恩；如今，眼见这出身低微的更衣反倒受了恩宠，便十分忌恨，处处对她加以诽谤。与这更衣地位同等的，或者出身比她更低微的更衣，自知无力争宠，无奈中更是万般怨恨。这更衣朝夕侍候皇上，别的妃子看了自然都妒火中烧。也许是众怨积聚太多吧，这更衣心绪郁结，便生起病来，只得常回娘家调养。皇上见了，更是舍她不下，反而更加怜爱，也不顾众口非议，一心只是对这更衣徇情。此般宠爱，必将沦为后世话柄。即便朝中的显贵，对此也大都不以为然，彼此间时常侧目议论道："这等专宠，实在令人吃惊！唐朝就因有了这种事而终于天下大乱。"这内宫的事，不久也逐渐传遍全国，民间听了怨声载道，认为这实在是十分可忧的，将来免不了会出杨贵妃引发的那种大祸。更衣处于如此境地，苦恼不堪，内心也甚为忧惧，唯赖皇上深恩，尚能在宫中谨慎度日。

　　这更衣早已谢世的父亲曾居大纲言之位。母亲也出身名门望族，眼见人家女儿双亲俱全，享尽荣华富贵，就指望自己女儿也不落人后；因而每逢参加庆吊等仪式，她总是竭尽心力、百般调度，装得十分体面。只可惜朝中没有重臣庇护，如若发生意外，势必无力自保，心中也就免不了感到凄凉。

　　或许是前世的因缘吧，这更衣却生下一容貌非凡、光彩如玉、举世无双的皇子。皇上得知后，急欲见这孩子，忙教人抱进它来一看之下，果是一个清秀异常的小皇子。

　　大皇子为右大臣的女儿弘徽殿女御所生，母家是尊贵的外戚，顺理成章，他自然就成了人人爱戴的东宫太子。论相貌，他却不及这小皇子清秀俊美。因此皇上对于大皇子，尽管珍爱，但相比之下总显得平常，而对于这小皇子，却视若掌上明珠，宠爱无比，看作上无私予的宝贝。

　　小皇子的母亲是更衣，她有着不寻常的身份，品格也十分高贵，本不必像普通低级女官一样，在日常生活中侍候皇上。而皇上对她的宠爱非同寻常，以至无法顾及常理，只是一味地要她留在身边，几乎片刻不离。每逢并宴作乐，以及其它佳节

---

① 紫式部.源氏物语［M］.林文月，译.南京：译林出版社，2011：3-4.

盛会，也总是首先宣召这更衣。有时皇上起床迟了，便不让其回宫室里去，整个一天干脆就将这更衣留在身边。这般日夜侍候，按更衣的身份而论，也似乎太轻率了。自小皇子出生后，皇上对这更衣更是十分重视，使得大皇子的母亲弘徽殿女御心生疑忌；如此下去，来日立为太子的，恐怕就是这小皇子了。

【中译文3】

源氏物语

唐月梅　叶渭渠　译

第一回　桐　壶①

　　昔日不知是哪一代皇朝，宫中有众多女御和更衣侍候天皇。其中有一位更衣出身虽不甚高贵，却比谁都幸运，承蒙天皇格外宠爱。缘此招来其他妃子的妒忌，诸如从一开始就狂妄自大地认为自己娘家身份高贵，受天皇宠爱者非己莫属的一些妃子，万没有想到天皇宠爱的竟是那个更衣，为此她们轻蔑并妒恨这位更衣；而身份与这位更衣相仿或娘家地位比她更低的妃子们，觉得无法与她竞争，心里更加惴惴不安。于是，这位更衣朝朝暮暮侍候天皇身边，招致其他妃子们妒火中烧，恨她入骨。如此，天长日久，可能是积蓄在这位更衣心中的郁闷难以排解的缘故吧，她终于积郁成疾，病得很重，不禁感到胆怯起来，动不动就想告假回归故里静养，可是圣上爱她心切，始终舍不得让她走。圣上不顾人们的非难，对她的宠爱有增无已，超乎世间的惯例，以致不仅众多女官，还有朝廷的公卿大臣、殿上人等对她冷漠，背过脸去不正眼瞧她。人们纷纷议论说："那宠爱情景，着实令人眼花缭乱，无法正视啊！当年唐朝也出现过这类事，闹得社会动荡不安。"

　　不久，此事终于传到宫外去，人们忧心忡忡，觉得如此下去，将来也有可能会产生类似杨贵妃那样的事。在这种处境下，更衣深感痛苦，所幸仰仗皇上备加宠爱，在宫中谨小慎微、诚惶诚恐地度日。

　　这位更衣的父亲，官居大纳言职位，早已辞世；母亲出身于名门望族，是个有古风气质的人，她看见双亲齐全的女子，世间声誉高，过着体面富裕的生活，她也要让女儿过得不亚于她们，每逢举办任何仪式，她都尽心尽力为女儿装扮打点得十分得体。然而，毕竟还是没有坚强的后盾，一到关键时刻，难免感到无依无靠因而胆怯。

---

① 紫式部.源氏物语［M］.叶渭渠，唐月梅，译.北京：作家出版社，2014：1-2.

也许是前世缘分深邃的缘故，这位更衣生下了一个举世无双、纯洁似玉的小皇子。皇上盼望早日见到此皇子，已经等得心焦如焚，迅速从更衣娘家召回这母子俩。皇上一见这小皇子，就觉得此婴儿长相出众，非同凡响。第一皇子是右大臣的女儿弘徽殿女御所生，有牢固的外戚后盾，毫无疑问不久将被册立为皇太子，受到人们的敬仰。不过就相貌而言，大皇子与光洁美丽的小皇子是无法媲美的，因此，皇上对大皇子只停留在表面的慈爱上，而对这位小皇子则视作个人秘藏珍宝似的无限宠爱。

小皇子的母亲更衣，本来就不是一个只在皇上身边侍寝和侍奉圣上日常生活的这种身份的人。再说，实际上她具有贵人般的品格，再加上皇上对她的格外宠爱，不顾一切地总把她留在自己身边，这样，每当举办什么游园管弦盛会，或举办任何有趣的聚会，皇上首先召来的人就是她这位更衣。有时候，皇上睡到很晚才起床，当天就把更衣留在身边，硬是不让她回到她的独立宫院去，这样一来，更衣的举止在别人看来自然有轻率之嫌。

但是，自从这位小皇子诞生后，皇上完全改变了往常的章法，从而让大皇子的生母弘徽殿女御心生疑念："闹不好的话，这小皇子说不定还会被立为皇太子呢。"

三、名论细读

漫谈翻译①

旧约圣书创世记第十一章开头这样说："那时天下人的口音言语，都是一样。他们往东边迁移的时候，在示拿地方遇见一片平原，就住在那里。他们彼此商量说：'来吧，我们要作砖。'把砖烧透了，他们就拿砖当石头，又拿石漆当灰泥。他们说：'来吧，我们要建造一座城和一座塔。塔顶通天，为要传扬我们的名，免得我们分散在全地上。'耶和华降临，要看看世人所建造的城和塔。耶和华说：'看哪，他们成为一样的人民，都是一样的言语。如今既作起这事来，以后他们所要作的事，就没有不成就的了。我们下去，在那里变乱他们的口音，使他们的言语彼此不通。'于是，耶和华使他们从那里分散在全地上。他们就停工，不造那城了。因为耶和华在那里变乱天下人的言语，使众人分散在全地上，所以那城名叫巴别（就是变乱的意思）。"

我每逢和外宾谈话，言语彼此不通，全靠翻译者一来一去地传达，因而感到极不畅快的时候，总是想起旧约圣书里这一段话。那时（假定这故事是真的话）我就痛恨那个耶和华。他破坏我们的团结，变乱我们的口音，使我们的语言彼此不通，

---

① 丰子恺.漫谈翻译［M］//丰子恺.缘缘堂集外佚文（上）.北京：海豚出版社，2014：180-183.

因而使我和外宾谈话极不畅快。这个耶和华真可恶！

然而我们有一种法宝来抵抗这可恶的耶和华，这便是翻译。我们把世界各国的书籍翻译为本国文，由此可以知道世界任何一个国家的人民的思想感情。他们也可以把我们的书籍翻译为他们的本国文，由此可以知道我们的人民的思想感情。这样，彼此言语虽然不通，声应气求还是相通。耶和华的捣乱变成徒劳，这叫做"人定胜天"。

然而要是我们这件法宝充分发挥效能，有一个必要条件，便是必须翻译得又正确，又流畅，使读者读了非但全然理解，又全不费力。要达到这目的，我认为有一种办法：翻译者必须深深地理解原作，把原作全部吸收在肚里，然后用本国的言语来传达给本国人。用一个譬喻来说，好比把原文嚼碎了，吞下去，消化了，然后再吐出来。

我学外文，有时取别人的译本来和原文对读。我常常感到，消化了吐出来的固然很多，然而没有消化就吐出来的亦复不少。譬如说：欧洲人相见时互相招呼，说Good day。但倘照字面硬译，变成"日安"，就不像中国话，听到的人不能了解他的好意。假如现在有人走进来对我说"日安"，我一定要问"什么"？

因为有这种硬译，所以有些译本，必须懂外文的人才看得懂。不懂外文的人都要问"什么"。这显然是矛盾，正因为别人不懂外文，所以要请教你译；如果大家懂得，就不必劳驾了。翻译固然要忠实，但倘片面地强调忠实，强调到"日安"的地步，就不是忠实而是机械了。我说这话，但自己过去也不免犯这毛病，今后必须通改。

……

一九五八年十二月廿七日于上海作

《初恋》译者序[①]

我是用了对于英语法——英语的思想方法——的兴味而译这小说的。欧洲人说话大概比我们精密、周详、紧张得多，往往有用十来个形容词与五六句短语来形容一种动作，而造出占到半个 page 的长句子。我觉得其思想的精密与描写的深刻确实可喜，但有时读到太长的句子，顾了后面，忘记前面；或有时读得太长久了，又觉得沉闷，重浊得可厌——这种时候往往使我想起西洋画：西洋画的表现法大概比东洋画精密、周详，而紧张得多，确实可喜；但看得太多了，又不免嫌其沉闷而重浊。我是用了看西洋画一般的兴味而译这《初恋》的。

---

① 丰子恺.《初恋》译者序［M］// 丰子恺文集：第5卷.杭州：浙江文艺出版社，1992：60-64.

　　因上述的缘故，我译的时候看重原文的构造，竭力想保存原文的句法，宁可译成很费力或很不自然的文句。但遇不得已的时候，句子太长或竟看不懂的时候，也只得切断或变更句法。今举数例如下。例如第一章第二节里：

　　...I did what I liked, especially after parting with my last tutor, a Frenchman who had never been able to get used to the idea that he had fallen "like a bomb" into Russia, and would lie sluggishly in bed with an expression of exasperation on his face for days together.

　　……我恣意做我所欢喜做的事，尤其是自从我离开了我的最后的家庭教师以后，越发自由了。这家庭教师是法国人，他想起了自己"炮弹似地"从法国流入俄国来，心中总不自然，常常现出愤慨的神气，连日奄卧在床上。

照原文的语气，这一句的主要的意思，只是说"我离开了甚样甚样的一个家庭教师之后越发自由了"，不应该另外开一端，而特别提出这家庭教师来说。但没有办法，只得把它切断了。

　　又如第十四章第三节是同样的例：

　　...but at that point my attention was absorbed by the appearance of a speckled woodpecker who climbed busily up the slender stem of a birchtree and peeped out uneasily from behind it, first to the right, then to the left, like a musician behind the bass-viol.

　　……但这时候我的注意忽然被一双斑纹的啄木鸟占夺了去。这鸟急急忙忙地爬上一株桦树的细枝，从枝的后面不安心似地伸出头来探望，忽而向右，忽而向左，好像立在低音四弦琴后面一个音乐家。

照原文的语气，全句的主意只是说"我的注意被一甚样甚样的啄木鸟夺去"，不应该特别提出这鸟来说。也是不得已而切断的。

　　除切断句子以外，有时我又用一括线以表明长大的形容部分。例如第二十一章第十五节里：

　　...and my love, with all its transports and sufferings, struck me myself as something small and childish and pitiful beside this other unimagined something, which I could hardly fully grasp, and which frightened me like an unknown, beautiful, but menacing face, which one strives in vain to make out clearly in the half darkness…

　　……我的受了种种的狂喜与苦痛的恋爱，同另外一种我所向来不曾想象到的东西——捉摸不牢的，像一副素不相识的美丽而又严肃的颜貌而威吓我的，在薄暗中很难看得清楚的一种东西——相比较（besides）起来，觉得微小，稚气，又可怜得很！……

这两直线之间的部分，都是描写那种"东西"的。这一句的主意是"我的爱和另一种东西相比较起来，微小稚气而可怜得很"。但不加这括线，很不容易弄得清楚。添设这两个直线，仍是很不自然。

　　又有直译很不自然的句子，只得把句法改变。例如第十七章第十二节：

　　…the consciousness that I was doing all this for nothing, that I was even a little absurd, that Malevsky had been making fun of me, began to steal over me.

　　……我渐渐悟到自己所做的都是无意义的事，竟是有些愚蠢的，马来符斯奇是戏弄我。

原文的意思是说"一种甚样甚样的意识开始偷偷地来袭我"。但这样写起句子来，更不自然，所以权把"the consciousness"及后面的"began to steal over me"勉强改为"我渐渐地悟到"。但句子的构造大变了。

　　这种同样的例句很多。有些动词，我国没有相当的字可以妥帖地译出。例如序章第五节末了的"enliven"，我想不出相当的一个动词译述，又如第十六章第一节后半中"regaled"也找不出相当的一个动词，都只能变更句的构造，或勉强译成一个词。

　　有时很难在一句中把英文的一句的意义全部译出。例如第十二章第七节末了有一句看似很平常而极难译的句子：

　　"… jump down into the road to me …"

要把"跳""下""路上""向我"的四种意义极自然地装在一句中，非常困难。我译作"向我跳下到这路上来"，其实很生硬。

　　关于难译的例很多。我也没有逐句推敲的忍耐力，译文中不妥的地方一定很多。这里揭出来的几句，不过是我所特别注意到的而已。我所以特别列举而说述者，无非欲使读此书的学生诸君，不要把兴味放在小说内容（初恋）上，而放在英语法的研究上。我是这样地译的，故希望读者也这样地读。

215

八年之前，我在东京购得一册《初恋》的英日对译本，英译者为 Garnett，日译并注者是藤浪由之。读了之后，对于其文章特别感到兴味，就初试翻译。一九二二年春间译毕。这是我第一次从事翻译。自知译得很草率，不敢发表。曾请几位师友改改，看看，后来一直塞在书架上面。去年方光焘兄的英汉对译本《姐姐的日记》出版，我方才想起我的《初恋》。现在始把它重校一遍，跟了他出版。这稿子是我的文笔生涯的"初恋"，在我自己是一种纪念物。

我的汉译当然是依据 Garnett 的英译本的。又参考藤浪氏的日译本，注解大都是抄藤浪氏的。谨声明于此。

一九二九年端午节记于江湾缘缘堂

四、拓展阅读

陆金英. 论丰子恺在中国翻译文学史上的地位和贡献[J]. 上海理工大学学报, 2014(1): 18-21.

丰华瞻. 丰子恺与翻译 [J]. 中国翻译, 1985（9）: 26-28.

丰子恺.《初恋》译者序 [M] // 丰子恺文集: 第5卷. 杭州: 浙江文艺出版社, 1992: 60-64.

丰子恺. 源氏物语（上中下）[M]. 北京: 人民文学出版社, 1980.

丰子恺. 我译《源氏物语》[J]. 名作欣赏, 1981（2）: 20-21.

丰陈宝, 丰一吟. 丰子恺文集: 第7卷 [M]. 杭州: 浙江文艺出版社, 1992.

王成. 夏目漱石文学在中国的翻译与影响 [J]. 日语学习与研究》, 2001（1）: 25-29.

周以量. 中国的《源氏物语》翻译三十年 [J]. 日本研究, 2011（3）: 117-123.

五、翻译练习

First Love[①]

Ivan Turgenev / Translated by Constance Garnett

My 'passion' dated from that day. I felt at that time, I recollect, something like what a man must feel on entering the service: I had ceased now to be simply a young boy; I was in love. I have said that my passion dated from that day; I might have added that my sufferings too dated from the same day. Away from Zinaïda I pined; nothing was to my mind; everything went wrong with me; I spent whole days thinking intensely about her … I pined when away, …but in her presence I was no better off. I was jealous; I was conscious of my insignificance; I was stupidly sulky or stupidly abject, and, all the same, an invincible force drew me to her, and I could not help a shudder of delight whenever I stepped through the doorway of her room. Zinaïda guessed at once that I was in love with her, and indeed I never even thought of concealing it. She amused herself with my passion, made a fool of me, petted and tormented me. There is a sweetness in being the sole source, the autocratic and irresponsible cause of the greatest joy and profoundest pain to another, and I was like wax in Zinaïda's hands; though, indeed, I was not the only one in love with her. All the men who visited the house were crazy over her, and she kept them all in leading-strings at her feet. It amused her to arouse their hopes and then their fears, to turn them round her finger (she used to call it knocking their heads together), while they never dreamed of offering resistance and eagerly submitted to her. About her whole being, so full of life and beauty, there was a peculiarly bewitching mixture of slyness and carelessness, of artificiality and simplicity, of composure and frolicsomeness; about everything she did or said, about every action of hers, there clung a delicate, fine charm, in which an individual power was manifest at work. And her face was ever changing, working too; it expressed, almost at the same time, irony, dreaminess, and passion. Various emotions, delicate and quick-changing as the shadows of clouds on a sunny day of wind, chased one another continually over her lips and eyes.

---

① 　Turgenev, I. *Acia / First Love* [M] . Trans. Constance Garnett. CPB.: KAPO, 2014: 144–146.

第十五章　王佐良

引　言

　　王佐良是英国文学研究的集大成者；在翻译理论和实践方面，他同样成就卓著。他翻译的《雷雨》《谈读书》都是传世之作。他认为，翻译者必须是一个真正意义上的文化人；翻译实践不仅为中国四化建设做出了贡献，丰富了我们的文化生活，而且为提高我们国家在国外的名声，直接做出了贡献。

一、名家简介

　　王佐良（1916—1995），诗人、翻译家、教授、英国文学研究专家，浙江上虞人。王佐良学生时期就写诗，并有英文诗发表，又有中篇小说《昆明居》为世人所知。20 世纪 50 年代起以双向翻译从事文化交流和文学研究，把中国戏剧文学名著《雷雨》等作品译成英文，把多种英诗移译为中文，主张以诗译诗，存原诗风貌；研究英国文学的中英文论著，以文艺复兴时期作品和现代诗歌两个领域为主，著作有：《英国文学论文集》《英国诗文选译集》《英语文体学论文集》《英国文学名著选注》《中外文学之间》《彭斯选集》等。集诗人、翻译家、研究工作者于一身而各有成就。在 20 世纪五六十年代，他与许国璋、吴景荣曾被誉为新中国的"三大英语权威"。他为新中国英语教育和英语翻译所做出的贡献，已有不少文章做过回忆和论述。

　　王佐良喜欢翻译。他说："有时候，当我写完了一篇所谓'研究'论文，我总是感到：与其论述一个外国作家，不如把他的作品翻译一点过来，也许对读者更有用。"①

---

① 王佐良 . 一个业余翻译者的回顾［J］. 译林，1983（1）：241.

但是自己的实践却不多。大体上可分两类。一类是中译英。他在新中国成立后参加过《毛选》的英译工作，后来又译过文学作品，其中最著名的是曹禺的《雷雨》。另一类是英译中。1940 年，他在昆明西南联大外文系做助教，利用闲暇之余做翻译。如翻译了乔伊斯的《都柏林人》、培根的《随笔》等，其中最著名的是《谈读书》一文。另外他还翻译了近 40 首彭斯的诗、几首雪莱的诗、二三十首现代苏格兰和美国的诗等。总之，王佐良翻译的数量不多，但几乎件件是精品。

　　王佐良在翻译理论方面的研究成绩，如《翻译：思考与试笔》（1989）、《论新开端：文学与翻译研究集》（1991），对今天的翻译理论与实践具有重要的指导意义。在他看来，我们的翻译理论应该在继承我国优良的翻译传统的基础上对外开放，向前发展。既要吸收外国的先进理论，为我所用，又应该发扬本国的优良传统，两者相辅相成。在引进外国理论方面，王佐良主张把我国的译论建立在现代科学理论，尤其是现代语言学科与现代翻译理论的基础上。在《词义·文体·翻译》一文中，他引进了语义学、文体学的一些原理，强调翻译实践中语境和翻译目的的重要性，应根据不同的文体采用不同的译法。王佐良按文体把翻译划分成"意""文""体"等几大类，并且指出体中有体，译时要抓住各类的主要特点，区别对待。王佐良也于 1984 年、1986 年先后发表了《翻译中的文化比较》与《翻译与文化繁荣》两文，反复强调文化比较对于翻译的重要性。他说："翻译里最大的困难是什么呢？就是两种文化的不同。在一种文化里头有一些不言而喻的东西，在另外一种文化里头却要费很大力气加以解释。"因此，译者必须是个真正意义上的文化人。他认为，翻译研究是个"开放的"领域，建议把翻译研究与比较文化、语言学分析、文艺学分析结合起来，进行跨学科的、综合性的研究。①

---

① 袁锦翔. 王佐良翻译观之我见——《翻译：思考与试笔》读后［J］. 外国语，1992（2）：25-29.

二、名译欣赏：谈读书

【原文】

Of Studies[①]

Francis Bacon

Studies serve for delight, for ornament, and for ability. Their chief use for delight, is in privateness and retiring; for ornament, is in discourse; and for ability, is in the judgment, and disposition of business. For expert men can execute, and perhaps judge of particulars, one by one; but the general counsels, and the plots and marshalling of affairs, come best, from those that are learned.

To spend too much time in studies is sloth; to use them too much for ornament, is affectation; to make judgment wholly by their rules, is the humor of a scholar. They perfect nature, and are perfected by experience: for natural abilities are like natural plants, that need pruning by study; and studies themselves, do give forth directions too much at large, except they be bounded in by experience.

Crafty men contemn studies, simple men admire them, and wise men use them; for they teach not their own use; but that is a wisdom without them, and above them, won by observation. Read not to contradict and confute; nor to believe and take for granted; nor to find talk and discourse; but to weigh and consider.

Some books are to be tasted, others to be swallowed, and some few to be chewed and digested; that is, some books are to be read only in parts; others to be read, but not curiously; and some few to be read wholly, and with diligence and attention. Some books also may be read by deputy, and extracts made of them by others; but that would be only in the less important arguments, and the meaner sort of books, else distilled books are like common distilled waters, flashy things.

Reading makes a full man; conference a ready man; and writing an exact man. And therefore, if a man write little, he had need have a great memory; if he confer little, he had need have a present wit: and if he read little, he had need have much cunning, to seem to know, that he doth not.

---

① Bacon, F. 论学习 [J]. 孙有中, 译. 英语学习, 2003（11）: 62.

Histories make men wise; poets witty; the mathematics subtile; natural philosophy deep; moral grave; logic and rhetoric able to contend. *Abeunt studia in mores*. Nay, there is no stond or impediment in the wit, but may be wrought out by fit studies; like as diseases of the body, may have appropriate exercises. Bowling is good for the stone and reins; shooting for the lungs and breast; gentle walking for the stomach; riding for the head; and the like. So if a man's wit be wandering, let him study the mathematics; for in demonstrations, if his wit be called away never so little, he must begin again. If his wit be not apt to distinguish or find differences, let him study the Schoolmen; for they are *cymini sectores*. If he be not apt to beat over matters, and to call up one thing to prove and illustrate another, let him study the lawyers' cases. So every defect of the mind, may have a special receipt.

【译文1】①

谈读书

王佐良　译

　　读书足以怡情，足以博彩，足以长才。其怡情也，最见于独处幽居之时；其博彩也，最见于高谈阔论之中；其长才也，最见于处世判事之际。练达之士虽能分别处理细事或一一判别枝节，然纵观统筹、全局策划，则舍好学深思者莫属。

　　读书费时过多易惰，文采藻饰太盛则矫，全凭条文断事乃学究故态。读书补天然之不足，经验又补读书之不足，盖天生才干犹如自然花草，读书然后知如何修剪移接；而书中所示，如不以经验范之，则又大而无当。

　　有一技之长鄙读书，无知者慕读书，唯明智之士用读书，然读书并不以用处告人，用书之智不在书中，而在书外，全凭观察得之。读书时不可存心诘难作者，不可尽信书上所言，亦不可只为寻章摘句，而应推敲细思。

　　书有可浅尝者，有可吞食者，少数则须咀嚼消化。换言之，有只须读其部分者，有只须大体涉猎者，少数则须全读，读时须全神贯注，孜孜不倦。书亦可请人代读，取其所作摘要，但只限题材较次或价值不高者，否则书经提炼犹如水经蒸馏，淡而无味矣。

　　读书使人充实，讨论使人机智，笔记使人准确。因此不常做笔记者须记忆特强，

---

① 　译文 1，2 选自博客［2019-02-16］：http://blog.sciencenet.cn/home.php?mod=space&uid=331736 &do=blog&id=422102.

不常讨论者须天生聪颖，不常读书者须欺世有术，始能无知而显有知。

读史使人明智，读诗使人灵秀，数学使人周密，科学使人深刻，伦理学使人庄重，逻辑修辞之学使人善辩：凡有所学，皆成性格。人之才智但有滞碍，无不可读适当之书使之顺畅，一如身体百病，皆可借相宜之运动除之。滚球利睾肾，射箭利胸肺，慢步利肠胃，骑术利头脑，诸如此类。如智力不集中，可令读数学，盖演算须全神贯注，稍有分散即须重演；如不能辨异，可令读经院哲学，盖是辈皆吹毛求疵之人；如不善求同，不善以一物阐证另一物，可令读律师之案卷。如此头脑中凡有缺陷，皆有特药可医。

【译文2】

论读书

廖运范　译

读书能给人乐趣、文雅和能力。人们独居或退隐的时候，最能体会到读书的乐趣；谈话的时候，最能表现出读书的文雅；判断和处理事务的时候，最能发挥由读书而获得的能力。那些有实际经验而没有学识的人，也许能够一一实行或判断某些事物的细微末节，但对于事业的一般指导、筹划与处理，还是真正有学问的人才能胜任。

耗费过多的时间去读书便是迟滞，过分用学问自炫便是矫揉造作，而全凭学理判断一切，则是书呆子的癖好。学问能美化人性，经验又能充实学问。天生的植物需要人工修剪，人类的本性也需要学问诱导，而学问本身又必须以经验来规范，否则便太迂阔了。

技巧的人轻视学问，浅薄的人惊服学问，聪明的人却能利用学问。因为学问本身并不曾把它的用途教给人，至于如何去应用它，那是在学问之外、超越学问之上、由观察而获得的一种聪明呢！读书不是为着要辩驳，也不是要盲目信从，更不是去寻找谈话的资料，而是要去权衡和思考。

有些书只需浅尝，有些书可以狼吞，有些书要细嚼慢咽，慢慢消化。也就是说，有的书只需选读，有的书只需浏览，有的书却必须全部精读。有些书不必去读原本，读读它们的节本就够了，但这仅限于内容不大重要的二流书籍；否则，删节过的往往就像蒸馏水一样，淡而无味。

读书使人渊博，论辩使人机敏，写作使人精细。如果一个人很少写作，他就需要有很强的记忆力；如果他很少辩论，就需要有机智；如果他很少读书，就需要很狡猾，对于自己不懂的事情，假装知道。

历史使人聪明，诗歌使人富于想象，数学使人精确，自然哲学使人深刻，伦理学使人庄重，逻辑学和修辞学使人善辩。

总之，读书能陶冶个性。不仅如此，读书并且可以铲除一切心理上的障碍，正如适当的运动能够矫治身体上的某些疾病一般。例如，滚球有益于肾脏，射箭有益于胸肺，散步有益于肠胃，骑马有益于头脑，等等。因此，假若一个人心神散乱，最好让他学习数学，因为在演算数学题目的时候，一定得全神贯注，如果注意力稍一分散，就必须再从头做起。假若一个人拙于辨别差异，就让他去请教那些演绎派的大师们，因为他们正是剖析毫发的人。假若一个人心灵迟滞，不能举一反三，最好让他去研究律师的案件。所以每一种心理缺陷，都有一种特殊的补救良方。

【译文3】

论学习①

孙有中　译

学习可以作为消遣，作为装点，也可以增进才能。其为消遣之用，主在独处、归休之时；为装点，则在高谈阔论之中；为才能，则在明辨是非、深谋远虑之间；因为专于一技者可以操持甚或判断一事一物，而唯有博学之士方能纵观全局，通权达变。

过度沉溺于学习是怠惰；过度炫耀学问是华而不实；食书不化乃书生之大疾。学习可以完善天性，并通过经验得以完善自身；因为天生之才犹如天然之草木，尚需通过学习加以修整；而纸上学问未免空谈，除非由经验加以约束。

聪颖者鄙视学习，愚鲁者羡慕学习，明智者利用学习；学习本身并不教人如何运用；唯有观察可以带来超越学习的智慧。读书不为争论长短，不为轻信盲从，也不为高谈阔论，而旨在衡情度理。

有些书可以浅尝辄止，有些书可以生吞，而有少数书应该细嚼慢咽，融会贯通；换言之，有些书可以阅读，但不必谨小慎微；而有少数书应该悉心通读，刻苦研习。有些书可以请人代读，也可以读其节选；但这只限于那些不够重要的论述和粗制滥造的书籍；否则，经过提炼的书犹如经过提炼的水一样，淡而无味。

读书使人充实，讨论使人机智，笔记使人严谨；因此，假若一个人很少做笔记，那他需要有超人的记忆；假若他很少讨论，那他需要天资聪颖；而假若他很少读书，

---

① Bacon, F. 论学习［J］. 孙有中, 译. 英语学习, 2003（11）: 63.

那他需要有充分的狡诈掩饰自己的无知。

读史使人明智,读诗使人聪颖,算数使人缜密,自然哲学使人深刻,伦理使人庄重,逻辑与修辞使人善辩。

总之,学习造就性格;不仅如此,心智中任何障碍可以通过恰当的学习来疏通。这正如身体上的疾病可以通过恰当的锻炼来消除:滚球有益于腰肾,射箭有益于胸肺,慢步有益于肠胃,骑马有益于大脑,等等。因此,假若有人神志懒散,那就让他学习算术,因为在演算中,注意力稍有分散,他就必须从头做起;假若他的智慧不足以辨别差异,那就让他学习经院哲学家,因为他们善于吹毛求疵;而假若他不擅处理事务,不能触类旁通,那就让他学习律师的案例。因此,心智上的每一种缺陷都可能有专门的药方。

三、名论细读

翻译与文化繁荣①

同志们,今天讲的只是我看到的、听到的、读到的一些东西。我个人所知有限,在座有很多有经验的翻译家,请大家批评指正。

第一点,**大量的翻译实践为四化建设作出了贡献,也丰富了我们的文化生活。**现在翻译的面很广,就是我们这些学校里头的人,也同一些外国大学有些事务上的来往。比如说,跟外国人合作编一本什么书,出版一本什么字典,就要订合同。合同的语言跟我们普通学校里所学的不一样,有它的一套格式。

我想很多搞外贸工作的同志在这方面的经验就很丰富。因为在这些机构里,会有大量的来往信件和商业方面的一些文件需要翻译。我认为这是个好事情。因为这样一来,我们的外语运用和中文都能够进入一个更加开阔的领域。又如,科学家到国外参加学术会议,有的时候需要把他的整个论文或科学试验报告译成英文或者其他的外文。如果不全文翻译,也得有一个外文的摘要。那么,这个摘要怎么写,也是过去学校里头没教过的。这样,也使大家增加一种经验。再如这次开奥运会,我国运动员成绩非常之好,他们跟外国记者交谈就要通过翻译。他们一般都不懂外语,那么,翻译又多了一件事情;他们谈的也不仅仅是如何跳高之类,记者也可能问到他的家庭生活,问到他个人的许多事情。那么,担任这些翻译的人一定也得到了新的翻译经验。我们的运动员在国外受到访问很多,大家印象很好。因此,**翻译对提**

---

① 王佐良.翻译与文化繁荣 [J].中国翻译,1985(1):3-7.

高我们这个国家在国外的名声，直接作出了贡献。另一方面，对于他本人也是个很好的考验。因为语言最怕是"闭门造车"，尤其是我们学外语的，要是只抱着几本语法书、一两本字典，而没有得到广泛运用的机会，那么外语的掌握就会有各种缺陷。

文学翻译也是这样。现在我国的外国文学的杂志多得很。大量的外国短篇小说、诗歌，也有长篇小说、剧本、广播剧之类，都翻译成中文。这个面比起以前要大得多。在更高级的文学翻译方面，也有许多新的现象。比如说，现在翻译的难度更大了，过去人们不太敢译的东西或者译得不全的东西，现在都是整本地翻译出来了。比如《红楼梦》，过去外国无论是英国、法国、德国，可能也包括苏联，都只有节本，不同程度的节本。但是，现在有了全文的翻译。外文出版社的杨宪益、戴乃迭两位同志把全书翻译出来了。英国牛津大学的 Hawkes 教授也完成了另一个全译本。这几位译者都是知难而上，成绩辉煌。我有时拿《红楼梦》一看，很多地方读不懂，或者似懂非懂。遇见宝玉或者秦可卿房间里的陈设之类，我就未必真懂，马马虎虎看过就是。把这些东西译成英文谈何容易，所以过去人们是不译的。小说里边还有许多诗词、对联等等，中国语言的许多特点都在那里，现在都译出来了，而且整个讲，翻译得很不错。外国也有这个现象。比如说荷马的史诗，最初是用诗译的。十六世纪的查普曼、十八世纪的蒲伯都用诗译过。到了近代，人们觉得英语韵文传达不出希腊史诗的特殊效果，所以改用散文来译。现在不然了，有好几个译本都是用诗体翻译的，而且译得不错。比如美国的 Robert Fitzgerald 翻译的荷马的《奥德赛》，读起来非常引人入胜，真是后来者居上。又如日本的《源氏物语》，过去 Arthur Waley 译的是节本。Waley 是很有功劳的一个译者，但是他有一个毛病，就是删节厉害。比如《西游记》他也删节。《源氏物语》现在有一个美国人 Seidensticker 翻的全译本，日本政府还给了他一个翻译奖。刚才提到《西游记》，现在有个美籍华人叫余国藩的，是芝加哥大学的教授，很有学问。他把《西游记》的全文都译成了英文，而且大家公认是译得不错。刚才说的是中译外，外译中也有很多好的。我这里想提我的一个朋友，已经逝世了的诗人叫查良铮。他译的拜伦的《唐璜》已经出版了，译得非常之好，很传神的。以诗译诗，不是用散文。我最近看到已故著名诗人戴望舒的《戴望舒译诗集》，湖南人民出版社出的。过去我们都不够注意，这次我因为要做点研究，仔细地读了一遍，读后非常佩服。他译了法国诗人波德莱尔的名作《恶之花》的一部分，还有西班牙诗人洛尔迦的名作《吉卜赛谣曲集》和《伊涅修·桑契斯·梅希亚思挽歌》。我不懂西班牙文，但是，借了一本西班牙词典，对照着英文译本一起读，发现英译漏了几个关键性形象，总的文字质量不如戴译，虽则英译者也是一个很有名的诗人，叫做 Stephen Spender，而且还有西班牙人同他合作。所以，我们翻译界确实有很多值得大谈特谈的事情。我又要加一句，**翻译有一种过渡性，怎样好的译本也难于永**

远存在，不断地需要重译。因为文化在发展，语言变了，人们对作品的研究也加深了。近年来的事实也是这样，许多名译被新译所代替，而且总的说来，确是越译越好，**这也使得翻译工作不是呆滞的、停顿的，而是流动的、开放的。**

现在谈谈口译。最近我们国家里的口译活动非常频繁。开一个国际会议或者进行一个商业上的谈判，都需要口译。**口译很辛苦，但苦中有甘，可以提高语言能力，提高抓要点和临机应变的能力。**语言是要多方面去接触、去实践的，仅仅靠学校里学的那一点是不够的。我们也搞了一种很特殊的翻译，那就是**电影的配音。**我觉得在这方面我们新中国作出了突出的成绩。外国影片如果没有很好的配音，演出来就没有效果。许多人喜欢外国的某些片子，主要原因之一，就是我们的配音做得好。有的配音真是使人佩服。比如说《傲慢与偏见》，念英文的人无不熟悉这部小说，它里头的语言艺术是很高的，英文的很多妙处可以从这里头看出来。它的情节没什么了不得，没有扔炸弹，没有打仗，就几个女孩子谈来谈去。但是，你看得很有兴趣。你要是仔细看看，里头有许多社会情况，也会发现作者对婚姻、恋爱有她自己的看法。她不喜欢虚假的、自私的、装腔作势的人，对他们讽刺得很妙。这样的文字翻译出来是很困难的。但是，我看过一部译制片，是四十年代的老片子，黑白的，而配音却很好，很多俏皮话，居然都译过来了。后来我看电视报道，才知道配音工作是非常辛苦、麻烦的，需要导演、翻译和演员几方面的合作，比我们翻译文章要难多了。它要合乎口形，话不能文绉绉的，太文人家听不懂。比较一下，新中国成立初期，我们看《宝石花》之类的苏联电影，配音就差得多，有些话我就听不太懂，腔调特别不好听。现在不同了，我们不仅能很好地配音，而且能够表现性格。我觉得这些同志应该受到极大的赞扬。

口译当中，难度大的是**同声传译，**需要特别的技巧。不要认为任何人只要中文好，英文好，就能够搞同声传译。不是的，要经过锻炼才能做好。讲话有几种，有一种是有准备好的演讲稿。那么你可以照念，比较容易。但是即席发言，在激烈的辩论里的发言，同声翻译就要有一套技巧。做得差的又是什么样呢？翻译出来的尽是些不重要的话，真正要紧的话没翻译出来。日常口语中，有许多话都是陪衬的，或者是句子的引语、插入语，或者是客气话，把那些都译出来了，而要紧的话，比如一个论点、一个主张本身却没让人听清楚，这就是没抓住要点。人人都知道要抓要点，但是需要训练，不经过训练是达不到的。现在我国有了这样的训练机构。北京外语学院受联合国的委托，办了一个译员训练班，主要就是训练同声传译。原来，外国人也好，中国人也好，都对这个班信心不大。外国同声译员的待遇是很高的，有很多人抢这个工作。联合国里头有很多都是有经验的人。你们这些学生能行吗？而且北外教同声传译的教师都是中国人。外国教师是有的，但教别的课程。每年暑假联合国要派一个以翻译司、处长为首的考试团来，考试是很严格的。但是每次考的结果是全部成绩优秀，全部都录用。这种情况人家很奇怪。每次来，人家都是要看，注意地观察。他们都是很有经验的翻译，但事实摆在那里，他们也只得承认。这个工作我们开展了，而且做得还不错，这在过去是不能想象的。还有，别的国家的译员都是把外语译成本族语，我们的译员则是两者能互译。这也是一个特点，世界上只有阿拉伯语的译员也是这样。

这样大量的翻译活动产生了什么影响呢？首先是提高了外语运用的能力。外语现在已经走出教室，进入社会，而且用得比以前灵活了。多年以来，总有一个争论，就是学讲外语是正确第一，还是流利第一？多数的教师恐怕还觉得正确最要紧。因为很明显，如果你讲的句子错了，你再讲得快也不行。过去受英美影响较深的地区，讲英语讲得流利的人很多。但是，一般讲得并不好。可是，过分强调正确性也不好。我们学生里头还有这种情况：就是句子讲出来都不错，尤其语音不错，有的叫你听了非常之舒服。到外国去人家也佩服。但是，讲得太慢，话太少，宁可正确而不愿意多讲。因此，有很多思想不能表达，或者表达得不能透彻。这是缺点，现在不同了，教学上鼓励学生多讲，讲出自己的真实思想感情，能同对方交流，讨论问题，有来有往，还要讲得有点思想深度。对于语言质量要求也越来越高。我举一个英文的例子，是听来的。有一次，口译员把"采取具体步骤"译成"take concrete steps"，另外一些译员就笑他，说："You don't take concrete steps. You walk on them." 因为，concrete steps 可以理解为"洋灰做的石级"。由此也看出文学的重要性。当然，我们不能只念文学，要念大量其他东西，但是又不能不念文学，甚至不能不念诗。为什么？因为诗人也好，小说和散文作家也好，都是力争把他的语言保持在一种很新鲜、很锐利的状态，因此就必然反对套话。此外，文学作品里面什么语言都有，包括法律用语、科技用语、行话、黑话、私房话，应有尽有，因为文学写的是生活，而生活是包罗万象的。

很多人学英语学到一定程度，口语还是不能够达到很高的水平，不是语音、语法、词汇的问题，而是教育程度不够，文化教养不够。如果对人对事物不关心，对知识上的新动向无兴趣，特别是对自己国家里的文史哲和科技的进展缺乏起码的知识，那就不会有多少东西可谈，谈起来也会干巴巴的——要不然就是油腔滑调的若干会话套语。比如，陪外宾到颐和园去玩，真正的得力的翻译除了讲这是什么地方，这桥是什么时候建的之外，还能提供一定的背景。比如，一进门，我们碰到一块大石头摆在当中，供人观赏。这岂不是比外国人的现代抽象雕刻还要抽象吗？而且我们无须拿金属之类来扭成什么形状，只用来自大自然的石头，趣味又是多高！又比如说，你走到里边去，看见远处有玉泉山的宝塔。宝塔是在颐和园的外头，但是颐和园有很多的景不能离开它。园林专家称之为"借景"。换言之，我们的祖先在设计一个花园的时候，早就把整个区域的风景打算在内。那么，你可以说，你看那远山和宝塔，它们构成了我们这个园子的风景的一部分。这就是我们园林艺术的一个特点。你这样一讲，如果那个外国游客也是一个有教养、有文化的人，就会对你产生一种新的感情，他对中国青年的看法也就不一样了。问题是：这种文化教养从何而来？从家庭、从社会，也从学校。过去，我们学校的课程太狭窄了。外语院校主要就是一门实践课，五年一贯，最高的成就就是能听懂外国广播。这究竟算什么样的大学教育呢？现在当然改了，一、二年级打基本功，三、四年级或者五年级就有大量的选修课。也成立了一些新的专业，如六年制的国际文化专业和国际新闻专业，学生可以拿两个学位，一个是英语（英国语言文学）学士，另一个是国际文化或新闻学士。

我们开始用英语来讲授中国文化。大家听了会说：中国人干嘛要用英语教中国文化呢？因为有这个必要。一方面可以了解国外人家怎样研究我们的文化，国外也有材料丰富的学术著作，讲中国哲学、历史、文学、艺术。另一方面，我们应当学会怎样对大量的外国来访者或者外国听众介绍我们的文化。到外国去讲学，更该讲中国的东西，那么，你在国内学一学岂不是很好吗。这样，外语学生也可以更加注意中国学问。这一类课程主要要由中国外语教师来开，用外国材料，然而观点是中国的，马列主义的，有中国的特色。总之，这一方面还大有可为，应该使每个学生有点专业。这个专业可以是文学、语言学、哲学、历史，也可以是世界经济、国际法、社会学等等。我觉得还可以伸展到播音、演剧、编写与制作电视剧，以及外文印刷、出版等领域里去。此外开始在上英文创作（creative writing）课，这是造就将来的《中国日报》之类的英文报刊的编辑、记者的课，将来的重要文件的英译定稿者也将出自这等地方，只有英文写得好，甚至能写诗，写剧本，才会有真正高明的英文翻译。无论如何，能直接深入地阅读外国材料，能通过广泛接触了解外国社会，这是外语学生的优势所在，要好好利用；但他们必须对文化上的事情有一种好奇心，有一种能自己钻研的能力，不要什么都靠教师开课讲。很多东西不需要听课，可以自学的。这是我要讲的第一个大点。

现在讲第二点。可能同志们希望知道，在翻译理论的探讨上，有些什么新的苗头、动向呢？我首先要说明，大家不要听到"理论"这两个字就感到不妙，以为是很枯燥的，或者玄而又玄的。其实**理论应是出自翻译实践又能指导翻译实践的**。我们要能够通过丰富的翻译经验总结出几条来，这几条要很精练，不是很抽象，能对以后的翻译工作起指导作用。**严复的信、达、雅这三点就是理论**。他是一个伟大的翻译家，能够把他的实践总结出这么三个字，了不得。我们要的理论是这样子的，但是不要以为这个很容易，这个最难，而且据我所知，科学界也是这样。爱因斯坦有一个有名的公式，$E=mc^2$。你看多么简洁，任何人一看都很清楚的，而且有一种特殊的美。我们就要这样的一种理论。

那么，现在有些什么新的动向呢？简单讲，可以分两个方面。一个是扩大，这个与语言学的研究有关系，由于语言的运用扩大了，语言的理论、翻译的理论也扩大了，扩大到一些人们不太注意的语言因素，现在大家也进行研究了。当然，人们通常注意的因素也在继续研究，而且搞得比过去更好。例如运用录音机大量收集活的语言素材，成立材料库，又拿电子计算机加以整理，法国一部有名的大字典叫做《法语宝库》就是在这样的基础上编的，现在还在进行。伦敦大学也有一个寇克教授主持的"英语用法调查"研究项目，朗曼当代英语词典的例句就是出自那里所积累的材料，因此为人所贵。但是同时，对一般不太注意的语言因素现在也注意起来了。在口语里头，比如说，你的声音怎么样？听耳机里的声音是比较吃力的。所以，口译者的声音要比较悦耳，如果很单薄、很尖，就使听者反感，达不到翻译的目的。这类过去不研究的东西，现在作为一种语言因素来研究了。书面语里头也有很多新的研究项目，看起来似乎与语言不相干，但与语言的社会作用有联系。例如在美国，为了求职或取得奖学金之类去交个人学术履历，总要用最好的纸，打字也要清楚无讹，排列也要尽量美观。这是扩大，其中都有社会文化因素。**翻译里最大的困难是什么呢？就是两种文化的不同。在一种文化里头有一些不言而喻的东西，在另外一种文化里头却要费很大力气加以解释。对本族语者不必解释的事，对外国读者得加以解释。**每个翻译者都有这类经验。有的时候，我们想办法在本文里头加上一二字略作解释，特别是在译诗时如此，不一定都采取加注的办法。还有一些社会习惯影响语言。比如说，中国的士大夫是不谈钱的，要谈也采取比较间接的方式。外国就不这样。所以同样地写封信给一个出版社，写法就不一样。我们往往不提报酬。反正出版社有一定的稿费办法，会照发的。我们自己也不好争取。外国人首先一条，就是要订一个合同，会问：What are your terms?（你给我个什么样的条件？）或类似的话。这些话如果译成中文，有些中国读者会瞧不起这个人，说，你看这个大作家，怎么整天谈钱呢？

不同的习俗也影响了成语。有些成语大体上相仿，可是在关键的地方不一样。英语说 love with my heart（用我的心爱你），和中文差不多。但 Nida 在一篇文章中说，世界上别的语言有不同说法，或说 love with my liver，或说 love with my stomach，甚至 love with my throat。这种地方你就不能死译。

除了扩大，还有加深。关于加深，我想谈三点。

第一点，针对词对词的翻译法的缺点，人们提出，要译出整个概念，或者整片情感。这样就不是词对词，甚至不是句对句，而要注意句以上的单位，如段，如整篇文章。

现在研究语法也有这个趋势，已经出现了 text grammar，或译"话语语法"。另外，也更加注意语言里头那种比较难抓住的因素。有时很小一个字，但是它在情感上的作用很大。例如嘲讽，戏仿，故意的低调低姿态，轻描淡写等等。

第二点，讲文体，不同的文体要有不同的译法。比如一个布告，就要用一种合乎布告的语言来译，广告有广告的译法，通知有通知的译法，等等。那么政治文章呢？要注意关键名词。要力求准确，否则会出大问题。翻译小说要把故事、情节、对话等翻译清楚，要译得比较顺畅好读。翻译诗呢？要考虑格律、音韵、形象等等问题，要注意是咏唱体还是说话体，要努力传达整首诗的情调。总之，不同的文体要有不同的办法。

第三点，更多地注意读者。过去译者经常想的总是作者的企图用意是什么，因此也注意作者的时代、出身、教育程度、经历、交往种种，很少考虑到读者。其实一部作品要靠读者来最后完成，作者总有读者对象，而作品的效果又完全看读者的反应。这就出现了一个新的因素。实际上，有时候译者纠缠不清的问题，读者认为无关紧要；而他们认为是很重要的东西，译者倒疏忽了。现在甚至有一种极端说法，即针对不同类型的读者，出版不同的译文。我对此是怀疑的，因为我怕出现一种针对教育程度不高的读者群而准备的简化的译文，那就会像外语学生读的简化名著一样，只剩下了故事大概，而形象、气氛、文采等等都不存在了。但是，确要考虑读者，考虑读者可能有的反应，这一点是完全正确的。这就是说我们译本要不断地更新。比如严复的译文确实很好，但他有他心目中的读者对象，也就是一些当时的士大夫，关心大局的高层知识分子，想要通过所译的书使他们能够接受资本主义的思想。所以他介绍的都是大书，从政治经济学，一直到自然科学如《天演论》。但是，我们就不能用他的译本了，很多人都念不懂。所以要重新翻译。不能只看原作者意图或译者的意图，不能只管少数批评家满意不满意，也要看读者接受的怎么样。这个因素应该考虑进去。

我最后还有几句话。我们如果回顾一下，就会发现我们今天离开严几道、林琴南两位伟大的先驱者已经很远了，国家的情况也大为不同了，应该根据我们今天的实践来作我们今天的总结。我们现在的实践在不断地扩大。比如说，福建在开放，那就会带来很多新的实践。世界上翻译工作者的同行也越来越多。文化接触在不断地增加。因此，**翻译无论是当作艺术也好，科学也好，甚至叫它技术也好，它是有无限广阔的前途的。它是一个生长点，它正在生长。它也是一个开放的领域，有很多很多事情可以做。**我们必须不断地学习，不断地深入观察，不断地深入实践。翻译者是一个永恒的学生。

四、拓展阅读

黎昌抱.王佐良翻译观探析［J］.中国翻译,2009（3）：29–35.

黎昌抱.王佐良翻译风格研究［M］.北京：光明日报出版社,2009.

黎昌抱.翻译家王佐良［J］.外国文学,2016（6）：46–55.

王佐良.翻译：思考与试笔［M］.北京：外语教学与研究出版社,1989.

王佐良.论诗的翻译［M］.南昌：江西教育出版社,1992.

王佐良.词义·文体·翻译［J］.读书,1979（5）：127–134.

王佐良.培根"谈读书"［J］.英语学习,1962（9）：2–9.

王佐良.关于文学翻译答客问［J］.翻译通讯,1983（10）：9–13.

王佐良.翻译中的文化比较［J］.中国翻译,1984（1）：2–6.

王佐良.新时期的翻译观：一次专题翻译讨论会上的发言[J].中国翻译,1987(5)：2–4.

王佐良.文学翻译中的语言问题［J］.中国翻译,1993（2）：2–19.

五、翻译练习

雷 雨①

鲁贵：（咳嗽起来）他妈的！（兴奋地问着）你们想,你们哪一个对得起我？（向四凤同大海）你们不要不愿意听,你们哪一个不是我辛辛苦苦养到大？可是现在你们哪一件事做的对得起我？（对大海）你说？（对四凤）你说？（对着站在中间圆桌旁的鲁妈）你也说说,这都是你的好孩子啊？……我受人家的气,受你们的气。现在好,连想受人家的气也不成了,我跟你们一块儿饿着肚子等死。你们想想,你们是哪一件事对得起我？……大海,你心里想想,我这么大年纪,要跟着你饿死。我要是饿死,你是哪一点对得起我？我问问你,我要是这样死了？

---

① 曹禺.雷雨（汉英对照）［M］.王佐良,巴恩斯,译.北京：外文出版社,2001：246–250.

第十六章　高克毅

引　言

　　高克毅是一位享誉国内外的中英文双语作家、编辑和翻译家，也是香港中文大学著名英文杂志《译丛》（*Renditions*）的创始人之一。他对中美两国语言和文化的把握十分纯熟，尤以为中美两国读者译介各国经典作品而备受称道。

一、名家简介

　　高克毅，笔名乔志高（George Kao，1912—2008），祖籍江苏江宁。1912 年 5 月 29 日生于美国密西根州安阿伯市。燕京大学毕业，美国密苏里大学新闻学院硕士，哥伦比亚大学国际关系硕士。20 世纪 30 年代曾任上海英文报《大陆报》（*The China Press*）、《中国评论周报》（*The China Critic*）美国特约通讯员。抗战时期任职纽约中华新闻社。历任旧金山《华美周报》（*Chinese Press*）主笔，华盛顿"美国之音"编辑，香港中文大学翻译中心客座高级研究员。1973 年与宋淇（林以亮）共同创办英文杂志《译丛》（*Renditions*），向世界介绍中文文学，并担任编辑多年。

　　高克毅是一位享誉国内外的作家、编辑和翻译家。半个世纪以来，他为沟通中美文化做出了卓越贡献。因其特殊的个人生活经历，他对中美两国语言和文化的把握十分纯熟，尤以为中美两国读者译介各国经典作品而备受称道。出版的中文作品有：《纽约客谈》《金山夜话》《吐露集》《鼠咀集》《言犹在耳》《听其言也》《总而言之》《一言难尽：我的双语生涯》《最新通俗美语词典》（与其胞弟高克永合编）；英文著作有：《你们美国人》（*You Americans*）（纽约外国记者协会 15 位会员合著）、《湾区华夏》（*Cathay by the Bay: San Francisco Chinatown in 1950*）、《中国幽默文选》（*Chinese Wit and Humor*）等；译作有《大亨小传》（*The Great Gatsby*）、《长夜漫漫路迢迢》（*Long Day's Journey into the Night*）、《天使，望故乡》（*Look Homeward, Angel*）。这些译作都是公认的名译。在这些译作的前言中，他常常会提到翻译中存在的问题及解决办法。

高克毅对翻译的看法主要收录在其两部作品中：《一言难尽：我的双语生涯》和《恍如昨日——乔志高自选集》。他一生游走于英汉双语之间，有丰富的翻译经验，其对翻译的认识，如幽默的翻译、委婉词的翻译，值得我们学习。不过，他的翻译观在《林以亮论翻译》的序言（详见译论部分）中才有了比较系统的阐述。在他看来，"翻译在本质上是一件 second best（不得已而求其次）的事，自然不免有这样或那样的缺陷"，所以他认为，"翻译文学不是'对不对'的问题，而是'不好、好、更好'的问题，而且即使一般'好'的翻译也必有见仁见智、各各不同的地方"[1]。因此，他觉得："翻译工作中最大的挑战，趣味无穷的一面，乃是看你怎样译人家的一句话——怎样揣摩人家的说法而用自己的说法来正确地表达——怎样描摹语气和声口，字里行间的含蓄、夸张和褒贬，以至谈话和行文的节奏、色调和神韵。无疑，只有文学作品才能在这方面供给我们机会充分发挥翻译的本领；也无疑，只有文学作品的翻译——假如译得够好——才会有比较长远的价值。"[2]基于其翻译观，他的译著虽然不多，但件件都是精品，具有很好的学习和研究价值。

二、名译欣赏：大亨小传

【原文】

The Great Gatsby[3]

F. Scott Fitzgerald

In my younger and more vulnerable years my father gave me some advice that I've been turning over in my mind ever since.

'Whenever you feel like criticizing any one,' he told me, 'just remember that all the people in this world haven't had the advantages that you've had.'

---

[1]　乔志高 . 序［M］// 林以亮 . 林以亮论翻译 . 台北：志文出版社，1974: 6.

[2]　乔志高 . 序［M］// 林以亮 . 林以亮论翻译 . 台北：志文出版社，1974: 3.

[3]　［2019-08-10］. https://www.planetebook.com/free-ebooks/the-great-gatsby.pdf: 3-4.

He didn't say any more but we've always been unusually communicative in a reserved way, and I understood that he meant a great deal more than that. In consequence I'm inclined to reserve all judgments, a habit that has opened up many curious natures to me and also made me the victim of not a few veteran bores. The abnormal mind is quick to detect and attach itself to this quality when it appears in a normal person, and so it came about that in college I was unjustly accused of being a politician, because I was privy to the secret griefs of wild, unknown men. Most of the confidences were unsought—frequently I have feigned sleep, preoccupation, or a hostile levity when I realized by some unmistakable sign that an intimate revelation was quivering on the horizon—for the intimate revelations of young men or at least the terms in which they express them are usually plagiaristic and marred by obvious suppressions. Reserving judgments is a matter of infinite hope. I am still a little afraid of missing something if I forget that, as my father snobbishly suggested, and I snobbishly repeat a sense of the fundamental decencies is parcelled out unequally at birth.

And, after boasting this way of my tolerance, I come to the admission that it has a limit. Conduct may be founded on the hard rock or the wet marshes but after a certain point I don't care what it's founded on. When I came back from the East last autumn I felt that I wanted the world to be in uniform and at a sort of moral attention forever; I wanted no more riotous excursions with privileged glimpses into the human heart. Only Gatsby, the man who gives his name to this book, was exempt from my reaction—Gatsby who represented everything for which I have an unaffected scorn. If personality is an unbroken series of successful gestures, then there was something gorgeous about him, some heightened sensitivity to the promises of life, as if he were related to one of those intricate machines that register earthquakes ten thousand miles away. This responsiveness had nothing to do with that flabby impressionability which is dignified under the name of the 'creative temperament'—it was an extraordinary gift for hope, a romantic readiness such as I have never found in any other person and which it is not likely I shall ever find again. No—Gatsby turned out all right at the end; it is what preyed on Gatsby, what foul dust floated in the wake of his dreams that temporarily closed out my interest in the abortive sorrows and short-winded elations of men.

【译文1】

大亨小传①

乔志高 译

我年纪还轻、世故不深的时候，我父亲曾经教训过我一句话，直到如今我还是放在心上反复思考。他对我说：

"你每次想开口批评别人的时候，只要记住，世界上的人不是个个都像你这样，从小就占了这么多便宜。"

他没有往下多说——我们父子之间话虽不多，但一向有许多事情彼此特别会意，所以我当时懂得他的话大有弦外之音。由于父亲这个教训，我一生待人接物宁可采取保留的态度，而不乱下断语。我这种习惯招致了很多性情古怪的人拿我当知己，什么心腹话都跟我说，甚至于弄得有些面目可憎、语言无味的角色也跟我纠缠不清。大凡心理不正常的人一见到正常的人有这种性情，马上就会趁机前来接近。这样一来，我在大学时代就不幸被人目为小政客，因为同学中有冒冒失失的无名小卒都找着我私下来发牢骚。事实上我并不想获悉他们的隐私——每每见势不对，觉察到有人要拿我当知己，迫不及待的准备向我倾吐心思，我就常装睡觉，或托词忙碌，或故意不表同情，说几句开人家玩笑的话；因为据我的经验，青年人拿你当作知己所倾吐的知心话往往是千篇一律，而且坏在并不诚实，很少和盘托出。对人不乱下断语是表示一种无穷的希望。我前面提我父亲的话，似乎我们父子都有点瞧不起人的样子，但他的意思是说，待人宽厚虽是一种天赋，却并不是人人生来相同的——我惟恐忘了这个教训，责人过苛，而有所失。

既然这样自夸对人宽厚，我也得声明宽厚是有限度的。人的行为，有基于磐石、有出于泥沼，可是一过某种程度，我也不去管它的根源了。去年秋天我刚从东部回来的时候，我的心情的确非常沉重，恨不得全世界的人都穿起制服来永远向道德观念立正；我再也不能参与什么荒唐的举动，让人家向我推心置腹，把我引为知己了。我这种反应只有对于盖茨比，本书的主人翁，是个例外——这位象征我所鄙夷的一切的"大亨"，盖茨比。假使人的品格是一连串多彩多姿的姿势所组成的，那么你不能不承认这人有他瑰丽和伟大的地方；他对于生命前途的指望具有一种高度的敏感，像是一具精密的仪器，能够探测一万英里以外的地震。他这种反应能力与通常美其名曰"创造天才"那种有气无力的感受性毫不相干——而是一种异乎寻常的、

---

① 菲茨杰拉德.大亨小传［M］.乔志高，译.上海：上海三联书店，2013：1-3.

天赋的乐观，一种罗曼蒂克的希望，是我在别人身上从未发现过，以后也绝不会再发现的。不错——盖茨比本人临终并没有叫我失望；使我对人间虚无的悲欢暂时丧失兴趣的乃是萦绕在盖茨比心头的美梦，以及在他幻梦消逝后跟踪而来的那阵龌龊的灰尘。

【译文2】

了不起的盖茨比①

姚乃强　译

在我年轻幼稚，不谙世道的年代，父亲给我的一条忠告，至今还一直在我心头萦绕。

"每逢你想要对别人评头品足的时候，"他对我说，"要记住，世上并非所有的人，都有你那样的优越条件。"

他没有再多说什么，但是我俩彼此总能心照不宣，心领神会，因此我明白他的言外之意。结果，我养成了三缄其口、不妄作判断的习惯，这个习惯使许多性格乖戾的人乐意向我敞开心扉，但同时也使我成为不少老谋深算的无聊之徒的攻击对象。心智不正常的人往往能很快发现正常人身上显露出来的这种品质，并伺机与之接近。于是，出现这样的情况：在上大学时，我被人们不公正地指责为政客，因为我能探微索隐，把那些性格捉摸不定、讳莫如深者心头秘而不宣的哀怨倾吐出来。大多数的隐私不是刻意追求得来的。正常的情况是，当我根据某个无可置疑的迹象觉察到有人忐忑不安、欲吐心迹时，我便惺惺作态，昏昏欲睡，或心不在焉，别有所思，或者横生敌意，浮躁不安。因为我深知年轻人要吐露的心迹，至少他们的表达方式都是照搬别人的，而且因明显的压制而露出破绽。不轻率下判断是可望而不可即的。我现在仍然害怕有所闪失，怕万一我不慎忘了父亲对我的谆谆告诫，忘了那条我誓立的反复诵记的忠告：人的基本道德观念出生时不是平均的，不可等量齐观。

对自己的能耐做了这样一番自夸自耀之后，我得承认我的能耐是有限度的。人的行为可以建立在坚硬的岩石上，也可以建立在潮湿的沼泽上。但是超越了某一点后，我就不在乎它建立在什么地方了。去年秋天，我从东部回来时，我觉得我想要世界变得全都一个样，至少都关注道德；我不再想带着优越的目光对人心进行漫无边际的探索。只有盖茨比，这个赋予本书书名的人，却对我的反应不闻不问。盖茨比代表了我所鄙视的一切，这种鄙视出自我的内心，而不是造作的。如果人格是一系列

---

① 菲茨杰拉德.了不起的盖茨比［M］.姚乃强，译.北京：人民文学出版社，2004：3-4.

不间断的成功姿态，那么在他身上有一些绝妙的东西，那就是对生活的前景异常敏感，仿佛他跟一部远在十万八千里以外记录地震的精密仪器联系在一起。这种反应敏捷的品质与那个被美其名曰"创造性气质"的可塑性、轻易受人影响的特性毫不相干。它是一种特殊的美好天赋，一种充满浪漫气息的聪颖，这种品性我在其他人身上还从未见到过，很可能今后也不会再见到。不！盖茨比最后的结局全然没错。是那个追杀围堵他的东西，是那些在他美梦之后扬起的肮脏尘埃，使我对他人突然破产的悲伤和稍纵即逝的欣喜失去了兴趣。

三、名论细读

《林以亮论翻译》序①

我一生有三个爱好：新闻、翻译和幽默。有人说这三样都是不能教的科目——即使教也教不会的。单讲翻译，林以亮告诉我，我们的朋友和同好赖恬昌曾经说：翻译也许不能"教"，但却可以"学"。英国的韦理 Arthur Waley 也强调过 schooled in translation 的说法。他所指的是"翻译工作中的锻炼"，而不是"上学堂"。可是**学作翻译，除了实际经验之外，良师益友的指导和对于译事的研讨仍然是很重要的。**在这方面，《林以亮论翻译》正是对所有"学"翻译的和从事翻译工作的一本不可多得的好书。

这不是一本"教科书"，而是著者积年累月的经验谈。林以亮是一位经验丰富的编辑，也是一位卓越的文艺批评家。他许多年来编书、编写电影剧本、编杂志，透过不同的媒介与翻译工作发生关系。在翻译的实践方面，他能诗能文，曾编译《美国诗选》《美国七大小说家》等书。他对中外文学有深且久的素养、有融会贯通的领悟和独到的见解。基于编辑与批评的双重磨炼，他在本书内所收的文章大致可以分为两类：一是理论性的，从文学批评的观点来阐释翻译的原理和准则；一是实事求是的书评，以编辑人的敏锐目光和如发细心来深入地把一些英文中译的作品拿来比较，评定它们的高下和优劣。

在本书第一篇长文里著者讨论翻译的几项基本原则，立意详明、文笔深入浅出、举例左右逢源，无论中译英或英译中，译得差的错的他毫不留情一一指出，他笔底下没有什么碰不得的"圣牛"。他说："任何从事翻译的人都会犯错误……问题是：有的经人指出，有的没有人去校阅，埋葬在纸堆中而已。"只有真能了解原文和饱

① 乔志高．序［M］// 林以亮．林以亮论翻译．台北：志文出版社，1974：1-6.

尝过"坊间译本"的人，才能发出这样沉痛之言。可是他对译事并不灰心，译得好的他也尽量予以褒扬，用以勉励后进。在引了华盛顿·欧文的三段文章，将较早的翻译与近人的成绩对校之后，他认为近年来翻译界已经有很大的成就。"六十年的光阴没有浪费掉，翻译的确有了具体的进步。"我可以借用西洋书评家一句常用的话说，单单《翻译的理论与实践》这一篇就已 worth the price of admission（就已将书价捞回来了）。

在另一篇论文里，著者谈到翻译文学作品的条件和态度，所说的话也适获我心。我自己的工作一向都是与语言文字，中文、英文，有不解缘；可是直到近年来方才开始做一点翻译"纯文学"的努力。**我觉得翻译一般的文字（包括应用文、新闻文字、非小说书籍，以至学术论著）虽然各有它的用场和贡献，惟有翻译文学作品——真、善、美的创作——才可以给你最严重的考验和最大的满足。**也就是因为这个缘故，我平时对于单字和名词的翻译不太感觉兴趣。当然，"必也正名"，如果名称都搞不清楚、译得不正确，遑论其他？但是我总觉得在这一方面的功夫是近乎"搜查"research，就是查字典、看地图、翻百科全书、参考前人用语和既定的词汇等等。再不然就是去找"活的百科全书"，请教高明，咨询各行各业的专家或是对外国文化社会曾富有第一手经验的朋友。这也就涉及著者所提的"谦虚的态度"。无论怎样高明的翻译家都应该"不耻下问"。多少不敢问、不屑问，或懒得去问的青年译者就免不了"出漏子"（美俚所谓 booboo）。晚近西洋"汉学"之风大盛，偶尔会有大名鼎鼎的汉学家，也许不巧华人助手不在身边，也许一时托大、护短，或忌才，自以为可以独当一面，而结果闹大笑话（英语所谓 howlers）。

这些姑且不在话下。我的意思是说，**翻译工作中最大的挑战，趣味无穷的一面，乃是看你怎样译人家的一句话——怎样揣摩人家的说法而用自己的说法来正确地表达——怎样描摹语气和声口，字里行间的含蓄、夸张和褒贬，以至谈话和行文的节奏、色调和神韵。**无疑，只有文学作品才能在这方面供给我们机会充分发挥翻译的本领；也无疑，只有文学作品的翻译——假如译得够好——才会有比较长远的价值。

在本书的实例中，著者少不得举出许多翻译讹错的例子，包括韦理那有名的"赤脚大仙"。以"翻译大师"而闹这种笑话，当然不能怪别人标揭出来当做新闻报告。林以亮在这里并不是抹煞这位从未到过远东的东方学家在译介中国古典文学方面的成就，而是要证明译事之难。我这里要引用韦理本人有关文学翻译的一段话：

我们为了不同的用途需要不同样的翻译。如果是翻译法律公文，我们只需要将意义传达清楚就行；但如果是翻译文学，我们除了文义之外还得传达感触。原作者把他的各种感触——焦躁、怜悯，或愉快——放进原文，透过他自己的节奏、强调和辞藻表现在我们眼前。如果译者不一面读一面也有所"感"，而仅仅把一连串毫无节奏的词典定义连缀成篇，他也许自以为"忠实"，实际上他是把原文通盘歪曲了。（见 Arthur Waley: "Notes on Translation", 1958）换句话说，**真正忠实的文学翻译，正确自不待言，还要顾全原作里面的心情、意境、神韵……许多不可捉摸的东西。**像本书著者所说的，"须有综览全局的气派"。

这就是以文学批评家的眼光来责成翻译者的最高目标。不用说，这不是"说到做到"的事。许多欧美文学作品的中译本，包括有些名著多次的重译，究竟接近这个目标的程度如何，还存在着一些什么样的问题，都成为另一种文艺工作者——编辑人——的课题。我们在"文章是自己的好"的传统观念之下，一向只有"作家"，没有"编辑"。在出版事业里——无论是日报、杂志，或是书籍——"编辑人"的专业、职守和权威还未能坚定地树立起来。本来，"译者"不过是一个根据外国语文写作的"作者"。如果创作文需要经过编辑的校阅、润色、删改，那末译文更有这个需要。写自己的文章，不管是天才洋溢或是"吹牛不打草稿"，在某些范围之内作者总应该知道自己的材料与技巧，在发表以前不容旁人置喙。翻译别人的作品，则明摆着有案可稽。如果译稿能经一位够资格而不客气的编辑审查一下，予以必要的批评和修订，岂不是可以造成更加辉煌的成果——小则避免笔误，大则可以通盘矫正，甚至于点铁成金！因此我向来主张，一篇译文应当至少由"另一副眼睛"通过，假使没有职业编辑，那末就请太太过目一下也好。惜乎译界同仁不都有这种习惯，于是像林以亮这样第一流的编辑人有时就不得不举行"善后"post-mortem 的审讯了。

本书除各篇所举的正反例子外，还有两篇这种校勘一书数译的书评长文。一篇是把十八世纪英国女小说家珍·奥斯登的名著《傲慢与偏见》的五种中译本从各种角度作一总评。这真是一项抽丝剥茧的艰巨功夫，可能比自己动手译书还要棘手，而林以亮在这里执行起来却条理分明、公正不阿。这篇"集体书评"的层次分事实（即英国当年乡村社会的风土人情）、字句、风格，以至于版本，列举各家的得失。不但如此，还追究他们所犯错误的原因，并提出有助于文学翻译的建设性原则。他不是唱高调，强人以不能。比方说"准备工作"，他自己就是有三十多年修养的"珍迷"Janeite，谙熟此书的时代背景与有关文献。又比方谈到"称呼"问题，他用《红楼梦》来做借镜，把班耐特一家彼此称呼的译法罗列出来，整理得眉目清楚。也许有人会说，林君所树立的翻译标准太严格了，不是现实情况下所容许的。这一点他难道不明了？他说："在目前的社会环境之下，很难找到一个有资历和眼光的出版商来支持一个译者，给予他以充分的时间，让他可以从容地翻译名著……但是我们不能让客观的困难降低批评者的眼光和减少编辑人的责任。近年来港台的书评、剧评已经渐渐养成这种手下不留情的风格，这是可喜的现象。"

另外一篇书评以同样的手法处理五种不同的《战地春梦》中译本——实际上只

有三种，因为其中两本是重印三十年前已经出版的译本而稍加改写。这里著者检举了不肖商人的剽窃、蒙骗行为，对于出版界和翻译界同样的功德无量。在对照最早的《战地春梦》和一九七二年的新译本时，著者再一次证明光阴巨轮的推进可以给我们带来进步，"过了三十年，我们对海明威的了解更深，对他著作的风格和内容应有更具体的把握，我们没有理由把三十年前的旧译改头换面，三番四次地出版……"这句话提醒有志翻译名著的人可以去审查一下，有哪些年代已久的名译依然站得住，又有哪些是值得努力重译的。

翻译在本质上是一件 second best（不得已而求其次）的事，自然不免有这样或那样的缺陷。翻译文学不是"对不对"的问题，而是"不好、好、更好"的问题，而且即使一般"好"的翻译也必有见仁见智、各各不同的地方。赵元任说得妙："There are translations and translations."他自己开玩笑说："如果这句话由精通数学和逻辑的罗素来诠释，他会说，'这里所指的至少有四种翻译！'Translations 一词代表双数或多数，重复一遍，不至少是四个吗？"（见 Y. R. Chao: "Dimensions of Fidelity in Translation", 1971）我用中文比较不科学地来试译赵先生这句话的含义，可以说：**翻译是一项"层出不穷"的玩意儿，好比走江湖的说："戏法人人会变，各有巧妙不同。"**美国洛杉矶加州大学教授亚当士 Robert M. Adams 在他一本讨论文学翻译的新书里用了一个家常的譬喻。他说："假使没有原文的'电梯'去直达一部外国名著，我们大可以搭起翻译的'木头梯子'，用以更上层楼；假使发现这架梯子不中用，那末我们只好爬下来另外想别的办法去登堂入室了。"（见 Proteus: *His Lies, His Truth*, 1973）

林以亮这本论文集给翻译工作者最大的启发，就在把翻译的"多元性"烘托出来，鼓励大家去作——但是要谨慎从事，要斟酌、推敲、研究和商榷。

"谁说翻译是不可能呢？"

（七三、九、三十）

四、拓展阅读

陈子善. 双语并用，妙不可言——回忆乔志高先生［J］. 南方人物周刊，2008（11）：78-79.

菲茨杰拉德. 大亨小传［M］. 乔志高，译. 上海：上海三联书店，2013.

刘季春. 我读乔志高译《大亨小传》——兼谈文学和翻译批评［J］. 上海翻译，2018（6）：78-83.

乔志高. 一言难尽：我的双语生涯［M］. 台北：联合文学出版社，2000.

乔志高.恍如昨日——乔志高自选集［M］.北京：龙门书局，2013.

夏志清，董诗顶.王际真和乔志高的中国文学翻译［J］.现代中文学刊，2011（1）：
96–102.

五、翻译练习

Long Day's Journey into the Night①

Eugene O'Neill

It is around 8:30. Sunshine comes through the windows at right.

As the curtain rises, the family have just finished breakfast, MARY TYRONE and her husband enter together from the back parlor, coming from the dining room.

MARY is fifty-four, about medium height. She still has a young, graced figure, a trifle plump, but showing little evidence of middle-aged waist and hips, although she is not tightly corseted. Her face is distinctly Irish in type. It must once have been extremely pretty, and is still striking. It does not match her healthy figure but is thin and pale with the bone structure prominent. Her nose is long and straight, her mouth wide with full, sensitive lips. She uses no rouge or any sort of make-up. Her high forehead is framed by thick, pure white hair. Accentuated by her pallor and white hair, her dark brown eyes appear black. They are unusually large and beautiful, with black brows and long curling lashes.

What strikes one immediately is her extreme nervousness. Her hands are never still. They were once beautiful hands, with long, tapering fingers, but rheumatism has knotted the joints and warped the fingers, so that now they have an ugly crippled look. One avoids looking at them, the more so because one is conscious she is sensitive about their appearance and humiliated by her inability to control the nervousness which draws attention to them.

She is dressed simply but with a sure sense of what becomes her. Her hair is arranged with fastidious care. Her voice is soft and attractive. When she is merry, there is a touch of Irish lilt in it. Her most appealing quality is the simple, unaffected charm of a shy convent girl youthfulness she has never lost—an innate unworldly innocence.

---

① ［2019–07–27］. https://pdfroom.com/books/long-days-journey-into-night-by-eugene-oneill-act-1/kM5rlAaOgE3.

第十七章 余光中

引 言

"译者未必有学者的权威，或是作家的声誉，但其影响未必较小，甚或更大。译者日与伟大的心灵为伍，见贤思齐，当其意会笔到，每能超凡入圣，成为神之巫师，天才之代言人。此乃寂寞之译者独享之特权。"[①] 刚从大学毕业就翻译了海明威《老人与海》的余光中，从此在翻译、诗歌、散文、评论的"四度"创作中自由翱翔。他一直做翻译，教翻译，主持翻译比赛，为比赛写评语，留下不少经典译作，并从翻译实践中悟出了不少至理名言。

一、名家简介

余光中（1928—2017），当代著名作家、诗人、学者、翻译家，出生于江苏南京，祖籍福建永春。1947 年毕业于南京青年会中学，入金陵大学外文系，1949 年转厦门大学外文系，1952 年毕业于台湾大学外文系。1959 年获美国爱荷华大学（The University of Iowa）艺术硕士。先后任教于东吴大学、台湾师范大学、台湾大学、台湾政治大学。其间两度应邀赴美国多家大学任客座教授。1972 年任台湾政治大学西语系教授兼主任。1974 年至 1985 年任香港中文大学中文系教授，并兼任香港中文大学联合书院中文系主任两年。

余光中一生从事诗歌、散文、评论、翻译，并将它们称为自己写作的"四度空间"，被誉为文坛的"璀璨五彩笔"。驰骋文坛逾半个世纪，涉猎广泛，被誉为"艺术上的多妻主义者"。其文学生涯悠远、辽阔、深沉，为当代诗坛健将、散文重镇、著名批评家、优秀翻译家。出版诗集 21 种，散文集 11 种，评论集 5 种，翻译集 13 种，

---

① 余光中.余光中谈翻译［M］.北京：中国对外翻译出版公司，2000：扉页题词.

共 40 余种。代表作有《白玉苦瓜》（诗集）、《记忆像铁轨一样长》（散文集）及《分水岭上：余光中评论文集》（评论集）等，其诗作如《乡愁》《乡愁四韵》，散文如《听听那冷雨》《我的四个假想敌》等，广泛收录于及港台语文课本。他翻译了海明威、麦尔维尔、王尔德等名家的作品，累计译作近 20 部，涉及小说、诗歌、戏剧、传记等多种文类，其经典译作有《老人与海》《梵高传》《不可儿戏》《温夫人的扇子》《理想丈夫》《守夜人》等。

余光中的翻译思想几乎全部集中在《余光中谈翻译》一书中。他认为，翻译是一种创作，至少是"有限的创作"。他还认为："翻译如婚姻，是一种两相妥协的艺术。譬如英文译成中文，既不许西风压倒东风，变成洋腔洋调的中文，也不许东风压倒西风，变成油腔滑调的中文，则东西之间势必相互妥协，以求'两全之计'。至于妥协到什么程度，以及哪一方应该多让一步，神而明之，变通之道，就要看每一位译者自己的修养了。"优秀的译者应该掌握变通的艺术。因此，他认为："理想的译者正如理想的演员，必须投入他的角色，到忘我无我之境，角色需要什么，他就变成什么，而不是坚持自我，把个性强加于角色之上。一首译诗或一篇译文，能够做到形义兼顾，既非以形害义，也非重义轻形，或者得意忘形，才算尽了译者的能事。"写于 1973 年的《变通的艺术》，已经提到了翻译创造性、译者主体性等翻译研究的核心问题，而那一时期，在世界范围内，翻译学还没有确立。由此可见他翻译思想的超前性，其观点今天看来都还没有过时。①

二、名译欣赏：不可儿戏、乡愁

【原文】

The Importance of Being Earnest②

Oscar Wilde

Algernon: Bring me that cigarette case Mr. Worthing left in the smoking-room the last time he dined here.

Lane: Yes, sir. ［Lane goes out.］

Jack: Do you mean to say you have had my cigarette case all this time? I wish to goodness

---

① 许钧. 余光中的翻译活动［N］. 中华读书报，2018-01-10（03）.

② Wilde, O. *The Importance of Being Earnest*［M］. London: Methuen & Co. Ltd., 1915: 10-17.

you had let me know. I have been writing frantic letters to Scotland Yard about it. I was very nearly offering a large reward.

Algernon: Well, I wish you would offer one. I happen to be more than usually hard up.

Jack: There is no good offering a large reward now that the thing is found.

[Enter Lane with the cigarette case on a salver. Algernon takes it at once. Lane goes out.]

Algernon: I think that is rather mean of you, Ernest, I must say. [Opens case and examines it.] However, it makes no matter, for, now that I look at the inscription inside, I find that the thing isn't yours after all.

Jack: Of course it's mine. [Moving to him.] You have seen me with it a hundred times, and you have no right whatsoever to read what is written inside. It is a very ungentlemanly thing to read a private cigarette case.

Algernon: Oh! it is absurd to have a hard-and-fast rule about what one should read and what one shouldn't. More than half of modern culture depends on what one shouldn't read.

Jack: I am quite aware of the fact, and I don't propose to discuss modern culture. It isn't the sort of thing one should talk of in private. I simply want my cigarette case back.

Algernon: Yes; but this isn't your cigarette case. This cigarette case is a present from someone of the name of Cecily, and you said you didn't know anyone of that name.

Jack: Well, if you want to know, Cecily happens to be my aunt.

Algernon: Your aunt!

Jack: Yes. Charming old lady she is, too. Lives at Tunbridge Wells. Just give it back to me, Algy.

Algernon: [Retreating to back of sofa.] But why does she call herself little Cecily if she is your aunt and lives at Tunbridge Wells? [Reading.] 'From little Cecily with her fondest love.'

Jack: [Moving to sofa and kneeling upon it.] My dear fellow, what on earth is there in that? Some aunts are tall, some aunts are not tall. That is a matter that surely an aunt may be allowed to decide for herself. You seem to think that every aunt should be exactly like your aunt! That is absurd! For Heaven's sake give me back my cigarette case. [Follows Algernon round the room.]

Algernon: Yes. But why does your aunt call you her uncle? 'From little Cecily, with her fondest love to her dear Uncle Jack.' There is no objection, I admit, to an aunt being a small aunt, but why an aunt, no matter what her size may be, should call her own nephew her uncle, I can't quite make out. Besides, your name isn't Jack at all; it is

Ernest.

Jack: It isn't Ernest; it's Jack.

Algernon: You have always told me it was Ernest. I have introduced you to everyone as Ernest. You answer to the name of Ernest. You look as if your name was Ernest. You are the most earnest-looking person I ever saw in my life. It is perfectly absurd your saying that your name isn't Ernest. It's on your cards. Here is one of them. 〔Taking it from case.〕 'Mr. Ernest Worthing, B. 4, The Albany.' I'll keep this as a proof that your name is Ernest if ever you attempt to deny it to me, or to Gwendolen, or to anyone else. 〔Puts the card in his pocket.〕

Jack: Well, my name is Ernest in town and Jack in the country, and the cigarette case was given to me in the country.

Algernon: Yes, but that does not account for the fact that your small Aunt Cecily, who lives at Tunbridge Wells, calls you her dear uncle. Come, old boy, You had much better have the thing out at once.

Jack: My dear Algy, you talk exactly as if you were a dentist. It is very vulgar to talk like a dentist when one isn't a dentist. It produces a false impression.

Algernon: Well, that is exactly what dentists always do. Now, go on! Tell me the whole thing. I may mention that I have always suspected you of being a confirmed and secret Bunburyist; and I am quite sure of it now.

Jack: Bunburyist? What on earth do you mean by a Bunburyist?

Algernon: I'll reveal to you the meaning of that incomparable expression as soon as you are kind enough to inform me why you are Ernest in town and Jack in the country.

Jack: Well, produce my cigarette case first.

Algernon: Here it is. 〔Hands cigarette case.〕 Now produce your explanation, and pray make it improbable. 〔Sits on sofa.〕

Jack: My dear fellow, there is nothing improbable about my explanation at all. In fact, it's perfectly ordinary. Old Mr. Thomas Cardew, who adopted me when I was a little boy, made me in his will guardian to his grand-daughter, Miss Cecily Cardew. Cecily, who addresses me as her uncle from motives of respect that you could not possibly appreciate, lives at my place in the country under the charge of her admirable governess, Miss Prism.

【译文1】

不可儿戏①

余光中　译

亚吉能：华先生上次来吃饭掉在吸烟室的那只烟盒子，你把它拿来。

老　林：是，先生。（老林下）

杰　克：你是说，我的烟盒子一直在你手里？天哪，怎么早不告诉我？急得我一直写信给苏格兰警场，几乎要悬重赏呢。

亚吉能：哟，你要真悬了赏就好了。我正巧特别闹穷。

杰　克：东西既然找到了，重赏有什么用呢。

　　　　（老林端盘子盛烟盒上。亚吉能随手取过烟盒。老林下。）

亚吉能：坦白说吧，我觉得你这样未免小气了一点，任真。（开盒检视。）不过，没关系，我看了里面的题字，发现这东西根本不是你的。

杰　克：当然是我的呀。（走向亚吉能）你见我用这烟盒多少回了，何况，你根本没资格看里面题些什么。偷看私人的烟盒，太不像君子了。

亚吉能：什么该看，什么不该看，都要一板一眼地规定，简直荒谬。现代文化呀有一半以上要靠不该看的东西呢。

杰　克：这个嘛，我很明白，我可无意讨论什么现代文化。这种话题本来也不该私下来交谈。我只要把烟盒收回来。

亚吉能：好吧；可是这不是你的烟盒。这烟盒是个名叫西西丽的人送的，而你刚才说，你不认识谁是西西丽。

杰　克：唉，就告诉你吧，西西丽碰巧是我阿姨。

亚吉能：你的阿姨！

杰　克：是啊。这老太太还挺动人的呢。她住在通桥井。干脆把烟盒还我吧，阿吉。

亚吉能：（退到沙发背后）可是，如果她真是你的阿姨又住在通桥井的话，为什么她要自称是小西西丽呢？（读烟盒内题辞）"至爱的小西西丽敬赠。"

杰　克：（走到沙发前，跪在上面。）好小子，这又有什么大不了嘛？有人的阿姨长得高大，有人的阿姨长得不高大。这种事情当然做阿姨的可以自己做主。你好像认为每个人的阿姨都得跟你的阿姨一模一样！简直荒谬！做做

---

① 王尔德.理想丈夫与不可儿戏［M］.余光中，译.沈阳：辽宁教育出版社，1998：110-113.

好事把烟盒还我吧。（绕室追逐亚吉能）

亚吉能：好吧。可是为什么你的阿姨叫你做叔叔呢？"至爱的小西西丽敬赠给好叔叔杰克。"我承认，做阿姨的长得娇小，也无可厚非，可是做阿姨的，不管身材大小，居然叫自己的外甥做叔叔，我就不太明白了。何况，你根本不叫杰克呀；你叫任真。

杰　克：我的名字不是任真，是杰克。

亚吉能：你一向跟我说，你叫任真。我也把你当任真介绍给大家。人家叫任真，你也答应。看你的样子，就好像名叫任真。我一生见过的人里面，你的样子是最认真的了。倒说你的名字不叫任真，简直荒谬透了。你的名片都这么印的。这里就有一张。（从烟盒里抽出名片）"华任真先生，学士。奥巴尼公寓四号。"我要留这张名片证明你叫任真。免得有一天你向我，或是关多琳，或是任何人抵赖。（把名片放在袋里）

杰　克：哪，我的名字进城就叫任真，下乡就叫杰克；烟盒呢，是人家在乡下送我的。

亚吉能：好吧，可是还说不通，为什么你那位住在通桥井的小阿姨西西丽要叫你做好叔叔。好了，老兄，你不如赶快吐出来吧。

杰　克：好阿吉，你的语气活像拔牙的医生。不是牙医而要学牙医的语气，未免太俗气了。这会造成一种假象。

亚吉能：对呀，这正是牙医常干的事情。好了，说下去吧！一切从实招来。我不妨提一下，我一直疑心你是一位不折不扣、偷偷摸摸的"两面人"；现在我完全确定了。

杰　克："两面人"？你这"两面人"究竟是什么意思？

亚吉能：只要你好好告诉我，为什么你进城叫任真，下乡叫杰克，我就把这绝妙的字眼解释给你听。

杰　克：好吧。可是烟盒先给我。

亚吉能：拿去吧。（递过烟盒）现在该你解释了；但愿你解释不通。（坐在沙发上）

杰　克：好小子，我的事情没什么解释不通的。说穿了，再普通不过。有一位贾汤姆老先生，在我小时候就领养了我，后来呢在他遗嘱里指定我做他孙女西西丽的监护人。西西丽叫我做叔叔，是为了尊敬，这你是再也领会不了的了；她住在我乡下的别墅，有一位了不起的女教师劳小姐负责管教。

【译文2】

名叫埃纳斯特的重要性①

钱之德 译

阿尔杰农：沃辛先生上次在这里吃饭时，遗忘在吸烟室的那个烟盒，把它给我拿来。

雷　　恩：是，老爷。（雷恩下）

杰　　克：你是说，我的烟盒一直在你这里，是吗？但愿你能告诉我那个烟盒的下落。为了它，我已经恼怒地给伦敦警察厅刑事部写了信。我几乎准备出一大笔赏金。

阿尔杰农：嗷，但愿你能出赏金，恰好我手头比以往拮据些。

杰　　克：既然烟盒找到了，就不必出一大笔赏金了。

（雷恩端着里面放着烟盘的托盘上，阿尔杰农马上接过去。雷恩下。）

阿尔杰农：埃纳斯特，我不得不说，我认为你很小气。（打开烟盒，观看着）不过没关系，因为，既然我看到了里面刻印着的文字，可以看出这东西毕竟不是你的。

杰　　克：当然是我的。（朝他走去）你好多次看到我使用这烟盒，而且你没有权利看里面写的文字。偷看一个私人烟盒里面的文字，不是君子所为。

阿尔杰农：哦！制定一条严格的规则，人们应该看什么而不应该看什么——这是荒谬的。现代精神文明的一大半是由人们不该看的东西决定的。

杰　　克：这点世故我完全懂得，因此我不想讨论精神文明。人们不该私下讨论这类事。我只要归还我的烟盒。

阿尔杰农：是的；但这不是你的烟盒。这烟盒是一个名叫塞西莉的女子送人的礼物，而你说你不知道谁叫塞西莉。

杰　　克：好了，如果你想知道，塞西莉恰恰是我的姑母。

阿尔杰农：你的姑母！

杰　　克：是的。而且她是个迷人的老年贵妇，住在藤布里奇·韦尔斯。阿尔杰农，把烟盒给我。

阿尔杰农：（退到沙发背后）假如她是你的姑母，住在藤布里奇·韦尔斯，但她为

---

① 王尔德.名叫埃纳斯特的重要性［M］// 王尔德戏剧选.钱之德,译.广州:花城出版社,1983: 211-214.

什么自称小塞西莉呢？（朗读）"出于小塞西莉最真挚的爱。"

杰　　克：（走向沙发，跪到上面）好伙计，烟盒里到底有什么呀？有的姑母身段高大，有的姑母身段矮小。毫无疑问，我的姑母可以选择符合她身段的文字来称呼自己。你似乎认为，每个姑母都应该有你姑母一样的身段！这是荒谬的！看在上帝的份上，把烟盒还我吧。（在屋里追赶阿尔杰农）

阿尔杰农：是的。但为什么你的姑母称你是他叔叔，"出于小塞西莉对亲爱的杰克叔叔的最真挚的爱。"我承认，因为是小姑母，大侄儿，这还说得通。但是为什么一个姑母，不管她身段长得怎样，称自己的侄儿是她的叔叔，我就完全不理解了。再说，你的名字根本不是杰克，是埃纳斯特。

杰　　克：不是埃纳斯特，是杰克。

阿尔杰农：你总是对我说，你名叫埃纳斯特。我向别人介绍你，总是用埃纳斯特这个名字。你名叫埃纳斯特，看上去你就像名叫埃纳斯特，你是我平生见到过的最埃纳斯特[①]的人。你说你不叫埃纳斯特，这完全不合理。你的名片上印着埃纳斯特，看看你的名字。（从烟盒里拿出名片）"埃纳斯特·沃辛先生，奥尔班尼，B4号。"我保存着这张名片，作为你名叫埃纳斯特的根据，假如你想对我，或者格温多林和别人否认这个名字。（把名片放进口袋）

杰　　克：好了，在城里我名叫埃纳斯特，在乡间叫杰克，这烟盒我是在乡间接受的。

阿尔杰农：是的，不过这并没有说明你的姑母小塞西莉住在藤布里奇·韦尔斯，称你是她亲爱的叔叔。喂，老兄，你最好马上把这事和盘托出。

杰　　克：亲爱的阿尔杰农，你的谈吐完全像个牙医生。一个人不是牙医生，谈吐却像个牙医生，是很庸俗的。这会给人以虚伪的印象。

阿尔杰农：噢，大多数牙医生总是这样的作风。快，说下去！把事情经过告诉我。我可以奉告。我总是怀疑你是个坚定而神秘的邦伯里主义者；现在我完全肯定了这一点。

杰　　克：邦伯里主义者？你说的邦伯里主义者到底是什么意思？

阿尔杰农：只要你肯告诉我，为什么你在城里名叫埃纳斯特，在乡间叫杰克，我就向你揭示这种深奥莫测的说法的含义。

---

① 这里为音译，意译为"认真"。——译者原注

杰　　克：好吧，先把烟盒还我。

阿尔杰农：给你。（拿出烟盒）现在你解释吧，请胡说一通好了。（在沙发上坐下）

杰　　克：好伙计，我的解释丝毫不会是胡说一通。说起来事情很简单，当我还是个孩子的时候，老托马斯·卡迪尤先生收养了我。他在遗嘱里，把我立为他的孙女，塞西莉·卡迪尤小姐的监护人。塞西莉出于对我的尊重，而你不会看重这种尊敬，称我是她的叔叔。她住在我的乡间住宅里，由优秀的家庭女教师，普丽斯姆小姐照应她。

【译文3】

认真的重要①

爱尔杰龙：去把沃信先生上次在这里用餐时落在会客室的那个烟盒儿拿来。

莱　　恩：是的，老爷。（莱恩下。）

杰　　克：这就是说，这么长时间你就一直拿着我的烟盒？谢天谢地你让我知道了。我刚刚给伦敦警察厅写了一封求援的信，我只差出重金悬赏了。

爱尔杰龙：嚯，你要是重金悬赏就好了。我碰巧手紧得要命。

杰　　克：东西既然有了着落，悬赏重金就大可不必了。

（莱恩用托盘端上一个烟盘。爱尔杰龙一把抓在手里。莱恩下。）

爱尔杰龙：我只得说，我认为你净来虚的，哦拿实的。（将烟盒打开审视一番。）不过虚不虚吧，关系不大了，因为这下我看见里面的题名了，发现它根本不是你的名字。

杰　　克：当然是我的。（朝他走去。）你过去成百次地看见我使用它，里面题了谁的名字你是没有权利看的。如此窥视个人的烟盒是有失绅士风度的。

爱尔杰龙：喔！荒唐，一个人该看什么，不该看什么，这中间没有什么清规戒律可言。现代文化的一多半在于一个人不应该看什么。

杰　　克：这个我比谁都明白，我没有意思讨论现代文化。这不是什么两个人在一起讨论的事情。我只想把我的烟盒要回来。

---

① 王尔德. 认真的重要［M］// 王尔德全集·戏剧卷. 王阳, 译. 北京: 中国文学出版社, 2000: 11-14. 王尔德. 认真的重要［M］// 王尔德作品集. 张理强, 译. 北京: 人民文学出版社, 2000: 505-507. 经比对, 王阳的译文与张理强的译文完全一样。

爱尔杰龙：好呀，可这不是你的烟盒，这个烟盒是一个名字叫赛茜丽的女人送的礼物，你说过你不认识名叫赛茜丽的人。

杰　　克：哎呀，要是你非想弄个明白，赛茜丽碰巧是我的姨妈。

爱尔杰龙：你的姨妈！

杰　　克：是的。她还是个风韵犹存的老女士呢。住在腾布里奇韦尔斯。快把它还我吧，爱尔杰。

爱尔杰龙：（退回沙发。）可是，如果她是你姨妈，住在腾布里奇韦尔斯，那她为什么叫自己小赛茜丽呢？（念）"来自小赛茜丽的一片至深的爱。"

杰　　克：（走向沙发并跪在上面。）我亲爱的伙计，这话难道有什么不妥吗？有的姨妈个儿高，有的姨妈个儿矮。这个问题也许只有交给当姨妈的自己决定好了。你的意思好像是说每个姨妈都应该像你的姨妈一样！真是滑天下之大稽，看在老天的面上，快把那个烟盒给我吧。（跟着爱尔杰龙在屋子里转。）

爱尔杰龙：就算你的话有点道理，可是为什么你的姨妈称你是她的叔叔呢？"来自小赛茜丽对她叔叔的一片至深的爱。"我不否认，姨妈有小个儿的，可是不管她个儿高个儿矮，她怎么能称她自己的外甥为叔叔呢，这就让我百思不得其解了。还有，你的名字根本不是杰克，你的名字是"哦拿实的"。①

杰　　克：不是"哦拿实的"，是杰克。

爱尔杰龙：你老是告诉我你叫"哦拿实的"。我向别人介绍你也是"哦拿实的"。人家叫你"哦拿实的"，你也总是有叫必应。你这副尊容好像就是"哦拿实的"。在我见过的人里，还就数你的长相实实在在的。你说你的名字不叫"哦拿实的"，这话听来十分荒唐。你的名片上就是这名字。这里正好有一张。（从盒子里拿出一张。）"哦拿实的·沃信先生，B4，奥尔巴尼。"这是你叫"哦拿实的"的证据，我得保存着，以防你万一对我们或者对格温德琳矢口否认。（把名片放进口袋里。）

杰　　克：喔，我的名字在城里叫"哦拿实的"，在乡下呢，就叫杰克，这烟盒是

---

①　哦拿实的，英文为 Ernest，一般音译为"欧内斯特"。但此 Ernest 不同于一般的英文名字；它是王尔德借用该词同 earnest（认真的，诚挚的）谐音兼其异体字所创之双关用法，它又与当时的社会风气有关系。王尔德使用这个词儿，意在讽刺。译者为体现剧中气氛，译为"哦拿实的"一名，试图从其发音和含义双方面予以兼顾。一般情况不加引号，专门谈及时加引号，以求区别。——译者原注

在乡下送给我的。

爱尔杰龙：好吧，可是这一点说不明白你那个小姨妈赛茜丽的问题，她住在腾布里
奇韦尔斯，叫你是她的亲爱的叔叔。得了老伙计，别绕弯子了，你还是
赶快把事情说明白吧。

杰　　克：我亲家的爱尔杰，你这口气完全像一个牙科医生的。一个人明明不是牙
科医生，却偏偏学牙科医生的口气，这实在格调不高。这让人听来完全
是江湖骗子的调子。

爱尔杰龙：噫，牙科医生玩的就是这一套。行了，接着说下去！跟我把事情通通交
代清楚。跟你挑明了吧，我一直怀疑你在不露声色地玩那套神秘兮兮的
"病不理"把戏；现在我心里总算有底儿了。

杰　　克："病不理"把戏？你说"病不理"把戏到底是什么意思呢？

爱尔杰龙：你只要跟我说明白你为什么在城里叫"哦拿实的"，而在乡下又叫杰
克，我立马跟你把那个难以比拟的说法解释清楚。

杰　　克：噢，先把烟盒给我好吧。

爱尔杰龙：拿去吧。（递烟盒。）现在该你说说清楚了，请别把它说得含糊其辞
啊。（坐在沙发上。）

杰　　克：我亲爱的伙计，我的解释从来不会含糊其辞。其实这事极其一般。老托
马斯·佳德优先生在我很小的时候收养了我，在他的遗嘱里写明我做他
孙女，赛茜丽·佳德优小姐的监护人。赛茜丽于是就叫我叔叔了，这完
全出于你可能难以理解的尊敬的动机，她现在住在乡下我的府上，由受
人尊敬的家庭教师普丽丝姆小姐呵护着。

【原文】乡　愁① 余光中	【译文1】**Nostalgia** Yu Kuangzhong
小时候 乡愁是一枚小小的邮票 我在这头 母亲在那头	When I was young, Nostalgia was a tiny, tiny stamp, Me on this side, Mother on the other side.
长大后 乡愁是一张窄窄的船票 我在这头 新娘在那头	When I grew up, Nostalgia was a narrow boat ticket, Me on this side, Bride on the other side.
后来啊 乡愁是一方矮矮的坟墓 我在外头 母亲在里头	But later on, Nostalgia was a lowly grave, Me on the outside, Mother on the inside.
而现在 乡愁是一湾浅浅的海峡 我在这头 大陆在那头	And at present, Nostalgia becomes a shallow strait, Me on this side, Mainland on the other side.

① 原文与译文1选自：余光中.守夜人（中英对照新版）［M］.台北：九歌出版社，2004: 130–131. 译文2、译文3选自：项睿.接受美学观照下的《乡愁》英译研究［J］.渤海大学学报，2012（6）: 74–77.

【译文2】Nostalgia 张智中 译	【译文3】Homesick 陈文伯 译
When I was a child, Nostalgia is a tiny stamp. I am hither, And Mother is thither. When I become an adult, Nostalgia is a slip of boat ticket. I am hither, And bride is thither. Later on, Nostalgia is a short tomb. I am without, And Mother is within. But now, Nostalgia is a shallow strait. I am hither, And the mainland is thither.	When I was a child, my homesickness was a 　　small stamp Linking Mum at the other end and me this. When grown up, I remained homesick, but it 　　became a ticket By which I sailed to and from my bride at the 　　other end. Then homesickness took the shape of the grave, Mum inside of it and me outside. Now I'm still homesick but it is a narrow strait Separating me on this side and the mainland on 　　the other.

三、名论细读

变通的艺术——思果著《翻译研究》读后①

　　"东是东，西是西，东西永古不相期！"诗人吉卜林早就说过。很少人相信他这句话，至少做翻译工作的人，不相信东方和西方不能在翻译里相遇。调侃翻译的妙语很多。有人说："翻译即叛逆。"有人说："翻译是出卖原诗。"有人说："翻

---

① 余光中 . 余光中谈翻译［M］. 北京：中国对外翻译出版公司，2000：55-65.

译如女人，忠者不美，美者不忠。"我则认为，**翻译如婚姻，是一种两相妥协的艺术**。譬如英文译成中文，既不许西风压倒东风，变成洋腔洋调的中文，也不许东风压倒西风，变成油腔滑调的中文，则东西之间势必相互妥协，以求"两全之计"。至于妥协到什么程度，以及哪一方应该多让一步，神而明之，变通之道，就要看每一位译者自己的修养了。

翻译既然是移花接木、代人作嫁的事情，翻译家在读者心目中的地位，自然难与作家相提并论。早在 17 世纪，大诗人德莱顿就曾经指出，对翻译这么一大门学问，世人的赞美和鼓励实在太少了。主要的原因，是译者笼罩在原作者的阴影之中，译好了，光荣归于原作，译坏了呢，罪在译者。除了有能力也有时间去参照原文逐一研读的少数专家之外，一般读者是无由欣赏的。**如果说，原作者是神灵，则译者就是巫师，任务是把神的话传给人**。翻译的妙旨，就在这里：那句话虽然是神谕，要传给凡人时，多多少少，毕竟还要用人的方式委婉点出，否则那神谕仍留在云里雾里，高不可攀。译者介于神人之间，既要通天意，又得说人话，真是"左右为巫难"。读者只能面对译者，透过译者的口吻，去想象原作者的意境。翻译，实在是一种信不信由你的"一面之词"。

有趣的是，这"一面之词"在读者和译者看来，却不尽相同。读者眼中的"一面之词"的确只有一面，只有中文的一面。译者眼中的"一面之词"却有两面：正面中文，反面是外文。如果正面如此如此不妥，那是因为反面如彼如彼的关系。一般译者不会发现自己的"一面之词"有什么难解、累赘甚或不通的地方，就因为他们"知己知彼"（？），中文的罪过自有外文来为它解嘲。苦就苦在广大的读者只能"知己"，不能"知彼"；译者对"神话"领略了多少，他们无从判断，他们能做的事，只在辨别译者讲的话像不像"人话"。

这就牵涉到翻译上久持不下的一个争端了。一派译者认为译文应该像创作一样自然，另一派译者则相反，认为既然是翻译，就应该像翻译。第二派译者认为，既然是外国作品，就应该有点外国风味，而且所谓翻译，不但要保存原作的思想，也应该保存原作的形式，何况在精练如诗的作品之中，思想根本不能遗形式而独立。如果要朱丽叶谈吐像林黛玉，何不干脆去读《红楼梦》？有人把弥尔顿的诗译成小调，也有人把萨克雷的小说译成京片子。这种译文读起来固然"流畅"，可是原味尽失，"雅"而不信，等于未译。

第一派译者则认为，"精确"固然是翻译的一大美德，但是竟要牺牲"通顺"去追求，代价就太大了。例如下面这句英文：Don't cough more than you can help，要保持"精确"，就得译成"不要比你能忍的咳得更多"，甚至"不要咳得多于你能不咳的"。可是这样的话像话吗？事实上，这句英文只是说："能不咳，就不咳。"在坚守"精确"的原则下，译者应该常常自问："中国人会这样说吗？"如果中国人不这样说，译者至少应该追问自己："我这样说，一般中国人，一般不懂外文的中国人，能不能理解？"如果两个答案都是否定的，译者就必须另谋出路了。

译者追求"精确"，原意是要译文更接近原文，可是不"通顺"的译文令人根本读不下去，怎能接近原文呢？不"通顺"的"精确"，在文法和修辞上已经是一种病态。要用病态的译文来表达常态的原文，是不可能的。**理论上说来，好的译文给译文读者的感觉，应该像原文给原文读者的感觉。如果原文是清畅的，则不够清畅的译文，无论译得多么"精确"，对原文说来仍是"不忠"，而"不忠"与"精确"恰恰相反。**

为了"精确"不惜牺牲其他美德，这种译者，在潜意识里认为外文优于中文，因为外文比中文"精确"。这种译者面对"优越"而"精确"的外文，诚惶诚恐，亦步亦趋，深恐译漏了一个冠词、代名词、复数、被动的语气，或是调换了名词和动词的位置。比起英文来，中文似乎不够"精确"，不是这里漏掉"一个"，便是那里漏掉"他的"。例如中文说"军人应该忠于国家"，用英文说，就成了 A soldier should be loyal to his country。如果要这类精确主义的译者再译成中文，一定变成"一个军人应该忠于他的国家"，增加了"一个"和"他的"两个修饰语，表面上看来，似乎更精确了，事实上一点意义也没有。这便是思果先生所谓的"译字"而非"译句"。再举一个典型的例子："一些幸福的家庭全都一样，每一个不幸的家庭却有它自己的不幸。"[①] 恍惚一看，译文好像比统计报告还要"精确"，事实上这样的累赘毫无效果。前半句中，"一些"和"全都"不但重复，而且接不上头，因为"一些"往往仅指部分，而"全都"是指整体。通常我们不说"一些……全都……"而说"所有……全都……"。事实上，即使"所有……全都……"的句法，也是辞费。后半句中，"每一个"和"它自己"也重叠得可厌。托尔斯泰的警句，如果改译成"幸福的家庭全都一样；不幸的家庭各有不幸"，省去九个字，不但无损文意，抑且更像格言。下面是一个较长的例子：

　　你继续读下去，因为他已答应你一个"奇妙的"故事。作这么大胆的一个许诺是需要一位极有自信心的长篇小说家的。但狄更斯却确信他能兑现，而这种确信，这种自信，就即时被转移到读者的身上。你在开头的几行里就觉得你是在一位实事求是的人的面前。你知道他是当真的，他会是一个言而有信的人。某

[①] 1973 年 1 月号《幼狮文艺》139 页第 2 行。这是托尔斯泰的小说《安娜·卡列尼娜》的开卷语。——译者原注，下同。

件"奇妙的"事情将会来自这个他准备讲述的故事。①

在不懂英文的中国读者看来,上面这一段"一面之词"的毛病是显而易见的。

第一句里,"他已答应你一个'奇妙的'故事"的说法,不合中国语法。中国语法得加一两个字,才能补足文意。通常不是说"他已答应给你一个'奇妙的'故事",便是说"他已答应你说一个……"。

第二句的语病更大。"作……一个许诺"的说法,是典型的译文体,且已成为流行的新文艺腔。至于"作……一个许诺是需要一位……的",也是非常欧化的句法,不但别扭,而且含混。事实上,作这种许诺(就算"作许诺"吧)的,正是下文的小说家自己,可是译文的语气,在不懂英文的人看来,好像是说,甲做什么什么,需要乙如何如何似的。同时,"一个"和"一位"也都是赘词。第二句让中国人来说,意思其实是:只有极富自信心的长篇小说家,才敢这么大胆保证(或是"才敢夸下这种海口","才会许这么一个大愿","才会许诺得这么大胆")。

第三句勉勉强强,但是后半段的"这种自信,就即时被转移到读者的身上",也十分夹缠。如果我们删去"被"字,文意就通顺得多了。事实上,更简洁的说法是"这种自信,立刻就传到读者的身上"。我用"立刻"而不用"即时",因为前引译文的第三句中,连用"却确"和"就即",音调相当刺耳。

第四句的后半段,不但语法生硬,而且把两个"的"放得这么近,也很难听。可以改成"你正面对一位实事求是的人",或是"你面对的是一位实事求是的人"。

第五句略有小疵,不必追究。

最后一句的毛病也不少。首先,"某件'奇妙的'事情",原文想是 something wonderful。果然,则"某件"两字完全多余。至于"将会来自这个他准备讲述的故事",把英文文法原封不动译了过来,甚至保留了子句的形式,真是精确主义的又一实例。"这个"两字横梗其间,非但无助文意,而且有碍消化。换了正常的中文,这一句的意思无非是"'奇妙的'东西会出现在他要讲的故事里",或者倒过来说,"他要讲的故事里会出现'奇妙的'东西"。

这种貌似"精确"实为不通的夹缠句法,不但在译本中早已猖獗,且已渐渐"被转移到"许多作家的笔下。崇拜英文的潜意识,不但使译文亦步亦趋模仿英文的语法,甚且陷一般创作于效颦的丑态。长此以往,优雅的中文岂不要沦为英文的"殖民地"?

用中文来写科学或哲学论文,是否胜任愉快,我不是专家,不能答复。至于用

---

① 1973年1月号《幼狮文艺》139页第12—15行。

中文来写文学作品，就我个人而言，敢说是绰绰有余的。为了增进文体的弹性，当然可以汲取外文的长处，但是必须守住一个分寸，妥加斟酌，否则等于向外文投降。无条件的精确主义是可怕的。许多译者平时早就养成了英文至上的心理，一旦面对英文，立即就忘了中文。就用 family member 这个词做例子吧，时至今日，我敢说十个译者之中至少有七个会不假思索，译成"家庭的一员"或"家庭的一分子"，竟忘了"家人"本是现成的中文。许多准作家就从这样的译文里，去亲炙托尔斯泰和佛洛贝尔、爱默生和王尔德。有这样的译文壮胆，许多准作家怎不油然而生"当如是也"之感？

在这样的情形下，思果先生①的《翻译研究》一书能适时出版，是值得我们加倍欣慰的。我说"我们"，不但指英文中译的译者，更包括一般作家和有心维护中文传统的所有人士。至于"加倍"，是因为《翻译研究》之为文章"病院"，诊治的对象，不但是译文，也包括中文创作，尤其是饱受"恶性西化"影响的作品。从文学史看来，不但创作影响翻译，翻译也反作用于创作。例如 16 世纪法国作家拉伯雷（François Rabelais）简洁有力的作品，到了 17 世纪苏格兰作家厄尔克尔特爵士（Sir Thomas Urquhart）的译文里，受了当时英国散文风格的影响，竟变得艰涩起来。相反地，1611 年钦定本《圣经》的那种译文体，对于后代英国散文的写作，也有极大的影响。译文体诚然是一种特殊的文体，但毕竟仍是一种文体，无论有多碍手碍脚，在基本的要求上，仍应具备散文常有的美德。因此，要谈翻译的原理，不可能不涉及创作。也因此，由一位精通外文的作家来谈翻译，当然比不是作家的译者更具权威。

思果先生不但是一位翻译家，更是一位杰出的散文家。他的散文清真自如，笔锋转处，浑无痕迹。他自己也曾悬孟襄阳的"微云淡河汉，疏雨滴梧桐"为散文的至高境界。思果先生前后写了三十多年的散文，译了二十本书，编过中文版的《读者文摘》，教过中文大学校外进修部的高级翻译班，更重要的是，他曾经每天用七小时半的工夫结结实实研究了七年的翻译。由这么一位多重身份的高手来写这本《翻译研究》，真是再好不过。思果先生的散文是此道的正格，我的散文走的是偏锋。在散文的风格上，我们可说是背道而驰。在创作的理论上，我们也许出入很大。但是在翻译的见解上，我们却非常接近。《翻译研究》的种种论点，除了极少数的例外，我全部赞同，并且支持。

①　思果，原名蔡濯堂（1918—2004），著名散文家、翻译家。译有《西泰子来华记》《大卫·考勃非尔》《力争上游》等，并撰文专论翻译，结集为《翻译研究》《翻译新究》《译道探微》等，备受同行称誉。

我更钦佩本书的作者，早已看出翻译的"近忧"，如不及时解救，势必导致语文甚至文化的"远虑"。一开卷，作者就在序言里指出："中国近代的翻译已经有了几十年的历史，虽然名家辈出，而寡不敌众，究竟劣译的势力大，电讯和杂志上的文章多半是译文，日积月累，几乎破坏了中文。我深爱中国的文字，不免要婉言讽喻。"

在"引言"里作者又说："我更希望，一般从事写作的人也肯一看这本书，因为今天拙劣不堪的翻译影响到一般的写作，书中许多地方讨论到今天白话文语法和汉语词汇的问题，和任何作家都有关系，并非单单从事翻译的人所应该关心的。"

翻译既是语文表达的一种方式，牵此一发自然不能不动全身。文章曾有"化境""醇境"之说，译笔精进之后，当然也能臻于此等境界。思果先生在《翻译研究》里却有意只谈低调。他指出，妙译有赖才学和两种语文上醇厚的修养，虽然应该鼓励，但是无法传授。同时，妙译只能寄望于少数译家，一般译者能做到不错，甚至少错的"稳境"，已经功德无量了。思果先生的低调，只是针对"恶性西化"或"畸形欧化"而发。"畸形欧化"是目前中译最严重的"疵境"，究其病源，竟是中文不济，而不是英文不解。事实上，欧化分子的英文往往很好，只是对于英文过分崇拜以至于泥不能出，加上中文程度有限，在翻译这样的拔河赛中，自然要一面倒向英文。所以为欧化分子修改疵译，十之七八实际上是在改中文作文。这是我在大学里教翻译多年的结论。

思果先生的研究正好对症下药。他给译者最中肯的忠告是：**翻译是译句，不是译字。句是活的，字是死的，字必须用在句中，有了上下文，才具生命。**欧化分子的毛病是：第一，见字而不见句；第二，以为英文的任何字都可以在中文里找到同义词；第三，以为把英文句子的每一部分都译过来后，就等于把那句子译过来了。事实上，英文里有很多字都没有现成的中文可以对译，而一句英文在译成中文时，往往需要删去徒乱文意的虚字冗词，填满文法或语气上的漏洞，甚至需要大动"手术"，调整文词的次序。所谓"勿增、勿删、勿改"的戒条，应该是指文意，而不是指文词。文词上的直译、硬译、死译，是假精确，不是真精确。

《翻译研究》针对畸形欧化的种种病态，不但详为诊断，而且细加治疗，要说救人，真是救到了底。照说这种"临床报告"注定是单调乏味的，可是一经散文家娓娓道来，竟然十分有趣。例如64页，在"单数与复数"一项下，作者为日渐蔓延的西化复数"们"字开刀，特别举了下面几个病例：

土人们都围过来了。

女性们的服装每年都有新的花样。

童子军们的座右铭是日行一善。

　　医生们一致认为他已经康复了。

　　作者指出，这些"们"（也许应该说"这些'们'们"）都是可删的，因为"都"和"一致"之类的副词本就含有复数了，而且既言"女性"，当然泛指女人。至于"童子军"还要加"们"以示其多，也是甘受洋罪，因为这么一来，布告栏里的"通学生""住校生""女生""男生"等，岂不都要加上一条"们"尾了吗？目前已经流行的两个邪"们"，是"人们"和"先生们"。林语堂先生一看到"人们"就生气。思果先生也指出，这个"人们"完全是无中生有，平常我们只说"大家"。"先生们"经常出现在对话的译文里，也是畸形欧化的一个怪物。平常我们要说"各位先生"。如果有人上台演讲，竟说"女士们、先生们"，岂不是笑话？这样乱翻下去，岂不要凭空造出第三种语言来了吗？

　　137页，在"用名词代动词"项下，作者的"手术刀"挥向另一种病症。他指出，欧化分子有现成的动词不用，偏爱就英文语法，绕着圈子把话拆开来说。例如，"奋斗了五年"不说，要说成"作了五年的奋斗"；"大加改革"不说，要说成"作重大改革"；同样地，"拿老鼠做试验"要说成"在老鼠身上进行试验"；"私下和他谈了一次"要说成"和他作了一次私下谈话"；"劝她"要说成"对她进行劝告"；"航行"要说成"从事一次航行"。

　　167页，在"代名词"项下，作者讨论中译的另一个危机："They are good questions, because they call for thought-provoking answers. 是平淡无奇的一句英文，但也很容易译得不像中文。（they 这个字是翻译海中的'鲨鱼'，译者碰到了它就危险了……）就像'它们是好的问题，因为它们需要对方做出激发思想的回答'，真再忠于原文也没有了。也不错，就是读者不知道那两个'它们'是谁。如果是朗诵出来的，心中更想不起那批'人'是谁。'好的问题'，'做出……的回答'不像中国话。如果有这样一个意思要表达，而表达的人又没有看到英文，中国人会这样说：'这些问题问得好，要回答就要好好动一下脑筋（或思想一番）。'"这样的翻译才是活的译句，不是死的译字，才是变通，不是向英文投降。

　　185页，作者讨论标点符号时说："约二十年前，我有很久没有写中文，一直在念英文，写一点点英文，来港后把旧作整理，出了一本散文集。友人宋悌芬兄看了说：'你的句子太长。'这句话一点不错。我发现我的逗号用得太少，由此悟到中英文标点最大不同点之一，就是英文的逗点用得比中文少，因此把英文译成中文，不得不略加一些逗点。"只有真正的行家才会注意到这一点。我不妨补充一句：**英文用逗点是为了文法，中文用逗点是为了文气**。（在我自己的抒情散文里，逗点的运用完全是武断的，因为我要控制节奏。）根据英文的文法，例如下面的这句话，里面的逗点实在是多余的，可是删去之后，中文的"文气"就太急促了，结果仍然有碍理解："我很明白，他的意思无非是说，要他每个月回来看我一次，是不可能的。"英文文法比较分明，句长二十字，往往无须逗点。所以欧化分子用起逗点来，也照样十分"节省"。下面的译文是一个极端的例子："同时，史克鲁治甚至没有因这桩悲惨的事件而伤心得使他在葬礼那天无法做一个卓越的办事人员以及用一种千真万确的便宜价钱把葬礼搞得肃穆庄严。"①数一数，62个字不用一个标点，实在令人"气短"。

不过，《翻译研究》里面也有少数论点似乎矫枉过正，失之太严了。作者为了矫正畸形欧化的流弊，处处为不懂英文的读者设想，有时也未免太周到了。事实上，今天的读者即使不懂英文，也不至于完全不解"西俗"或"洋务"，无须译者把译文嚼得那么烂去喂他。例如180页所说："譬如原文里说某一个国家只有美国内布拉斯加州那么大。中国省份面积最接近这一州的是江西。不妨改为江西省。这种改编谁也不能批评。"恐怕要批评的人还不少，其中可能还有反欧化分子。因为翻译作品的读者，除了欣赏作品本身，也喜欢西方的风土和情调，愿意费点精神去研究。记得小时候读《处女地》的中译本，那些又长又奇的俄国人名和地名，非但不恼人，而且在舌上翻来滚去，反而有一种如闻其声、如临其境的快感。同时，一个外国人说得好好的，为什么要用江西来作比呢？英文中译，该是"嚼面包喂人"吧。以夏代夷，期期以为不可，一笑。这些毕竟是书中的小瑕，难掩大瑜。

145页，作者把《红楼梦》的一段文字改写成流行的译文体，读来令人绝倒。这段虚拟的文字，无疑是"戏仿体"（parody）的杰作，欧化分子看了，该有对镜之感。在结束本文之前，我忍不住要引用一节，与读者共赏：

在看到她吐在地上的一口鲜血后，袭人就有了一种半截都冷了的感觉，当她想着往日常听人家说，一个年轻人如果吐血，他的年月就不保了，以及纵然活了一个较长的生命，她也终是一个废人的时候，她不觉就全灰了她的后来争荣夸耀的一种雄心了。在此同时，她的眼中也不觉地滴下了泪来。当宝玉见她哭了的时候，他也不觉心酸起来了。因之他问："你心里觉得怎么样？"她勉强地笑着答："我好好地，觉得怎么呢？"……林黛玉看见宝玉一副懒懒的样子，只当他是因为得罪了宝钗的缘故，所以她心里也不自在，也就显示出一种懒懒的情况。凤姐昨天晚上就由王夫人告诉了她宝玉金钏的事，当她知道王夫人心里不自在的时候，她如何敢说和笑，也就作了一项决定，随着王夫人的气色行事，

① 1973年1月号《幼狮文艺》149页3至56行。语出狄更斯的小说《圣诞颂歌》开卷第四段，里面说些什么，我无论如何也看不懂。从译文里根本看不出为什么狄更斯是一位文豪。

更露出一种淡淡的神态。迎春姊妹，在看见着众人都觉得没意思中，她们也觉得没有意思了。因之，她们坐了一会儿，就散了。

这样作践《红楼梦》，使人笑完了之后，立刻又陷入深沉的悲哀。这种不中不西、不今不古的译文体，如果不能及时遏止，总有一天会喧宾夺主，到那时，中国的文坛恐怕就没有一寸干净土了。

1973 年 2 月 10 日午夜

四、拓展阅读

陈才俊 . 余光中的翻译观［J］. 深圳大学学报，2005（5）：92–95.

丁宗皓 . 在传统与现代之间——余光中先生访谈录［J］. 当代作家评论，1997（6）：59–68.

郭虹 . 拥有四度空间的学者——余光中先生访谈录［J］. 文艺研究，2010（2）：47–59.

罗选民 . 余光中与翻译［J］. 中国翻译，2008（5）：75–77.

穆雷 . 余光中谈翻译［J］. 中国翻译，1998（4）：37–41.

单德兴 . 左右手之外的缪斯——析论余光中的译论与译评［J］. 外语与翻译，2009（1）：1–15.

思果 . 翻译研究［M］. 北京：中国对外翻译出版公司，2001.

余光中 . 余光中谈翻译［M］. 北京：中国对外翻译出版公司，2000.

余光中 . 守夜人（中英对照）［M］. 南京：江苏文艺出版社，2017.

五、翻译练习

The Old Man and the Sea①

Ernest Hemingway

He was an old man who fished alone in a skiff in the Gulf Stream and he had gone eighty-four days now without taking a fish. In the first forty days a boy had been with him. But after forty days without a fish the boy's parents had told him that the old man was now

---

① Hemingway, E. *The Old Man and the Sea*［M］. Beijing: World Publishing Co. , 1989: 1–3.

definitely and finally salao, which is the worst form of unlucky, and the boy had gone at their orders in another boat which caught three good fish the first week. It made the boy sad to see the old man come in each day with his skiff empty and he always went down to help him carry either the coiled lines or the gaff and harpoon and the sail that was furled around the mast. The sail was patched with flour sacks and, furled, it looked like the flag of permanent defeat.

The old man was thin and gaunt with deep wrinkles in the back of his neck. The brown blotches of the benevolent skin cancer the sun brings from its reflection on the tropic sea were on his cheeks. The blotches ran well down the sides of his face and his hands had the deep-creased scars from handling heavy fish on the cords. But none of these scars were fresh. They were as old as erosions in a fishless desert.

Everything about him was old except his eyes and they were the same color as the sea and were cheerful and undefeated.

"Santiago," the boy said to him as they climbed the bank from where the skiff was hauled up. "I could go with you again. We've made some money."

The old man had taught the boy to fish and the boy loved him.

"No," the old man said. "You're with a lucky boat. Stay with them."

"But remember how you went eighty-seven days without fish and then we caught big ones every day for three weeks."

"I remember," the old man said. "I know you did not leave me because you doubted."

"It was papa made me leave. I am a boy and I must obey him."

"I know," the old man said. "It is quite normal."

"He hasn't much faith."

"No," the old man said. "But we have. Haven't we?"

"Yes," the boy said. "Can I offer you a beer on the Terrace and then we'll take the stuff home."

"Why not?" the old man said. "Between fishermen."

第十八章　杨宪益

引　言

　　杨宪益与英国才女戴乃迭（Gladys Yang）珠联璧合，"几乎翻译了整个中国"。杨宪益是把《史记》推向西方世界的第一人，他翻译的《鲁迅选集》是外国高校教学研究通常采用的蓝本，与夫人合作翻译的三卷本《红楼梦》和英国两位汉学家（霍克斯、闵福德）合译的五卷本一并成为西方世界最认可的《红楼梦》译本。

一、名家简介①

　　杨宪益（1915—2009），我国著名文学翻译家、外国文学研究专家。1915年生于天津，祖籍安徽泗州（今泗县）。少年时期在家塾和教会学校读书，接受中西文化的熏陶。1934年从天津英国教会学校新学书院毕业后到牛津大学莫顿学院学习古希腊罗马文学、中古法国文学及英国文学。1940年回国，曾先后执教于重庆、贵阳、成都各大学，在重庆和南京任国立编译馆编纂。1941年至1942年任贵阳师范学院英语系主任，1942年至1943年任成都光华大学教授，1943年后在重庆及南京任编译馆编纂。自1953年起在中国外文局工作，先后任外文出版社翻译部专家、《中国文学》杂志社总编辑。1979年起兼任中国社会科学院外国文学研究所研究员。

　　杨宪益学贯中西，为中外文化交流尤其是中国文化走向世界做出了卓越贡献。他长期从事文学和文化翻译，特别是中国文学作品的对外翻译。杨宪益一生成就卓越。

---

① 引自中国翻译协会网页［2019-08-12］. http://www.tac-online.org.cn/index.php?m=content&c=index&a=show&catid=489&id=1878.

他的翻译作品从先秦文学到现当代文学，跨度之大、数量之多、质量之高、影响之深，中国翻译界无人企及。他一方面与夫人戴乃迭合作，把《红楼梦》《楚辞》《史记选》《关汉卿杂剧》《老残游记》《鲁迅选集》（4 卷）和《青春之歌》等大量中国古今文学名著译成英文出版，同时把阿里斯托芬的《鸟》与《和平》、荷马的《奥德修纪》、维吉尔的《牧歌》、法国中古史诗《罗兰之歌》、萧伯纳的《凯撒与克丽奥帕脱拉》和《卖花女》等欧洲古今文学名著译成中文出版。特别是他与夫人戴乃迭联袂翻译的英译本《红楼梦》，已成为最受中外学者和读者认可和推崇的经典译作。此外，他还撰有《译余偶拾》《零墨新笺》《零墨续笺》等学术著作多种。1981 年发起并主持"熊猫丛书"的编译工作，受到国外广大读者的欢迎。

杨宪益几十年来在译坛默默耕耘，将毕生精力都献给了中国翻译事业和对外传播事业。他襟怀坦荡，淡泊名利，对事业执着追求，对工作精益求精，为中国文化走向世界，为增进中国人民同世界各国人民之间的交流和了解做出了卓越的贡献。2002 年，杨宪益被中国翻译协会授予"资深翻译家"荣誉称号。2009 年 9 月 17 日，94 岁高龄的杨宪益成为"翻译文化终身成就奖"获得者，是获得该荣誉奖项的第二位翻译家①。

杨宪益治学严谨，为人谦和，在国内外翻译界均享有崇高威望，深受翻译界同仁和晚辈的尊敬与爱戴。杨宪益强调，翻译不仅要外语好，中文基础也很重要。他认为，翻译是通过一种语言转达另一种语言的文化信息，因此可以说任何翻译都离不开文化。要想正确理解所翻译的东西，在很大程度上取决于是否有对相关文化的了解。因此，他曾殷切寄语青年翻译工作者，要对自己的文化多了解一点，多看一点书。

杨宪益译作丰厚，却没有专门的理论著作系统地阐述自己的翻译思想，其翻译思想散见于其译作的前言后记以及翻译座谈会上的讲话中。例如，王佐良《翻译：思考与试笔》的附录《"土耳其挂毯的反面"》是澳大利亚《半球》杂志主编肯尼思·亨德森对杨宪益、戴乃迭、俞林、王佐良四位翻译家和作家的采访文稿，主要关于文学翻译问题。杨宪益认为："翻译的时候不能做过多的解释。译者应尽量忠实于原文的形象，既不要夸张，也不要夹带任何别的东西。当然，翻译中如果确实找不到等同的东西，那就肯定会牺牲一些原文的意思。但是，过分强调创造性原则是不对的，因为这样一来，就不是在翻译，而是改写文章了。"而其夫人戴乃迭则认为，译者"应该更富有创造性"，"我觉得我们传统的翻译法是直译，过于

---

① 2006 年 9 月 26 日，季羡林先生成为首位"翻译文化终身成就奖"获得者。

死板的直译，以至使读者搞不懂我们说的是什么意思。"①

二、名译欣赏：阿Q正传

【原文】

阿Q正传

鲁　迅

第一章　序②

我要给阿 Q 做正传，已经不止一两年了。但一面要做，一面又往回想，这足见我不是一个"立言"的人，因为从来不朽之笔，须传不朽之人，于是人以文传，文以人传——究竟谁靠谁传，渐渐的不甚了然起来，而终于归接到传阿 Q，仿佛思想里有鬼似的。

然而要做这一篇速朽的文章，才下笔，便感到万分的困难了。第一是文章的名目。孔子曰，"名不正则言不顺"。这原是应该极注意的。传的名目很繁多：列传，自传，内传，外传，别传，家传，小传……，而可惜都不合。"列传"么，这一篇并非和许多阔人排在"正史"里；"自传"么，我又并非就是阿 Q。说是"外传"，"内传"在那里呢？倘用"内传"，阿 Q 又决不是神仙。"别传"呢，阿 Q 实在未曾有大总统上谕宣付国史馆立"本传"——虽说英国正史上并无"博徒列传"，而文豪迭更司也做过《博徒别传》这一部书，但文豪则可，在我辈却不可。其次是"家传"，则我既不知与阿 Q 是否同宗，也未曾受他子孙的拜托；或"小传"，则阿 Q 又更无别的"大传"了。总而言之，这一篇也便是"本传"，但从我的文章着想，因为文体卑下，是"引车卖浆者流"所用的话，所以不敢僭称，便从不入三教九流的小说家所谓"闲话休题言归正传"这一句套话里，取出"正传"两个字来，作为名目，即使与古人所撰《书法正传》的"正传"字面上很相混，也顾不得了。

第二，立传的通例，开首大抵该是"某，字某，某地人也"，而我并不知道阿 Q 姓什么。有一回，他似乎是姓赵，但第二日便模糊了。那是赵太爷的儿子进了秀才的时候，锣声镗镗的报到村里来，阿 Q 正喝了两碗黄酒，便手舞足蹈的说，这于

---

① 王佐良 . 翻译：思考与试笔［M］. 北京：外语教学与研究出版社，1989：81-90.

② 原文及译文 1 引自：鲁迅 . 阿 Q 正传（汉英对照）［M］. 杨宪益，戴乃迭，译 . 北京：外文出版社，2001：2-9.

他也很光采，因为他和赵太爷原来是本家，细细的排起来他还比秀才长三辈呢。其时几个旁听人倒也肃然的有些起敬了。那知道第二天，地保便叫阿 Q 到赵太爷家里去；太爷一见，满脸溅朱，喝道：

"阿 Q，你这浑小子！你说我是你的本家么？"

阿 Q 不开口。

赵太爷愈看愈生气了，抢进几步说："你敢胡说！我怎么会有你这样的本家？你姓赵么？"

阿 Q 不开口，想往后退了；赵太爷跳过去，给了他一个嘴巴。

"你怎么会姓赵！——你那里配姓赵！"

阿 Q 并没有抗辩他确凿姓赵，只用手摸着左颊，和地保退出去了；外面又被地保训斥了一番，谢了地保二百文酒钱。知道的人都说阿 Q 太荒唐，自己去招打；他大约未必姓赵，即使真姓赵，有赵太爷在这里，也不该如此胡说的。此后便再没有人提起他的氏族来，所以我终于不知道阿 Q 究竟什么姓。

【译文1】

The True Story of Ah Q

Translated by Yang Xianyi

CHAPTER 1　Introduction

For several years now I have been meaning to write the true story of Ah Q. But while wanting to write I was in some trepidation, too, which goes to show that I am not one of those who achieve glory by writing; for an immortal pen has always been required to record the deeds of an immortal man, the man becoming known to posterity through the writing and the writing known to posterity through the man—until finally it is not clear who is making whom known. But in the end, as though possessed by some fiend, I always came back to the idea of writing the story of Ah Q.

And yet no sooner had I taken up my pen than I became conscious of tremendous difficulties in writing this far-from-immortal work. The first was the question of what to call it. Confucius said, "If the name is not correct, the words will not ring true"; and this axiom should be most scrupulously observed. There are many types of biographies: official biographies, autobiographies, unauthorized biographies, legends, supplementary biographies, family histories, sketches... but unfortunately none of these suited my purpose.

"Official biography?" This account will obviously not be included with those of many eminent people in some authentic history. "Autobiography?" But I am obviously not Ah Q. If I were to call this an "unauthorized biography," then where is his "authenticated biography"? The use of "legend" is impossible, because Ah Q was no legendary figure. "Supplementary biography"? But no president has ever ordered the National Historical Institute to write a "standard life" of Ah Q. It is true that although there are no "lives of gamblers" in authentic English history, the famous author Conan Doyle nevertheless wrote Rodney Stone; but while this is permissible for a famous author it is not permissible for such as I. Then there is "family history"; but I do not know whether I belong to the same family as Ah Q or not, nor have his children or grandchildren ever entrusted me with such a task. If I were to use "sketch," it might be objected that Ah Q has no "complete account." In short, this is really a "life," but since I write in vulgar vein using the language of hucksters and pedlars, I dare not presume to give it so high-sounding a title. So from the stock phrase of the novelists, who are not reckoned among the Three Cults and Nine Schools. "Enough of this digression, and back to the true story!" I will take the last two words as my title; and if this is reminiscent of the *True Story of Calligraphy* of the ancients, it cannot be helped.

The second difficulty confronting me was that a biography of this type should start off something like this: "So-and-so, whose other name was so-and-so, was a native of such-and-such a place"; but I don't really know what Ah Q's surname was. Once, he seemed to be named Chao, but the next day there was some confusion about the matter again. This was after Mr. Chao's son had passed the county examination, and, to the sound of gongs, his success was announced in the village. Ah Q, who had just drunk two bowls of yellow wine, began to prance about declaring that this reflected credit on him too, since he belonged to the same clan as Mr. Chao, and by an exact reckoning was three generations senior to the successful candidate. At the time several bystanders even began to stand slightly in awe of Ah Q. But the next day the bailiff summoned him to Mr. Chao's house. When the old gentleman set eyes on him his face turned crimson with fury and he roared:

"Ah Q, you miserable wretch! Did you say I belonged to the same clan as you?"

Ah Q made no reply.

The more he looked at him the angrier Mr. Chao became, and advancing menacingly a few steps he said, "How dare you talk such nonsense! How could I have such a relative as you? Is your surname Chao?"

Ah Q made no reply, and was planning a retreat, when Mr. Chao darted forward and gave him a slap on the face.

"How could you be named Chao! —you think you are worthy of the name Chao?"

Ah Q made no attempt to defend his right to the name Chao, but rubbing his left cheek went out with the bailiff. Once outside, he had to listen to another torrent of abuse from the bailiff, and thank him to the tune of two hundred cash. All who heard this said Ah Q was a great fool to ask for a beating like that. Even if his surname were Chao—which wasn't likely—he should have known better than to boast like that when there was a Mr. Chao living in the village. After this no further mention was made of Ah Q's ancestry, so that I still don't know what his surname really was.

【译文2】

The Real Story of Ah-Q

Translated by Julia Lovell

CHAPTER 1　Preface[①]

For some years now, I've been wanting to set down for posterity the story of Ah-Q, but time and again have quailed before the difficulty of the task—evidence enough that I am no seeker after literary fame. A biographer hungry for glory must find his own genius mirrored by the genius of his subject, both clinging to each other in the quest for immortality, until no one is sure whether the brilliance of the man is celebrated because of the brilliance of the biography, or vice versa. Contrast my own humble fixation—like that of a man possessed— on recording the life of Ah-Q.

But as I take up my pen to begin this distinctly mortal work, the infinite difficulty of it again deters me. My first quandary is a title. As Confucius says: 'If a name is not right, the words will not ring true.' Wise words indeed. Lives are written in a myriad forms: as official biographies of the great and good (archived within our celestial empire's dynastic histories), autobiographies, legends, unauthorized biographies, as footnotes, genealogies, biographical sketches... I have regretfully discarded them all. Allow me to dance down through the list, beginning at the beginning. What place could the life of the miserable Ah-Q have next to

---

① Lu, X. *The Complete Fiction of Lu Xun* ［M］. Trans. Julia Lovell. New York: Penguin, 2009: 169– 171.

the glorious, official biographies of the rich and famous installed in our hallowed court histories? Autobiography? I am, incontrovertibly, not Ah-Q. If I were to call my account the stuff of legend, it could legitimately be objected that Ah-Q is no god. To 'unauthorized biography', I gave some thought: but where is the authorized version? No president has ever ordered his National Institute of Historical Research to create such a memorial to Ah-Q. True, our revered translators have rendered the great Conan Doyle's *Rodney Stone* as *Unauthorized Biographies of the Gamblers*—though I am willing to bet no official counterpart exists in Britain's National Archive. But while men of literary genius can take such licence, I have no comparable entitlement. Let us move swiftly on to genealogy: I know neither of any personal blood connection with Ah-Q nor of any request from his descendants to create such a document. 'Biographical sketch' again begs the question: where is the full-length version?

This effort of mine, I can only conclude, is the standard, official biography of the man; and yet the debased vulgarity of its content and characters causes me to shy, appalled, from such presumption. So at last, I will fall back on the formulation so often used by our nation's novelists—the very dregs of our glorious literary tradition—in their constant battle with digression: 'Now back to the real story.' There: *The Real Story of Ah-Q* it is. Any similarity between the present work and the unforgettable *Real Story of Calligraphy*, by Mr Feng Wu of the Qing dynasty, is entirely unintentional.

My second difficulty lies in how to start. Your average biography generally begins something like this: 'So-and-so—whose full name was such-and-such—was born in such-and-so.' But I have no idea what Ah-Q's surname was. True enough, at one point it was alleged to be Zhao; but the next day, the question became fraught with uncertainty once more. The whole business reared its head, as I recall, around the time that Mr Zhao's son had romped through the lowest, county-level stage of the civil service examination. His stomach warmed by two bowls of rice wine, his ears buzzing with the triumphant beating of gongs through the village, Ah-Q jubilantly declared to a modest audience, who smartly began to eye him with new, cautious respect, that he was a direct relation of the great Mr Zhao, and senior to the local genius by a clear three generations.

The following day, the local constable summoned Ah-Q to the Zhaos'.

'You stupid bastard, Ah-Q!' the honourable Mr Zhao roared, his face blotching crimson at the sight of him. 'Did you, or did you not, say you were related to me?'

Ah-Q said nothing.

'How dare you!' Mr Zhao bore furiously down on him. 'When has anyone ever called you Zhao?'

Still nothing from Ah-Q, who was starting to look very interested in the room's escape routes. Mr Zhao charged forward again and slapped him round the face.

'You scum! D' you look like a Zhao?'

Preferring not to argue the toss on the issue, Ah-Q followed the constable out, rubbing his left cheek. Outside, he received a second, brisk rebuke from the man of the law, who concluded by extracting from him two hundred coppers as compensation. When news of the incident got about, everyone declared that this time Ah-Q had gone too far, that he had been asking for his beating. Likely as not, he was about as closely related to Mr Zhao as he was to the emperor. And even if they were related, he shouldn't have shot his big mouth off about it. After this fiasco, the question of Ah-Q's genealogy was never revisited; his surname, as a result, to this day remains a mystery to me.

三、名论细读

略谈我从事翻译工作的经历与体会①

香港中文大学新亚学院的金圣华教授要我谈谈我对翻译工作的体会。回顾过去几十年，我这一生的大部分时间都是在从事翻译工作中度过的，因而似乎也不能说没有一点体会；但是我的思想从来逻辑性不强，自己也很怕谈理论，所以也说不出什么大道理。近来很多中外学者都研究翻译这门工作，有人认为翻译是一门科学。**我个人是从事文学翻译的，却觉得从搞翻译的角度来说，说翻译是一门科学，不如说它是一种艺术，或者说是一种技巧。**当然这样可能是我个人的偏见。

我在十几岁上中学读书时就对翻译工作发生了兴趣。我当时开始对中国古典文学和外国文学都很喜爱。同现在许多年轻人不同，我当时阅读中国古文已经没有多少困难，读一般英文书籍也不太费事；加之我家里经济条件优越，可以随便到中外书店去买书，所以当我到了十六七岁以后，涉猎的中外文学书已经不少。当时我在国内还没有想过把中国的文化遗产介绍到外国去。我很喜欢读一些中国古典诗词，只是为了个人欣赏。有时也用旧诗体写些诗，发表一些个人感想，这是因为受了清

① 杨宪益.略谈我从事翻译工作的经历与体会［G］// 金圣华，黄国彬.因难见巧：名家翻译经验谈.北京：中国对外翻译出版公司，1998: 79-84.

末黄遵宪及康梁等人的影响，所谓"我手写我口"和"旧瓶装新酒"的主张，但是当时我还没有试验把中国诗文译成英文。我当时已具备用英文表达思想的能力，记得在中学毕业前，也曾多次用英文写作，并试图摹仿某些英国名人的文体。在中学毕业去英国读书时，曾经写过一本小小的旅游经历，叫作 Terra Marique。题目是一句拉丁文，意思是"从陆地到海洋"。这是罗马凯撒的《高卢战记》里一句常见的话。当时我正开始自学一点拉丁文，所以就用了这个词。这本小书就是用英文写的，记述我当时离开中国，经过太平洋，穿过北美，又经过大西洋，而到达英国两个来月的经历。虽然是英文写的，但这是一本习作，并不是中译英的翻译作品。

我试图把外国文学作品译成中文是在中学读书时就开始了。当时我大概只有十七八岁。记得曾经喜欢过英国诗人雪莱（Shelley）的诗，曾用五言古诗体译过他的一首诗 "Ode to the Skylark"（《天鹨》或译作《云雀》），还有一首 "Ode to the Westwind"（《西风》）大概也译过。还译过美国诗人朗费罗（Longfellow）的一首诗，名字大概是 "A Psalm of Life"（《生命颂》）。也译过英国诗人弥尔顿（Milton）的两首短诗 "L'Allegro" 和 "Il Penseroso"（《欢乐》和《忧思》）。还译过古希腊女诗人萨浮（Sappho）的两三个断句，是从英国诗人罗瑟谛（Rossetti）的英文译文转译的，因为我当时还未学希腊文。另外还有从莎士比亚剧中译出的一两首歌词。这些初期的译作早已失落了。现在只记得萨浮的两个断句和一首莎士比亚戏剧的歌词。

我到英国读书后，就没有再读过中文书，也没有用中文写过什么东西，因此也没有再做过外译中的翻译。在英国六年，英文差不多成了我的主语。读完希腊和拉丁文课程后，又学过不到一年的法文，主要是中古时代的法文；又自学过一两个月的西班牙文和瑞典文。在英国的最后期间读过两年英国文学，这时才开始用英文试译过几篇中国文学作品。记得当时翻译过鲁迅的《野草》和《阿Q正传》，一些陶渊明的诗和一些楚辞作品，主要是《离骚》《九歌》和《招魂》。当时初译中国诗，曾摹仿过英国诗人的文体，比如说，译《离骚》时就摹仿过弥尔顿和德莱顿（Dryden）的诗。后来一位英国朋友汉学家霍克斯（David Hawkes），就是曾经译过《石头记》的那一位，曾经开玩笑说："杨氏夫妇译的《离骚》，与原作的精神比较，就像一块巧克力派同一个巧克力蛋那样不同。"这当然是笑话。可是后来我也就不再用英国格律诗体来作翻译，而改用自由体了。用外国的格律诗体译中国诗歌是件吃力不讨好的事。……

回想我大半生搞文学翻译的经历，当然也不能说毫无个人体会而言。过去几十年来，多次到欧洲澳亚等地访问，也常常被国外大学和学术团体邀请，讲讲个人对翻译的体会。回想起来，每次讲学多半是信口开河，说不上有什么高深翻译理论。

记得在一九五三或五四年，曾在中南海被毛主席接见，当时毛主席同我握了手，旁边周总理介绍说："杨宪益翻译过屈原的《离骚》。"毛主席对此很感兴趣，就微笑着对我说："哦？《离骚》也是可以翻译的么？"我不假思索，就回答说："主席，我认为什么东西都是可以翻译的。"毛主席听了，思索了一下，好像要同我继续对这个问题讨论下去，但因为旁边还有不少人等待接见，就笑着点了点头，走过去了。这件小事我后来常常记起，可惜当时没有机会再讨论下去。因为《楚辞》或其他文学作品，尤其是诗歌，能不能翻译成其他文字，而保留其神韵，的确是个难说的问题。

翻译是沟通不同民族语言的工具。不同地区或国家的人都是人，人类的思想感情都是可以互通的。从这个意义来说，什么东西应该都可以翻译，不然的话，人类就只能闭关守国，老死不相往来了。但是，人类自从分成许多国家和地区，形成不同文化和语言几千年以来，各个民族的文化积累又各自形成不同特点，每个民族对其周围事物的看法又会有各自不同的联想，这往往是外国人很难理解的。举例说，在周朝灭殷以后，一个西周的士兵在征伐东夷的路程中，也许会发出"昔我往矣，杨柳依依，今我来思，雨雪霏霏"那样的感叹；把这样的话译成外文，外国人可能还理解歌词里的感情。但是到了隋唐以后，一个远征的中国人常常把"杨柳"当做送别的象征，这种联想而来的感情，不同文化传统的外国人就不一定能够充分领会了。十八世纪以来的英国人，由于对中国传统文化的兴趣和传入西方的绘有中国园林及杨柳图案的中国青花瓷器特别爱好，他们对中国画中的杨柳图案，所谓 willow pattern，产生一定的感情。但这种属于 chinoiserie 的感情，同中国人对杨柳的感情是完全两回事。再如别的花木，中国人对梅兰菊竹，以及牡丹、荷花之类，自从唐宋明以来，有特殊感情寄托。英国人却对玫瑰花有更多的联想和感情。其他在文化上的差异还有很多很多，而这些都是在翻译上很难完全传达的。从这方面来说，翻译要完全做到"信"和"达"又是很困难，甚至可以说是不可能的事，尤其是在文学翻译方面。

翻译的原则，简单说起来，古人已经说过，不过是"信达雅"三个字。清末的严复说过"译事三难，信、达、雅"。他说的话实际上是总结汉魏到隋唐译经人的经验。所谓"雅"，这是很难说的。当时严复把《天演论》译成文言，算是"雅"。今天，翻译外国文学，不用白话而用文言，就是太怪了。还有，如果原文是用极俚俗的话，翻译人偏偏要用极文雅的话来表达，这恐怕也说不上是好的翻译。**"信"和"达"，在翻译中则是缺一不可。"宁顺而不信"和"宁信而不顺"都是各走极端，不足为法。**要做到"信"和"达"兼备不是很容易的事。总的原则，我认为是对原作的内容，不许增加或减少。把"一朵花"译成"一朵玫瑰花"不对；把"一朵红花"

译成"一朵花"也不合适。但是实际做起来，要忠实于原文，又要表达原作的神韵，这也不是容易做到的事。我曾经翻译过一部当代人梁斌写的长篇小说《红旗谱》。"红旗"是指"革命"而言，"谱"是指"家谱"，就是说"家庭传统"。这三个字的书名，如果按照原字直译，恐怕人看不懂。我后来译作 *Keep the Red Flag Flying*。虽然对原文不够忠实，也只好如此了。再如我曾经译过清初洪升的《长生殿》传奇。我把"长生"译成"Eternal Youth"，虽然原文的"长"不是"永久"，原文的"生"不完全同于"青春"，但是比起 Long Life 或 Longevity，好像更能表达原名的精神一点。当然我的译法只是我"一家之言"，今后别的译者也可能有更好的译法。

翻译外国文学作品为中文，有的译者在翻译诗歌的过程中，有时太注重原作的形式方面。比如说，英国诗过去常用五音节抑扬格，每音节分为轻重两音。这是由于英文同中文不同，每个字不限于一个音，每个音又分轻重。我们如果一定要按照原文的格律，结果必然是要牺牲原文的内容，或者增加字，或者减少字，这是很不合适的。各国文字不同，诗歌规律自然也不同。追求诗歌格律上的"信"，必然造成内容上的不够"信"。我本人也曾多次尝试用英诗格律译中文作品，结果总觉得吃力不讨好。现在有许多人还在试图用英文写抑扬格的诗，这是很可惜的。……

1994 年 6 月 20 日

四、拓展阅读

蒋洪新. 雕虫岁月与漏船载酒——漫谈翻译家杨宪益 [J]. 文景, 2010 (4): 46–54.

李景端. 译林良师, 译界楷模——怀念翻译家杨宪益先生 [J]. 译林, 2010 (1): 194–195.

鲁迅. 鲁迅小说选（汉英对照）[M]. 杨宪益, 戴乃迭, 译. 北京: 外文出版社, 2000.

鲁迅. 呐喊（汉英对照）[M]. 杨宪益, 戴乃迭, 译. 北京: 外文出版社, 2000.

鲁迅. 彷徨（汉英对照）[M]. 杨宪益, 戴乃迭, 译. 北京: 外文出版社, 2000.

欧阳友珍. 论杨宪益文学翻译思想 [J]. 江西社会科学, 2014 (12): 100–104.

任生名. 杨宪益的文学翻译思想散记 [J]. 中国翻译, 1993 (4): 33–35.

杨宪益. 漏船载酒忆当年 [M]. 薛鸿时, 译. 北京: 北京十月文艺出版社, 2001.

杨宪益. 我与英译本《红楼梦》[G] // 郑鲁南. 一本书和一个世界: 第 2 集. 北京: 昆仑出版社, 2008: 1–3.

杨苡. 杨宪益与翻译 [J]. 中国翻译, 1986 (5): 39–41.

五、翻译练习

孔乙己①

鲁镇的酒店的格局，是和别处不同的：都是当街一个曲尺形的大柜台，柜里面预备着热水，可以随时温酒。做工的人，傍午傍晚散了工，每每花四文铜钱，买一碗酒，——这是二十多年前的事，现在每碗要涨到十文，——靠柜外站着，热热的喝了休息；倘肯多花一文，便可以买一碟盐煮笋，或者茴香豆，做下酒物了，如果出到十几文，那就能买一样荤菜，但这些顾客，多是短衣帮，大抵没有这样阔绰。只有穿长衫的，才踱进店面隔壁的房子里，要酒要菜，慢慢地坐喝。

……

孔乙己是站着喝酒而穿长衫的唯一的人。他身材很高大；青白脸色，皱纹间时常夹些伤痕；一部乱蓬蓬的花白的胡子。穿的虽然是长衫，可是又脏又破，似乎十多年没有补，也没有洗。他对人说话，总是满口之乎者也，教人半懂不懂的。因为他姓孔，别人便从描红纸上的"上大人孔乙己"这半懂不懂的话里，替他取下一个绰号，叫做孔乙己。孔乙己一到店，所有喝酒的人便都看着他笑，有的叫道，"孔乙己，你脸上又添上新伤疤了！"他不回答，对柜里说，"温两碗酒，要一碟茴香豆。"便排出九文大钱。他们又故意的高声嚷道，"你一定又偷了人家的东西了！"孔乙己睁大眼睛说，"你怎么这样凭空污人清白……""什么清白？我前天亲眼见你偷了何家的书，吊着打。"孔乙己便涨红了脸，额上的青筋条条绽出，争辩道，"窃书不能算偷……窃书！……读书人的事，能算偷么？"接连便是难懂的话，什么"君子固穷"，什么"者乎"之类，引得众人都哄笑起来：店内外充满了快活的空气。

① 鲁迅.鲁迅小说选（汉英对照）［M］.杨宪益,戴乃迭,译.北京:外文出版社,2000:38-40.

第十九章　沙博理

引　言

　　沙博理，一个归化的"外国专家"，50 余载辛勤翻译，产出了千万字的小说、诗词、散文、剧本英译，其中小说翻译计 98 种（长篇小说 11 部、中篇小说 10 部、短篇小说 77 篇），被誉为"翻译英雄"。他的很多译作是流传到欧美国家的唯一英译本。

一、名家简介[①]

　　沙博理（1915—2014），原名 Sidney Shapiro，其中文名取"博学明理"之意，中国籍犹太人，翻译家。生于美国纽约，1937 年毕业于圣约翰大学法律系。第二次世界大战期间加入美国陆军服役，成为一名高射炮士兵。美国由于时局的需要，决定培养一批军人学习世界语言，沙博理被派去学习中文和中国历史文化。退伍后，他利用退伍津贴进入哥伦比亚大学学习中文和中国历史文化，后转到耶鲁大学继续学习。

　　1947 年 4 月，他远渡重洋来到中国，在上海接触了进步的中外人士，由同情转而投身于中国革命。他曾用做律师所得到的钱，支持中国同志创办进步刊物《人世间》。1948 年，他与著名演员和进步作家凤子（封季壬，1912—1996，笔名凤子原，封凤子）结为夫妇，并于 1949 年 10 月 1 日，和凤子应邀参加了开国大典，沙博理从此定居中国，并以外国专家的身份满腔热忱地投身于新中国的建设事业。1963 年，经周恩来总理

[①] 引自中国翻译协会网页［2019-08-14］. http://www.tac-online.org.cn/index.php?m=content&c=index&a=show&catid=489&id=1879.

批准，沙博理加入了中国国籍，成为中国公民。

沙博理先在对外文化联络局做英文翻译，1951 年英文版《中国文学》创刊后，他又来到该杂志社从事审译工作。作为新中国文学向西方传播的前驱使者，他相继翻译了美国出版的第一部反映"红色中国"的小说《新儿女英雄传》（*Daughters and Sons*, 1956）、著名作家巴金的《家》（*The Family*, 1958）、茅盾的《春蚕》（*Spring Silkworms*, 2003），以及《林海雪原》（*Tracks in the Snowy Forest*, 1962）、《保卫延安》（*Defend Yenan!*, 1958）、《创业史》（*The Builders*, 1964）、《月牙儿》（*Crescent Moon*, 2003）、《孙犁小说选》（*Selected Stories by Sun Li*, 1999）等著名小说。晚年，他还翻译了邓榕撰著的长篇人物传记《我的父亲邓小平——"文革"岁月》（*Deng Xiaoping and the "Cultural Revolution"—A Daughter Recalls the Critical Years*, 2002），并与作者结下了深厚的友谊。

"文革"期间，沙博理翻译完成的中国古典文学名著《水浒传》（*Outlaws of the Marsh*, 1980）成为中国文学翻译史上举足轻重的作品，获得了中国文联最高翻译奖。笔耕之余，由于夫人凤子的关系，他还走上银幕，在《停战以后》《长空雄鹰》《西安事变》三部影片中客串过角色。

1971 年以后，沙博理十余次访美探亲。在美国期间，他应邀到许多地方做报告，向美国人民介绍中国，为外刊撰文，介绍中国的情况。1972 年，沙博理到《人民画报》社任英文改稿专家。多年来，沙博理除了倾全力翻译中国文学作品外，还陆续撰写了自传体著作《一个美国人在中国》（*An American in China*, 1979）和《我的中国》（*My China: The Metamorphosis of a Country and a Man*, 1997）。具有犹太血统和律师背景的沙博理，还利用退休后的时间，通过亲身调查研究编译了三部学术专著，分别是：《中国古代犹太人》（*Jews in Old China: Studies by Chinese Scholars*, 1984），《中国古代刑法与案例传说》（*The Law and the Lore of China's Criminal Justice*, 1988），《中国文学集锦：从明代到毛泽东时代》（*A Sampler of Chinese Literature from Ming Dynasty to Mao Zedong*, 1996），引起了国际同领域专家的广泛关注，以及研究中国问题的著述《四川的经济改革》《马海德传》等书，先后在中国、美国、以色列、新加坡等国出版，引起很大反响。由于为中国对外宣传事业所做出的富有成果的工作和为增进中外了解和友谊所做出的贡献，他曾多次受到党和国家领导人的亲切接见。2010 年 10 月 2 日，95 岁高龄的沙博理成为"翻译文化终身成就奖"获得者。2011 年 4 月获"影响世界华人终身成就奖"。

综观沙博理一生的翻译生涯，很大程度上与新中国发展的历史阶段相一致，因此可大致划分为三个阶段：一、新中国十七年时期（1949—1966）可谓沙博理翻译生涯的"高峰期"。2011 年 5 月 31 日，沙博理做客人民网的"强国论坛"时曾用

"红色中国文学"来指代自己这一时期的翻译作品。① 二、"文革"十年时期（1966—1976），受命翻译《水浒传》。三、新时期二十六年（1976—2002），自由著译时期。②

沙博理反对"逐字直译"，认为在文学翻译中内容要和风格并举，不容偏废。他说："我们的翻译若不把内容和风格二者都表达出来，那就不算到家。"至于翻译准则，他基本赞同"信、达、雅"的主张。他觉得，

> 译者不但要精通所译文学作品相关国家的语言，了解其历史、文化、传统、习惯，而且对他本国的这一切，也要精通和了解。译文质量的高低取决于精通和了解的程度。例如，想翻译诗歌，译者自己首先就得能用母语写诗。当然，"信、达、雅"标准永远无法完全达到，但应时时朝这个方向努力。我感到我是个有明显不足的译者。③

不过，他认为："翻译也是创造，具体情况具体处理。向国外读者译介中国作品要考虑受众对象。若有些作品的内容外国读者看了没什么兴趣，或与作品最重要的主题脱离，可以翻译也可以不翻译。"④

二、名译欣赏：水浒传

【原文】

水浒传

施耐庵

第一回　张天师祈禳瘟疫　洪太尉误走妖魔⑤

话说大宋仁宗天子在位，嘉祐三年三月三日五更三点，天子驾坐紫宸殿，受百官朝贺。

当有殿头官喝道："有事出班早奏，无事卷帘退朝。"只见班部丛中，宰相赵

---

① 黄玉琦.著名翻译家沙博理先生谈"我的半世中国情和对外文化传播"［EB/OL］.（2011-05-31）［2019-08-14］.http://www.people.com.cn/GB/32306/143124/147550/14789925.html.
② 任东升.中国翻译家沙博理［EB/OL］.(2019-08-02)［2019-08-14］.http://www.catticenter.com/zwdsj/1247.
③ 转引自：张经浩，陈可培.名家名论名译［M］.上海：复旦大学出版社，2005:321.
④ 洪捷.五十年心血译中国——翻译大家沙博理先生访谈录［J］.中国翻译，2012（4）:63.
⑤ 施耐庵.水浒传［M］.北京：人民文学出版社，2005:5-7.

哲、参政文彦博出班奏曰："目今京师瘟疫盛行，伤损军民甚多。伏望陛下释罪宽恩，省刑薄税，祈禳天灾，救济万民。"天子听奏，急敕翰林院随即草诏，一面降赦天下罪囚，应有民间税赋，悉皆赦免；一面命在京宫观寺院，修设好事禳灾。不料其年瘟疫转盛，仁宗天子闻知，龙体不安，复会百官计议。向那班部中，有一大臣，越班启奏。天子看时，乃是参知政事范仲淹，拜罢起居，奏曰："目今天灾盛行，军民涂炭，日夕不能聊生。以臣愚意，要禳此灾，可宣嗣汉天师星夜临朝，就京师禁院，修设三千六百分罗天大醮，奏闻上帝，可以禳保民间瘟疫。"仁宗天子准奏，急令翰林学士草诏一道，天子御笔亲书，并降御香一炷，钦差内外提点殿前太尉洪信为天使，前往江西信州龙虎山，宣请嗣汉天师张真人星夜来朝，祈禳瘟疫。就金殿上焚起御香，亲将丹诏付与洪太尉，即便登程前去。

洪信领了圣敕，辞别天子，背了诏书，盛了御香，带了数十人，上了铺马，一行部队，离了东京，取路径投信州贵溪县来。

且说太尉洪信赍擎御诏，一行人从，上了路途，不止一日，来到江西信州。大小官员，出郭迎接。随即差人报知龙虎山上清宫住持道众，准备接诏。次日，众位官同送太尉到于龙虎山下，只见上清宫许多道众，鸣钟击鼓，香花灯烛，幢幡宝盖，一派仙乐，都下山来迎接丹诏，直至上清宫前下马。

当下上自住持真人，下及道童侍从，前迎后引，接至三清殿上，请将诏书居中供养着。洪太尉便问监宫真人道："天师今在何处？"住持真人向前禀道："好教太尉得知：这代祖师，号曰虚靖天师，性好清高，倦于迎送，自向龙虎山顶，结一茅庵，修真养性。因此不住本宫。"太尉道："目今天子宣诏，如何得见？"真人答道："容禀：诏敕权供在殿上，贫道等亦不敢开读。且请太尉到方丈献茶，再烦计议。"

【英译文】

Outlaws of the Marsh

Translated by Sidney Shapiro

Chapter 1　Zhang the Divine Teacher Prays to Dispel a Plague Marshal Hong Releases Demons by Mistake[①]

That day, the third day of the third month of the third year of the Jia You period, at

---

① Shi, N. A. *Outlaws of the Marsh* ［M］. Trans. Sidney Shapiro. Beijing: Foreign Languages Press, 2003: 9–10.

the third interval of the fifth watch Emperor Ren Zong mounted his throne in the imperial palace. After the officials had made their obeisances, the chief of ceremonies cried: "If anyone has a petition, let him come forward. If there are none, this court will adjourn."

Zhao Zhe, the Premier, and Wen Yanbo, his deputy, advanced and said: "The plague is raging unabated in the capital. Victims among the soldiers and the people are many. We hope Your Majesty, in a forgiving and benevolent spirit, will reduce prison sentences and cut taxes, and pray to Heaven that the people be relived of this affliction."

The emperor at once ordered the Hanlin Academy to draw an edict proclaiming a general amnesty for all prisoners and canceling all taxes. He also directed that every temple and monastery in the capital offer prayers for a termination of the disaster.

But the plague only became worse. The emperor was very disturbed and summoned his officials for a conference. A prominent minister stepped forth and asked to be heard ahead of turn. The emperor saw that it was Fan Zhongyan, his Deputy Premier.

Fan kowtowed, then rose and said: "The plague is decimating our soldiers and citizenry. No one is safe. In my humble opinion if this pestilence is to be ended Your Majesty should summon the Divine Teacher of the Taoists, who comes from a papal line dating back to Han times. Let him travel day and night and rush here to the capital and conduct a great prayer service in the imperial park. In this way the people will be saved."

Emperor Ren Zong approved Fan's proposal. He directed the scholars of the Hanlin Academy to draw up an edict, which he signed personally, and issued a bunch of royal incense sticks. He ordered that Marshal Hong Xin go as his emissary to the Dragon and Tiger Mountain in Xinzhou Prefecture of Jiangxi Province and fetch Zhang the Divine Teacher. While incense burned in the imperial hall, the emperor himself placed the edict in Marshal Hong's hands and told him to set out immediately.

Hong accepted the royal edict and took leave of the emperor. With the edict in a bag on his back and the incense sticks in a golden box, he mounted his horse and left the Eastern Capital, leading a column of several score men. They headed directly for Guixi, a county town in Xinzhou Prefecture.

After a number of days they arrived. Officials, high and low, greeted Marshal Hong. They sent word to the abbot and other Taoists in the Temple of Supreme Purity on the Dragon and Tiger Mountain to get ready to receive the imperial edict.

The next day the officials accompanied Marshal Hong to the foot of the mountain. A procession of Taoists, beating drums and bells, playing saintly music, bearing incense and candles, banners and canopies, came down to receive the imperial envoy. They escorted him to the temple, where he dismounted. All of the Taoists, from the abbot to the lowliest novice, gathered around and led him to the Hall of Three Purities. They asked him to place the royal edict on an altar.

"Where is the Divine Teacher?" Marshal Hong inquired of the abbot.

"You must understand, Marshal," replied the abbot, "our Teacher is known as 'Pure Serenity'. He is of a very exalted nature and cannot be bothered with such mundane matters as welcoming and seeing off visitors. He has built a thatched hut on the top of the mountain, and there he meditates and cultivates his spirit."

"But I have an imperial edict. How can I find him?"

"Leave the edict here in this hall. None of us will dare to unroll it. Please come into the abbey for some tea. We can talk things over there."

三、名论细读

中国文学的英文翻译①

我想就中国文学译成英文提几点想法，特别是译长、短篇小说——我只在这个领域经验较多。诗歌，戏剧，非文学体裁的散文，都各有问题可谈，我这里不打算涉及。

首先要记住，我们是在谈文学，文学包括内容和文风。我们的翻译若不把内容和风格二者都表达出来，那就不算到家。意大利人戏言，"traduttore é traditore"——"译者即逆者。"要做到忠实，不致背离正在翻译的作品，我们就得用英文创作一个短篇或一部长篇，读来同样好懂，具有与中文原作相同或相当的文学特点。

内容。怎样才能把内容传达出来？一篇小说，我们总得先把内容理解透了才能翻译。长篇也好，短篇也好，都是以文学创作的形式反映一个社会在某个历史时期各种人之间的关系。因此，我们必须知道那个社会在那个时期有什么情况，政治上经济上有什么主要的矛盾，社会和文化的状况又如何，敌对的势力有哪些，各自有什么特点，什么风俗习惯……？换句话说，**我们得熟悉故事的历史环境。**

这是"内容"中的大的背景。不过我们还得了解，在我们这篇特定的小说里，各种人物在那个社会那个时期是什么样的处境。他们身居那种社会环境，如何受到

---

① 沙博理. 中国文学的英文翻译［J］. 中国翻译, 1991（2）: 3-4.

影响？他们若可以左右环境，又产生什么影响？他们参与一些事件，自己在思想感情上有什么反应？彼此之间又如何？他们身临各种特定的境遇，言行是否始终与人物的身份相吻合——从他们的角度看是否"合乎逻辑"？他们是否具有典型性，可代表那个社会的芸芸众生，还是与众不同，我行我素？……我们在分析作品、动手翻译的时候，对这些问题都要心中有数。

翻小说，切记不可逐字直译，而是要用我们的英语把我们的中文意思传达出来。大家想必听说过，一位年轻的译员就因为过于直译而出了纰漏。一次宴会，有位外宾对主人说，"你的夫人很漂亮。"主人回答，"哪里，哪里。"译员把这话翻成，"哪儿，哪儿？"（"Where, where?"）外宾好奇怪。"我刚才说他的夫人很漂亮，他怎么说'哪儿？哪儿'？"译员把外宾的话重译一遍。"不见得，不见得，"主人客气一番。译文成了"你看不见，你看不见！"（"You can't see, you can't see!"）

可见逐字直译能造成多大的失误，有多大的危害！

不过，说正经的，直译固然要避免，也不可转到另一个极端，无所顾忌地随意处理原文，译者能有多大的余地呢？照我看，不仅可以改变一句话里的词序，也可以改变一段话里的句序。同时，如果作者写的是复杂的长句，不要截成英文短句，反之亦然。不时可以插进句子把话说明：这是一语双关，那是专门术语。如果原文重复太多，啰里啰唆，我以为可以允许压缩。这些做法对形式会稍有改动，不致改动根本的内容，有助于外国读者更加清楚地理解原意。

风格。或者说文采，要比小说的梗概更难传达。**译者除了要彻底了解历史和文化的背景、人物的个性和特征、人物生存的自然环境，还得同样透彻地熟悉外国的对等词语——或不如说外国最接近原意的近似词语。**我们小说里的人物是中国人，不可把他们变成英美人。只是在我们的译文里，他们说的是英语——那英语还必须与人物在生活中的身份相吻合。我们心里要有数，在中文原作里的这个人物有没有受过教育，是老派还是新派，风风火火还是平平淡淡，等等，要根据这些写出英文的对白来。

对描述性的段落也是如此——英语要近似中文原文的风采，或文或俗，或庄或谐，切不可二者混为一体。

以上所说，当然说不上"规则"。只是我个人对小说中译英的几点看法。这些看法对别的译者未必合适，就连我自己想付诸实践也往往力不从心。也许会有助于这次会议的讨论吧，所以提出，供大家参考。

四、拓展阅读

Shapiro, S.（trans.）. *Daughters and Sons*［M］. Beijing: Foreign Languages Press, 1956.

Shapiro, S.（trans.）. *Deng Xiaoping and the "Cultural Revolution"—A Daughter Recalls the Critical Years*［M］. Beijing: Foreign Languages Press, 2002.

Shapiro, S.（trans.）. *Outlaws of the Marsh*［M］. Beijing: Foreign Languages Press, 2003.

刁洪，侯复旦.沙博理翻译成就与翻译思想研究［J］.长沙大学学报，2015（1）：101–103.

洪捷.五十年心血译中国——翻译大家沙博理先生访谈录［J］.中国翻译，2012（4）：62–64.

任东升，张静.沙博理：中国当代翻译史上一位特殊翻译家［J］.东方翻译，2011（4）：44–52.

任东升，张静.试析沙博理的文化翻译观——以《我的父亲邓小平》英译本为例［J］.中国海洋大学学报，2012（1）：105–109.

沙博理.中国文学的英文翻译［J］.中国翻译，1991（2）：3–4.

沙博理.《水浒传》的英译［J］.翻译通讯，1984（2）：29–32.

五、翻译练习

林家铺子①

　　林小姐这天从学校回来就撅起着小嘴唇。她掼下了书包，并不照例到镜台前梳头发搽粉，却倒在床上看着帐顶出神。小花噗的也跳上床来，挨着林小姐的腰部摩擦，咪呜咪呜地叫了两声。林小姐本能地伸手到小花头上摸了一下，随即翻一个身，把脸埋在枕头里，就叫道：

　　"妈呀！"

　　没有回答。妈的房就在间壁，妈素常疼爱这惟一的女儿，听得女儿回来就要摇摇摆摆走过来问她肚子饿不饿，妈留着好东西呢，——再不然，就差吴妈赶快去买一碗馄饨。但今天却作怪，妈的房里明明有说话的声音，并且还听得妈在打呃，却是妈连回答也没有一声。

———————————

① 茅盾.林家铺子　春蚕（汉英对照）［M］.沙博理，译.北京：外文出版社，2003: 2.

283

第二十章　许渊冲

引　言

　　"书销中外百余本，诗译英法唯一人。"这是许渊冲的自我评价。在翻译家群体中，许渊冲先生始终是一个异类。很少有同行像他这样，在人生步入黄昏时仍燃烧着青春年代的炽烈与激情。对翻译事业永无止境的追求，对美学观点寸土必争的执拗，让他在漫长的学术生涯中饱受争议。他抗争过，自省过，也曾在不同时期一次次地发表文章，主动或被动卷入围绕他的作品所展开的论战之中。我们对许渊冲的理论和译作可以见仁见智，但是他在耄耋之年仍呕心沥血，著作等身，为翻译事业奋斗终生的雄心壮志，值得我们引为楷模。

一、名家简介

　　许渊冲（1921—2021），江西南昌人。北京大学教授，中国当代著名翻译家。1938年考入西南联合大学外文系，1944年考入清华大学外国文学研究所，后赴法国巴黎大学留学。从事文学翻译长达60余年，译作涵盖中、英、法等语种，翻译集中在中国古诗英译，形成韵体译诗的方法与理论，被誉为"诗译英法唯一人"。已出版译著120余本，包括《诗经》《楚辞》《老子》《论语》《唐诗三百首》《宋词三百首》《西厢记》《红与黑》等。2010年，继季羡林、杨宪益之后，许渊冲获"中国翻译文化终身成就奖"。2014年获国际翻译界最高奖项——"北极光"杰出文学翻译奖，系首位获此殊荣的亚洲翻译家。

　　其表叔熊式一是翻译家，他将剧目《王宝钏》译成英文，在英国上演时引起轰动，并受到英国戏剧家萧伯纳的接见。这使得年幼的许渊冲对英语产生了强烈的兴趣，立下了学好英语的志向。1939年，他在西南联大读一年级的时候，就把林徽因的诗《别丢掉》译成英文，发表在《文学翻译报》上，这是他最早的译作。许渊冲从1956年开始出版译作，由于历次政治运动的干扰，他在新中国成立后的30年里只出了4本书。"文革"结束时，他以几近花甲之年，步入了一生中最美好的金秋季节。1983年，他回到北京，任北京大学国际政治系兼英语系教授，从此笔耕不辍。许渊冲将自己的人生总结为："50年代教英法，80年代译唐宋，90年代传风骚，21世纪攀顶峰。"

许渊冲的法文译著主要有《唐宋词选一百首》（1987）、《中国古诗词三百首》（1999）。英文译著主要有《西厢记》（1992）、《诗经》（1993）、《宋词三百首》（1993）、《楚辞》（1994）、《中国古诗词六百首》（1994）、《汉魏六朝诗一百五十首》（1995）、《元明清诗一百五十首》（1997）、《唐诗三百首》（2000）和《新编千家诗》（2000）等。他的30首译诗被国外的大学选作教材内容。

基于自己的翻译实践，许渊冲提出了自己的翻译观。1991年，他提出了"**译诗八论**"，即：译者一也（identification）、译者艺也（re-creation）、译者异也（innovation）、译者依也（imitation）、译者怡也（recreation）、译者易也（rendition）、译者意也（representation）、译者益也（information / instruction）。他指出，"一也""依也""异也"是翻译的方法论——"一也"指译文和原文的统一，包括在字句、篇章、文化层次上与原文统一，是翻译的理想；"依也"指译文以原文为根据，是翻译的常道；"异也"指译文以原文为依据时，可以创新立异，是翻译的变道。"艺也"指文学翻译是艺术，而不是科学；"意也"，指翻译要传情达意，包括言内之情、言外之意；"易也"，即翻译要换易语言形式，是指作品与译作的关系，是翻译的总论：以上是翻译的认识论。"怡也"指文学翻译要怡性悦情，使读者"好之""乐之"；译者"益也"指翻译要能开卷有益，使人"知之"：这两论是翻译的目的论。这译诗八论是许渊冲对译诗理论的高度概括。

他把文学翻译概括为十个字："**美化之艺术，创优似竞赛。**""美"即指"意美、音美、形美"，提出译诗要尽量传达原诗的美，他把鲁迅关于汉字的"三美论"应用到了翻译上。"化"即"等化、浅化、深化"，源于钱锺书的"化境说"。"之"即"知之、好之、乐之"，源于孔子"知之者不如好之者，好之者不如乐之者"。"艺术"即"翻译是艺术，不是科学"，来源于朱光潜在《诗论》中所说的"从心所欲，不逾矩，是一切艺术的成熟境界"。总起来说，"美化之艺术"就是"三美""三化""三之"的艺术。"创"即"文学翻译等于创作"；"优"即"翻译要发挥译文语言优势"；"似"即"意似、音似、形似"或"意似、形似、神似"；"竞赛"即"翻译是两种语言的竞赛，文学翻译更是两种文化的竞赛"。他提出，要发挥译文优势，倡导优势竞赛论。

二、名译欣赏：声声慢·寻寻觅觅、月下独酌

【原文】

声声慢·寻寻觅觅

李清照

寻寻觅觅，冷冷清清，凄凄惨惨戚戚。乍暖还寒时候，最难将息。三杯两盏淡酒，怎敌他晚来风急！雁过也，正伤心，却是旧时相识。

满地黄花堆积，憔悴损，如今有谁堪摘？守着窗儿独自，怎生得黑！梧桐更兼细雨，到黄昏点点滴滴。这次第，怎一个愁字了得！

【译文1】Tune: Slow Slow Song[①]	【译文2】Forlorn[②]
许渊冲 译	林语堂 译
I look for what I miss,	So dim, so dark,
I know not what it is.	So dense, so dull,
I feel so sad, so drear,	So damp, so dank,
So lonely, without cheer.	So dead!
How hard is it	The weather, now warm, now cold,
To keep me fit	Makes it harder
In this lingering cold!	Than ever to forget!
Hardly warmed up	How can a few cups of thin wine
By cup on cup	Bring warmth against
Of wine so dry,	The chilly winds of sunset?
Oh, how could I	I recognize the geese flying overhead:
Endure at dust the drift	My old friends,
Of wind so swift?	Bring not the old memories back!
It breaks my heart, alas!	Let fallen flowers lie where they fall.

① 许渊冲. 三谈"意美、音美、形美"［J］. 深圳大学学报, 1987(2): 75.

② 林语堂. 古文小品译英［M］. 北京：外语教学与研究出版社, 2009: 119-120.

（续）

【译文1】Tune: Slow Slow Song 许渊冲 译	【译文2】Forlorn 林语堂 译
To see the wild geese pass, 　　For they are my acquaintances of old. The ground is covered with yellow flowers, Faded and fallen in showers. Who will pick them up now? Sitting alone at the window, how Could I but quicken The pace of darkness which won't thicken? On parasol trees a fine rain drizzles As twilight grizzles. Oh! what can I do with a grief Beyond belief!	To what purpose 　　And for whom should I decorate? By the window shut, 　　Guarding it alone, 　　　　To see the sky has turned so black! And the drizzle on the kola nut 　　Keeps on droning: 　　　　Pit-a-pat, pit-a-pat! Is this the kind of mood and moment 　　To be expressed 　　　　By one word "sad"?

【原文】

月下独酌①

李　白

花间一壶酒，独酌无相亲。
举杯邀明月，对饮成三人。
月既不解饮，影徒随我身。
暂伴月将影，行乐须及春。
我歌月徘徊，我舞影零乱。
醒时同交欢，醉后各分散。
永结无情游，相期邈云汉。

---

① 译文除注明出处，皆来自以下网页［2021－12－30］：http://blog.sina.com.cn/s/blog_86235a600101
cwbr.html.

【译文1】 Drinking Alone under the Moon[①]

许渊冲　译

【译文2】 Drinking Alone by Moonlight

Arthur Waley　译

Amid the flowers, from a pot of wine
I drink alone beneath the bright moonshine.
I raise my cup to invite the moon, who blends
Her light with my Shadow and we're three
　friends.
The Moon does not know how to drink her
　share;
In vain my Shadow follows me here and there.
Together with them for the time I stay
And make merry before spring's spend away.
I sing and the Moon lingers to hear my song;
My Shadow's a mess while I dance along.
Sober, we three remain cheerful and gay;
Drunken, we part and each may go his way.
Our friendship will outshine all earthly love;
Next time we'll meet beyond the stars above.

A cup of wine, under the flowering trees;
I drink alone, for no friend is near.
Raising my cup I beckon the bright moon,
For he, with my shadow, will make three men.
The moon, also, is no drinker of wine;
Listless, my shadow creeps about at my side.
Yet with the moon as friend and the shadow as
　slave
I must make merry before the Spring is spent.
To the songs I sing the moon flickers her
　beams;
In the dance I weave my shadow tangles and
　breaks.
While we were sober, three shared the fun;
Now we are drunk, each goes his way,
May we long share our odd, inanimate feast,
And meet at last on the Cloudy River of the
　sky.

---

① 许渊冲 . 李白诗选［M］. 长沙：湖南人民出版社，2007：111.

【译文3】Drinking Alone with the Moon[①]

Lin Yutang 林语堂 译

From a pot of wine among the flowers

I drank alone. There was no one with me—

Till, raising my cup, I asked the bright moon

To bring me my shadow and make us three.

Alas, the moon was unable to drink

And my shadow tagged me vacantly;

But still for a while I had these friends

To cheer me through the end of spring …

I sang. The moon encouraged me.

I danced. My shadow tumbled after.

As long as I knew, we were boon companions.

And then I was drunk, and we lost one another.

… Shall goodwill ever be secure?

I watch the long road of the River of Stars.

【译文4】Last Words

Herbert A. Giles 译

An arbor of flowers and a kettle of wine:

Alas! In the bowers no companion is mine.

Then the moon sheds her rays on my goblet and me,

And my shadow betrays we're a party of three!

Thou' the moon cannot swallow her share of the grog,

And my shadow must follow wherever I jog,

Yet their friendship I'll borrow and gaily carouse,

And laugh away sorrow while spring-time allows.

See the moon—how she dances response to my song;

See my shadow—it dances so lightly along!

While sober I feel, you are both my good friends;

While drunken I feel, our companionship ends,

But we'll soon have a greeting without a goodbye,

At our next merry meeting away in the sky.

---

① Lin, Y. T. *The Wisdom of China* [M]. London: Michael Joseph, 1949: 327-328.

【译文5】**Drinking Alone under the Moon**[①]

徐忠杰　译

In a bower among flowers is a goblet of wine.

I drink alone; about me—no kinsman of mine.

Cup raised, I call on the bright moon to join the spree.

I—the moon—my shadow form a party of three.

While the moon doesn't care for alcoholic drinks.

To me, in all my movements, my shadow links.

Both of them can keep one company a short time.

Hence, one should enjoy life in one's youth—in one's prime.

As I sing, the moon lingers on, listening agape.

As I dance, my shadow ever changes its monstrous shape.

While I'm sober, we make one another gay.

After I become drunk, each goes his own way.

Thus, we three form a bond, sentiment—free.

We are to appear where there is a spree.

Appointments among us are made only some day—

Far up in the clouds or else in the Milky Way.

三、名论细读

文学翻译是两种语言的竞赛——《红与黑》新译本前言[②]

许渊冲

《红与黑》是十九世纪欧洲文学中第一部批判现实主义杰作。高尔基说过，《红与黑》的主角于连是十九世纪欧洲文学中一系列反叛资本主义社会的英雄人物的"始祖"。

---

① 徐忠杰，译．唐诗两百首英译［M］．北京：北京语言学院出版社，1990: 102-103.

② 许渊冲．文学翻译是两种语言的竞赛——《红与黑》新译本前言［J］．外国语，1993 (3): 23-28. 作者在文中举了三个例子，其中第一例、第三例内容太长，故删除，仅保留第二例。综观全文，删除两例后不影响读者对其翻译观的理解。——编者注

……

我在《世界文学》1990 年 1 期 277 页上说过：**"文学翻译的最高目标是成为翻译文学，也就是说，翻译作品本身要是文学作品。"**

……

我在《世界文学》1990 年 1 期 285 页上说过：**"翻译是两种语言的竞赛，文学翻译更是两种文化的竞赛。译作与原作都可以比做绘画，所以译作不能只临摹原作，还要临摹原作所临摹的模特。"**……关系从句是原文的优势，就是法文胜过中文的地方，因为法文有、中文没有关系代词；四字成语却是译文的优势，也就是中文胜过法文的地方，因为中文有、法文却没有四字成语。法国作家描绘法瑞交界的山区，用了关系从句，这是发挥了法文的优势；中国译者亦步亦趋，把法文后置的关系从句改为前置，再加几个"的"字，那就没有扬长避短，反而是东施效颦，在这场描绘山景的竞赛中，远远落后于原文了。如果能够发挥中文的优势，运用中文最好的表达方式（包括四字成语），以少许胜人多许，用四个字表达原文十几个词的内容，那就好比在百米竞赛中，只用四秒钟就跑完了对手用十几秒钟才跑完的路程，可以算是遥遥领先了。竞赛不只是速度问题，还有高度、深度、精确度等等。如果说"惊奇"在这里描写了人心的深处，那么，"大惊小怪"的精确度至少是"惊奇"的一倍。从这个译例看来，可以说文学翻译是两种语言文化的竞赛，是一种艺术；而竞赛中取胜的方法是发挥译文优势，或者说再创作。

什么是再创作？我想摘引香港《翻译论集》66 页上胡适的话："译者要向原作者负责。作者写的是一篇好散文，译出来也必须是一篇好散文；作者写的是一首好诗，译出来的也一定是首好诗。……所谓好，就是要读者读完之后要愉快。所谓'信'，不一定是一字一字地照译，因为那样译出来的文章，不一定好。我们要想一想，如果罗素不是英国人，而是中国人，是今天的中国人，他要写这句话，该怎样写呢？"我想，如果《红与黑》的作者司汤达不是法国人，他用中文的写法就是"再创作"。例如第四十四章于连想到生死问题，原文和译文如下：

… Ainsi la mort, la vie l'éternité, choses fort simples pour qui aurait les organes assez vastes pour les concevoir …

Une mouche éphémère naît à neuf heures du matin dans les grands jours d'été, pour mourir à cinq heures du soir, comment comprendrait-elle le mot nuit?

Donnez-lui cinq heures d'existence de plus, elle voit et comprend ce que c'est que la nuit.

译文④：……因此死、生、永恒，对器官大到足以理解它们者是很简单的……

一只蜉蝣在夏季长长的白昼里，早晨九点钟生出，晚上五点钟死亡，它怎么能理解"黑夜"这个词的意思呢？

让它多活上五个小时，它就能看见黑夜，并且理解是什么意思了。

对照一下原文，可以看出译文基本上是"一字一字地照译"的。但假如司汤达是中国人，他会说出"器官大到足以理解它们者"这样的话来么？如果不会，那就不是再创作了。因为法文可以用代词来代替生、死、永恒等抽象名词，中文如用"它们"来代，读者就不容易理解；代词是法文对中文的优势，译者不能亦步亦趋，而要发挥中文的优势，进行再创作。后两段译文问题不大，但两段最后都有"意思"二字，读来显得重复，不是好的译文，还可加工如下：

译文⑤：……就是这样，死亡，生存，永恒，对人是非常简单的事，但对器官太小的动物却难以理解……

一只蜉蝣在夏天早晨九点钟才出生，下午五点钟就死了；它怎么能知道黑夜是什么呢？

让它多活五个小时，它就能看见，也能知道什么是黑夜了。

钱锺书在《林纾的翻译》中说："文学翻译的最高标准是'化'。把作品从一国文字转变成另一国文字，既能不因语文习惯的差异而露出生硬牵强的痕迹，又能完全保存原有的风味，那就算得入于'化境'。"在我看来，再创作就应该入于"化境"。仔细分析一下，"化"又可以分为三种：深化、等化、浅化。第四种译文"理解它们者"显得"生硬牵强"；第五种译文把"它们"删了，用的是减词法，也可以算是"浅化"法；把"者"字一分为二，分译成"人"和"动物"，用的是加词法或分译法，也可以算是"深化"法；第一例的"粗活"一词，是把原文分开的"粗"和"活"合二为一，可算是合译法或"等化"法；第四种译文说"器官大到足以理解它们者"，是从正面说；第五种译文说"器官太小的动物却难以理解"，是从反面来说，把"大"换成"小"，把"理解"改成"难以理解"，负负得正，大得足以理解，就是小得不足以理解，这是正词反译法，也可以算是等化法。总之，加词、减词，分译、合译，正说、反说，深化、等化、浅化，都是译者的在创作，都可以进入"化境"。

但"化"是不是"文学翻译的最高标准"呢？……如果认为第五种译文优于第四种，那就是说，文学翻译的最高标准是"化"还有所不足，还要发挥译语优势。如果我的说法不错，那我就要打破**一条几乎是公认的规律：能直译就直译，不能直译时再**

意译。我的经验却是：文学作品的翻译，尤其是重译，能意译就意译，不能意译时再直译。前几种译文遵照的可以说是前一条公认的规律；第五种却是后一条未经公认的译法，只是我个人五十年翻译经验的小结。

世界上的翻译理论名目繁多，概括起来，不外乎直译与意译两种。所谓直译，就是既忠实于原文内容，又尽可能忠实于原文形式的译文；所谓意译，就是只忠实于原文内容，而不拘泥于原文形式的译文。自然，由于忠实的程度不同，所以又有程度不同的直译，如第二例第四、五种译文的后两段；也有不同程度的意译，如第三例第五种译文意译的程度，就高于第四种译文。所以直译意译之争，其实是个度的问题。因为两种语言、文化不同，不大可能有百分之百直译的文学作品，也不大可能有百分之百意译的文学作品，百分之百的意译与其说是翻译，不如说是创作；因此，文学翻译的问题，主要是直译或意译到什么程度，才是最好的翻译作品。比如说，第三例的译文到底是直译到第四种译文，还是意译到第五种译文的程度更好呢？

在我国翻译史上，主张"宁信而不顺"的鲁迅是直译的代表；"重神似不重形似"的傅雷是意译的代表。茅盾也主张直译，他在《直译、顺译、歪译》一文中说："有些文学作品即使'字对字'译了出来，然而未必就能恰好表达了原作的精神。假使今有同一原文的两种译本在这里，一是'字对字'，然而没有原作的精神，又一种并非'字对字'，可是原作的精神却八九尚在，那么，对于这两种译本，我们将怎样批判呢？我以为是后者足可称'直译'。这样才是'直译'的正解。"在我看来，茅盾说的"直译"和鲁迅的忠实程度不同，是另一种"直译"，甚至可以说是"意译"，至少是介乎二者之间的翻译，这样一说，直译和意译就分别不大了。在国际译坛上，奈达大概可以算个意译派，因为他说过："为了保留信息内容，形式必须加以改变。"（转引自《中国翻译》1992年第6期2页）纽马克则自称"多少是个直译派"，还说："好的译者只有当直译明显失真或具有呼唤、信息功能的文章写得太蹩脚的时候才放弃直译，而一个蹩脚的译者才常常竭尽全力避免直译。"又说："翻译的再创作的成分常常被夸大，而直译的成分却被低估，这尤以文学作品为甚。"（同前3页）这和我的看法是针锋相对的。到底谁是谁非呢？检验真理的标准是实践，最好是论者本人的实践，可惜这两位英美学者都不懂中文，而中英互译是今天世界上最重要的翻译，因为世界上有十多亿人用中文，也有十多亿人用英文，所以不能解决中英互译问题的理论，实际上不能起什么大作用。还有一个原因，中英文之间的差距远远大于英法等西方文字之间的差距。我曾作了一个独一无二的试验，就是把中国的诗经、楚辞、唐诗、宋词、元曲中的一千多首古诗，译成有韵的英文；再将其中二百首唐宋诗词译成有韵的法文，结果发现一首中诗英译的时间大约是英诗法译时间的十倍，这就大致说明了，中英或中法文之间的差距，大约是英法文差距的十倍，中英或中法互译，比英法互译大约要难十倍，因此，能够解决英法互译的理论，恐怕只能解决中英或中法互译问题的十分之一。由于世界上还没有出版过一本外国人把外文译成中文的文学作品，因此，解决世界上最难的翻译问题，就只能落在中国译者身上了。

八十年代，刘重德提出了"信达切"的翻译原则，他说信是"信于内容"，达是"达如其分"，切是"切合风格"。从理论上说，"切"字没有提出来的必要，因为"切"已经包含在"信"和"达"之中。试问有没有"信于内容"而又"达如其分"的译文，却不"切合风格"的？从实践上说，《红与黑》的几种译文，哪种更符合"信达切"的标准呢？恐怕前几种都比第五种更"切"吧，但更"切"是不是更好呢？什么是"好"？前面胡适讲了："好，就是要读者读完之后要愉快。"用孔子的话来说，就是要使读者"知之""好之""乐之"。《红与黑》的几种译文之中，到底是"切合风格"的前几种，还是"发挥优势"的后一种译文，更能使读者理智上"好之"、感情上"乐之"呢？如果是后一种，我就要提出"信、达、优"三个字，来作为文学翻译的标准了。

我在《翻译的艺术》第 4 页上说过：所谓"信"就要做到"三确"：正确，精确，明确。正确，如《红与黑》第三例的"长眠"和"安息"都算正确；精确如第一例的"大惊小怪"，要比"惊奇"精确度高；至于明确，第二例的"人"和"动物"就远比"理解它们者"容易理解。我在同书第 5 页上还说过："所谓'达'，要求做到'三用'：通用，连用，惯用。这就是说，译文应该是全民族目前'通用'的语言，用词能和上下文'连用'，合乎汉语的'惯用'法。换句话说，'通用'是指译文词汇本身，'连用'是指词的搭配关系，'惯用'既指词汇本身，又指词的搭配关系。"如以《红与黑》的三个译例来说，第二例的"理解它们者"就不是"通用"的词汇；第一例的"工作"和"粗笨"不好"连用"，"翻山越岭"却合乎汉语的"惯用"法。最后，刚才已经说了，所谓"优"，就是发挥译语优势，也可以说是"三势"：发挥优势，改变劣势，争取均势。这是指译散文而言，如果译诗，还要尽可能传达原诗的"三美"：意美、音美、形美。简单说来，**"信、达、优"就是"三确""三用""三势"（或"三美"）**。

这种简单的翻译理论，可能有人认为不够科学。我却认为文学翻译理论并不是科学，而是艺术，和创作理论、音乐原理一样是艺术。我在北京大学《英汉与汉英翻译教程》[①]第一页上说过：**"科学研究的是'真'，艺术研究的是'美'。科学研究的是'有之必然，无之必不然'的规律；艺术研究的却包括'有之不必然，无**

---

① 柯平. 英汉与汉英翻译教程［M］. 北京：北京大学出版社，1993.

之不必不然'的理论。如果可以用数学公式来表示的话，科学研究的是 $1+1=2$，$3-2=1$；艺术研究的却是 $1+1>2$，$3-2>1$。因为文学翻译不单是译词，还要译意；不但要译意，还要译味。只译词而没有译意，那只是'形似'：$1+1<2$；如果译了意，那可以说是'意似'：$1+1=2$；如果不但是译出了言内之意，还译出了言外之意，那就是'神似'：$1+1>2$。"根据这个理论去检查《红与黑》的几种译文，就可以看出哪句译文是译词，哪句是译意，哪句是译味，对译文的优劣高下，也就不难作出判断了。如果《红与黑》的八种中译本出齐后，再作一次更全面的比较研究，我看那可以算是一篇文学翻译博士论文。如果把世界文学名著的优秀译文编成一本词典，那对提高文学翻译水平所起的作用，可能比西方语言学家的翻译理论要大得多。

总而言之，我认为**文学翻译是艺术，是两种语言文化之间的竞赛**，这是我对文学翻译的"认识论"。在竞赛中要发挥优势，改变劣势，争取均势；发挥优势可以用"深化法"，改变劣势可以用"浅化法"，争取均势可以用"等化法"，这"三化"是我再创作的"方法论"。"浅化"的目的是使人"知之"，"等化"的目的是使人"好之"，"深化"的目的是使人"乐之"，这"三之"是我翻译哲学中的"目的论"。一言以蔽之，我提出的翻译哲学就是"化之艺术"四个字。如果译诗，还要加上意美、音美、形美中的"美"字，所以我的翻译诗学是"美化之艺术"。

我国著名的科学家杨振宁说过："中国的文化是向模糊、朦胧及总体的方向走，而西方的文化则是向准确而具体的方向走。"在我看来，中国传统的翻译理论也是走向总体，更重宏观；西方的翻译理论却是走向具体，更重微观。杨振宁又说："中文的表达方式不够准确这一点，假如在写法律是一个缺点的话，写诗却是一个优点。"（均见香港《杨振宁访谈录》83 页）我却觉得，中文翻译科学作品，如果说不如英法等西方文字准确的话，翻译文学作品，提出文学翻译理论，却是可以胜过西方文字的。检验真理的唯一标准是实践，检验翻译理论的标准是出好的翻译作品。希望《红与黑》新译本的出版，新序言的发表，能够为中国翻译走上 21 世纪的国际译坛，添上一砖一瓦。

> 试看明日之译坛，
> 竟是谁家之天下！

四、拓展阅读

许渊冲. 翻译的艺术［M］. 北京：中国对外翻译出版公司, 1984.

许渊冲. 译诗六论［J］. 中国翻译, 1991(5): 2–10.

许渊冲．译诗六论（续）［J］．中国翻译，1991(6): 2-9.

许渊冲．中诗英韵探胜——从《诗经》到《西厢记》［M］．北京：北京大学出版社，1992.

许渊冲．再谈《竞赛论》和《优势论》——兼评《忠实是译者的天职》［J］．中国翻译，2001（1）：51-52.

许渊冲．文学与翻译［M］．北京：北京大学出版社，2003.

许渊冲．译笔生花［M］．郑州：文心出版社，2005.

许渊冲．中国学派的古典诗词翻译理论［J］．外语与外语教学，2005（11）：41-44.

许渊冲．再谈中国学派的文学翻译理论［J］．中国翻译，2012（4）：83-90, 127.

五、翻译练习

清　明①

杜　牧

清明时节雨纷纷，
路上行人欲断魂。
借问酒家何处有？
牧童遥指杏花村。

---

① 许渊冲．唐诗三百首（中英文对照）［M］．北京：中国对外翻译出版公司，2006: 45．

附录：翻译练习参考译文

第一章　选自《国富论》①

财富由货币或金银构成这一通常流行的见解，是自然而然地因货币有两重作用而产生的。货币是交易的媒介，又是价值的尺度。因为它是交易的媒介，所以，我们用货币，比用任何其他商品，都更容易取得我们所需的物品。我们总是觉得，获取货币是一件要事。只要有货币，以后随便购买什么，都没有困难。因为它是价值的尺度，我们便用各种商品所能换得的货币量，来估计其他各种商品的价值。有很多货币的人，被称为富人；只有极少一点货币的人，被称为穷人。俭朴的或想发财的人，被说成是爱货币的人；不谨慎的、不吝啬的或奢侈的人，被说成是漠视货币的人。发财等于是有了货币。总之，按照通俗的说法，财富与货币，无论从哪一点看来，都是同义语。

第二章　选自《雾都孤儿》②

我倒也无意坚持说，出生在贫民收容院这件事本身乃是一个人所能指望得到的最美妙、最惹人羡慕的运气，但我的确想指出，此时此刻，对奥立弗·退斯特说来，这也许是最幸运的一件事了。不瞒你说，当时要奥立弗自个儿承担呼吸空气的职能都相当困难——呼吸本来就是一件麻烦事，偏偏习惯又使这项职能成了我们维持生存必不可少的事情。好一阵子，他躺在一张小小的毛毯上直喘气，在今生与来世之间摇摆不定，天平决定性地倾向于后者。别的且不说，在这个短暂的时光里，倘若奥立弗的周围是一班细致周到的老奶奶、热心热肠的大娘大婶、经验丰富的护士以及学识渊博的大夫，毫无疑义，他必定一下子就被结果了。幸好在场的只有一个济贫院的老太婆，她已经叫不大容易到手的一点啤酒弄得有些晕乎乎的了，外加一位按合同办理这类事情的教区外科医生。除此之外，没有旁人。奥立弗与造化之间的

①　译文引自：https://www.bilibili.com/read/cv14696227.

②　译文引自：狄更斯. 雾都孤儿［M］. 何文安，译. 南京：译林出版社，2010: 1-2.

较量见了分晓了。结果是，几个回合下来，奥立弗呼吸平稳了，打了一个喷嚏，发出一阵高声啼哭，作为一名男婴，哭声之响是可以想见的，要知道他在远远超过三分十五秒的时间里还始终不曾具有嗓门这样一种很有用处的附件。他开始向全院上下公布一个事实：本教区又背上了一个新的包袱。

奥立弗刚以这一番活动证明自己的肺部功能正常，运转自如，这时，胡乱搭在铁床架上的那张补丁摞补丁的床单飒飒地响了起来，一个年轻女子有气无力地从枕头上抬起苍白的面孔，用微弱的声音不十分清晰地吐出了几个字："让我看一看孩子再死吧。"

第三章　选自《最后一课》①

那天早晨上学，我去得很晚，心里很怕韩麦尔先生骂我，况且他说过要问我们分词，可是我连一个字也说不上来。我想就别上学了，到野外去玩玩吧。天气那么暖和，那么晴朗！画眉在树林边婉转地唱歌；锯木厂后边草地上，普鲁士兵正在操练。这些景象，比分词用法有趣多了；可是我还能管住自己，急忙向学校跑去。

我走过镇公所的时候，看见许多人站在布告牌前边。最近两年来，我们的一切坏消息都是从那里传出来的：败仗啦，征发啦，司令部的各种命令啦。——我也不停步，只在心里思量："又出了什么事啦？"

铁匠华希特带着他的徒弟也挤在那里看布告，他看见我在广场上跑过，就向我喊："用不着那么快呀，孩子，你反正是来得及赶到学校的！"

我想他在拿我开玩笑，就上气不接下气地赶到韩麦尔先生的小院子里。平常日子，学校开始上课的时候，总有一阵喧闹，就是在街上也能听到。开课桌啦，关课桌啦，大家怕吵捂着耳朵大声背书啦……还有老师拿着大铁戒尺在桌子上紧敲着，"静一点，静一点……"我本来打算趁一阵喧闹偷偷地溜到我的座位上去；可是那一天，一切偏安安静静的，跟星期日的早晨一样。我从开着的窗子望进去，看见同学们都在自己的座位上了；韩麦尔先生呢，踱来踱去，胳膊底下挟着那怕人的铁戒尺。我只好推开门，当着大家的面走进静悄悄的教室。你们可以想象，我那时脸多么红，心多么慌！

可是一点儿也没有什么。韩麦尔先生见了我，很温和地说："快坐好，小弗郎士，我们就要开始上课，不等你了。"

我一纵身跨过板凳就坐下。我的心稍微平静了一点儿，我才注意到，我们的老

---

① 译文引自：https://wenku.baidu.com/view/63dc044fd3f34693daef5ef7ba0d4a7303766c46.html.

师今天穿上了他那件挺漂亮的绿色礼服，打着皱边的领结，戴着那顶绣边的小黑丝帽。这套衣帽，他只在督学来视察或者发奖的日子才穿戴，而且整个教室有一种不平常的严肃的气氛。最使我吃惊的，后边几排一向空着的板凳上坐着好些镇上的人，他们也跟我们一样肃静。其中有郝叟老头儿，戴着他那顶三角帽，有从前的镇长，从前的邮递员，还有些旁的人。个个看来都很忧愁。郝叟还带着一本书边破了的初级读本，他把书翻开，摊在膝头上，书上横放着他那副大眼镜。

我看见这些情形，正在诧异，韩麦尔先生已经坐上椅子，像刚才对我说话那样，又柔和又严肃地对我们说："我的孩子们，这是我最后一次给你们上课了。柏林已经来了命令，阿尔萨斯和洛林的学校只许教德语了。新老师明天就到。今天是你们最后一堂法语课，我希望你们多多用心学习。"

第四章　选自《孔乙己》①

Sometimes children in the neighborhood, hearing laughter, came in to join in the fun and surrounded Kong Yiji. Then he would give them aniseed-peas, one apiece. After eating the peas, the children would still hang round, their eyes on the dish. Growing flustered, he would cover it with his hand and, bending forward from the waist, would say: "There isn't many left, not many at all." Straightening up to look at the peas again, he would shake his head. "Not many, I do assure you. Not many, nay, not many at all." Then the children would scamper off, shouting with laughter.

第五章　选自林语堂《为洋泾浜英语辨》②

我想洋泾浜英语（Pidgin English）不但非常佳妙，而且是有远大的前途的。据我所知道，只有萧伯纳曾替洋泾浜英语说过一句好话（蔼斯伯森曾著有专册，也是取十分敬重的科学态度，借此以研究语言之变迁）。一年前曾见报载萧氏谈话，谓洋泾浜英语的 no can（不会）比标准英语的 unable 听来还要响亮达意。我想这一点稍懂英文者都能赞同。比方有一位女士谢绝你的邀约，说她 unable to come，你心里总在疑心，她也许会改变主意而终于来吧。但是当你请她时，而她给你一个干脆响亮的 no can，你只好怅然决然做她必不来的打算。依照意大利美学教授克罗齐（Benedetto Croce）的学说，凡文艺、美术的作品，只能依其表现达意的能力为批评的标准，不

① 译文引自：Yang, X. Y. and Yang, G.（trans.）. *Lu Xun Selected Works*［M］. Beijing: Foreign Languages Press, 1980: 55.
② 译文引自：林语堂. 为洋泾浜英语辨［J］. 论语，1933（23）：836.

得以呆定的形式（如诗之体律，或是语言上的文法）为凭。所以依照这个美学标准，很达意很爽快的 no can（不会），nowanchee（不要），maskee（由他去吧）等语，同米尔敦的绝妙佳句比起来，是有同样的文学价值，说不定还会使米尔敦相形见绌哩。因为这种口语说来人家总是可以懂得，而米尔敦的佳句却不一定。

第六章　选自《阿丽思漫游奇境记》①

白等着在那小门那里，似乎没有什么好处，所以她又走回桌子那里，一半也希望再找着一个别的钥匙，不然或者也许找到一本什么书，里头有教人怎么像望远镜似的变小的诀窍：这会她找到一个瓶子，（"我刚才一定是没看见在那儿的，"阿丽思说，）瓶颈上系着一个纸条子，上头写着很好看的大字"喝我"。

说"喝我"还不好吗？但是那个聪明的小阿丽思决不会这样地冒失。她说："我不！我要先看看瓶上有没有毒药的字样在上再说。"因为她曾经在书里看过好几件好故事，讲小孩子们怎样不乖就烫了手，怎么被野兽吃掉，还有别的可怕的事情，都是因为他们总不肯记得大人交代的几条很简单的规矩：例如，你要把红的火筷子捏得太长久，手就会觉得太烫的；假如弄刀的时候把刀口弄到皮里太深了，就会有血出来的；她再也不忘记有一条规矩说，假如你把上面写着"毒药"字样的瓶子里的水喝得稍微太多了一点，那就早晚总会觉得那水于你不大相宜的。

然而这一回瓶子上并没有"毒药"的字样在上，所以阿丽思就大着胆尝他一尝，那味儿到很好吃（有点像樱桃饼，又有点像鸡蛋糕，有点像波罗蜜，又有点像烤火鸡，有点像冰淇淋，又有点像芝麻酱），所以一会儿工夫就稀里呼噜地喝完了。

第七章　选自《一朵红红的玫瑰》②

红玫瑰

郭沫若　译

吾爱吾爱玫瑰红，六月初开韵晓风。
吾爱吾爱如管弦，其声悠扬而玲珑。

---

① 译文引自：卡罗尔. 阿丽思漫游奇境记［M］. 赵元任，译. 思果，评. 北京：中国对外翻译出版公司，2004：13-16.

② 译文转引自：李文. 从文体学角度看《一朵红红的玫瑰》三个译本的不同风格［J］. 文教资料，2012(3)：50-51.

吾爱吾爱美而殊，我心爱你永不渝，
我心爱你永不渝，直到四海海水枯；

直到四海海水枯，岩石融化变成泥，
只要我还有口气，我心爱你永不渝。

暂时告别我心肝，请你不要把心耽！
纵使相隔十万里，踏穿地皮也要还。

我的爱人像朵红红的玫瑰

王佐良　译

呵，我的爱人像朵红红的玫瑰，
六月里迎风初开；
呵，我的爱人像支甜甜的曲子，
奏得合拍又和谐。

我的好姑娘，多么美丽的人儿！
请看我，多么深挚的爱情
亲爱的，我永远爱你，
纵使大海干涸水流尽。

纵使大海干涸水流尽，
太阳将岩石烧作灰尘，
亲爱的，我永远爱你，
只要我一息犹存。

珍重吧，我唯一的爱人，
珍重吧，让我们暂时别离，
但我定要回来，
哪怕千里万里！

第八章 选自《罗密欧与朱丽叶》①

第一场 维洛那。凯普莱特花园墙外的小巷

（罗密欧上。）

罗密欧：我的心还逗留在这里，我能够就这样掉头前去吗？转回去，你这无精打采的身子，去找寻你的灵魂吧。（攀登墙上，跳入墙内。）

（班伏里奥及茂丘西奥上。）

班伏里奥：罗密欧！罗密欧兄弟！

茂丘里奥：他是个乖巧的家伙；我说他一定溜回家去睡了。

班伏里奥：他往这条路上跑，一定跳进这花园的墙里去了。好茂丘里奥，你叫叫他吧。

茂丘里奥：不，我还要念咒喊他出来呢。罗密欧！痴人！疯子！恋人！情郎！快快化做一声叹息出来吧！我不要你多说什么，只要你念一行诗，叹一口气，把咱们那位维纳斯奶奶恭维两句，替她的瞎眼儿子丘匹德少爷取个绰号，这位小爱神真是个神弓手，竟让国王爱上了叫花子的女儿！他没有听见，他没有作声，他没有动静；这猴崽子难道死了吗？待我咒他的鬼魂出来。凭着罗瑟琳的光明的眼睛，凭着她的高额角，她的红嘴唇，她的玲珑的脚，挺直的小腿，弹性的大腿和大腿附近的那一部分，凭着这一切的名义，赶快给我现出真形来吧！

班伏里奥：他要是听见了，一定会生气的。

茂丘里奥：这不至于叫他生气；他要是生气，除非是气得他在他情人的圈儿里唤起一个异样的妖精，由它在那儿昂然直立，直等她降伏了它，并使它低下头来；那样做的话，才是怀着恶意呢；我的咒语却很正当，我无非凭着他情人的名字唤他出来罢了。

班伏里奥：来，他已经躲到树丛里，跟那多露水的黑夜做伴去了；爱情本来是盲目的，让他在黑暗里摸索去吧。

茂丘里奥：爱情如果是盲目的，就射不中靶。此刻他该坐在枇杷树下了，希望他的情人就是他口中的枇杷。——啊，罗密欧，但愿，但愿她真的成了你到口的枇杷！罗密欧，晚安！我要上床睡觉去；这儿草地上太冷啦，我可受不了。来，咱们走吧。

---

① 译文引自：莎士比亚.罗密欧与朱丽叶［M］.朱生豪，译.北京：人民文学出版社，2003：25-26.

班伏里奥：好，走吧；他要避着我们，找他也是白费辛勤。（同下。）

第九章　选自《百万英镑的钞票》①

我 27 岁那年，在旧金山一个矿山经纪人那里当办事员，对证券交易的详情颇为精通。当时我在社会上是孤零零的，除了自己的智慧和清白的名声以外，别无依靠。但是这些长处就使我站稳了脚跟，有可能走上幸运之路，因此我对前途是很满意的。

每逢星期六午餐之后，我的时间就归自己支配了，我照例在海湾里把它消磨在游艇上。有一天我冒失地把船驶出去太远，一直漂到大海里去了。正在傍晚，我几乎是绝望了的时候，有一只开往伦敦的双桅帆船把我救了起来。那是远程的航行，而且风浪很大，他们叫我当一个普通水手，以工作代替船费。我在伦敦登岸的时候，衣服褴褛肮脏，口袋里只剩了一块钱。这点钱供了我 24 小时的食宿。那以后的 24 小时中，我既没有东西吃，也无处容身。

第二天上午大约十点钟，我饿着肚子，狼狈不堪，正在波特兰路拖着脚步走的时候，刚好有一个小孩子由保姆牵着走过，把一只美味的大梨扔到阴沟里——只咬过一口。不消说，我站住了，用贪婪的眼睛盯住那泥污的宝贝。我嘴里垂涎欲滴，肚子也渴望着它，全副生命都在乞求它。可是我每次刚一动手想去拿它，老是有过路人看出了我的企图，当然我就只好再把身子站直，显出若无其事的神气，假装根本就没有想到过那只梨。这种情形老是一遍又一遍地发生，我始终无法把那只梨拿到手。后来我简直弄得无可奈何，正想不顾一切体面，硬着头皮去拿它的时候，忽然我背后有一个窗户打开了，一位先生从那里面喊道：

"请进来吧。"

一个穿得很神气的仆人让我进去了，他把我引到一个豪华的房间里，那儿坐着两位年长的绅士。他们把仆人打发出去，叫我坐下。他们刚吃完早饭，我一见那些残汤剩菜，几乎不能自制。我在那些食物面前，简直难于保持理智，可是人家并没有叫我尝一尝，我也就只好尽力忍住那股馋劲儿了。

第十章　选自《皇帝的新装》②

从前有一位皇帝，他非常喜欢穿好看的新衣服。他为了要穿得漂亮，把所有的钱都花到衣服上去了，他一点也不关心他的军队，也不喜欢去看戏。他也不喜欢乘着马车逛公园，除非是为了炫耀一下新衣服。他每天每个钟头要换一套新衣服。别

---

① 译文引自：马克·吐温.竞选州长［M］.张友松，译.北京：人民文学出版社，1979：129-130.

② 译文引自：安徒生.天国花园［M］.叶君健，译.上海：上海译文出版社，1978：1-2.

国的人民谈到他们的国王，都是说："他在开会。"可是在这个国家里，大家总是说："他在换衣服。"

在他住的那个大城市里，生活很轻松，很愉快。每天有许多外国人到来。有一天来了两个骗子。他们说他们是织工。他们说，他们能织出谁也想象不到的最美丽的布。这种布的色彩和图案不仅是非常好看，而且用它缝出来的衣服还有一种奇异的作用，那就是凡是不称职的人或者愚蠢的人，都看不见这衣服。

"那正是我最喜欢的衣服！"皇帝心里想。"我穿了这样的衣服，就可以看出我的王国里哪些人不称职；我就可以辨别出哪些人是聪明人，哪些人是傻子。是的，我要叫他们马上织出这样的布来！"他付了许多现款给这两个骗子，叫他们马上开始工作。

第十一章　选自《威尼斯商人》①

第四幕
第一景：威尼斯。法庭。

[公爵贵族等上；安图尼欧，巴珊尼欧，格拉西安诺，撒拉利诺，萨拉尼欧等上。]

公（公爵）：喂，安图尼欧在此地么？

安（安图尼欧）：在这里听候呢。

公：我很为你难过：你今天来是要和一个铁石心肠的对手来对质的，他是一个毫无人情的东西，没有一点怜悯的心。

安：我已听说大人很为我费力设法减轻他的凶恶的威胁；但是他既然坚持，又没有合法的方法能解救我脱逃他的残酷，我就横起心来承受他的凶暴吧，我准备平心静气的接受着他的无理压迫。

公：去个人，传犹太人到庭。

撒：他就在门口等着呢：他来了。

[夏洛克上。]

公：让开，让他站在我面前。夏洛克，一般的人都想，我也这样想，你的狠毒的样子已经延长到最后一分钟了；随后你必会大发慈悲，比较你的奇特的残酷还要来得出人意料；并且你现在所要求的惩罚，——那不过是这可怜的商人身上的一磅肉，——你一定会不仅是放弃，而且激于人类互爱的精神还会豁免他的借

① 译文引自：莎士比亚．威尼斯商人（中英对照）[M]．梁实秋，译．北京：中国广播电视出版社；台北：远东图书公司，2001：139-143.

款的一部分哩；看他近来背上堆了多少的损失，足够把一个殷实富商给压倒了的，凶顽的土耳其人或鞑靼人虽然从没有过温柔礼貌的训练也会从铁石心肠里怜悯他的境遇。我们都等你给个好的回答，犹太人。

夏：我的意思已经禀告过大人了；我已向天发誓，我要借约上应得的赔偿：如果你不承认，你的城市的特权和自由是都有危险的。你一定要问我，为什么我宁要一磅臭肉而不要三千块钱。我偏不回答：就说是我的脾气吧：这还不算是回答吗？譬如说，我家里闹老鼠，我就许情愿出一万块钱来把它药死。怎么，你还觉得没得到回答吗？有些人不爱看裂嘴的猪头；有些人看见猫就要狂；还有些人，一听风笛哼唧的声音，就忍不住要小便，因为感触是心情的主宰，能使心情陷入它所喜悦的或厌恶的境况里去。现在，我回答你吧：为什么有人不能看一只裂嘴的猪头，为什么有人怕看无害而有益的猫，为什么又有人怕听笛响，而一定要做出可鄙的样子，只因自家受了感触而便要招别人讨厌呢，其实是没有什么确实的理由可说的。所以，我不能说出什么理由，我也不愿说，我只能说我对安图尼欧有一种坚定不拔的仇恨，确实的厌恶，所以我这样坚持着要打自己吃亏的官司，你得到回答了吧？

第十二章　选自《欧也妮·葛朗台》①

葛朗台先生在索漠城的名望，自有它的前因后果，那是从没在内地耽留过的人不能完全了解的。葛朗台先生，有些人还称他为葛朗台老头儿，可是这样称呼他的老人越来越少了，他在一七八九年上是一个很富裕的箍桶匠，识得字，能写能算。共和政府在索漠地区标卖教会产业的时候，他正好四十岁，才娶了一个有钱的木板商的女儿。他拿自己的现款和女人的陪嫁，凑成两千金路易，跑到区公所。标卖监督官是一个强凶霸道的共和党人，葛朗台把丈人给的四百路易往他那里一送，就三钱不值两钱地，即使不能算正当，至少是合法地买到了区里最好的葡萄园、一座老修道院和几块分种田。

索漠的市民很少有革命气息，在他们眼里，葛朗台老头儿是一个激烈的家伙，前进分子，共和党人，关切新潮流的人物；其实箍桶匠只关心葡萄园。上面派他当索漠区的行政委员，于是地方上的政治与商业都受到他温和的影响。在政治方面，他包庇从前的贵族，想尽方法使流亡乡绅的产业不致被公家标卖；商业方面，他向革命军队承包了一两千桶白酒，代价是把某个女修道院上好的草原，本来留作最后

---

① 译文引自：傅雷. 傅雷译文集（第二卷）　[M]. 合肥：安徽人民出版社，1982: 11.

一批标卖的产业，弄到了手。

第十三章　选自《复活》《安娜·卡列尼娜》

复　活①

尽管好几十万人聚居在一小块地方，竭力把土地糟蹋得面目全非，尽管他们肆意把石头砸进地里，不让花草树木生长，尽管他们除尽刚出土的小草，把煤炭和石油烧得烟雾腾腾，尽管他们滥伐树木，驱逐鸟兽，在城市里，春天毕竟还是春天。

阳光和煦，青草又到处生长，不仅在林荫道上，而且在石板缝里。凡是青草没有锄尽的地方，都一片翠绿，生意盎然。桦树、杨树和稠李纷纷抽出芬芳的黏稠嫩叶，菩提树上鼓起一个个胀裂的新芽。寒鸦、麻雀和鸽子感到春天已经来临，都在欢乐地筑巢。就连苍蝇都被阳光照暖，夜墙脚下嘤嘤嗡嗡地骚动。花草树木也好，鸟雀昆虫也好，儿童也好，全都欢欢喜喜，生气蓬勃。唯独人，唯独成年人，却一直在自欺欺人，折磨自己，也折磨别人。他们认为神圣而重要的，不是这春色迷人的早晨，不是上帝为造福众生所创造的人间的美，那种使万物趋向和平、协调、互爱的美；他们认为神圣而重要的，是他们自己发明的统治别人的种种手段。

安娜·卡列尼娜②

幸福的家庭家家相似，不幸的家庭各各不同。

奥勃朗斯基家里一片混乱。妻子知道丈夫同原先的法籍家庭女教师有暧昧关系，就向丈夫声明，她不能再同他生活在一起。这种局面已持续了三天。面对这样的局面，不仅夫妻两人，而且一家老少，个个都感到很痛苦。大家都觉得，他们两个这样生活在一起没有意思，就算是随便哪家客店里萍水相逢的旅客吧，他们的关系也要比奥勃朗斯基夫妻融洽些。妻子一直关在自己房里，丈夫离家已有三天，孩子们像野小鬼一样在房子里到处乱跑；英籍家庭女教师跟女管家吵了嘴，写信请朋友替她另找工作；厨子昨天午餐时走掉了；厨娘和车夫也都辞职不干。

第十四章　选自《初恋》③

我的"爱情"从这一天开始了。我记得当时感到一种像人们初就职务的时候所

---

① 译文引自：列夫·托尔斯泰斯.复活［M］.草婴，译.上海：上海译文出版社，1990：1-2.
② 译文引自：列夫·托尔斯泰斯.安娜·卡列尼娜［M］.草婴，译.上海：上海译文出版社，1990：1.
③ 译文引自：http://www.nationalreading.org.cn/2017-05/24/c_129607240.htm.

必须感到的滋味，即我现在已不仅是一个孩子，我是已经在恋爱了。我曾经说，我的爱情是从这一天开始的；我又可补说一句，我的苦痛也是从这一天开始的。我离开了蕊娜伊达便焦虑；便万事不入我的心中；万事惹我的讨厌；接连数日热烈地想念她……我离开了她，便焦虑，但在她面前这焦虑也毫不轻松一点。我嫉妒；我自恨我是一个不足取的孩子；我自己愚蠢地愤怒或卑陋自己，然而有一种不可抵抗的势力，将我拖近她去，我每次走进她的房间的门的时候，不能不感到一种欢喜的战栗。蕊娜伊达立刻明白我是在对她恋爱了，其实我也决不——连想也不想——隐讳。她玩弄我的爱情，愚弄我，爱抚我又虐待我了。为别人的最大的欢喜与最大的苦痛的唯一源泉，与专制又不负责任的原因，定是一件愉快的事，我已经像一块蜡在蕊娜伊达的手中；然而她的恋人，实在又不止我一个。凡访问这公爵家的人们，个个为了她而热狂，她把个个人当作奴隶一般地自由操纵。诱起他们的希望，再诱起他们的恐惧，又恣意玩弄他们（她常称这为"搀拢他们的头"），他们做梦也不想抵抗，个个热诚地服从她，这在她是快意的。她的充满生命和美的全身，有一种由狡狯和疏忽，机巧和单纯，沉静和诙谐混合而成的独得的魔力；她的一切所说与所为，一切动作，有一种美妙的魅力，在这里面她所特有的力显著地活动着。她的颜面又时时变化，时时有作用；又差不多在同时现出一种讽刺，梦想，热情的表情。各种各样的情绪，像大风的晴空中的云影一般美妙而迅速变化，不绝地在她的唇和眼上相追逐。

第十五章　选自《雷雨》①

Lu Gui (coughing): God almighty! (Heatedly.) Just look at you. There's not one of you can look me in the face! (Turning to Dahai ad Sifeng.) It's no good you pretending not to hear, either. I've worked my fingers to the bone to bring you two up, both of you, but what have either of you ever done to show your gratitude? (To Dahai.) Eh? (To Sifeng.) Answer me that! (To Lu Ma, who is standing by the round table in the centre.) Or perhaps you can tell me, seeing that they're your precious children. ... I've had to swallow insults from the people I've worked for, as well as insults from you lot. But now I haven't even got any employers to be insulted by! I've just got to stay here and starve to death with you! Now just ask yourselves: What have you ever done for me that you can be proud of? ... Now just think, Dahai. Think of me, an old man, having

---

① 译文引自：曹禺. 雷雨（汉英对照）［M］. 王佐良，巴恩斯，译. 北京：外文出版社，2001：246-251.

to starve to death because of what you've done. If I did die, you'd have it on your conscience, now wouldn't you? Eh? If I did die like this?

第十六章　选自《长夜漫漫路迢迢》①

时间是早上八点半。阳光从右边的几扇窗户射进来。

幕起时，全家方才用过早点。玛丽·蒂龙和她的丈夫一同从饭厅里穿过后客厅出来。

玛丽年纪五十四岁，中等身材。她身段依旧苗条，只是丰腴一点儿，虽然未穿紧身内衣，但并无中年妇人腰身臃肿的现象。她的脸一望即知是爱尔兰人，年轻时一定非常俊俏，即便如今相貌还是出众。可是，她面容苍白、消瘦，颧骨很高，比不上她身体的健美。她的鼻子长而且直，嘴很宽，嘴唇丰满而带敏感。她脸上没有涂脂抹粉，高高的额骨上面一头厚厚的头发已经全白，加上面色苍白使她深棕色的眼珠显得乌黑。她的双眼特别大而美，眉毛很黑，眼睫毛又长又卷。

她这人一眼就看得出非常紧张，两手一直不停地动。这是一双一度很美的手，手指纤细修长，可是因为害风湿病现在弄得骨节粗硬、手指拳曲，怪难看的。大家不好意思看她的手，尤其是因为她怕人看，怕不能控制自己的神经质而惹人注目，让自己丢脸。

她打扮得很简单，但天生很会挑选合适的衣服。她的头发很花了一番工夫梳理。她说起话来声音柔和可亲，高兴时还带一点轻盈的爱尔兰腔调。她个性中最可爱的一点是她从小在修道院做学生时就养成的，直到如今还没有失却的那种少女的单纯、含羞、毫无做作的神态——一种内在的、无邪的天真。

第十七章　选自《老人与海》②

那老人独驾轻舟，在墨西哥湾暖流里捕鱼，如今出海已有八十四天，仍是一鱼不获。开始的四十天，有个男孩跟他同去。可是过了四十天还捉不到鱼，那男孩的父母便对他说，那老头子如今不折不扣地成了晦气星，那真是最糟的厄运，于是男孩听了父母的话，到另一条船上去，那条船第一个星期便捕到三尾好鱼。他看见老人每日空船回来，觉得难过，每每下去帮他的忙，或拿绳圈，或拿鱼钩鱼叉，以及卷在桅上的布帆。那帆用面粉袋子补成一块块的，卷起来，就像是一面长败之旗。

---

① 译文引自：尤金·奥尼尔.长夜漫漫路迢迢［M］.乔志高，译.香港：今日世界出版社，1973：2-3.

② 译文引自：海明威.老人与海［M］.余光中，译.南京：译林出版社，2012：1-2.

老人瘦削而憔悴，颈背皱纹深刻。热带海上阳光的反射引起善性的皮癌，那种褐色的疮疤便长满了两颊，两手时常用索拉扯大鱼，也留下深折的瘢痕。这些瘢痕却都不新，只像无鱼的沙漠里风蚀留痕一样苍老。

除了眼睛，他身上处处都显得苍老。可是他的眼睛跟海水一样颜色，活泼而坚定。

男孩和他爬上了小艇拖靠的海岸，对他说："桑地雅哥，我又可以跟你一同去了。我们赚了点钱。"

老人曾教男孩捕鱼，男孩因此爱他。

"不行，"老人说，"你跟上了一条好运的船。就跟下去吧。"

"可是别忘了：有一次你一连八十七天没捉到鱼，后来我们连着三个星期，天天都捉到大鱼。"

"我记得，"老人说，"我晓得，你并不是因为不相信我才离开我。"

"是爸爸叫我走的。我是小孩，只好听他的话。"

"我晓得，"老人说，"那是应该的。"

"他不大有信心。"

"自然了，"老人说，"可是我们有信心，对不对？"

"对，"男孩说，"我请你去平台上喝杯啤酒，好不好？喝过了，我们再把这些东西拿回去。"

"好呀，打鱼的还用客气吗！"老人说。

第十八章　选自《孔乙己》①

The layout of Luzhen's taverns is unique. In each, facing you as you enter, is a bar in the shape of a carpenter's square where hot water is kept ready for warming rice wine. When men come off work at midday and in the evening they spend four coppers on a bowl of wine—or so they did twenty years ago; not it costs ten—and drink this warm, standing by the bar, taking it easy. Another copper will buy a plate of salted bamboo shoots or peas flavoured with aniseed to go with the wine, while a dozen will buy a mean dish; but most of the customers here belong to the short-coated class, few of whom can afford this. As for those in long gowns, they go into the inner room to order wine and dishes and sit drinking at their leisure.

......

---

① 译文引自：Yang, X. Y. and Yang, G. (trans.). *Lu Xun Selected Works* [M]. Beijing: Foreign Languages Press, 1980: 52−54.

Kong Yiji was the only long-gowned customer who used to drink his wine standing. A big, pallid man whose wrinkled face often bore scars, he had a large unkempt and grizzled beard. And although he wore a long grown it was dirty and tattered. It had not by the look of it been washed or mended for ten years or more. He used so many archaisms in his speech that half of it was barely intelligible. And as his surname was Kong, he was given the nickname Kong Yiji from kong, yi, ji, the first three characters in the old-fashioned children's copybook. Whenever he came in, everyone there would look at him and chuckle. And someone was sure to call out:

"Kong Yiji! What are those fresh scars on your face?"

Ignoring this, he would lay nine coppers on the bar and order two bowls of heated wine with a dish of aniseed-peas. Then someone else would howl:

"You must have been stealing again!"

"Why sully a man's good name for no reason at all?" Kong Yiji would ask, raising his eyebrows.

"Good name? Why, the day before yesterday you were trussed up and beaten for stealing books from the Ho family. I saw you!"

At that Kong Yiji would flush, the veins on his forehead standing out as he protested, "Taking books can't be counted as stealing … Taking books … for a scholar … can't be counted as stealing." Then followed such quotations from the classics as "A gentleman keeps his integrity even in poverty," together with a spate of archaisms which soon had everybody roaring with laughter, enlivening the whole tavern.

第十九章　选自《林家铺子》[①]

Miss Lin's small mouth was pouting when she returned home from school that day. She flung down her books, and instead of combing her hair and powdering her nose before the mirror as usual, she stretched out on the bed. Her eyes staring at the top of the bed canopy, Miss Lin lay lost in thought. Her little cat leaped up beside her, snuggled against her waist and miaowed twice. Automatically, she patted his head, then rolled over and buried her face in the pillow.

"Ma!" called Miss Lin.

---

① 译文引自：茅盾. 林家铺子　春蚕（汉英对照）［M］. 沙博理，译. 北京：外文出版社，2003：3.

No answer. Ma, whose room was right next door, ordinarily doted on his only daughter of hers. On hearing her return, Ma would come swaying in to ask whether she was hungry. Ma would be keeping something good for her. Or she might send the maid out to buy a bowl of hot soup with meat dumplings from a street vendor … But today was odd. There obviously were people talking in Ma's room—Miss Lin could hear Ma hiccupping too—yet Ma didn't even reply.

第二十章 《清明》[①]

The Mourning Day

Du Mu

A drizzling rain falls like tears on the Mourning Day;

The mourner's heart is going to break on his way.

Where can a wine shop be found to drown his sad hours?

A cowherd points to a cot amid apricot flowers.

---

① 译文引自：许渊冲 . 唐诗三百首（中英文对照） ［M］. 北京：中国对外翻译出版公司, 2006: 45.